I0883999

Quiromancia instantánea

Linda Domin

Quiromancia instantánea

EDICIONES OBELISCO

Si este libro le ha interesado y desea que le mantengamos informado de nuestras publicaciones, escríbanos indicándonos qué temas son de su interés (Astrología, Autoayuda, Ciencias Ocultas, Artes Marciales, Naturismo, Espiritualidad, Tradición...) y gustosamente le complaceremos.

Puede consultar nuestro catálogo en www.edicionesobelisco.com

Colección Magia y Ocultismo
QUIROMANCIA INSTANTÁNEA
Linda Domin

1.ª edición: junio de 2010
2.ª edición: abril de 2011

Título original: *Instant Palm Reader. A Road Map to Life*

Traducción: *David George*
Maquetación: *Natàlia Campillo*
Corrección: *Mª Jesús Rodríguez*
Diseño de cubierta: *Enrique Iborra*

Edita: Ediciones Obelisco, S. L.
Pere IV, 78 (Edif. Pedro IV) 3.ª planta, 5.ª puerta
08005 Barcelona - España
Tel. 93 309 85 25 - Fax 93 309 85 23
E-mail: info@edicionesobelisco.com

Paracas, 59 C1275AFA Buenos Aires - Argentina
Tel. (541-14) 305 06 33 - Fax: (541-14) 304 78 20

ISBN: 978-84-9777-649-3
Depósito Legal: B-15.744-2011

Printed in Spain

Impreso en Novoprint, S. A.
Energía, 53 – 08740 Sant Andreu de la Barca (Barcelona)

Dedicatoria

A mi madre, Gilda, con todo mi cariño, sin cuyo apoyo este libro no hubiera sido posible.

Introducción

Imagine la palma de su mano como una vista aérea de todos los escenarios por los que viaja a lo largo de su vida. Las líneas curvadas y que se cruzan muestran las carreteras por las que viaja. El inicio de su periplo es el nacimiento. ¿Podrían los cambiantes paisajes de la vida y su viaje de experiencias estar escritos en la palma de su mano? Pronto lo averiguará.

Quiromancia instantánea es un método probado, un recorrido guiado, paso a paso, por la carretera de la vida, tal y como está marcada en las líneas de la palma de su mano. Con él podrá leer las palmas de las manos como un profesional, al cabo de minutos de haber cogido este libro. Siga la guía ilustrada de las líneas de la palma de la mano y obtenga su análisis propio, personal y preciso de la palma de la mano al momento.

La lectura de la palma de su mano le explicará el significado de todas sus líneas y el efecto que tiene cada una de ellas sobre las numerosas fases de su vida (es decir, su carácter, personalidad, niñez, carrera, finanzas, vida familiar, habilidades, vida amorosa, felicidad, su misión en la vida, necesidades, educación, estados de humor y destino). Después de algunos minutos de recorrido, se verá recompensado con descubrimientos nuevos sobre sí mismo prometedoramente emocionantes y que le subirán el ánimo.

Las ventajas de *Quiromancia instantánea*

El recorrido por la quiromancia que está a punto de llevar a cabo condensa los frutos y el trabajo de miles de años de este arte adivinatorio en unos minutos de su tiempo. Echemos la vista atrás un momento para ver cómo y por qué se hizo.

Durante siglos, la humanidad ha atribuido cualidades místicas a las líneas de la palma de la mano. La fascinación por este asunto animó a los quirománticos, a lo largo de la historia, a registrar y definir los significados de estas líneas. Las personas que buscaban respuestas confiaban enormemente en estos significados para que les ayudaran a solucionar los problemas propios de la vida.

¿Sobre qué base llegaron los quirománticos del pasado a sus conclusiones? Mediante la comparación de las manos de un gran número de personas, los quirománticos vieron que las similitudes en el carácter podían apreciarse en forma de similitudes en las líneas. Si el quiromántico llevaba un registro de sus hallazgos y sus enseñanzas contaban con un buen seguimiento, al poco tiempo surgía una escuela de quiromancia debido a su reputación.

Quizás se pregunte por qué hay tantas escuelas de quiromancia: de hecho hay cientos. Las distintas escuelas se enorgullecen de su especialización. Una escuela puede concentrarse únicamente en la lectura de las líneas principales, mientras que otra puede hacer hincapié en las líneas menores y otra basarse en la forma de la mano. Algunas se centran en las predicciones del futuro y otras se ocupan sólo de analizar la personalidad y el carácter. Las escuelas más nuevas establecen relaciones con la astrología y los diagnósticos médicos.

El conjunto de conocimientos que respalda a la quiromancia se basa en las pruebas empíricas registradas desde el año 1550 a. C. Los quirománticos de renombre siempre se esforzaron por ocultar o complicar su sapiencia, tejiendo una red de misterio alrededor de su escuela. Estas academias funcionaban como negocios, y el secretismo les protegía de los competidores y los legos.

Para poder escribir este libro se recopilaron manuscritos antiguos y modernos de distintas escuelas de todo el mundo. Se reunieron sus contenidos en forma de un libro de fácil lectura. Para realizar esta proeza, se tradujeron, decodificaron y catalogaron miles de líneas de la palma de la mano en un orden lógico. Esta nueva disposición se diseñó especialmente para permitir a cualquiera recopilar sus propias lecturas de la palma de la mano de forma precisa, sin conocimientos previos de la materia, simplemente siguiendo las ilustraciones.

El análisis de su palma de la mano está pensado cuidadosamente para ayudarle a estar más en contacto consigo mismo y con el mundo y para ayudarle a contestar preguntas que de otro modo serían incontestables con los medios convencionales. Además, es emocionante, educativo y entretenido.

La historia de la quiromancia

Durante los últimos cincuenta siglos, la humanidad ha atribuido una cualidad mística a las líneas de la palma de la mano. Se puede seguir el rastro a los registros de quiromancia hasta llegar a los textos védicos de las culturas hindúes más antiguas (1500 a. C.), cuando era practicada por los brahmanes. En China, la quiromancia fue popular ya en el 3000 a. C. Gran parte de este antiguo arte se conserva en la China y el Japón actuales y se practica siguiendo las más estrictas tradiciones del pasado.

Entre los antiguos romanos, la quiromancia formaba parte de la religión oficial del estado y era usada regularmente en los trámites parlamentarios. Se dice que Aristóteles, el «padre de las ciencias naturales y la filosofía», presentó un tratado de quiromancia a Alejandro Magno en letras de oro. Entre los contribuidores de la Grecia antigua tenemos al médico Galeno, fundador de la fisiología experimental, y a Hipócrates, el «padre de la medicina».

En el año 400 a. C. reapareció en Inglaterra un tratado de quiromancia dedicado a Belin, vigesimotercer rey de los britanos. No fue hasta la Edad Media cuando los eruditos como Johann von Hagen y Paracelso (el genio de la ciencia y la medicina) revivieron y sistematizaron la quiromancia. Entonces se creía que los cuerpos celestiales como Marte, Venus, Júpiter, Saturno, Apolo (el sol), Mercurio y la Luna gobernaban los patrones de las distintas líneas de la palma de la mano y que una persona podía leer su misión en la vida, dirigida por Dios, en la configuración de las líneas dibujadas en su palma de la mano.

A lo largo de la Edad Media, la quiromancia prosperó en las principales ciudades europeas, donde recibía un reconocimiento unánime como escuela de pensamiento respetada en todas las universidades. Un médico alemán, Rothman, descartó muchas creencias y supersticiones insustanciales sobre la quiromancia e introdujo un sistema uniforme para la lectura de las palmas de las manos que se adaptaba a los currículos de las escuelas de medicina.

En el siglo XIX, D'Arpentigny, un erudito francés, modernizó la quiromancia a través de toda una vida de estudios científicos dedicados a registrar gráficamente cientos de miles de líneas de las palmas de las manos con sus correspondientes características. Otra figura importante en la modernización de la quiromancia fue Desbarrolles que, en 1879, inventó una técnica de impresión de las palmas de las manos que le permitió estudiar y descubrir las líneas constantemente cambiantes y que aparecían y desaparecían de la palma de la mamo.

El siglo XX trajo consigo la dependencia de la humanidad de las nuevas tecnologías y la buena disposición a renunciar a las sagradas tradiciones del pasado. Se daba a entender que lo «nuevo» era mejor que lo «viejo», y con esta nueva filosofía la quiromancia se redujo al nivel de un juego de salón.

Los científicos pueden burlarse de la quiromancia pero, hasta la fecha, ninguno de ellos han presentado un estudio que la invalide. Sorprendentemente, muchos científicos salen en su defensa. La doctora Charlotte Wolff, médico y psicóloga nacida en Polonia y educada en Inglaterra, es el heraldo, en los últimos tiempos (1940), de la quiromancia científica. En sus veinte años de intensas investigaciones, consiguió la destacable gesta de clasificar más de 90.000 manos según los tipos de carácter de las personas, los perfiles psicológicos y las anomalías físicas y mentales. Peinó este campo, entonces desconocido, de la psicología, con gran genialidad y ayudó a que la quiromancia ganara credibilidad entre la comunidad científica.

En la actualidad hay toda una ciencia, la dermatoglifia, construida en torno a los factores genéticos que influyen sobre las crestas de los dedos, además de sobre el contorno de las líneas de la palma de la mano. En las dos últimas décadas han contribuido el doctor S. B. Holt, el doctor M. S. Elbualy y el doctor J. D. Schindler.

El doctor Theodore J. Berry, en su libro *The hand as a Mirror of Systematic Diseases*, nos recuerda que hay distintas enfermedades que pueden detectarse mediante el estudio de las manos del paciente. Entre ellas tenemos la rubeola, el prolapso de la válvula mitral del corazón, el síndrome de Down, el de Turner y la distrofia.

Los anatomistas explican el aspecto de las líneas de las palmas de las manos como pliegues naturales provocados por la apertura y el cierre de la mano. No obstante, no pueden explicar por qué los recién nacidos tienen, frecuentemente, más líneas en las palmas de las manos que los adultos.

A medida que la quiromancia reaparece en Occidente volviendo a ganarse una buena reputación, muchas otras partes del mundo, en las que no se ha dejado de practicar la quiromancia de forma seria, siguen considerándola como hace miles de años. Las ciudades chinas están salpicadas de consultas de quiromancia. Consultar a un quiromántico antes de tomar decisiones importantes ha sido práctica habitual en China desde hace más de 2.000 años. En Japón, las principales revistas y periódicos disponen de columnas diarias dedicadas a la quiromancia, al igual que en las nuestras encontramos horóscopos. Muchos niños del Oriente Próximo son llevados al quiromántico antes de ser bautizados. El seguimiento en Sudamérica es tan amplio que en los quioscos hay revistas muy populares dedicadas por entero a la quiromancia.

En estos países se confía en la quiromancia para que proporcione a la gente las respuestas que la religión, la medicina, los negocios y los eruditos no pueden darles.

La teoría subyacente a la quiromancia y cómo funciona

Todos juzgamos a las personas por la forma y el carácter que nos transmiten sus caras, es decir, por su fisonomía. Por tanto, no es sorprendente que, durante miles de años, también haya sido una creencia popular que la quiromancia describa los distintos rasgos de la personalidad y el carácter marcados en las líneas de la palma de la mano. Incluso el cuerpo humano, en su conjunto, ha sido clasificado por los antropólogos y sociólogos en distintos tipos de caracteres y personalidades, como los atléticos, los pícnicos y los leptosómicos.

Aristóteles fue el primero en mantener que los surcos, los pliegues y las líneas de la palma de la mano eran resultado de la interacción nerviosa y muscular dirigida por el cerebro. Según la anatomía moderna, la mano puede ser considerada como uno de los puntos finales de los impulsos nerviosos. Cada milésima de segundo, incontables impulsos nerviosos procedentes del cerebro llegan a los músculos de la mano, provocando que éstos estén llevando a cabo, constantemente, un tipo de micromovimiento tan minúsculo que no podemos apreciarlo a simple vista.

La quiromántica Judith Hipskind considera que este movimiento constante es la causa directa de las líneas y los pliegues. Cree que es esta canalización indirecta de la expresión de los sentimientos, los deseos, las necesidades y las acciones de una persona, y la mente inconsciente (todo ello registrado y almacenado en el cerebro), lo que constituye la esencia de la quiromancia. Esto implica que las líneas de la palma de la mano pueden estar influidas, directamente, por una parte de la mente que sabe más acerca de nosotros mismos y nuestro camino en la vida que lo que queremos o podemos admitir.

Hay una correlación evolutiva entre la mano y el cerebro. Es un hecho que un gran porcentaje de fibras nerviosas procedentes del cerebro se proyectan hacia las extremidades y acaban en forma de ramificaciones en las manos y los pies. Esto fortalece la conclusión de que las manos y los pies (los chinos siguen practicando el «arte de los pies», llamado podología) se desarrollaron al mismo tiempo que el cerebro, que es la sede de la mente. La información almacenada en el cerebro es proyectada sobre la superficie de la mano, igual que una videocámara proyecta una imagen en una pantalla a través de una red de cables.

Algunos quirománticos, especialmente William Benham, creen firmemente que la Voluntad y la Mente Divina cooperan dibujando líneas en la palma de la mano que son portadoras de la importancia del destino.

Los pensamientos albergados a lo largo de mucho tiempo se convierten en actitudes y acaban por amoldarse en la personalidad de la persona. Hipskind sugiere que los pensamientos activados en el cerebro transmiten respuestas que acaban en las manos. Estos impulsos se registran en las palmas de las manos en forma de líneas finas, y más tarde en forma de líneas más intensas. Como la personalidad de un individuo experimenta cambios continuos, Hipskind concluye que la imagen de la palma de la mano sufre unas transformaciones claras cada pocos años, para así acomodarse a la cambiante personalidad del individuo, sus perspectivas y sus experiencias. Quizás quiera leer su propia mano de nuevo después de un tiempo para explorar los cambios experimentados.

Otros conocidos quirománticos actuales, como Fred Gettings, Mir Bashir y Marcel Broekman se han ganado su reputación con extensos archivos de impresiones de las palmas de las manos de las mismas personas recogidas y comparadas a lo largo de los años. Atestiguan, unánimemente, que las líneas aparecen (y también desaparecen) con el tiempo.

Conservar una impresión de su propia palma de la mano es un pasatiempo fascinante y agradable, al tiempo que hace un estudio introspectivo de su vida. El afamado psiquiatra C. G. Jung creía que la quiromancia tenía el potencial de desentrañar secretos muy escondidos en el subconsciente. Usó la quiromancia frecuentemente en su consulta psiquiátrica para evaluar a sus pacientes y aprovechó el potencial intuitivo de la quiromancia anticipándose a los problemas futuros de sus pacientes. Se dice que C. G. Jung señaló que «Las manos, cuya forma y funcionamiento están tan íntimamente ligados a la psique, pueden proporcionar expresiones reveladoras y, por tanto, interpretables, de las peculiaridades psíquicas del carácter humano.»

Psychos, autor de la obra de referencia *The Complete Guide to Palmistry*, arguye que la mano es servidora del cerebro y, como tal, refleja el tipo de cerebro que hay tras ella.

El quiromántico avezado puede detectar líneas en la palma de la mano que revelan el carácter y la personalidad básicos de una persona, los cambios en su entorno, el mundo emocional oculto de un individuo, con todos sus anhelos, habilidades, ambiciones, conflictos, sueños y capacidades desde antes del nacimiento hasta después de la muerte.

Sus manos contienen el cuadro físico, emocional y mental de su verdadera personalidad. Las características, habilidades y capacidades, tal y como están impresas en sus manos, son directrices para una vida más feliz y gratificante, y no previsiones de males futuros. La quiromancia está pensada para su uso como peldaño del camino para la mejora personal y la iluminación.

La geografía de las líneas de la palma de la mano

De la misma forma en que un mapa del mundo en relieve nos muestra las formas de nuestro planeta, con sus montañas, valles, ríos, riachuelos y llanuras, pasa lo mismo con la palma de su mano, con sus montes, líneas y configuraciones, que representan el cuadro de su vida.

Las líneas tienen todo tipo de formas y tamaños: son profundas o no, ramificadas o en forma de borla, sinuosas o resaltadas... La quiromancia usa cada detalle de miles de líneas, y éstas muestran su verdadero significado, basándose en su localización en la palma de la mano, en dónde empiezan y acaban, por qué zonas pasan y qué partes conectan.

Todas las palmas de las manos tienen seis líneas básicas en común. Éstas reciben el nombre de líneas principales y se nombran en sentido descendente: la *Línea del Corazón*, la *de la Cabeza* y la *de la Vida*. Con respecto a su mano derecha se nombran de izquierda a derecha: la *Línea de Mercurio*, la *de Apolo* y la *de Saturno*.

Cada línea, con su propia nomenclatura especial y sus dibujos, representa un cierto plan de acción en la vida de una persona que puede resumirse de la siguiente forma:

- LA LÍNEA DEL CORAZÓN: está relacionada con las emociones, el carácter afectuoso de una persona, sus inseguridades, matrimonios, dependencia e independencia.
- LA LÍNEA DE LA CABEZA: es indicativa de la carrera, el intelecto, la capacidad de razonamiento, las perspectivas laborales y los potenciales para el éxito.
- LA LÍNEA DE LA VIDA: no es un indicador de la expectativa de vida, sino que está relacionada con el tipo y la calidad de la vida, la vitalidad física, la estabilidad o el desequilibrio, la fuerza de voluntad y la lógica.
- LA LÍNEA DE MERCURIO: hace referencia a la salud (en especial del sistema nervioso) y a los negocios, la aventura y las ganas de descubrir cosas.
- LA LÍNEA DE APOLO: nos habla de la utilización de las energías creativas y de los potenciales para el éxito a través del desarrollo de las aptitudes.

- LA LÍNEA DE SATURNO: es el importante revelador psicológico de las fortalezas del carácter, el trabajo, las amistades, los problemas diarios y la capacidad general para el éxito.

Las palmas de las manos también disponen de muchas otras líneas menores que tienen nombres que hablan por sí mismos, como la *Línea del Matrimonio*, la *Línea de la Influencia*, el *Cinturón de Venus* (que denota las emociones, la sexualidad y el temperamento) y el *Anillo de Salomón* (que comprende la sabiduría y los poderes psíquicos).

Las configuraciones

Las palmas de las manos también poseen marcas en forma de figuras llamadas *configuraciones* que reciben su nombre de su aspecto y añaden significados a las líneas o zonas de las que están cerca:

- CADENAS: objetivos oscuros, inclinaciones a la desviación.
- BORLAS Y ENREJADOS: colocación de obstáculos, luchas y disminución de las capacidades.
- RUPTURAS EN LAS LÍNEAS: sugieren debilidad.
- RAMIFICACIONES: proporcionan fuerza suplementaria.
- ISLAS: indican retrasos, lesiones y problemas.
- CRUCES: significan trastornos, violencia, luchas y errores garrafales.
- CUADRILÁTEROS: exageran o disminuyen un rasgo de la personalidad, dependiendo de su tamaño.

- TRIÁNGULOS: se sabe que mejoran la suerte o provocan retrasos debido a la obstinación.
- CÍRCULOS: amplifican los problemas de salud físicos o emocionales o los talentos o las capacidades especiales.
- BARRAS: significan impedimentos temporales.
- ESTRELLAS: acentúan las fortalezas y están relacionadas con la suerte.
- CUADRADOS: fortalecen la cualidad de cualquier zona débil.

Los dedos y los montes

Los dedos de la mano también tienen un nombre. Hacen referencia a los planetas que gobiernan el territorio que representan. El pulgar recibe el nombre de *Venus*, el índice *Júpiter*, el corazón *Saturno,* el anular *Apolo* y el meñique *Mercurio*.

La palma de la mano está dividida en sectores formados por almohadillas o promontorios carnosos llamados *montes*. Bajo cada dedo hay una prominencia carnosa o monte, y estos montes tienen el mismo nombre que el del dedo debajo del que se encuentran. Los montes forman un patrón horario, y en la mano derecha, siguiendo este sentido y empezando debajo del meñique, se llaman Mercurio, Apolo, Saturno, Júpiter, Marte inferior, Venus, Luna y Marte superior.

Probablemente se esté preguntando: «¿Qué significa cada planeta?». Cada uno de ellos denota unos rasgos del carácter y la personalidad que enunciamos a continuación:

- **Mercurio:** tendencia al alza, inteligencia, temple, sagacidad.
- **Apolo:** compasión, amor por la belleza, habilidades artísticas, capacidad para tener éxito.
- **Saturno:** seriedad, precaución, melancolía, superstición.
- **Júpiter:** liderazgo, honor, ambición, religiosidad.
- **Marte inferior:** moral, valentía, autocontrol.
- **Venus:** benevolencia, afecto, humildad, pasión.
- **Luna:** sentimentalismo, imaginación, egocentrismo.
- **Marte superior:** resistencia, frialdad de espíritu, tranquilidad y valentía.

La más mínima desviación en la forma de una línea es importante para un quiromántico. Por ejemplo, una línea de la vida rodea, en condiciones ideales, al monte de Venus, y sólo una persona de cada 500 tendrá una línea tan perfecta. Lo más probable es que la línea de la vida no sea perfecta: será enjuta, ramificada, ondulada, incluso muy corta, o quizá sea ancha y en forma de borla, y puede verse acompañada de círculos, puntos, estrellas, cuadrados o líneas que la cruzan. Estas variantes no son, necesariamente, de mal agüero ni negativas, sino que sirven al quiromántico como claves claras sobre las facetas de la vida de alguien, su personalidad y su carácter.

Instrucciones para leer la palma de su mano

El índice del recorrido autoguiado está diseñado de tal forma que a medida que progrese en la lectura de las palmas de las manos se familiarizará rápidamente con los extraños nombres usados en la quiromancia. Al cabo de unos momentos podrá reconocer la presencia o la ausencia de los diferentes diseños de las líneas en su propia mano al comparar con el índice.

Empiece mirando su palma de la mano derecha abierta mientras pasa las páginas con su mano izquierda, comparando las líneas de su palma con las ilustradas en el índice. Las personas zurdas suelen leer su palma izquierda.

Las tablas que hay al final del índice le proporcionan una vista general. Las flechas y los círculos y líneas punteadas no son más que ayudas visuales para su orientación espacial.

Para aquellos de ustedes que quieran aprender más sobre cómo funciona la quiromancia, hay capítulos adicionales, incluido un cursillo breve para futuros profesionales.

Índice del recorrido autoguiado

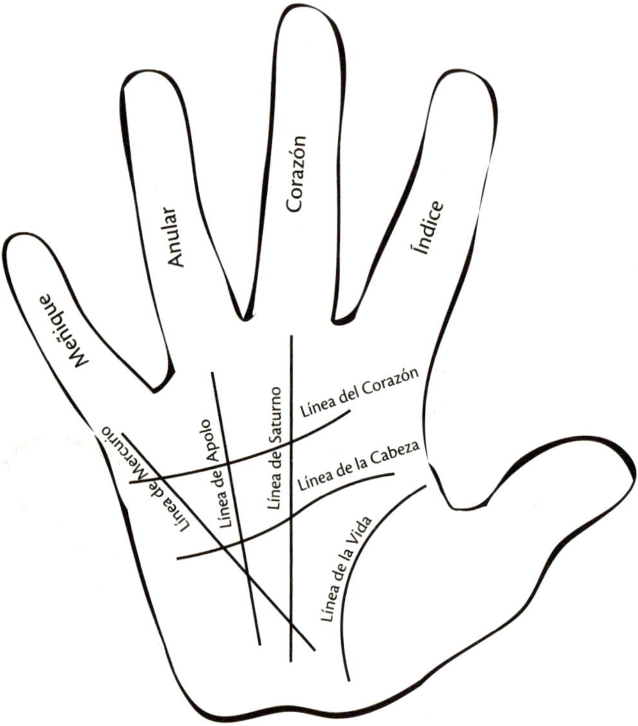

Las líneas principales

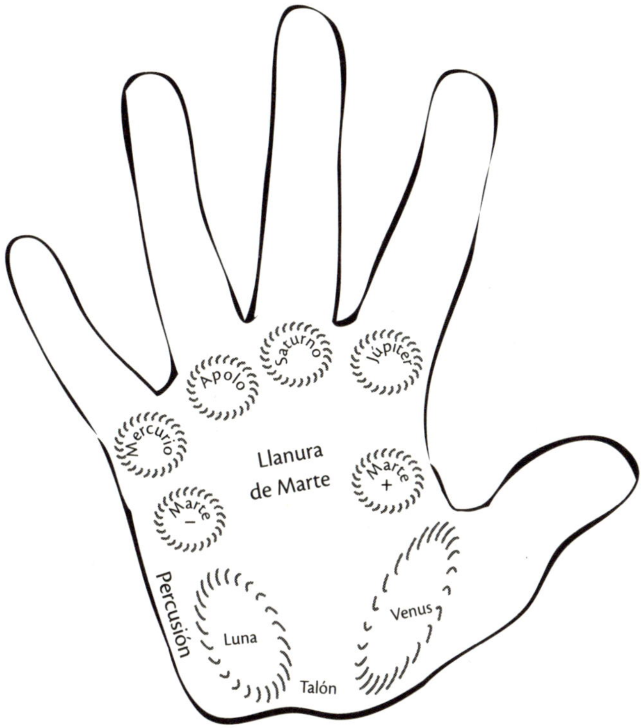
Saturno
Júpiter
Apolo
Mercurio
Llanura
de Marte
Marte
+
Marte
–
Percusión
Luna
Venus
Talón

Los montes

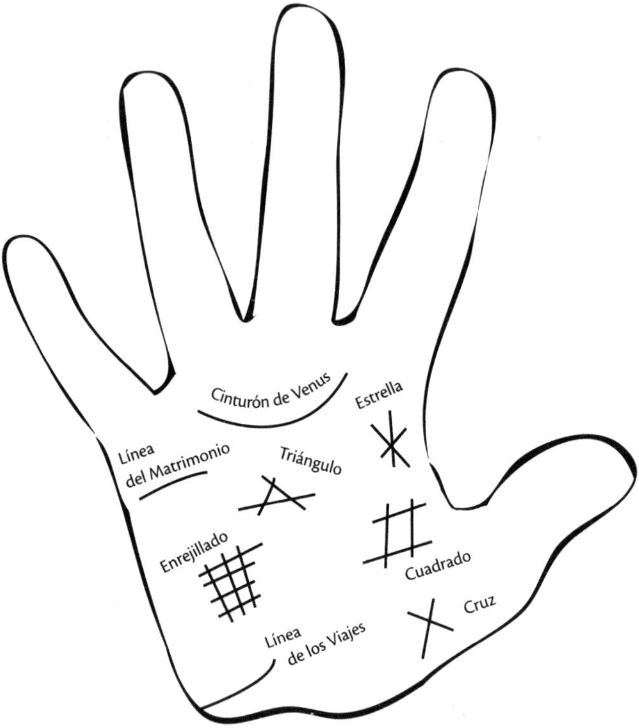
Cinturón de Venus
Estrella
Línea
del Matrimonio
Triángulo
Enrejillado
Cuadrado
Cruz
Línea
de los Viajes

Marcas

Índice del recorrido autoguiado

La Línea de la Vida

1. Su Línea de la Vida es gruesa y está muy marcada.

Tiene una constitución robusta. El destino le ha sometido a unas cargas mayores que la mayoría de la gente debido a que posee grandes reservas interiores. Los demás envidian la forma en que se sacude de las preocupaciones y transmite una sensación de confianza en sí mismo. Aunque puede llevar a cabo grandes esfuerzos físicos, sus hábitos flemáticos le dominan.

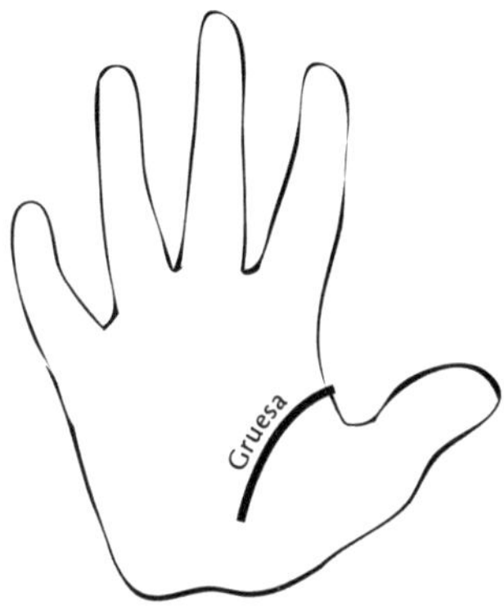

2. Su Línea de la Vida es fina.

Se esconde de los demás y evita la exposición al mundo exterior, encerrándose dentro de su concha protectora. Dentro de esta concha está a salvo de las emociones y el trabajo excesivos y de las cosas inesperadas de la vida. De aquí que conserve cuidadosamente sus niveles de energía por miedo a agotarse demasiado pronto esperando, por tanto, vivir una vida más saludable y creativa.

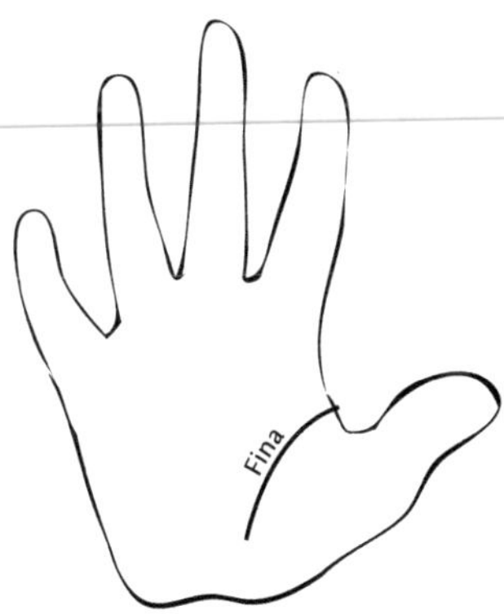

3. Su Línea de la Vida es apenas visible.

La sutileza de esta línea implica que todavía no ha empezado a saborear la vida. Sin saberlo, se está negando muchos de los placeres de la vida, ya sea porque los considera pecaminosos o porque hacen surgir profundos sentimientos de culpabilidad. Puede fortalecer esta línea participando más del mundo y aceptando y haciendo invitaciones. Cuanto mayor sea su implicación en la vida, más marcada estará esta línea.

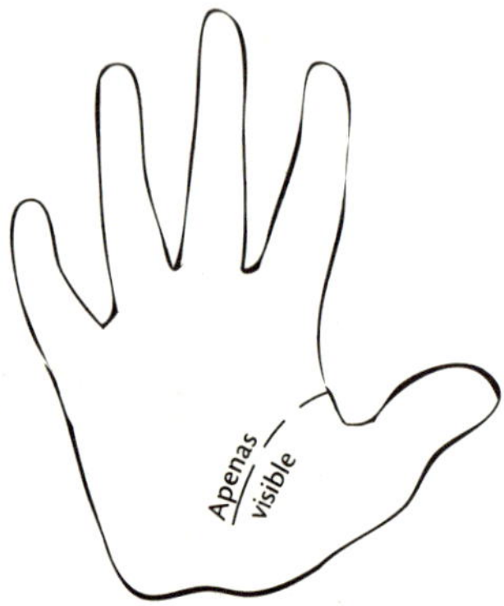

4. Su Línea de la Vida es desigual en cuanto al grosor, o es más profunda en unas partes que en otras.

Deje salir esas emociones fuertemente encerradas y diga NO a los que le menosprecian. Evite que los demás (incluso sus amigos) se aprovechen de usted. Su energía contenida provoca que tenga mal genio. Cuando esté excitado siempre dispone de formas de relajarse, guardando sus sentimientos y alimentando su odio, lo que ha echado a perder su capacidad de disfrutar de la vida.

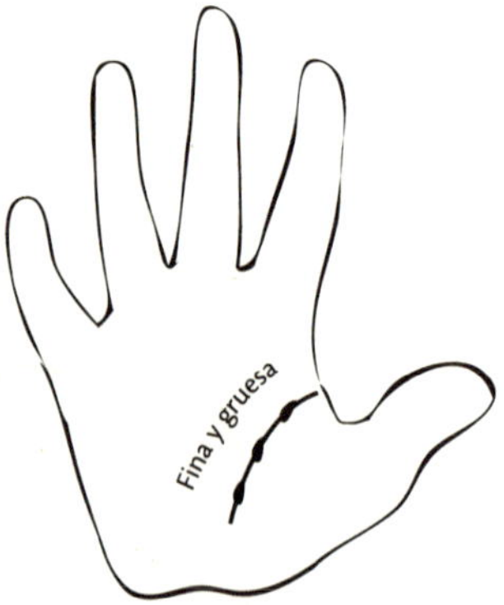

5. Tiene una Línea de la Vida corta que excava un surco profundo.

Tiene la capacidad de controlar cuidadosamente su mente y sus sentimientos, mucho más que la mayoría de las personas. Está orgulloso de su dominio sobre sus acciones y lleva una vida con objetivos y determinación. Posee el hábito de tener LA ÚLTIMA PALABRA, y se rebela cuando le hacen ver que está equivocado. Su carácter rebelde es el factor limitante de su ascenso al éxito.

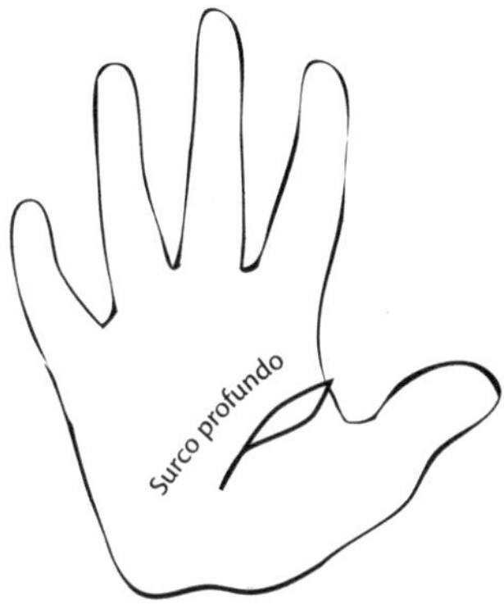

6. Su Línea de la Vida es larga.

Se ha decretado, por una orden superior, que viva usted una vida larga y llena de salud. No obstante, es decisión suya usar correctamente sus energías y habilidades para sentirse pleno. Recuerde que esto no es un seguro de felicidad y eternidad y que debe nutrir y ejercitar continuamente su mente y su cuerpo.

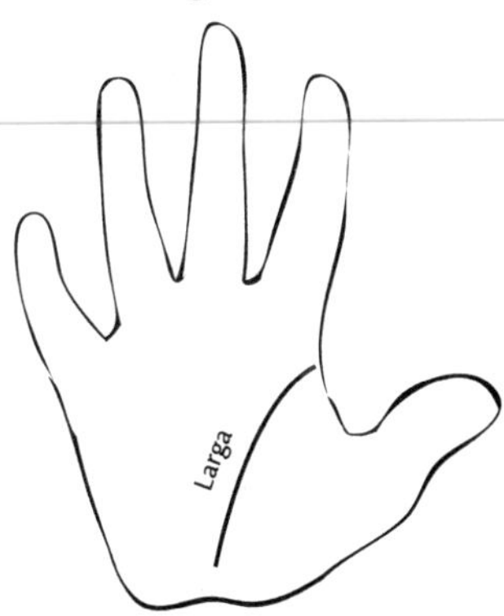

7. Su Línea de la Vida tiene forma de escalera.

Sus sentimientos se ven fácilmente vejados por aquellas personas agresivas y faltas de tacto, y una vez le han distraído le cuesta volver a estar en armonía. Recupérese quedándose en entornos tranquilizadores de color azul. Está buscando un verdadero amigo con el que conectar, pero sufre constantes decepciones. Tiene unos requisitos muy restrictivos con respecto a sus amistades.

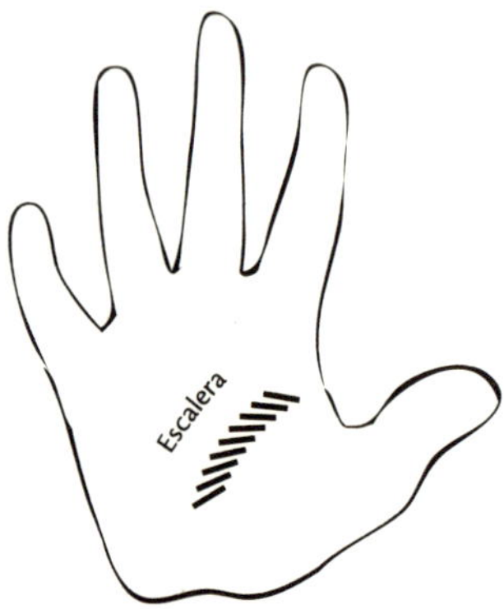

8. Su Línea de la Vida abraza estrechamente al pulgar.

Rechaza a sus seres queridos a la mínima provocación, haciéndose usted más daño que el que les hace a ellos. Evita las connotaciones sexuales en la forma de vestirse y moverse huyendo, inconscientemente, de la intimidad. Subestima su atractivo y con frecuencia no tiene en cuenta los sentimientos de los demás. Una sociedad comercial relacionada con el arte podría proporcionarle pingües beneficios.

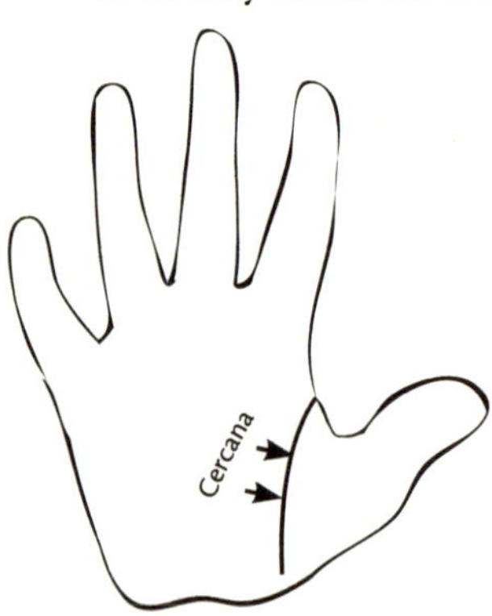

9. Su Línea de la Vida llega a poca altura de su palma, alrededor del Monte de Marte.

Las atracciones sexuales y románticas sin tapujos son las fuerzas que dirigen su vida. Le han aconsejado que ejerza un mayor control sobre sus emociones. Ha puesto todo su empeño en relaciones poco estables debido, únicamente, al magnetismo sexual. A causa de esto, su esfuerzo por su carrera puede debilitarse. Dispone de una reserva inagotable de energía animal y, si parte de ella fuera destinada a su carrera, podría llegar bastante lejos.

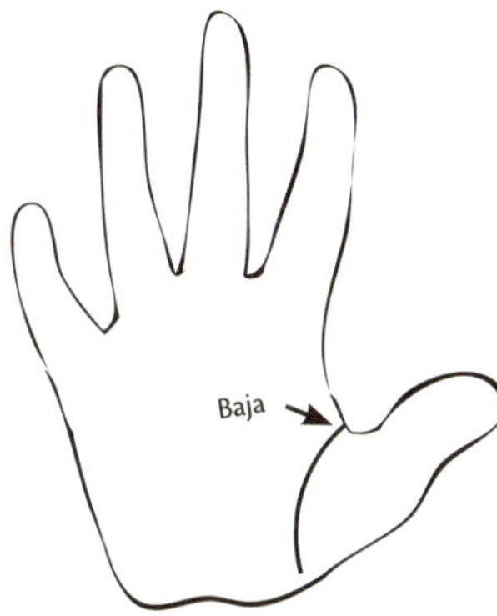

10. Su Línea de la Vida invade buena parte de su palma.

Su carácter ardiente y lleno de entusiasmo tiene la capacidad de hacer que los demás le sigan. Es compresivo con sus inferiores. Hace sacrificios para aliviar la carga a otros. Debe reponer su alegría constantemente para mantener su entusiasmo. Intenta ser el líder en todas las relaciones, incluso en las personales. Los conflictos sobre las ideas en el trabajo con sus compañeros persisten, pero no afectan a su productividad.

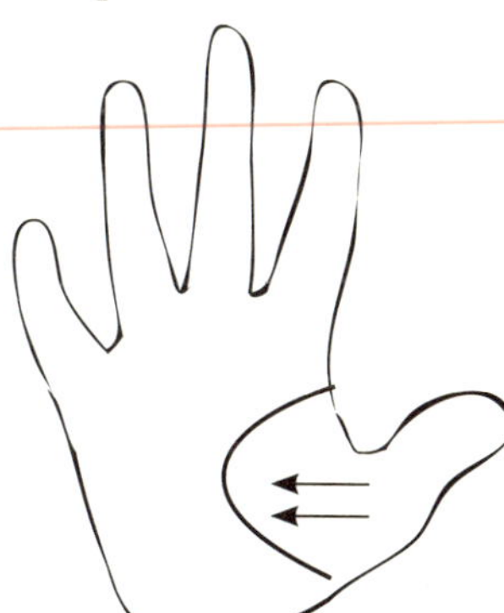

11. Su Línea de la Vida asciende hasta llegar por debajo del Monte de Júpiter.

Es un signo claro de que tiene usted el control sobre sus sentimientos y acciones. Otros dejan, con confianza, que les guíe en sus épocas difíciles. Su ambición para superar los problemas y vencer hace que siga usted adelante cuando los demás se han rendido. Este impulso, sumado a su autocontrol, le hace ganarse el respeto de los demás.

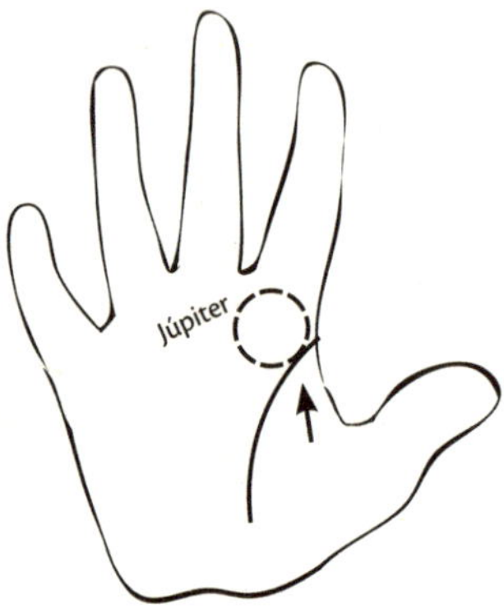

12. Su Línea de la Vida empieza directamente en el monte de Júpiter.

Capta su energía a partir de su sueño de alcanzar grandes alturas. Su sueño de gran alcance se convierte en realidad no sólo porque tiene una gran ambición, sino también debido a su personalidad tan agradable. No necesita fingir afectos parea ganarse su estatus social y financiero. Ansía la expansión y es adicto al éxito.

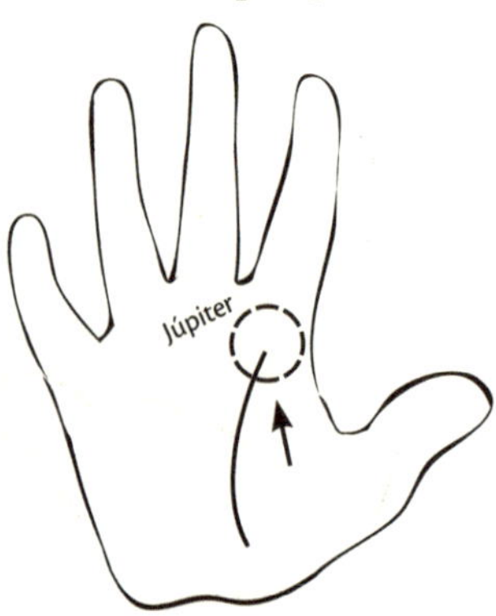

13. Su Línea de la Vida comienza en un punto situado por encima del Monte de Júpiter

Nadie puede detenerle una vez ha tomado una decisión, tanto si se basa en el éxito como en la destrucción. Ha conseguido alzarse por encima de competidores pasados y sigue sin estar satisfecho. Tiene un gran apetito por la expansión y el progreso que no tolerará que se desbaraten. Superar la inercia inicial parece suponer un problema, pero una vez su decisión es firme, llega hasta el final.

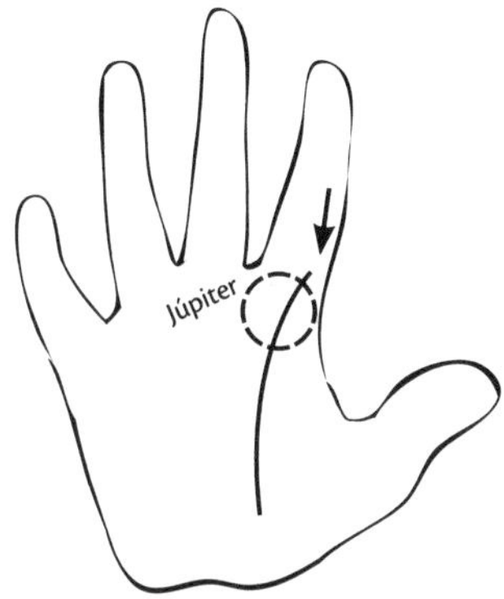

14. Su Línea de la Vida finaliza señalando hacia el Monte de la Luna.

Su estado de humor cambia con facilidad. Su predisposición es como la de alguien que va dando tumbos incansablemente. De su interior surge una inexplicable compulsión por alejarse más y más de su territorio conocido. La carretera parece su segundo hogar. Si esto prosigue, sus sentimientos de patriotismo por su país podrían debilitarse y su destino podría verse satisfecho en un país lejano.

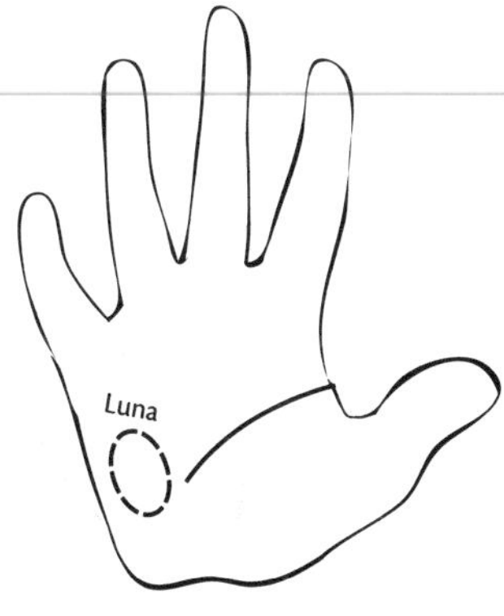

15. Su Línea de la Vida cambia su dirección y gira para cubrir el Monte de la Luna.

¿Ha dejado de preguntarse: «Por qué corro de un lado a otro»? Esta línea presagia un apetito intensamente inquieto. Sin importar dónde esté, experimenta una incómoda ansia por estar en algún otro lugar. Encuentra difícil hacerse cargo de estos sentimientos de huida. Su carrera con el tiempo tiene sus orígenes en una confusión interna no resuelta. Un remedio para ello consiste en intentar vivir la vida pausadamente.

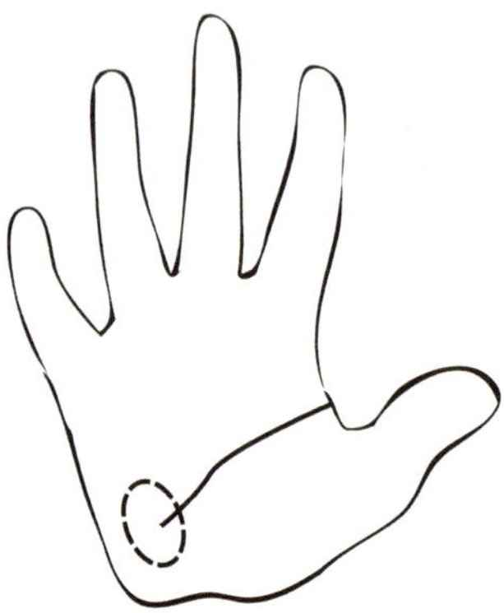

16. Su Línea de la Vida acaba en una dirección que apunta hacia Venus.

La curiosidad y el asombro por las gentes de distintas culturas son su fuerza impulsora. Sin importar dónde le lleven su curiosidad y su necesidad de impresionar a los demás, acabará volviendo a casa. Existe un vínculo mental entre usted y el hogar de su niñez. Busca aliviar su misterioso pasado. Aunque viajará para satisfacer sus deseos, se puede considerar una paradoja que sólo se sienta cómodo y relajado en su hogar.

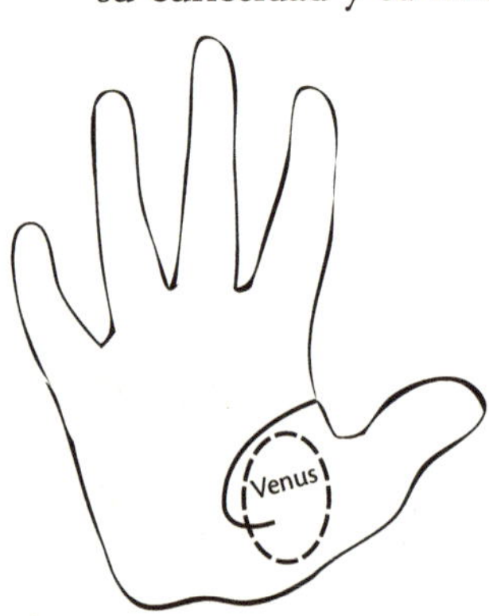

17. Una fina línea dentro de su Línea de la Vida la refuerza.

Esta línea de refuerzo presagia un amor secreto. Tiene tendencia a amar ilícitamente y a soportar las presiones propias de la ocultación. Se muere por la excitación que le provocan los encuentros secretos. Su sentido común se ve superado por su atracción por el sexo opuesto. Este magnetismo puede descontrolarse y dar lugar a acciones que le llenen de un sentimiento de culpabilidad. Si aprende a aceptar esta idiosincrasia podrá compensar sus faltas para con los demás de distintas formas.

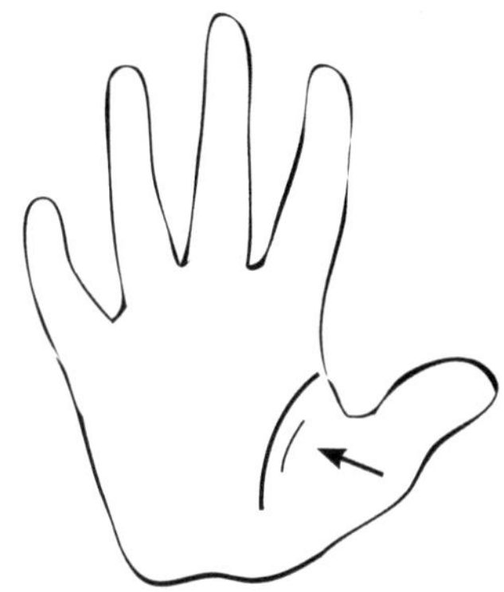

18. En el interior de su Línea de la Vida hay líneas finamente marcadas en una disposición paralela.

Es usted una persona emotiva, apasionada, llena de amor y de lágrima fácil. Se le aconseja precaución cuando sus intensas pasiones se conviertan en un odio profundo. La búsqueda inexorable de venganza podría vaciarle de sus poderes creativos. Esta preocupación podría dejarle sin fuerzas para solucionar los problemas vitales más sencillos. Contener sus brotes de odio y sus impulsos sexuales le convertirá en una fortaleza.

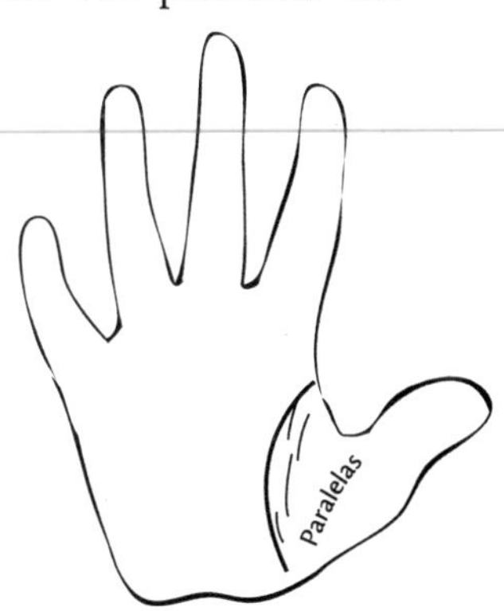

19. Hay muchas líneas finas en el interior de y paralelas a su Línea de la Vida.

Es incapaz de vivir con felicidad a no ser que reciba un torrente constante de amor y atención de varias fuentes al mismo tiempo. Aparecen indicados varios asuntos, algunos de ellos simultáneos. Es usted una persona intensamente emotiva y apasionada y se siente insegura sin su as en la manga. Sería necesaria una larga discusión con un pretendiente muy persistente para apaciguarse.

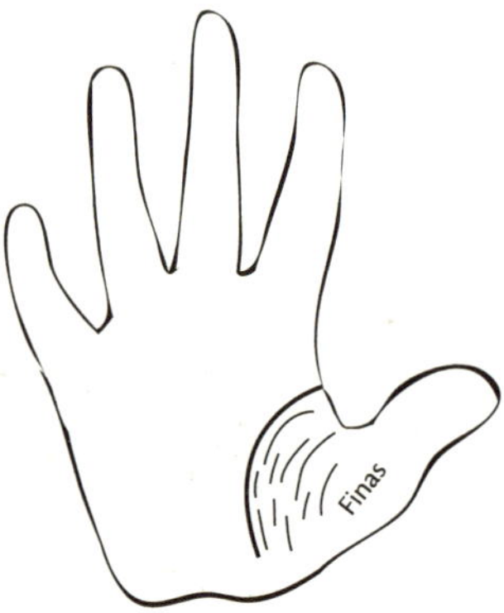

20. Unas líneas concéntricas refuerzan sus montes de Venus y de Marte.

Cada línea curvada simboliza a una persona del sexo opuesto que tiene poder sobre usted. Le imponen sus sistemas de creencias, y no dedica mucho esfuerzo a estructurar y defender aquello en lo que cree. Un día, la red subyacente a sus pensamientos podría convertirse en un reflejo de otros. Mantenga la guardia y potencie sus propias filosofías.

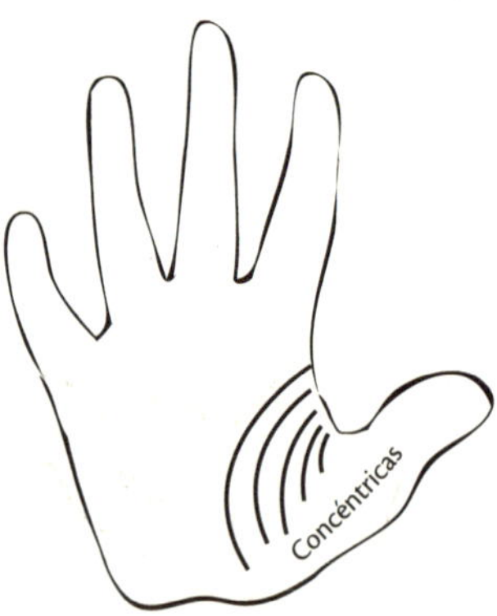

21. Una línea situada en la base del Monte de Venus y paralela a la Línea de la Vida asciende hacia el Monte de Marte inferior o negativo.

Las personas en las que está muy interesado se alejan de usted, a pesar de sus atenciones. Puede, incluso, que su comportamiento sea el mejor (no se inmiscuye, es cuidadoso, etc.), y aun así se apartan de usted. Intenta volver a ganarse a la gente y no se siente bien haciéndolo. Las tornas cambiarán una vez obtenga algunos grandes éxitos personales.

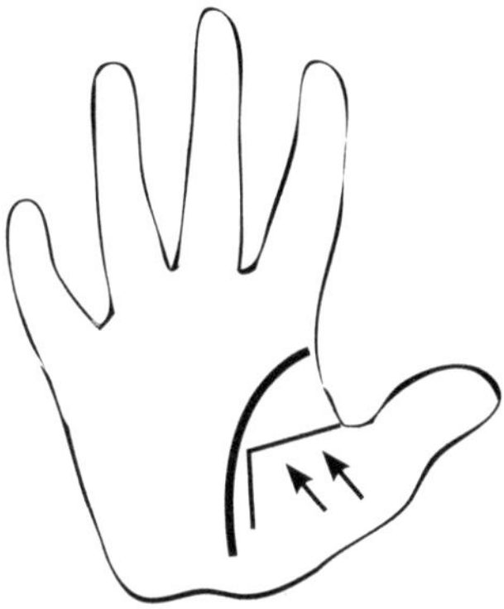

22. Su Línea de la Vida tiene una interrupción.

Ha permitido que el recuerdo de los momentos desagradables marque profundamente su cuerpo y su alma. La verdad es que ha soportado una exposición prolongada a condiciones desagradables. Hay una ausencia doble de color en su vida: su entorno diario carece de alegría y, en segundo lugar, siente que la emoción de la vida se ha escabullido. Son imperativos un estilo de vida y unas perspectivas completamente nuevas.

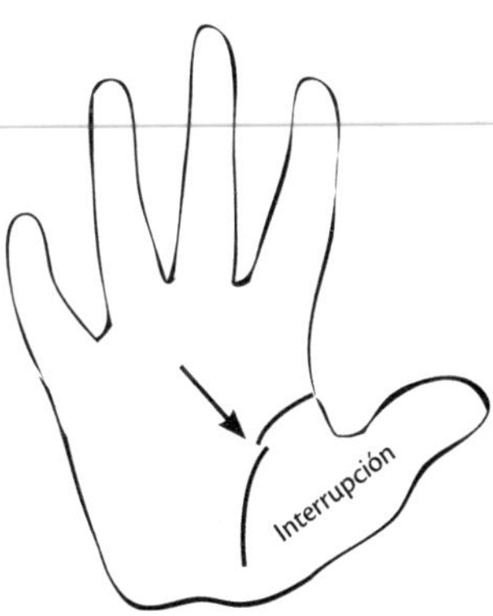

23. Su Línea de la Vida interrumpida está reparada por líneas hermanas.

Diga adiós a los tiempos difíciles y a los callejones sin salida que había a su alrededor. Su carretera a la felicidad se ha desbloqueado. Las líneas hermanas anuncian un alivio del sufrimiento. Este proceso de reparación funciona de tal forma que por cada suceso desagradable del pasado, aparecerá la buena suerte hasta que el bien y el mal queden equilibrados. Debe aprender a aprovechar las oportunidades sin dudarlo, mientras gira la rueda de la fortuna, sin importar lo breves que sean, y su suerte cambiará.

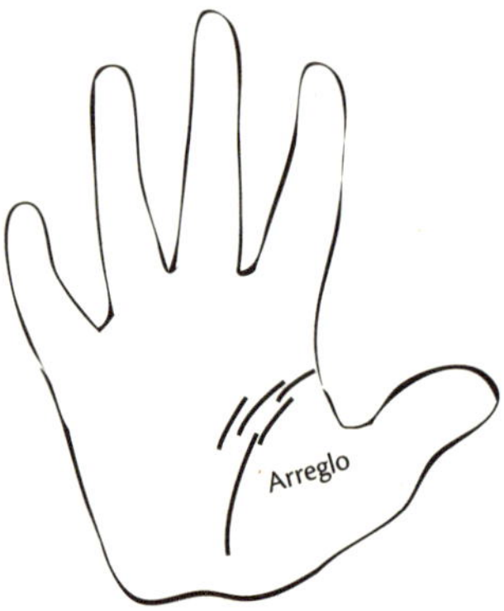

24. Un hueco en su Línea de la Vida se ve llenado por un cuadrado.

El peligro sobre su seguridad será apartado, de vez en cuando, gracias a la influencia protectora del cuadrado. Otras personas se esfuerzan por hacerle feliz desde detrás del escenario. Puede soportar mucho dolor y rebrotar indemne. El cuadrado es una protección contra los daños físicos y le ayuda a recuperar su plena salud después de un accidente o enfermedad.

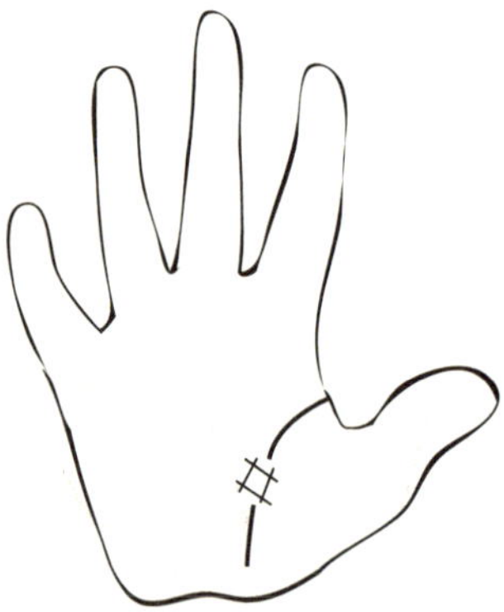

25. Hay un triángulo al final de su Línea de la Vida.

Es usted un verdadero diplomático que aprovecha cada oportunidad para convertir la solución de problemas en una ciencia. Su capacidad a la hora de marcar diferencias no tiene parangón y podría hacer que un día los medios de comunicación se fijen en usted. Los amigos se pegan a usted porque les ayuda a fortalecer su autoestima. Incluso los desconocidos acuden a usted en busca de ayuda, ya que captan ese don que posee.

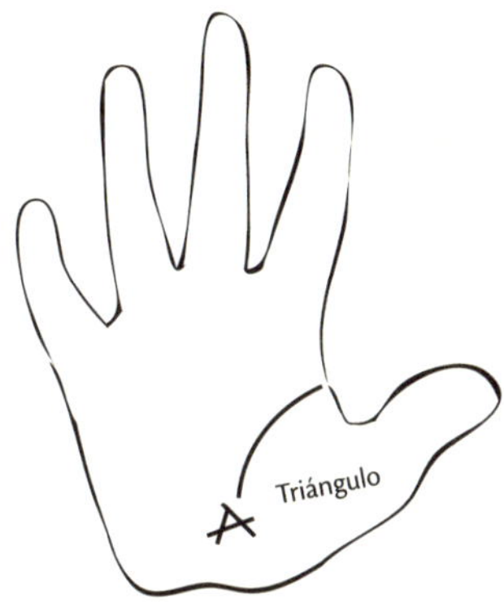

26. Una borla marca el final de su Línea de la Vida.

Esparce sus esfuerzos mentales ampliamente en proyectos condenados desde el principio. Aunque trabaja tan o más duro que los demás, obtiene pocos logros. Los fracasos le forzarán a concentrar todos sus esfuerzos sólo en una dirección, en sólo un proyecto al mismo tiempo. La distracción es su mayor enemigo. Mire hacia delante, y no hacia la izquierda ni la derecha.

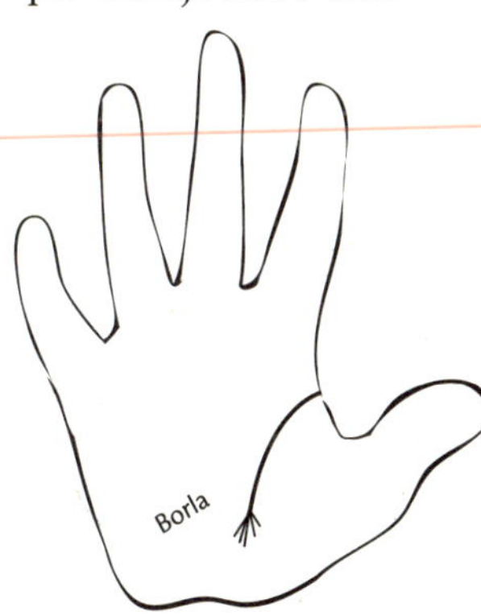

27. Hay una pequeña ramificación en la base de su Línea de la Vida.

Se trata de una señal común entre las personas aficionadas a la lectura, la escritura, a estar sentadas y a imaginar. La vitalidad puede debilitarse con la edad debido a la falta de actividad física regular y agotadora. Le encantaría experimentar las aventuras de sus sueños, pero no se atreve. Si pudiera demostrarse a sí mismo sólo una vez que no teme enfrentarse a la aventura, esto podría suponer el inicio de una vida completamente nueva para usted.

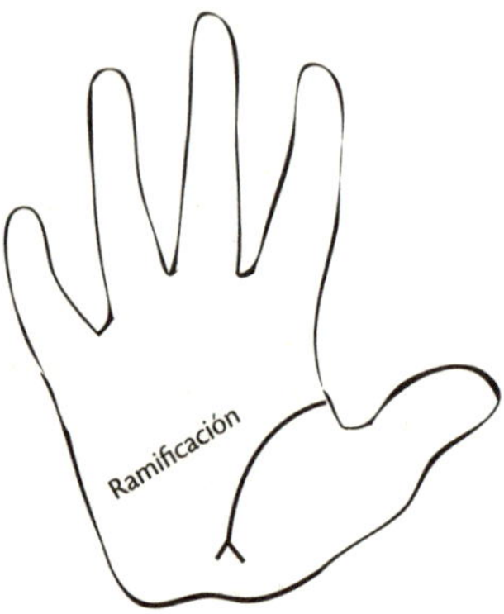

28. Hay una cruz al final de su Línea de la Vida.

Esto representa a una persona de buen corazón y capaz. Hay muchas cosas entre bastidores que le han sido ocultadas intencionadamente. Nunca sabrá toda la verdad. Trabaja mejor solo. Su vida es un libro abierto. A veces necesita ser reservado para conservar una cierta categoría y poder sobre otros. Es momento de que deje de perdonar y empiece a ignorar a los que le ofenden.

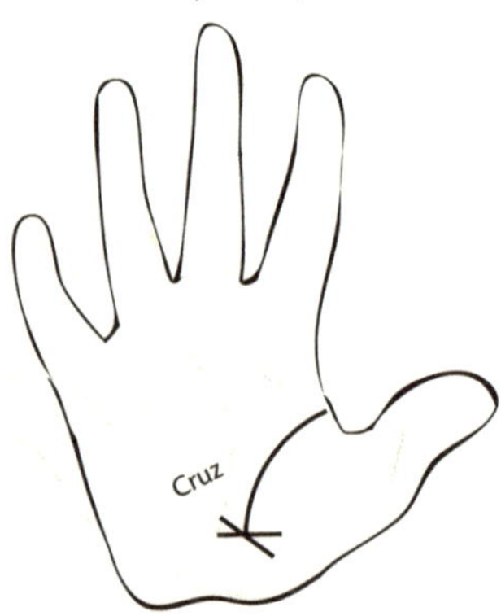

29. Su Línea de la Vida empieza con una pequeña ramificación debajo de su índice.

Cada año de su profesión se ha visto marcado por una progresión. A veces siente como si se estuviera moviendo con unos cohetes unidos a los pies. Desde el momento de su nacimiento, su avance se dirige en la dirección de ese tipo de éxito que favorece a la humanidad. Desde su niñez le ha quedado grabado en la mente el anhelo de ser una estrella en su campo.

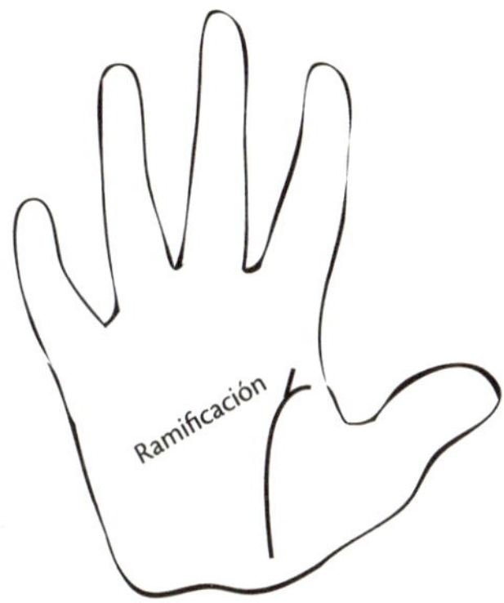

30. Su Línea de la Vida empieza con una forma de isla.

Un antiguo misterio no le ha sido revelado. Mucha gente cercana a usted lo sabe, pero guardan secretos que sucedieron alrededor de o en el momento de su nacimiento. Quieren evitarle disgustos. Ha estado albergando un instinto de que había algo más que saber. Quizás no solucione este caso, pero vale la pena intentarlo, porque nos dará una explicación a una debilidad inherente.

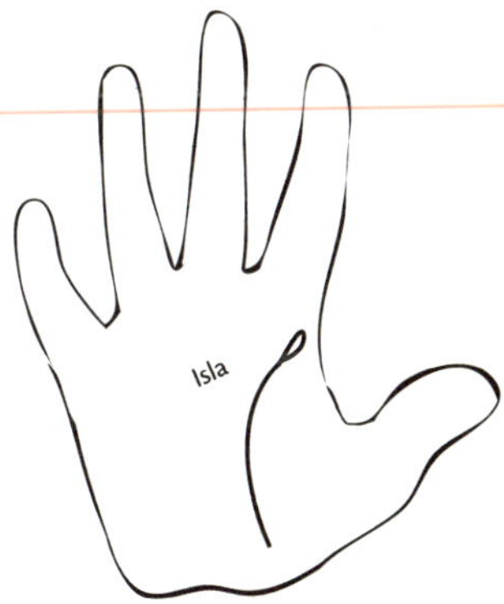

31. Su Línea de la Vida tiene forma de cadena.

Toda su constitución física es muy delicada. La más mínima experiencia dolorosa puede desequilibrarle. Es usted una persona muy sensible, impresionable y creativa. El comportamiento tosco le repele. Cuando era niño quedó impresionado por la brusquedad de algunos adultos. Esto es causa del enfoque ético de su vida. Considera que su niñez es una experiencia dolorosa.

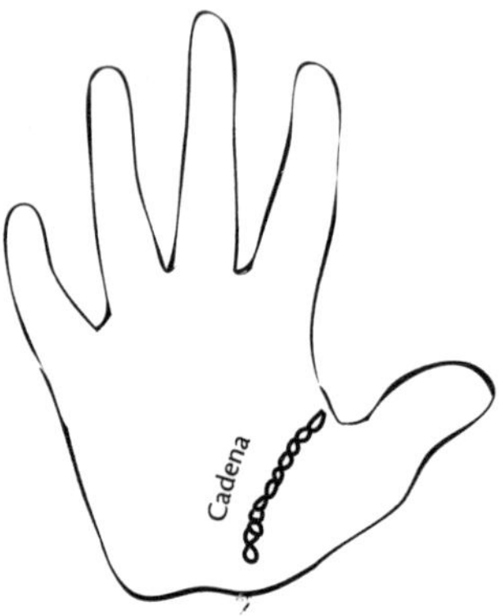

32. Su Línea de la Vida tiene forma de cadena por debajo del Monte de Júpiter.

Su constitución física es frágil y se ve afectado fácilmente por su entorno. Incluso la experiencia dolorosa más ligera le puede dejar desequilibrado durante algún tiempo. Cuando era un niño muy impresionable, frecuentemente le repelía el comportamiento tosco de algunos adultos. Estos recuerdos le han llevado a imponer un conjunto de normas éticas muy rígido a los demás.

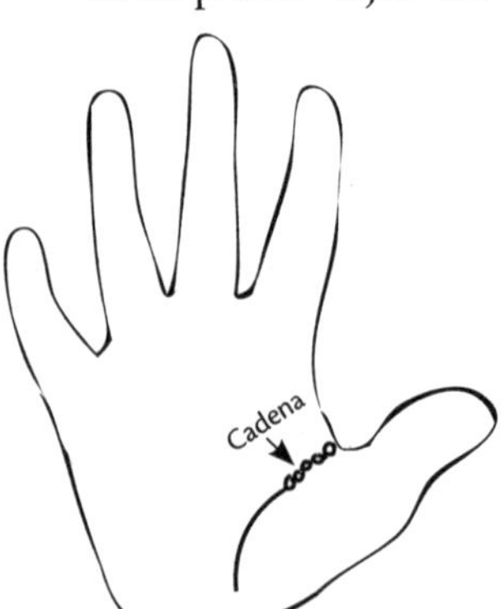

33. Su Línea de la Vida finaliza bruscamente y tiene algunas líneas paralelas muy cortas al final.

La pérdida de vitalidad que percibe no es imaginaria. Los últimos años han sido insípidos y sombríos. Se siente triste por no haber podido alcanzar los objetivos y cosechar los beneficios deseados. Siente que existe una barrera invisible entre usted y la oportunidad. Está cansado de ser un observador. Las líneas paralelas al final marcan una relajación de esta situación, una ruptura del círculo vicioso.

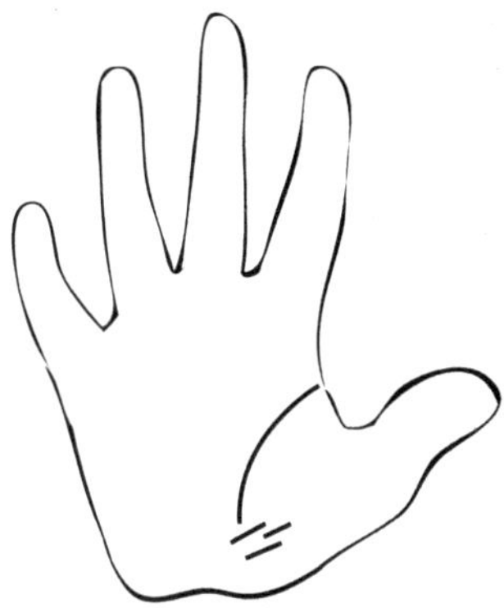

34. Su Línea de la Vida está formada por muchas líneas pequeñas dispuestas en forma de escalones muy cercanos entre sí.

Ha estado aspirando a mejorar muchas facetas de su salud y de su aspecto durante mucho tiempo y las cosas no están cambiando. La condescendencia de los demás le irrita y se esforzará mucho por ocultar sus desgracias. Se ha centrado durante mucho tiempo en sus carencias y las ha magnificado en exceso.

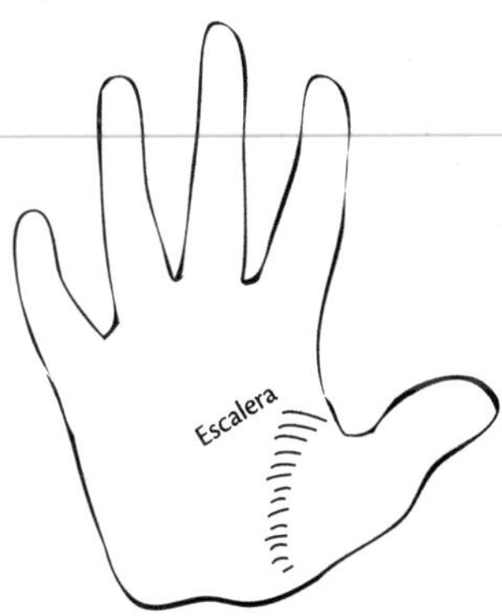

35. Tiene una Línea del Corazón, de la Vida y de la Cabeza largas y finas, y no tiene trazas de las Líneas del Destino, de Apolo y de Mercurio.

Cuando era niño tuvo unas expectativas bastante espléndidas con respecto a lo que haría cuando creciera, pero ahora está decepcionado por cómo han ido las cosas. Esperaba haber obtenido mayores logros y está especialmente desanimado por su situación económica. Su paciencia se verá recompensada porque para usted las cosas llegan más lentamente que para otros.

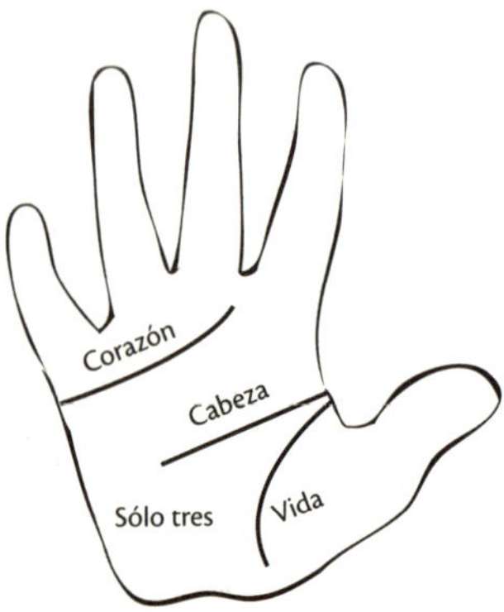

36. Su Línea de la Vida acaba en una serie de líneas cruzadas.

Sus amigos dirán de usted que es un amigo agradable, afable y con buen humor. Ha ayudado a muchas personas en dificultades con su hospitalidad. Se adapta a los deseos de los otros, llegando a veces al sacrificio. Muchas de sus grandes habilidades y aptitudes están latentes porque carece del coraje para desarrollarlas.

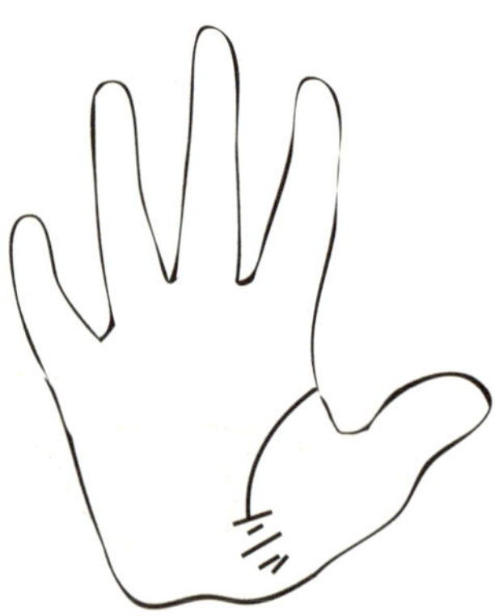

37. Un cierto número de líneas capilares aparecen gradualmente y ganan fuerza al final de su Línea de la Vida.

Cualquier premonición que haya tenido sobre una muerte precoz o antes de hora es injustificada. Las líneas capilares anulan los malos augurios. No debe sentirse ya preocupado sobre desastres inminentes. Estas líneas capilares le refuerzan, haciendo que sea capaz de soportar la carga de todas las fuerzas dirigidas contra usted.

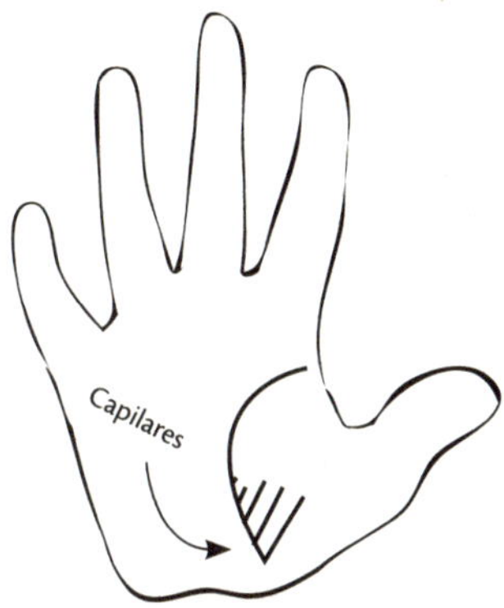

38. Líneas ascendentes procedentes de su Línea de la Vida se ven atravesadas por Líneas de Influencia.

Durante su vida se verá implicado en varios procesos técnicos y legales contra usted. Habrá momentos en los que tendrá que defender sus derechos y enfrentarse a grandes inconvenientes. La separación forzada de aquellos a los que ama es un fenómeno recurrente, y las nuevas personas sobre las que vierte su cariño ocupan su lugar.

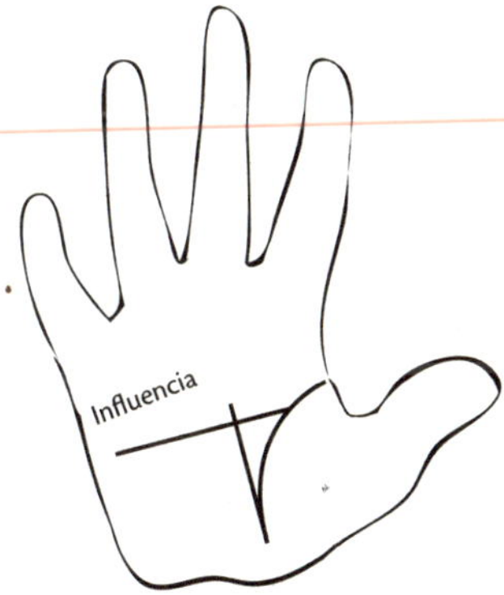

39. Su Línea de la Vida tiene una formación doble, y la rama externa desciende, formando un gran arco, desde Marte hasta la rasceta.

Está cansado de estar al cargo de tanta responsabilidad.

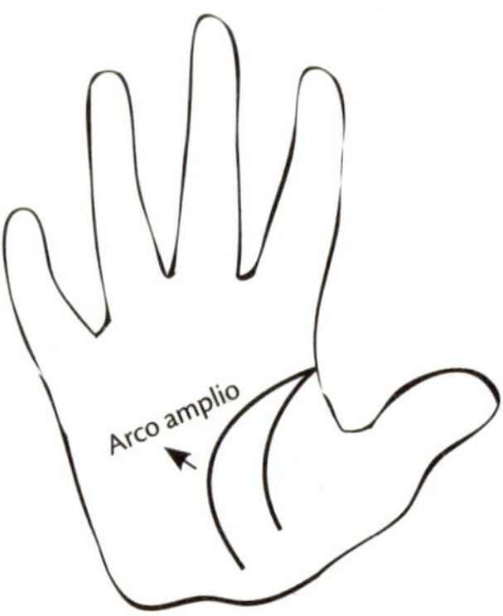

Le gustaría tomarse unas largas vacaciones y poder llevar una vida sencilla. Los problemas aparecen de la nada más rápidamente de lo que puede hacerles frente. Muchos de estos problemas sólo desaparecen mediante la colaboración conjunta. Así pues, no pierda su tiempo luchando solo.

40. El borde roto de su Línea de la Vida se funde con su Línea del Destino.

Hay una fuerza impredecible en su vida que aparece y moldea el resultado de los contratiempos a su favor, sin importar lo poco halagüeñas que parezcan las perspectivas al principio. Su salvación de los desastres siempre llega justo a tiempo. Un día, estas salvaciones acabarán, así que prepárese para arreglárselas solo.

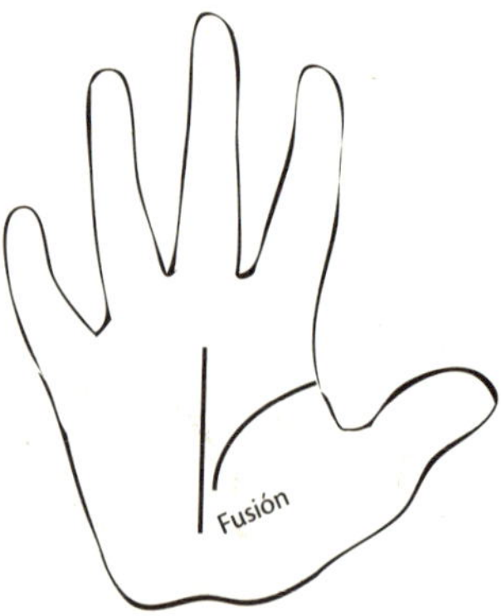

41. Su Línea de la Vida y su Línea del Destino se unen en un punto intermedio.

Ha dejado que su familia influyera en decisiones importantes. Esto ha reducido su control sobre su vida y ha disminuido sus posibilidades de la plena comprensión de su potencial. Debe aprender a fiarse de sus sensaciones, ya que se conoce usted mejor que nadie. La segunda mitad de su vida será un reflejo de la primera mitad, con sus errores y todo, si no hace uso del poder latente en su interior para ejercer el control sobre sus decisiones.

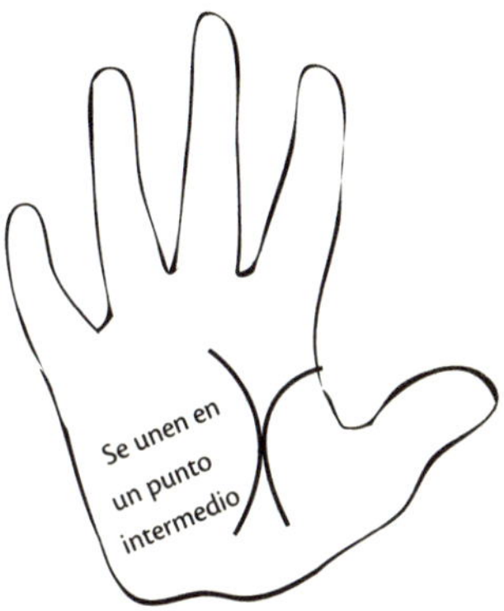

42. Hay unas estructuras parecidas a puntos en su Línea de la Vida.

Se siente infeliz con lo que le ha sucedido en la vida: las cosas han estado fuera de su control. Quiere obtener una mayor satisfacción de la vida, pero se ve impedido por obstáculos. No puede rodearlos y debe lanzarse obstinadamente a través de ellos, uno de cada vez, y si persiste será el Maestro.

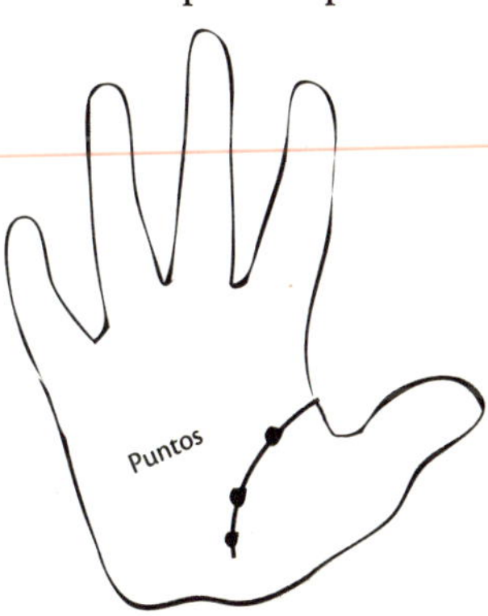

43. Hay dos cruces al inicio de su Línea de la Vida.

Dispone de un aparato sensorial muy agudo. Percibe las cosas con más nitidez que la mayoría de la gente y frecuentemente se preocupa por satisfacer el apetito de sus sentidos. Ha puesto a descansar sus intereses intelectuales y se ha vuelto cada vez más materialista, lo que oculta bien a los demás.

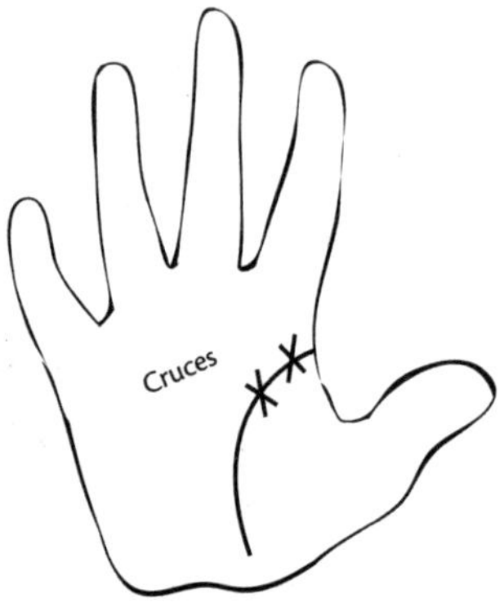

44. Tiene una formación en estrella o cruz sobre su Monte de Venus, en el interior de su Línea de la Vida.

Algún miembro de su familia le enerva. Esta persona le ha supuesto preocupaciones e incertidumbre en la armonía que intenta conseguir en su vida. Este problema aumentará si permite que continúe. Su oponente se vuelve más fuerte a través de su sumisión.

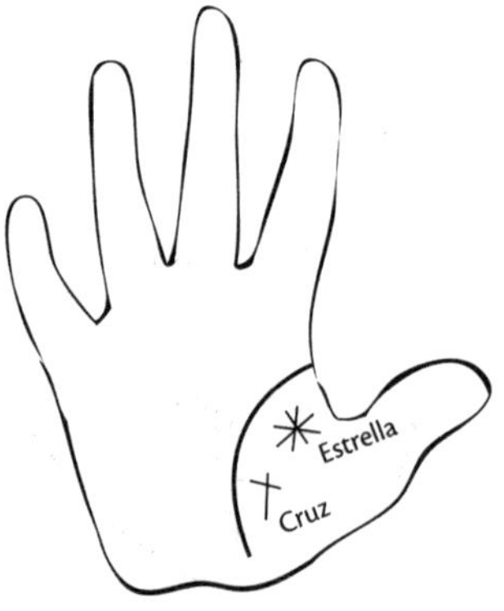

45. Hay un cuadrado en el interior de su Línea de la Vida, sobre el Monte de Venus.

Desea la soledad y la tranquilidad. Quiere algo de privacidad y aspira a librarse del ajetreo cotidiano, que encuentra insoportable. Hablarlo con sus aliados podría aliviar la carga pero, aun así, llevará usted la carga más pesada. Todos quieren obtener algo de usted, pero no dispone de nada más para ofrecer. Necesita rejuvenecer en su propia atmósfera de consuelo, su refugio de soledad, en el que podrá retirarse sin ser molestado.

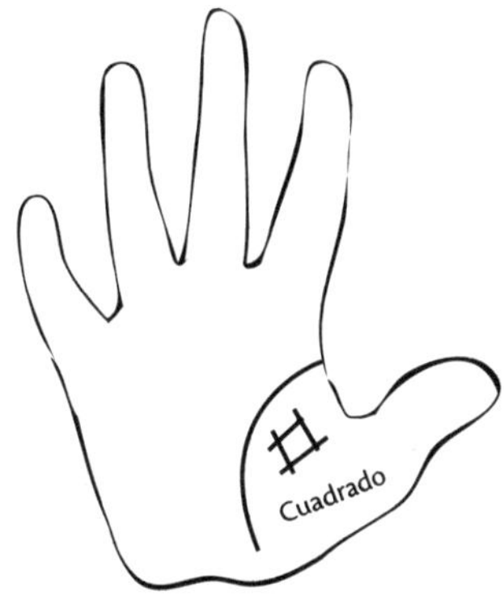

46. Unas delicadas líneas de cabello surgen de su Línea de la Vida.

Periódicamente se ve sobrecargado de energía cerebral intensa y llena de entusiasmo. El origen de esta fuerza es un misterio para usted. Entre estas fases se arrastra preguntándose adónde fueron esas maravillosas sensaciones y se siente indefenso. Cuando se encuentra en la cumbre, su corazón tiene alas. En sus puntos bajos, le acongoja una dolorosa sensación de vacío. Acepte su forma de ser y considere los puntos bajos como los momentos para reabastecerse, y así podrá gozar de lo mejor de ambos mundos.

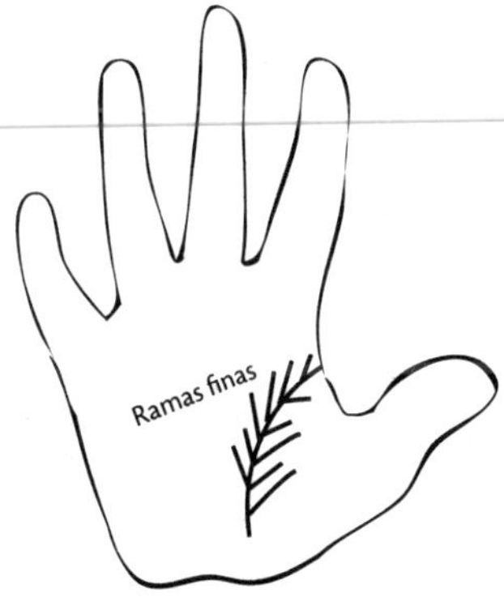

47. Algunas ramas pequeñas y robustas salen, en dirección ascendente, de su Línea de la Vida y apuntan hacia arriba.

De vez en cuando se siente elevado por un coraje físico y una valentía mental inusuales. Los factores de la resistencia física se fortalecen con los años, sintiéndose mejor cuanto mayor es. El dinero no entra de forma regular. Llega erráticamente en grandes sumas. El número de ramas ascendentes en su Línea de la Vida corresponde a la frecuencia de la entrada de dinero.

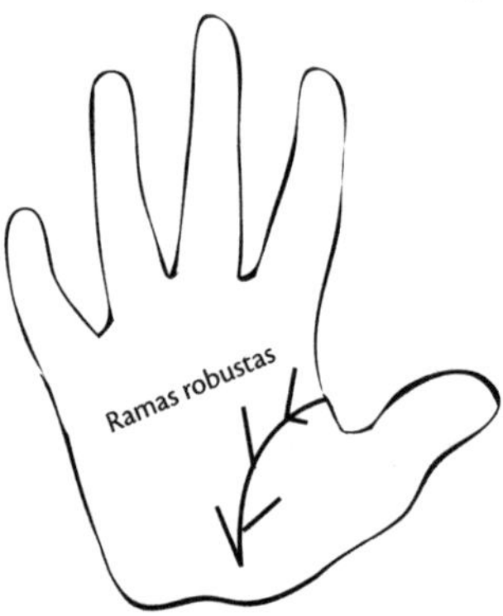

48. Ramas gruesas surgen de su Línea de la Vida y se dirigen hacia arriba.

Es usted una persona llena de vida y de acción. Siente que no hay límite para las cosas que puede conseguir y para las aventuras que están esperando que las acometa. Siente que está en el camino para llegar a la cumbre de algo «grande». Atrae a admiradores que se quedan con usted para así brillar con su entusiasmo y su chispa.

49. Unas líneas de cabello finas salen de su Línea de la Vida en sentido descendente.

Se encuentra en el cénit de su capacidad para realizar cosas grandes y notables. Aproveche este período de gran poder para resolver todos los problemas pospuestos. Cierre los capítulos de las relaciones que le rompieron el corazón en su vida, ya que se alimentan de su energía vital. Sea tan atrevido como pueda, puesto que dispone de este poder en su interior. Demuestre su capacidad a sus superiores.

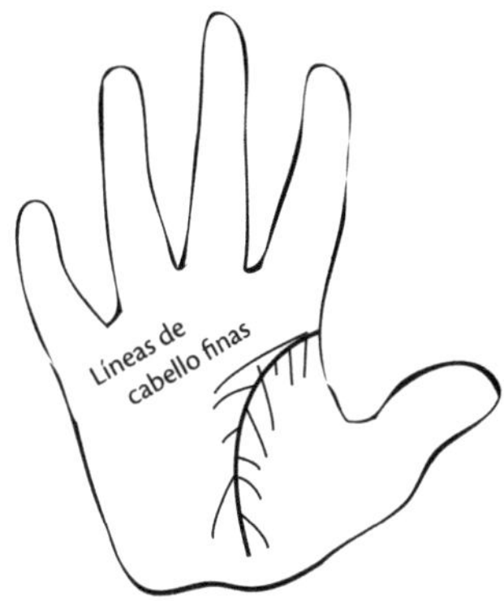

50. Surgen líneas cortas y descendentes de su Línea de la Vida.

Se trata de señales de advertencia para protegerle de la inversión de dinero debido a una corazonada. Como no se fija en todos los hechos y se deja llevar por impulsos espontáneos, sufre pérdidas económicas constantes. Quizás caiga enfermo por darle vueltas a sus pérdidas. También tiene la misma tendencia a enamorarse por un impulso y sufrir las mismas decepciones. Utilice su tiempo libre para romper las rutinas repetitivas y sorpréndase probando cosas nuevas.

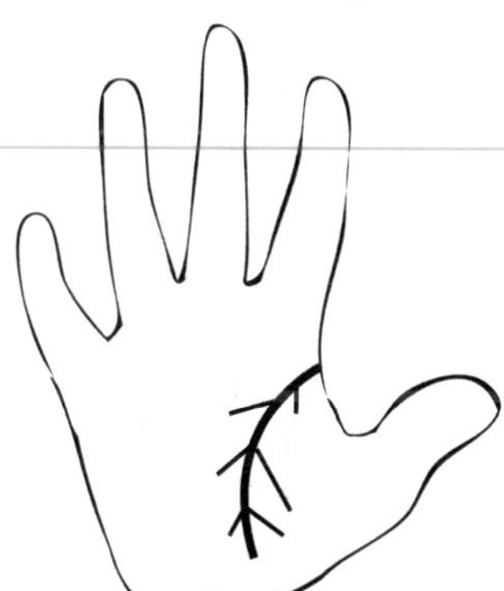

51. Líneas de tamaño medio se curvan y caen desde su Línea de la Vida.

Cada línea representa un paso, en su vida, desde un lugar seguro y protegido hasta una región lejana y desconocida en la que se siente amenazado y perdido. Con cada movimiento progresa espiritualmente, pero pierde en el plano social. Recupera la seguridad perdida haciendo amistades gradualmente y estableciendo relaciones duraderas con personas conectadas con usted y que le aprecian.

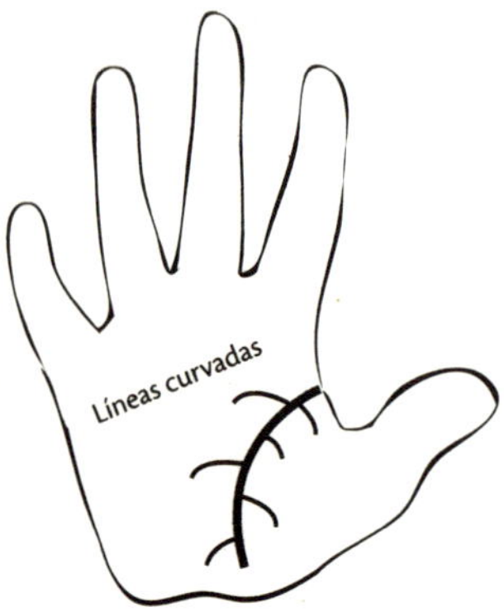

52. Líneas gruesas caen en sentido descendente desde su Línea de la Vida y hacen que ésta discurra torcida.

La exposición a largo plazo a un estilo de vida opuesto al suyo y los años que ha pasado alejado de casa le han impresionado tanto que se ha convertido en una persona completamente nueva y distinta con respecto a la que fue. Anhela disponer de un mentor de confianza que le guíe en la vida y proporcione un objetivo a su existencia. Un ciclo de estudios serio modificará su destino.

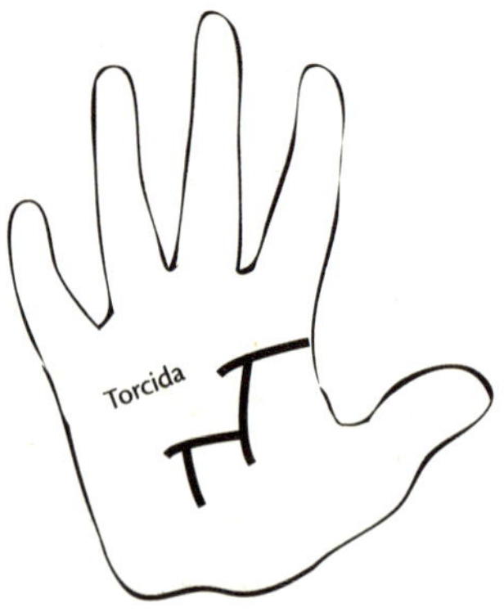

53. Líneas cortas y finas cruzan horizontalmente su Línea de la Vida.

Su objetivo no está lejos, pero las preocupaciones incesantes bloquean su visión. Establecer unas rutinas nuevas libres de su preocupación habitual allanará el camino para una toma de decisiones sencilla. Mantener promesas no es su punto fuerte. Duda sobre si dedicarse a nuevos proyectos, ya que le preocupa que agoten sus reservas.

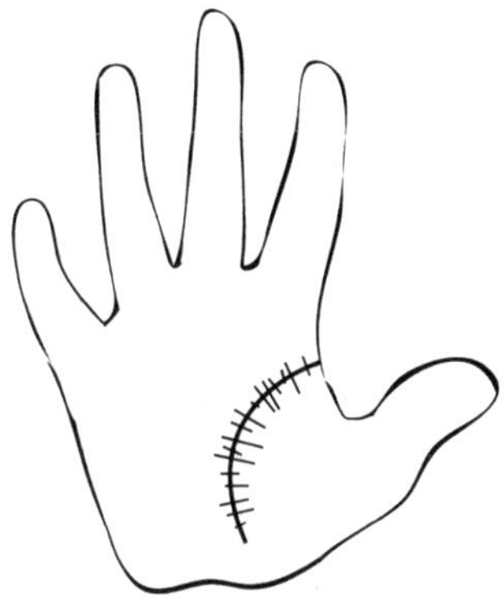

54. Su Línea de la Vida está cortada por muchas líneas pequeñas que tienen distintas direcciones.

Echa de menos sentirse en forma. No acepta con facilidad las incomodidades físicas. Está determinado a volver a sentirse usted mismo de nuevo. Se sentirá mejor viviendo en un lugar lleno de luz y colorido e implicándose en actividades con las que disfruta verdaderamente. Cree que debe hacer algo en todo momento y con frecuencia se implicará en empresas arriesgadas por el mero hecho de hacer algo.

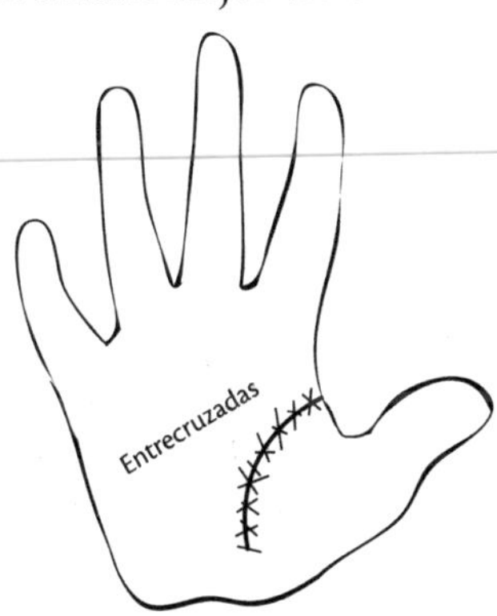

55. Líneas gruesas cruzan su Línea de la Vida.

El número de líneas que crucen su línea de la vida corresponde al número de veces que otros le han hecho mucho daño. Esto sucede porque confía ciegamente en los demás e ignora los signos de advertencia. Los golpes a su orgullo y su preocupación no le desmoronan, sino que pueden hacer que se endurezca y se convierta en un cínico y le hagan caer en el pozo del resentimiento. Si no puede olvidar, acepte.

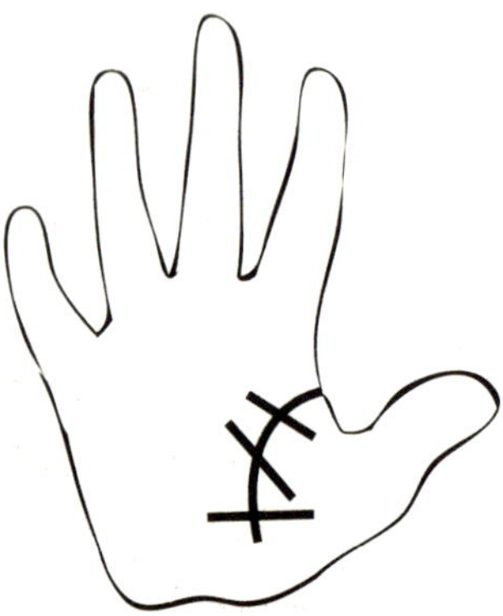

56. Líneas largas que proceden del Monte de Venus cruzan la Línea de la Vida.

Está implicado en conflictos con las personas cercanas. Sus propósitos se ven dificultados y su avance es lento. Surgen muchas confrontaciones personales porque frecuentemente no cumple con su palabra.

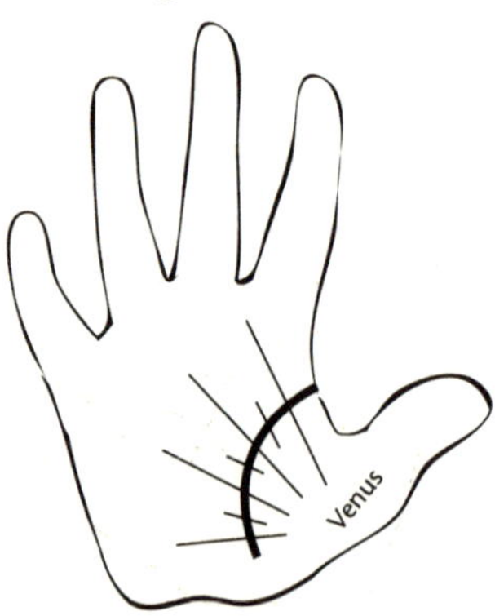

57. Líneas profundas procedentes del pulgar cruzan el Monte de Venus y la Línea de la Vida.

Las personas a las que ama y en las que confía podrían resultar ser traicioneras para su crecimiento personal. Podrían provocarle unas pérdidas tan grandes que las heridas parecerían no poder curar nunca. Debe aprender a desarrollar una luz interior sobre la que pueda mediar para volver a crecer con fuerza.

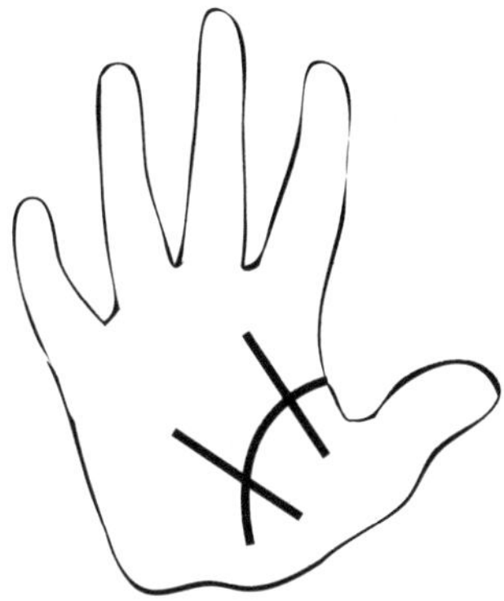

58. Una línea procedente del Monte de Júpiter cruza su Línea de la Vida.

Tiene un gran deseo de alcanzar la mayor categoría posible en la vida. Nunca estará satisfecho perteneciendo a una clase media. Se imagina en la cúspide, eclipsando a los demás. Aunque su ascenso es largo y arduo, se verá recompensado antes de lo que cree.

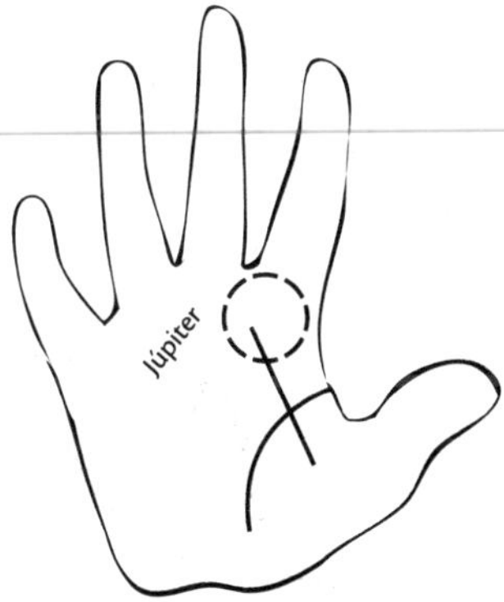

59. Una línea discurre desde su Monte de Saturno y cruza su Línea de la Vida.

Es usted sensible, con una constitución emocional que necesita protección contra los insultos de los demás. Es muy vulnerable a las agresiones verbales y, por tanto, debería evitar a las personas, incluidos los niños, que tienen el hábito de potenciar su ego a costa del suyo.

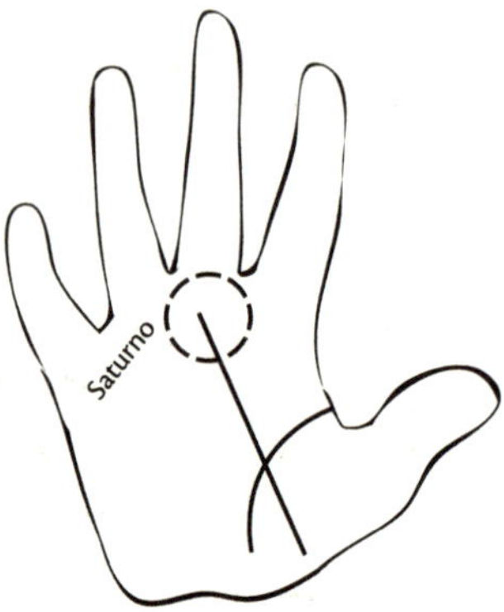

60. Una línea clara y recta procedente del Monte de Apolo cruza su Línea de la Vida hasta llegar al Monte de Venus.

Un día será una persona muy conocida y recibirá honores públicos por su gran talento. Su familia y amigos le ofrecerán todo el apoyo posible, lo que le lanzará a la fama.

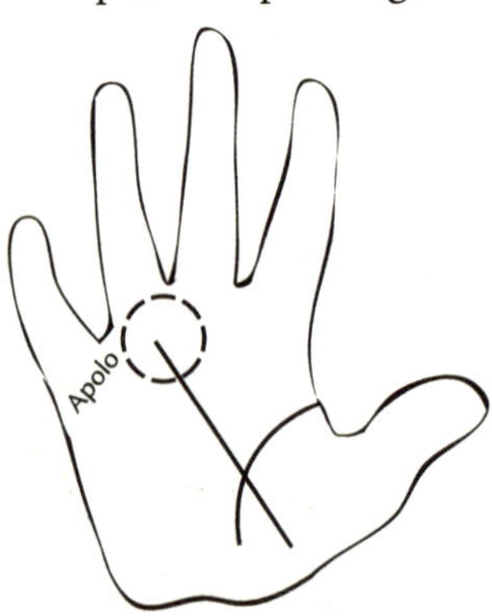

61. Una línea clara y directa procedente del Monte de Mercurio cruza la palma hacia el Monte de Venus, atravesando su Línea de la Vida.

Empieza pronto a hacer apuestas fuertes para ganar. Trabaja incesantemente para conseguir su objetivo y se preocupa sin parar por el futuro. Esta línea indica que los negocios por los que se preocupa más acaban solucionándose a su favor. La riqueza y el estatus le hacen feliz. Su buena suerte puede acabar si no da las gracias cuando debe.

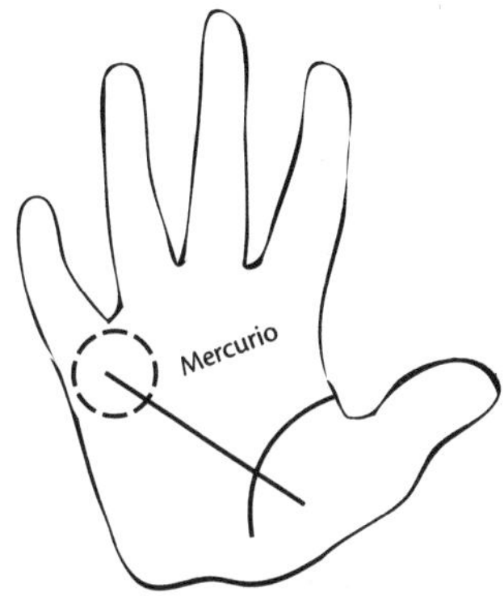

62. Una línea procedente de su Monte de la Luna cruza su Línea de la Vida hasta llegar al Monte de Venus.

Ha tenido algo de mala suerte con el sexo opuesto. Ahora ha desarrollado miedos innecesarios por el hecho de implicarse realmente. Si deja que su guía sean las decepciones pasadas no hará sino quedarse más solo. Se ve decepcionado con más facilidad que los demás debido a una herida precoz de sus sentimientos que no quiere curar.

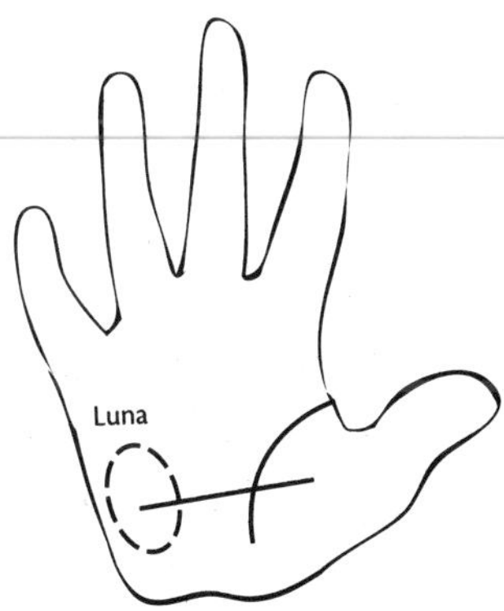

63. Una línea cruza sus Líneas de la Vida y de la Cabeza.

La pena le ha confundido, igual que las vejaciones de un familiar entrometido que había limitado su vida. Este familiar tiene buenas intenciones, y a veces tiene razón y es generoso, pero ya no puede soportar más que le anule. Sea valiente, atrévase a ser usted mismo y se sentirá más ligero y feliz.

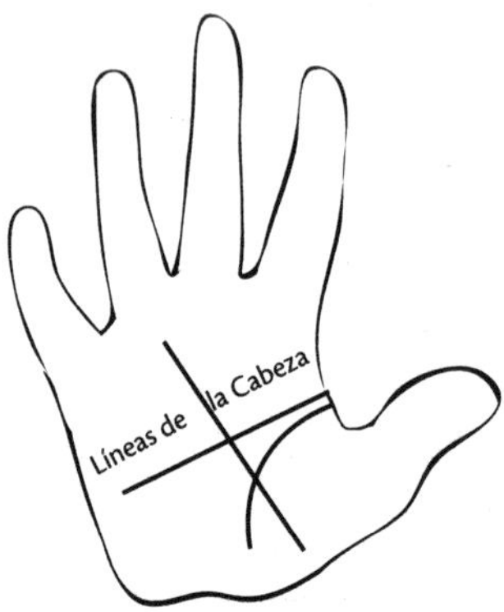

64. Una línea que se origina en cualquier lugar de su Línea de la Vida atraviesa su Línea de la Cabeza y finaliza exactamente en su Línea del Corazón.

Esta línea puede curvarse hacia la derecha o la izquierda o ser recta. Significa que existe un viejo malentendido entre usted y un familiar próximo que le ha estado molestando durante años. Tiene miedo de enfrentarse a esto. Aunque su adversario le falta al respeto y le incrimina, usted hace ver que esto no pasa. Debería dominar a esta persona.

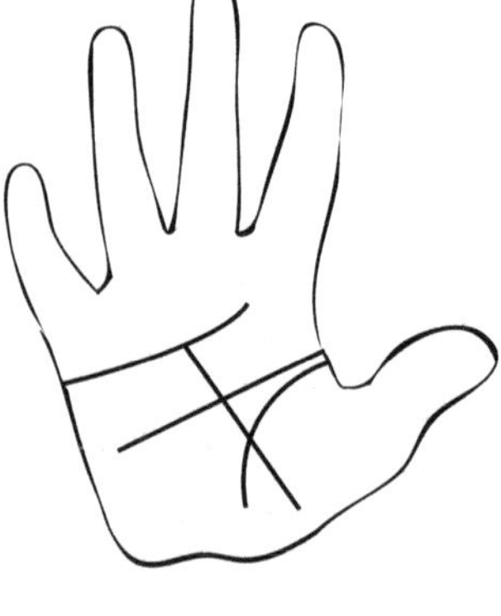

65. Una línea amplia (curvada o recta) cruza sus Líneas de la Vida, de la Cabeza y del Corazón.

En más de una ocasión sus familiares se han inmiscuido en su vida. Han aceptado de mala gana la elección de su pareja. Nunca coincidirán en cuanto a su libertad personal. Para disponer de la libertad y volar con la persona a la que ama no podrá esperar echar la vista atrás y contar con la aprobación de sus familiares.

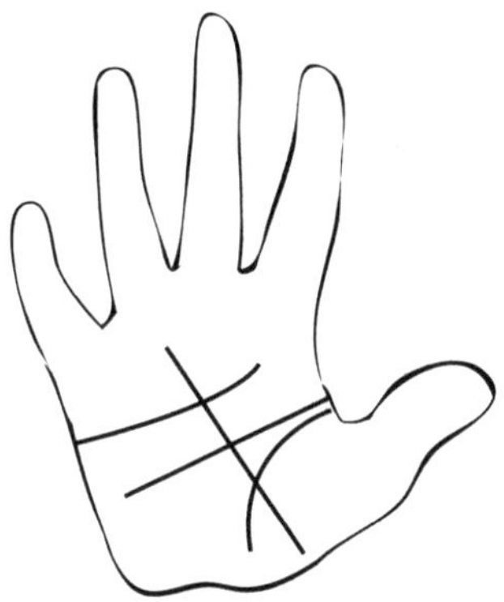

66. Hay una formación con aspecto de isla en la línea (curvada o recta) que atraviesa sus Líneas del Corazón, de la Cabeza y de la Vida.

Inicia una relación amorosa que, en principio, promete mucho. Hacia el final se verá atrapado en una atmósfera de acusaciones y culpabilidad. Esta culpabilidad puede acompañarle en sus relaciones futuras, y sólo podrá dar fin a este patrón con gran esfuerzo.

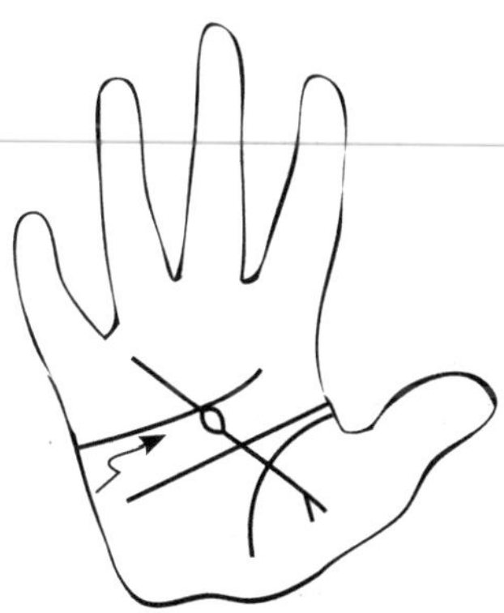

67. Una línea procedente del Monte de Venus atraviesa su Línea de la Vida y cruza la de Apolo.

Existe una duradera discrepancia entre usted y un familiar que llega a su punto álgido. Su adversario, pese a que nunca fuera consciente de ello, jamás fue su amigo. El resultado del proceso (si acaba yendo a juicio) supondrá, inicialmente, una decepción. Más adelante las cosas se volverán en su favor.

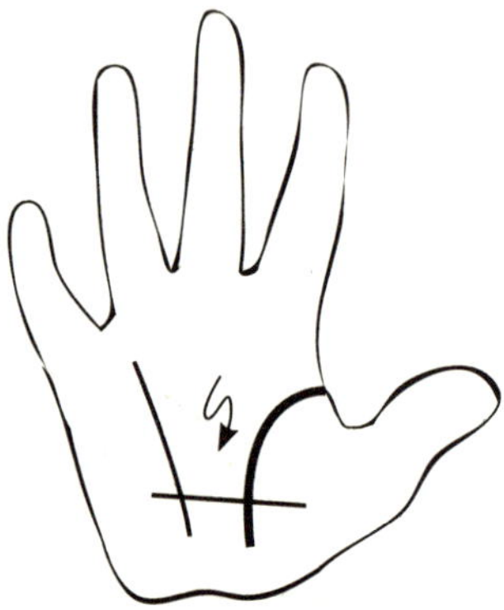

68. Su Línea de la Vida envía una rama ascendente hacia el Monte de Júpiter.

Va con la cabeza alta. Pone por delante un esfuerzo constante por afirmarse y tener un buen aspecto. Tiene poca paciencia con los lentos y aburridos. Es usted irascible cuando le retan. Es capaz de ascender rápidamente al poder una vez decide la dirección. Busca objetivos que no sean pesados.

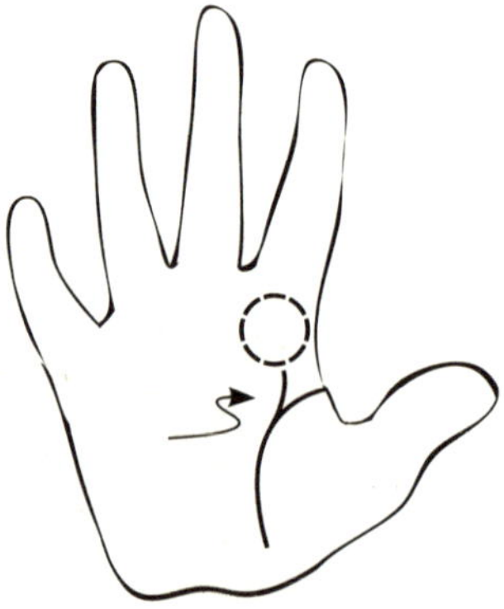

69. Una línea ascendente procedente de su Línea de la Vida cubre su Monte de Júpiter.

Ésta es la marca del logro de un gran maestro y profesor. El poseedor de esta marca asciende al éxito debido a una atracción dinámica por las personas adecuadas. Ellas señalan el camino y eliminan los obstáculos. Esto coincide con un reñido éxito en los estudios y una posición de autoridad sobre otros. Mantenga la vista apartada de las recompensas materiales y sus logros harán historia.

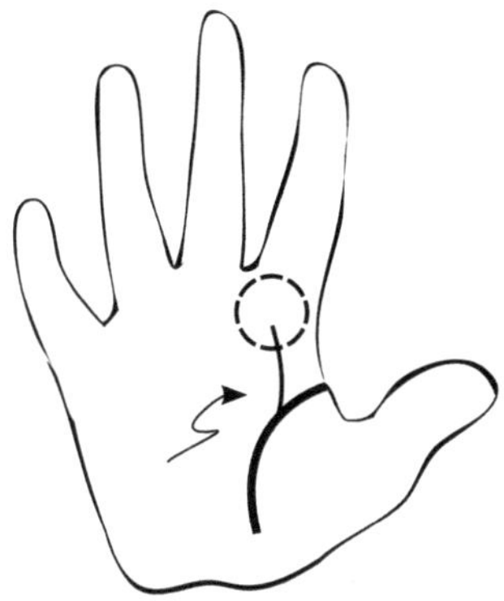

70. Una línea ascendente procedente de su Línea de la Vida discurre hacia el Monte de Saturno.

Se ha enseñado a sí mismo muchos oficios y se ha esforzado por su cuenta por ir a lugares, mientras los demás le frenaban. Ahora sabe que no puede depender de que la familia respalde sus planes de carrera. Frecuentemente le dejan con el trabajo de limpieza. Siempre puede valerse de los recursos internos de sus habilidades para que le proporcionen fuerza.

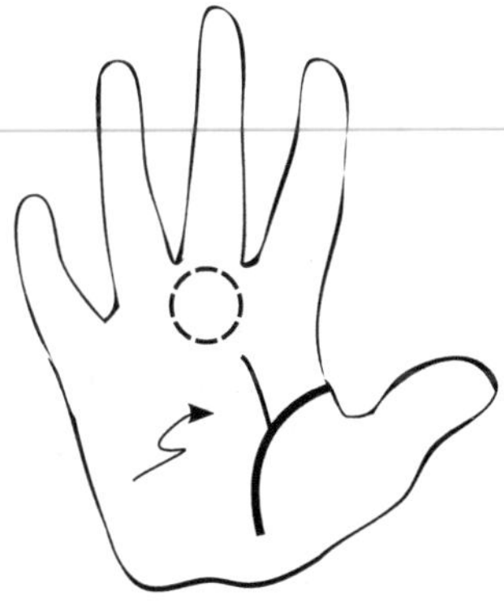

71. Una línea ascendente procedente de su Línea de la Vida discurre por el Monte de Saturno.

Esto denota la adquisición de una propiedad inmobiliaria. Además, otros activos tangibles le conducen a períodos de apuros. Otra interpretación de esto es que hay un secreto encerrado en su interior y que la llave se ha perdido. El secreto se va desvelando mediante una serie de coincidencias que se inician al entrar en contacto con un desconocido al que le importa. Obtiene iluminación resolviendo este enigma y es conducido hacia un segundo destino (una nueva vida), una vida llena de recompensas positivas.

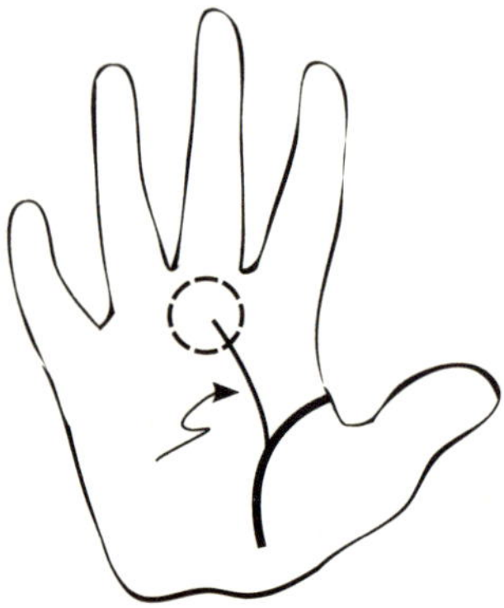

72. Una rama de su Línea de la Vida apunta hacia el Monte de Apolo.

Es un signo de buena suerte que sus habilidades llamen la atención del juez. No pierda tiempo y participe en concursos. Los galardones, premios y la popularidad acudirán. Se trata de un augurio de éxito en manos de la gente del espectáculo, de los servicios públicos, de la ley y las artes. El dinero también acude a aquellos que tienen este signo, y frecuentemente aparece de la nada.

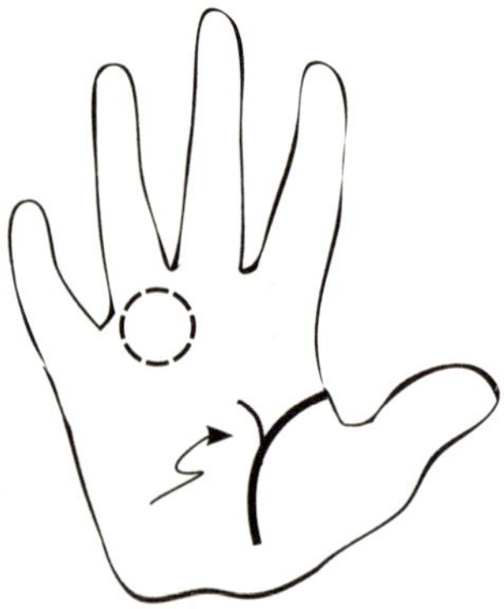

73. Una línea procedente de su Línea de la Vida asciende hacia Mercurio.

Esto promete un éxito precoz en el trabajo. Ascenderá más rápidamente que los demás hasta alcanzar una posición de autoridad. Es usted experto en muchos campos. Esto hace que le resulte difícil calmarse y escoger una especialidad. Puede que tenga distintas profesiones de forma consecutiva. Le irá igual de bien en cualquier campo en el que se especialice. Sus recompensas durarán hasta su ancianidad.

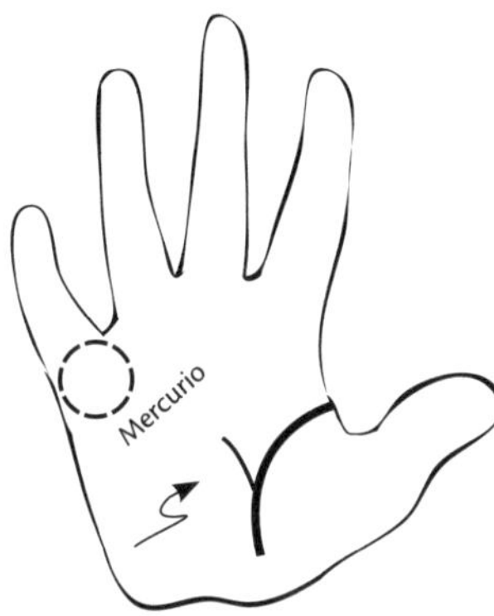

74. Una línea asciende desde su Línea de la Vida y discurre hacia su Monte de Marte superior o positivo.

Una persona que ocupa una posición elevada le ayuda a ponerse en forma para una pelea que le permitirá satisfacer un gran anhelo. Desarrolla valor moral para enfrentarse, impertérrito, a eventos amedrentadores. Su corazón es la sede de su inteligencia: es decir, su primer impulso, cuando resuelve problemas, es el de actuar basándose en sus emociones, y luego racionalmente.

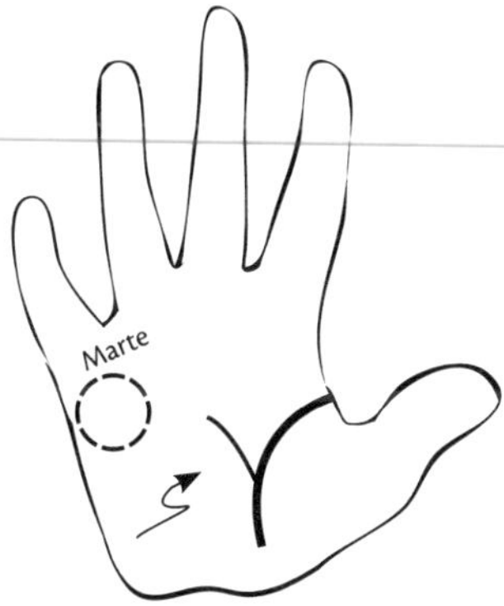

75. Su Línea de la Vida finaliza en una pequeña ramificación.

Está destrozándose pensando en una decisión imposible. Va a encontrarse con problemas tanto si lo hace como si no lo hace. Mientras está en punto muerto, busque una distracción interesante hasta que tenga a mano la solución. Actúe según su primer impulso cuando se rompa el hielo, simplemente para coger impulso.

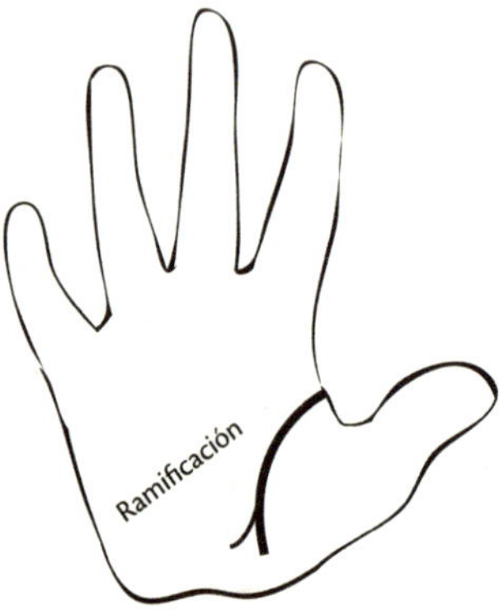

76. Su Línea de la Vida se divide en su extremo en forma de una ramificación ancha.

Los lazos estrechos con la familia y el compañerismo constante no son tan esenciales para usted. Se asegura de hacer las cosas rutinarias de forma muy distinta a los demás. Siente fascinación por el extranjero y un gran deseo de asentar su vida en un lugar exótico.

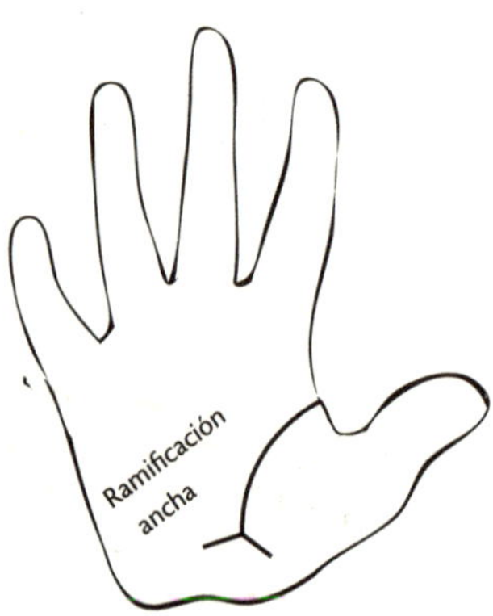

77. Hay una ramificación en su Línea de la Vida que comienza alrededor del centro de su mano.

Siempre está activo. Su carácter inquieto le lleva a alejarse de los entornos seguros en busca del lugar definitivo libre de estrés. Una restricción impuesta sobre usted a lo largo de años le ha vuelto inquieto. Una vez redescubra su objetivo, su antigua fuerza volverá.

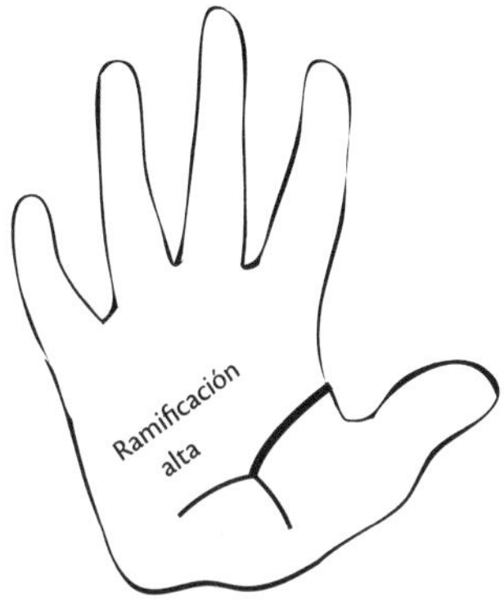

78. Una ramificación de su Línea de la Vida finaliza en el Monte de la Luna.

Ansía viajar y, si no puede hacerlo, su imaginación le lleva allí. Lleva los viajes en la sangre y le iría bien en el negocio del turismo. Es excitable y es el tipo de persona que difícilmente puede esperar a que las cosas sucedan. Como su entusiasmo puede ser contagioso, haría un gran papel en un concurso de televisión.

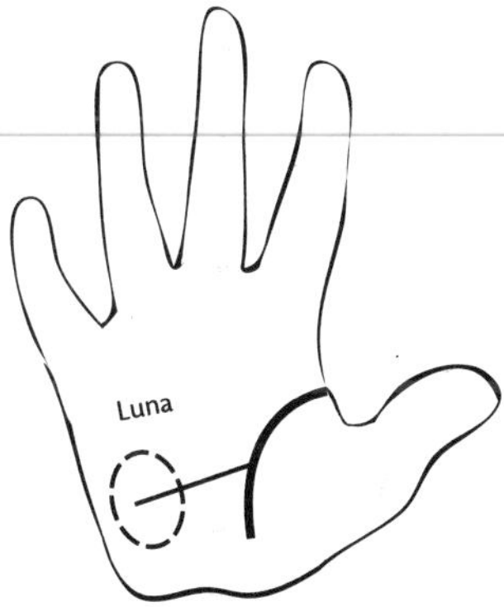

79. Una línea partida procedente de su Línea de la Vida desciende hasta el Monte de la Luna.

No le importan sus pertenencias ni a veces su aspecto. Esto comenzó siendo un problema pequeño en su niñez y sigue creciendo. En su hogar, los objetos valiosos se fosilizan en lugares ocultos especiales porque ya no puede recordar dónde los guardó. Su mente suele estar ocupada en pensamientos más elevados, y de aquí su despreocupación.

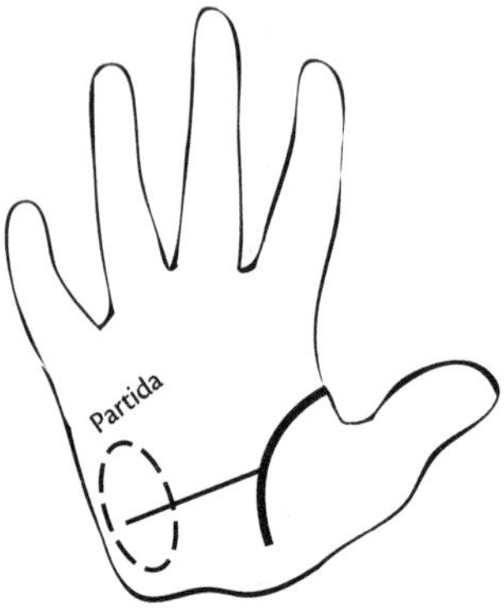

80. Hay una línea descendente procedente de su Línea de la Vida que finaliza en forma de una isla.

Es usted un explorador frustrado. Se aburre con facilidad, así que sueña en aventuras. Los viajes que requieren una amplia preparación le suelen decepcionar. Es usted una persona espontánea. Evite el caos en el camino escogiendo a un compañero con intereses mutuos.

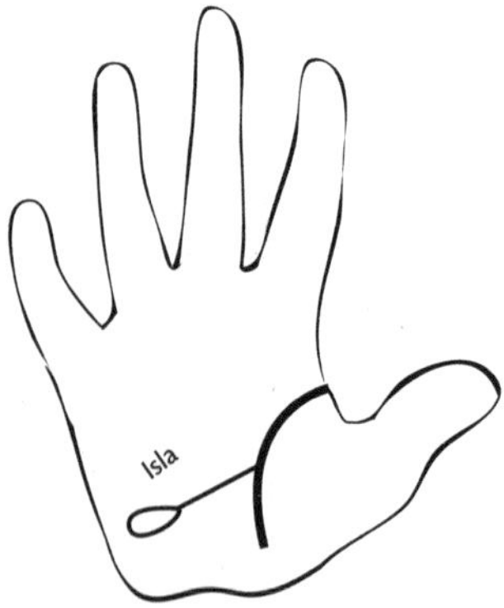

81. Hay un cuadrado en una línea descendente procedente de su Línea de la Vida.

¡Buen viaje! Los viajes alivian su aburrimiento. El cuadrado, que es un signo de protección, le proporciona el coraje para aventurarse lejos de su hogar. En su interior siempre sabe que llegará a su hogar a salvo. Se siente tan relajado en cualquier lugar del mundo como en su propio cuarto de estar.

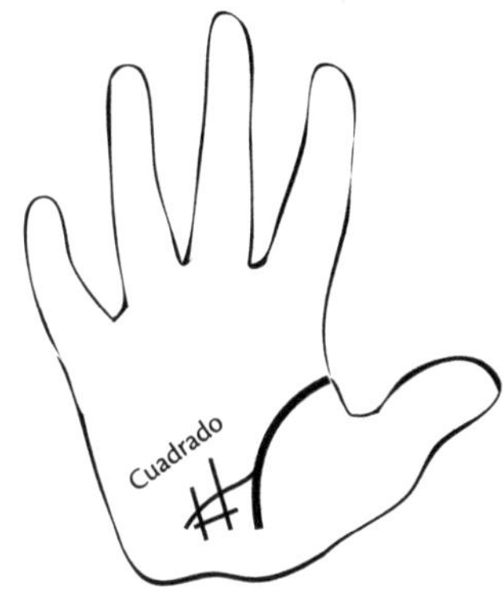

82. Una línea de interferencia procedente de su pulgar ataca a su Línea de la Vida.

Una relación desfavorable al inicio de su vida aparece, sin invitación, para perseguirle por diferencias pasadas. Deshágase de esta persona con tacto, pero tan ágilmente como pueda. La confrontación es inevitable. Sufrirá importantes reveses si retoma la relación donde la dejó.

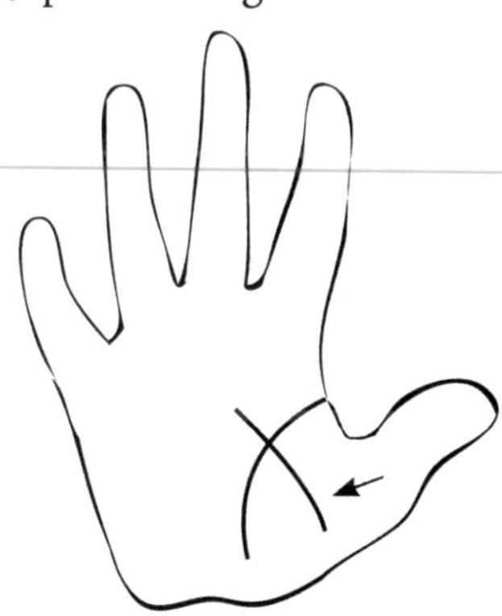

83. Una línea ascendente procedente de su Línea de la Vida finaliza en su Línea de la Cabeza.

Descubre la verdadera naturaleza del destino de su vida. Empieza a aceptarse por lo que es, reconociendo sus limitaciones y enorgulleciéndose de sus bazas. Esto supone un alivio agradecido después de un largo período de desconcierto. Con ello se convertirá en un pensador independiente y aprenderá a basarse menos en las opiniones de los demás.

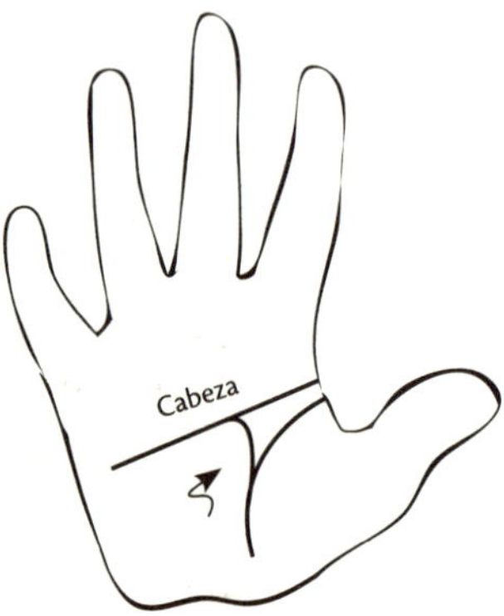

84. Una línea de interferencia procedente de su pulgar atraviesa su Línea de la Vida y finaliza en la Línea de la Cabeza.

Una persona de la que se fía y a la que admira le fuerza a asumir su forma de pensar. No permita que nadie le robe la imagen que tiene de sí mismo. Cuando se sienta manipulado, libere y fortalezca su imagen mental de poder. Debido a la vulnerable imagen que tiene de sí mismo, debe olvidar los fracasos pasados y empezar de cero cada día, confiando en sí mismo.

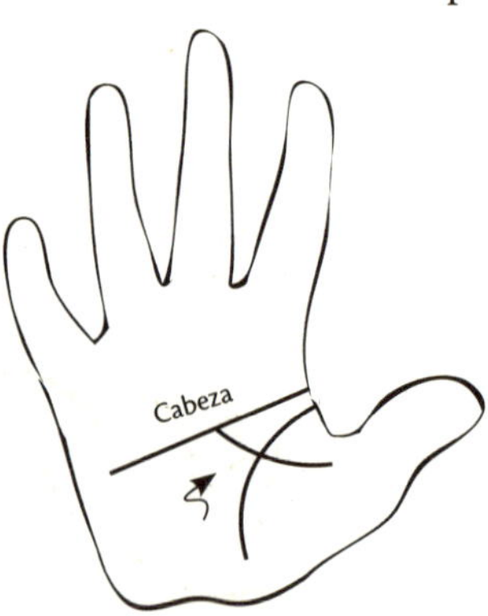

85. Una línea de interferencia procedente de su pulgar cruza su Línea de la Vida y ataca a su Línea del Corazón.

Una persona entrometida, envidiosa de su felicidad, difunde malos rumores para poner a los demás en su contra. La verdad surge. No tenga secretos. Aclare esos antiguos malentendidos. Un asunto interfiere con una misión especial. No acepte un falso objetivo para impresionar a los demás.

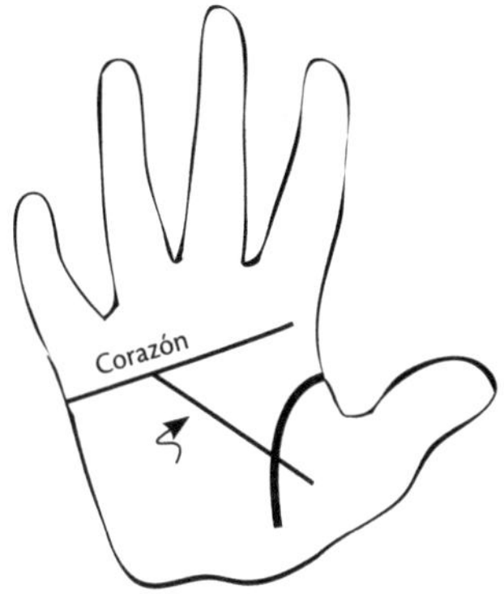

86. Una línea ascendente procedente de su Línea de la Vida se ve detenida por su Línea del Destino.

Ha tomado una decisión final después de años de deliberación y se despoja de problemas que le oprimían. Conecta con su verdadero destino mediante su implicación con un amigo preocupado. Esta persona le ayudará a embarcarse en el éxito. Su confianza en la vida se ve restablecida.

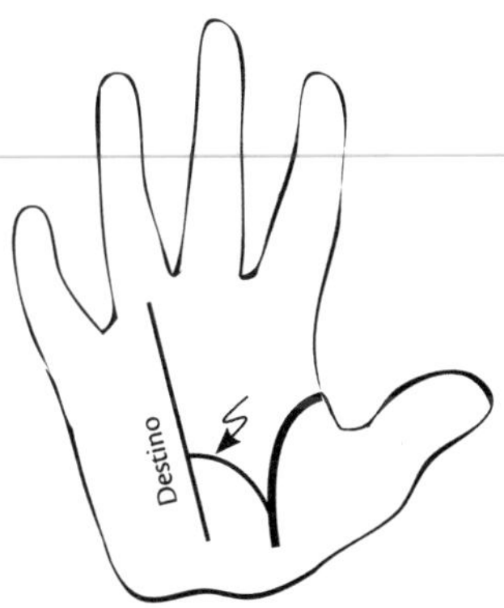

87. Una línea ascendente procedente de su Línea de la Vida discurre paralela a su Línea del Destino.

Los sucesos de su vida discurren siempre en la dirección en la que los demás les gustaría que discurrieran. Permite que

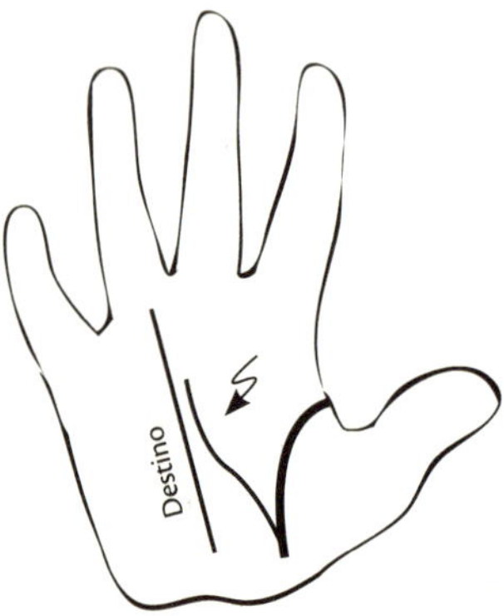

los demás planifiquen su vida. Se siente desvalido en su carrera y en su vida amorosa. La vida le está enseñando la dura lección de la paciencia. Siente que la vida se desliza ante sus ojos y que usted se queda atrás. Una vez que empiece a planear su propia vida y decida las cosas por sí mismo, sus miedos desaparecerán.

88. Una línea de interferencia procedente de su pulgar atraviesa la Línea de la Vida y ataca a su Línea del Destino, cruzándola.

Los oponentes en su trabajo unen fuerzas y parecen atacarle. Es usted una persona inusual y es diferente de tantas

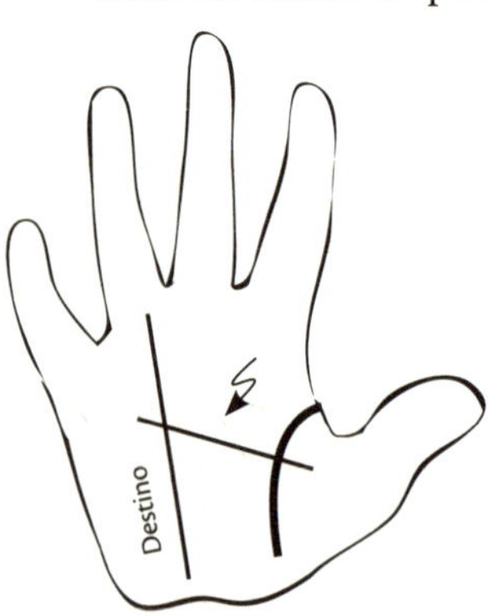

formas que una persona normal no puede aceptar su individualidad. Para superar esto deberá engañar a los demás para que crean que es usted como ellos hasta que le acepten.

89. Una línea de interferencia procedente de su pulgar atraviesa su Línea de la Vida y ataca a su Línea de Apolo.

Un escándalo provocado por la ignorancia de otros penetra profundamente en su psique. El escándalo pasará y todos lo olvidarán, pero el recuerdo permanece y le posee. Un desconocido le saca de una intriga. No puede ocultar un secreto.

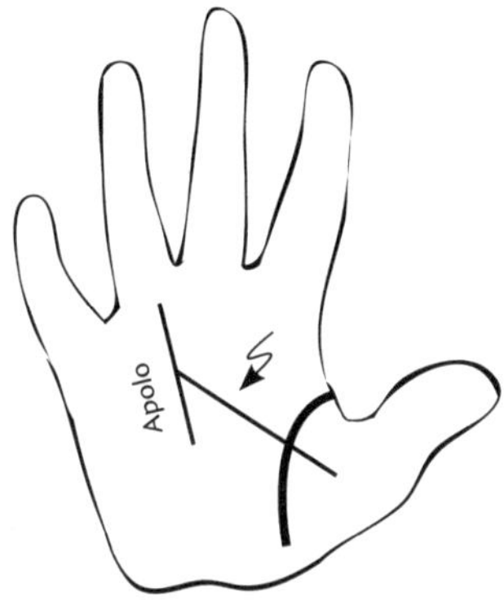

90. Una línea ascendente procedente de su Línea de la Vida se dirige hacia Júpiter pero se ve detenida por la Línea de la Cabeza.

Busca oportunidades después de que hayan pasado. Si fuera más atrevido podría subirse a algunos de esos trenes de la suerte que pasan por delante de usted. El aburrimiento entra en su carrera. Debe luchar contra él desarrollando nuevos intereses y mediante actividades de tipo físico.

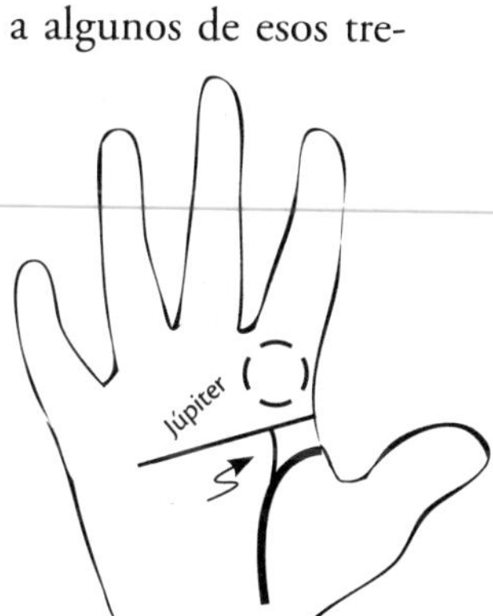

91. Dos pequeñas ramificaciones procedentes de su Línea de la Vida ascienden para conectar con la Línea de la Cabeza.

Sus progenitores le aportaron un buen inicio en su vida

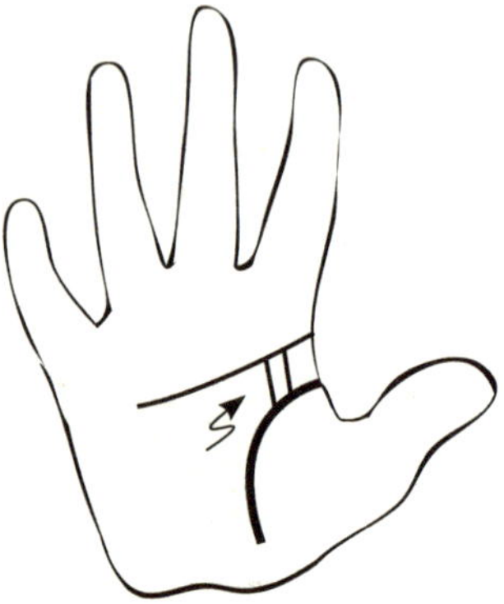

y su niñez fue más feliz que la de la mayoría. Espera el apoyo de sus padres siempre y le cuesta romper el vínculo. No espere recibir una herencia o dinero hasta la última parte de su vida. Por ahora debe seguir trabajando. Su nivel de tolerancia de las molestias es elevada, aunque no cree que lo sean.

92. Una línea ascendente procedente de su Línea de la Vida se extiende hasta su Monte de Marte inferior.

Ha estado sometido a pruebas durante mucho tiempo. Sus seguidores le escogen como candidato más probable para un trabajo importante. El sufrimiento y el período

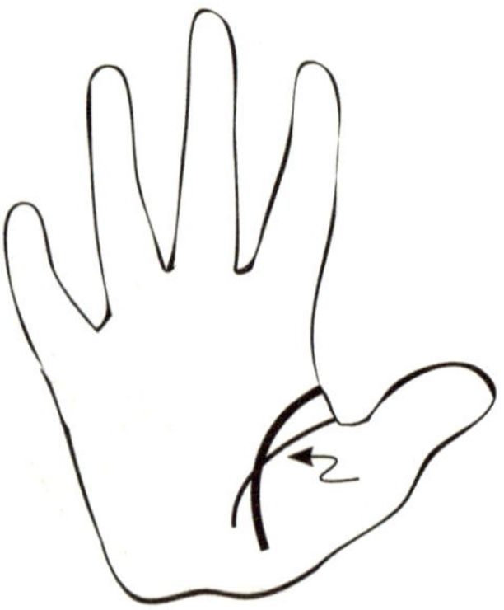

de espera interminable finalizan. Su ansia de obtener la estima pública la consigue mediante privilegios especiales en la segunda mitad de su vida.

La Línea de Marte

93. Su Línea de Marte rodea al pulgar por dentro de la Línea de la Vida.

Se trata de un signo excelente que le proporciona vitalidad y resistencia ante la adversidad y la enfermedad. Refuerza a una Línea de la Vida débil, minimizando así el peligro y el mal. Es un signo excelente que portar si sigue una llamada peligrosa o estresante.

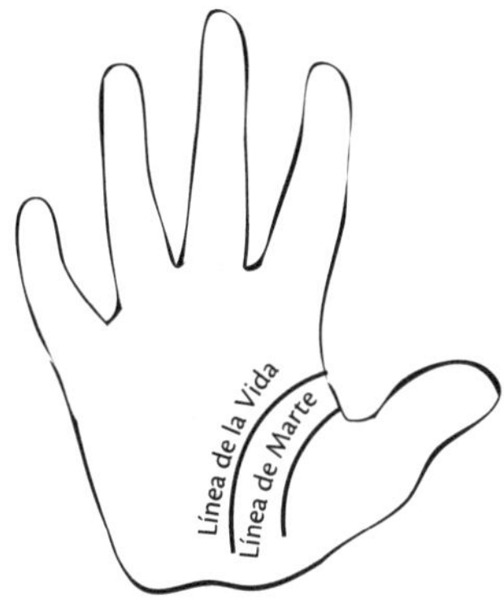

94. Su Línea de Marte se difumina pero se renueva más adelante.

Una persona que tiene una gran influencia en su vida abandona su implicación durante algún tiempo. La razón no es revelada. Puede ser fuerte usted solo, pero esto requiere que crea firmemente en usted mismo. Puede obtener una nueva confianza en sí mismo. Una vez que su relación con la persona mencionada anteriormente se renueve, se convertirá en una persona más fuerte.

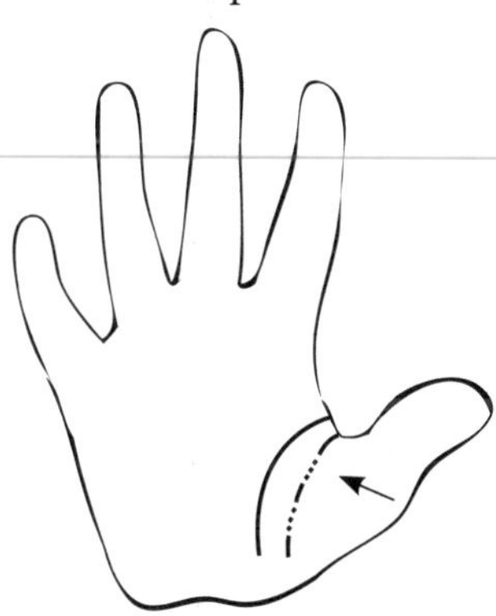

95. Su Línea de Marte discurre, durante un tramo, paralela a su Línea de la Vida y luego gira hacia el interior, hacia la base del pulgar.

Este signo indica que una parte integral de su supervivencia será su necesidad de quedar completamente libre del pasado. Conserve a sus viejos amigos, pero haga, constantemente, amistades nuevas. Una persona muy cercana a usted desde una tierna edad quiere romper sus vínculos. Sea dulce y comprensivo. Las personas que le quieren siempre lo harán, sin importar lo que suceda.

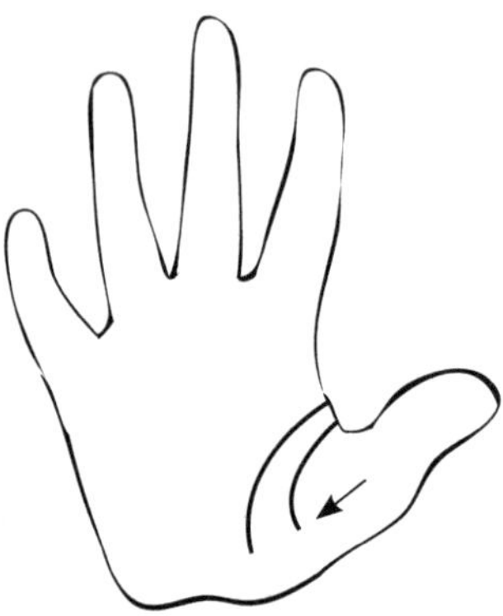

96. Su Línea de Marte atraviesa su Línea de la Vida.

La vida hogareña tiene una atmósfera preocupante. Los miembros de su familia se oponen a sus puntos de vista. Sus familiares le han dejado apartado y han evitado que siga su camino. Ha perdido la confianza en sí mismo y tiene miedo de hacer su camino solo desde el punto de vista económico. Pierde un tiempo precioso preocupándose y dándole vueltas a las cosas que no pueden modificarse. Prepárese para un cambio constructivo y siga adelante.

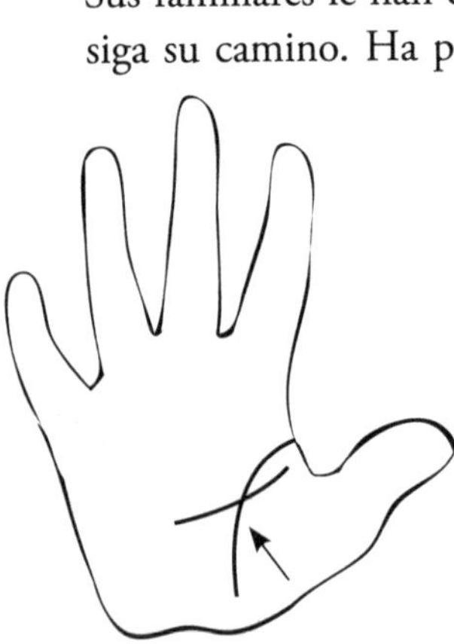

97. Su Línea de Marte tiene numerosas proyecciones que parecen rayos.

AMOR es la palabra que más le gusta oír, especialmente si la repite día y noche la persona a la que ama. El AMOR es su pan de cada día. Necesita consuelo y afecto diarios para mantener su ánimo alto. Se le considera chapado a la antigua en el amor y sólo puede ser apasionado si confía en su pareja al 100%.

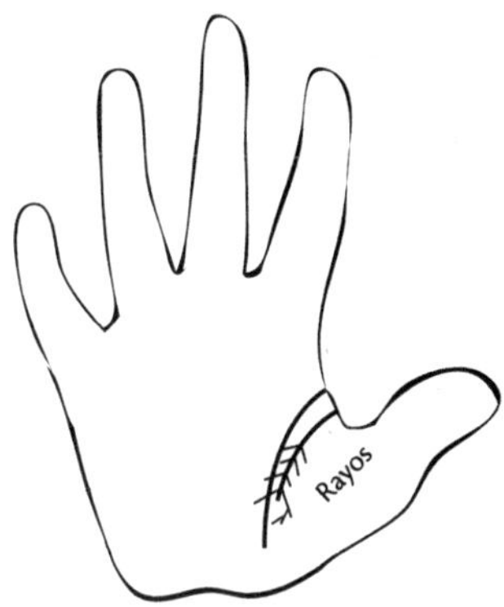

98. De su Línea de Marte sale una línea en forma de rayo paralela a su Línea de la Vida.

Una persona amable entrará en su vida a una tierna edad. Esta persona es parcialmente responsable del moldeo de su personalidad. Es muy consciente del precioso don que supone la vida. Se esfuerza por ser una persona amante de la paz y compasiva y, con la edad, empezará a tener un sentimiento de paz en su interior.

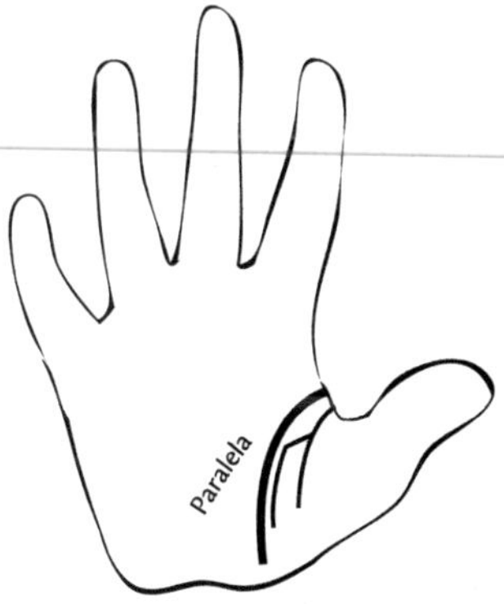

99. Su Línea de Marte envía varias líneas en forma de rayo que atraviesan su Línea de la Vida.

Puede verse angustiado de vez en cuando por una relación desfavorable procedente de sus años turbulentos. En su juventud llevó a cabo algunos actos caprichosos. Esta persona disfruta recordándole su pasado. Este individuo ya no tiene poder sobre usted, así que puede usted alejarse sin necesidad de sentirse molesto.

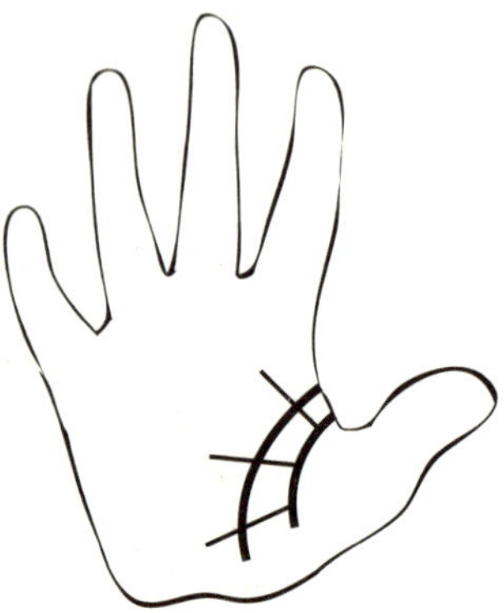

100. Su Línea de Marte envía una línea en forma de rayo que atraviesa directamente su Línea de la Vida.

Un tercero envía una línea en forma de rayo que atraviesa sus partes más sensibles e intenta apartarle de un ser querido. Las semillas de la sospecha están plantadas. Es el momento de hacer la guerra y de luchar por su vida y por la persona a la que ama. Vuelva a recuperar la intimidad con la persona amada y use toda la energía sobrante para combatir a esta persona entrometida.

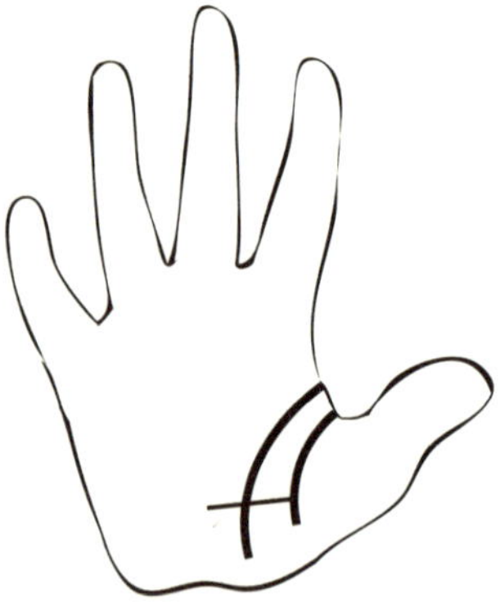

101. Su Línea de Marte envía una línea en forma de rayo que atraviesa su Línea de la Vida y se dirige hacia el Monte de Marte.

Escuche los consejos de aquellos que le conocen mejor. Un ligero hábito suyo podría convertirse en una adicción. Airee sus sentimientos sin demora, evitando herir a la gente a la que quiere. No conserve esos sentimientos de hostilidad. La confianza en un desconocido solucionará un problema que viene de lejos. Combata su inquietud mediante la utilidad.

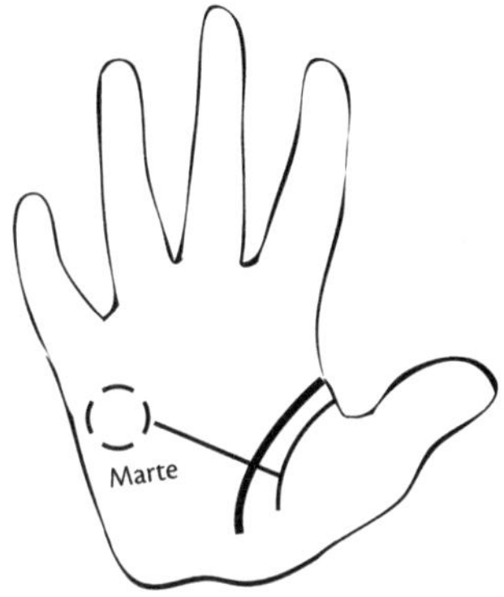

La Línea de la Cabeza

102. Su Línea de la Cabeza es recta.

Avanza entre las dificultades de la vida usando el buen juicio de su mente despejada. Sabe cómo dar la vuelta a las adversidades en su favor. Siempre puede encontrar algo de lo que reírse mientras los demás se muestran adustos. Esa veta de convencionalidad subyacente a su carácter es lo que le mantiene a flote.

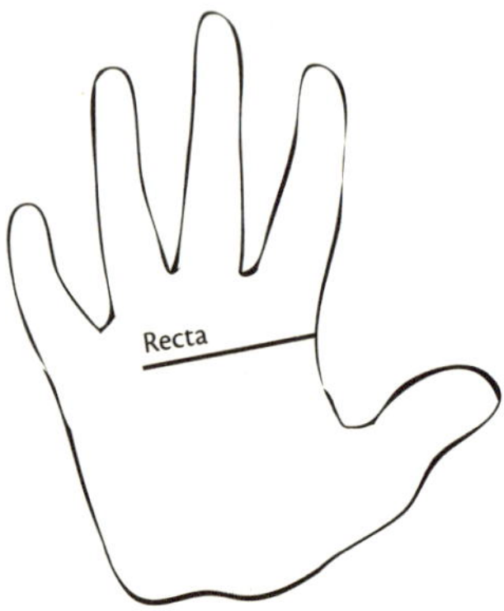

103. Su Línea de la Cabeza es larga.

Esto denota una economía extrema debido a la razón y el cálculo. Busca las formas más rápidas y eficaces de llevar a cabo las cosas. Quiere vivir eternamente. Hace las cosas lo más rápidamente posible. La gran intensidad de su carácter le permite conseguir aquello en lo que posa su mirada. Debido a su enorme necesidad de tener el control en todo momento a veces paraliza a sus amistades.

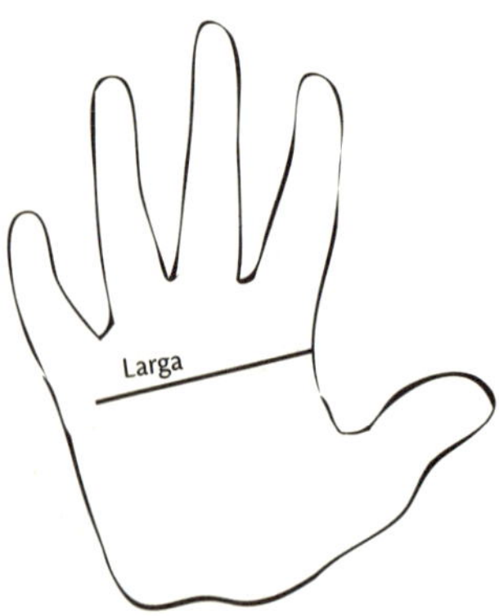

104. Su Línea de la Cabeza discurre recta por toda la palma de su mano, llegando prácticamente a ambos extremos.

Tiene una enorme inteligencia y sobresale en las deliberaciones analíticas. Su mente está dotada para desempeñar un papel excelente en el comercio, la industria o las finanzas. Está orgulloso de su cerebro. Como a veces está «por encima» de otros, intente no aburrirles. Las prácticas financieras de elevado riesgo le tientan.

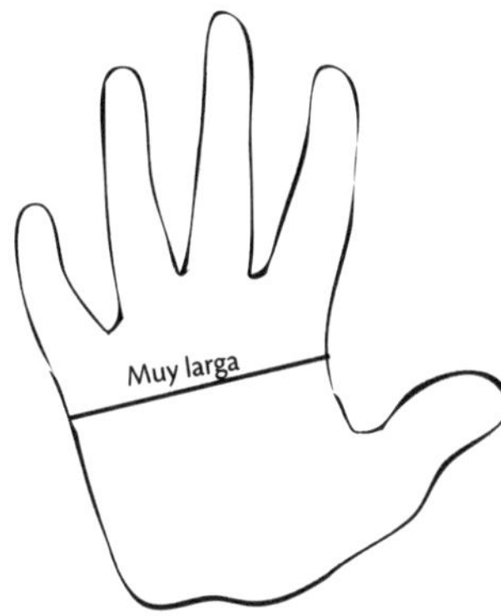

105. Su Línea de la Cabeza está poco desarrollada.

Esto sugiere una falta de propósitos o ambiciones en este período de su vida. Puede tratarse de un contratiempo debido a un disgusto personal. Sus impulsos naturales volverán después de un tiempo de distracción. Si se siente débil y cansado, los logros exitosos, y no tanto el descanso, renovarán sus fuerzas.

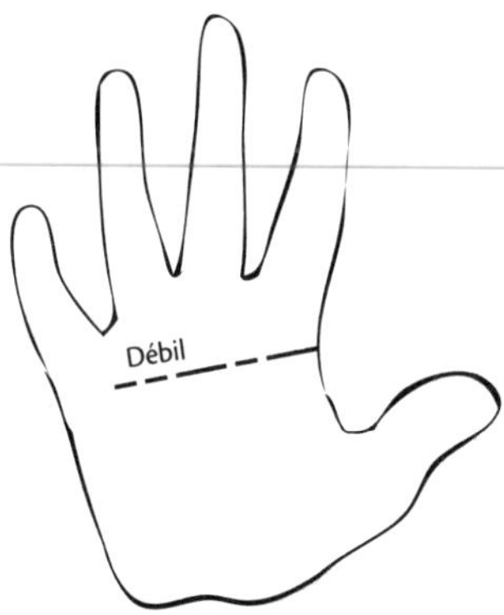

106. Su Línea de la Cabeza es corta.

Es usted un animal de hábitos. Respeta lo tangible, lo concreto. Por fin se ha despojado de sus castillos en el aire. Disfruta sacándose de encima todas las tareas raras antes de iniciar su rutina diaria. Esta rutina es esencial para usted, ya que le proporciona seguridad y reduce su ansiedad concerniente al futuro.

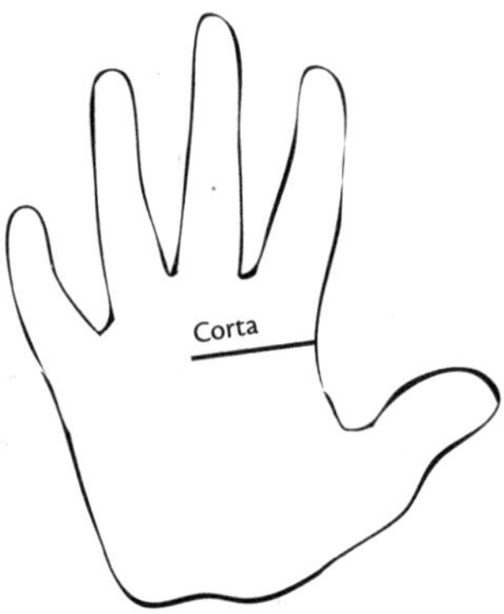

107. Su Línea de la Cabeza es gruesa.

Se trata de un signo para no utilizar sus poderes de concentración al máximo. No carece de potencial, sino de organización. Para intentar estabilizar su carácter vacilante, quizás escoja solventar las cosas de forma física. Su yo «físico» es más poderoso que su yo «mental». Ahora mismo, lo que necesita es una vida sana al aire libre.

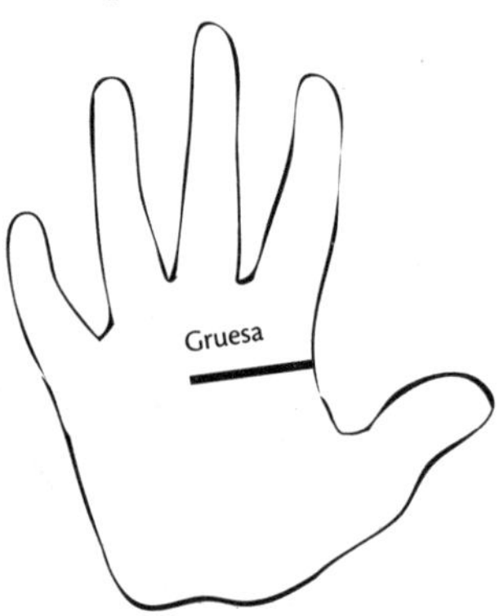

108. Su Línea de la Cabeza está acompañada de una línea hermana.

Se trata de unos pliegues raros y portadores de fortuna. Expresan una mentalidad dual. Una parte de usted es extremadamente cauta y la otra tiene mucha confianza y un gran deseo de dominar a los demás. Es capaz de llevar a cabo un enorme trabajo mental. Una herencia le salvará en un momento de dificultades.

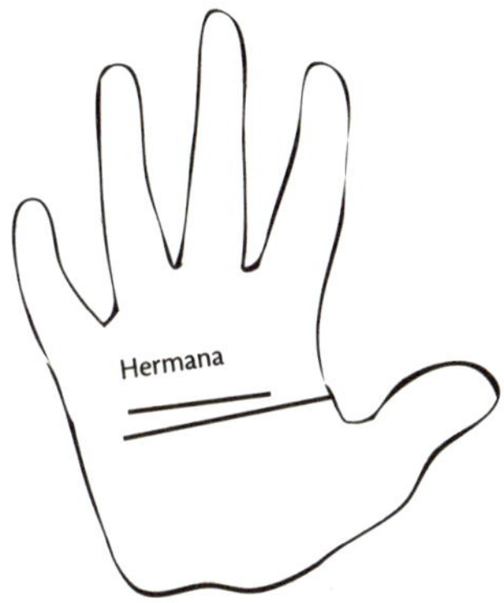

109. Su Línea de la Cabeza se ve interrumpida por huecos e interrupciones claras.

Esto indica que recientemente se ha llevado una decepción sentimental. Esta experiencia le llevó a un estado de desequilibrio. La curación llegará rápidamente cuando llene esos espacios con buenos sentimientos y los reconecte con nuevas amistades.

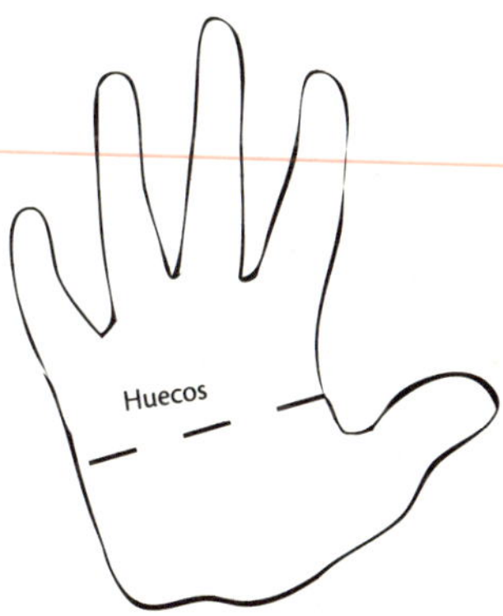

110. Su Línea de la Cabeza tiene una estructura parecida a una escalera.

Su vida carece de estabilidad. A veces es veleidoso y modifica caprichosamente sus actitudes. Con frecuencia sale por la tangente y va en pos de lo impracticable y lo poco fidedigno. Sus iguales observan todos sus movimientos y esperan acciones decisivas y maduras por su parte, pero en su interior hay un animal salvaje que todavía necesita jugar.

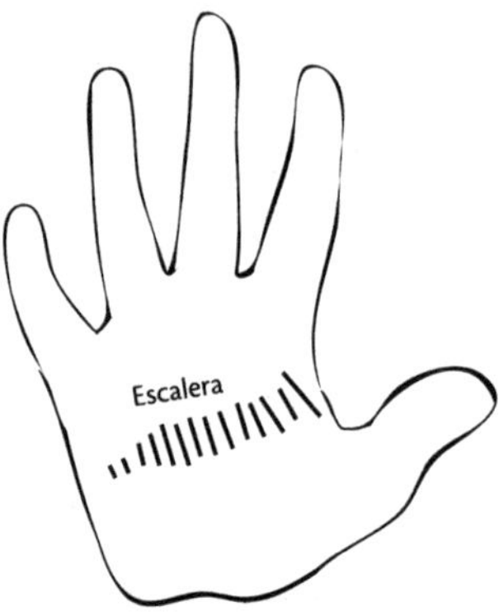

111. Su Línea de la Cabeza es ondulada y sesgada.

La parte melancólica de su carácter es muy obvia. A veces se pregunta si ha habido un día completamente feliz en su vida. Ve dolor y sufrimiento allá donde los demás no lo ven. Ha visto que estando solo siente menos pena. Se muestra rancio a emplear tiempo en establecer amistades.

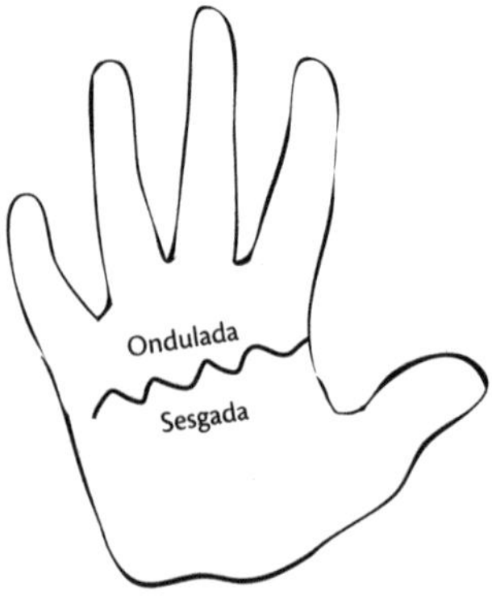

112. Su Línea de la Cabeza está situada a gran altura en la palma de su mano.

Desarrolla usted una gran fijeza en cuanto a sus objetivos. Despliega una gran fijación para conseguir un propósito que mantiene en secreto. Controla deliberadamente sus afectos y no permitirá que los asuntos del corazón se inmiscuyan en el camino de su éxito. Lo suyo no siempre son los grandes esfuerzos intelectuales, pero esta marca denota un carácter vehemente.

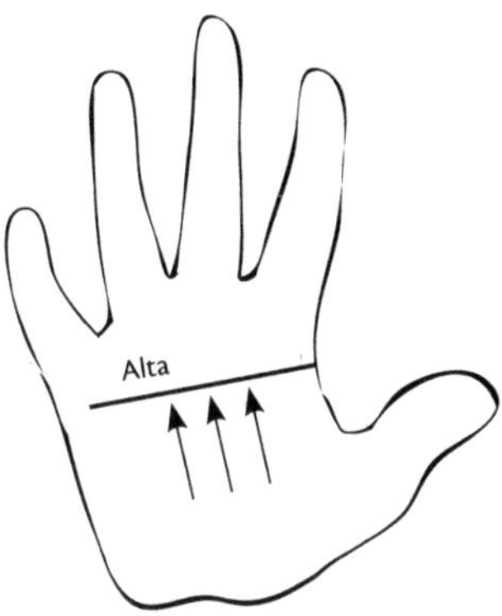

113. Tiene una Línea de la Cabeza larga y ligeramente inclinada.

Muestra previsión en todos los asuntos prácticos de la vida. Es consciente de su progreso mental inusualmente elevado, de su buena memoria y de su gran poder de visualización. Se propone constantes esfuerzos para mejorar. En todo lo que hace, siente que debería aprender algo nuevo.

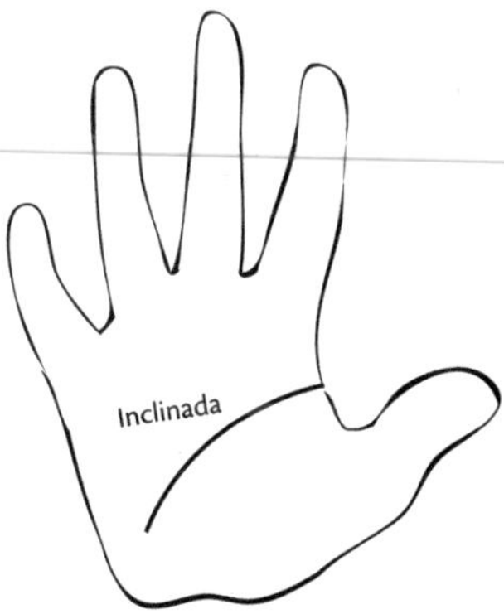

114. Su Línea de la Cabeza tiene forma de cadena.

Todavía no ha alcanzado la plena madurez. Aunque se siente maduro, aún le queda mucho trabajo por delante. A veces necesita que le empujen y le animen para avanzar. También es recomendable que cultive una mayor generosidad para con los demás, y así crecerá más rápidamente en su interior.

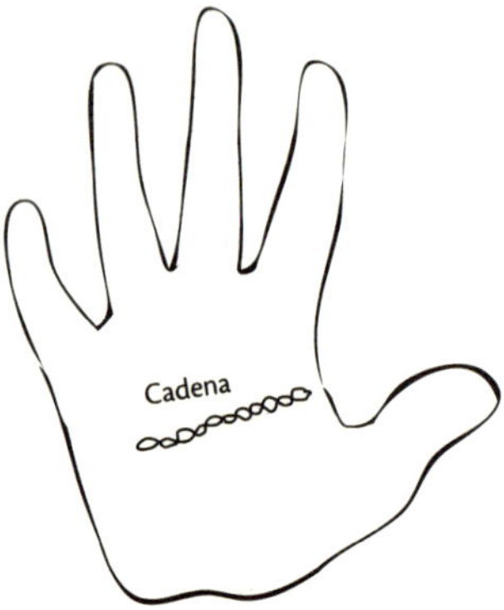

115. Su Línea de la Cabeza se eleva al final hacia el Monte de Mercurio.

Es usted una persona muy precisa y que presta mucha atención al aspecto externo. Dispone del talento para expresar su sentimiento del ridículo y su insatisfacción mediante la imitación sutil. Es agresivo y lo oculta. Usa la imitación a modo de protección.

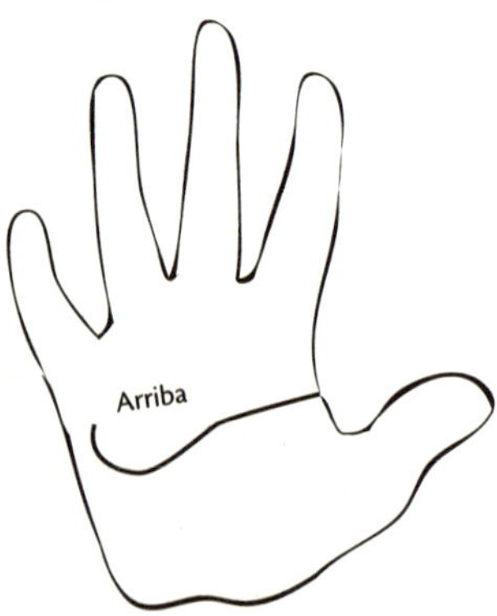

116. Una línea procedente de su Línea de la Cabeza desciende hacia el Monte de la Luna.

No siempre se puede uno fiar de que guarde usted un secreto. Incluso aunque se espere de usted, no puede quedarse callado. Se ve impulsado por una fuerza más poderosa que usted para contarlo todo. Es de carácter tranquilo, aunque los demás le critican por confundir esto con pereza. Busca a alguien en quien pueda confiar, que pueda ser amable y que no le regañe.

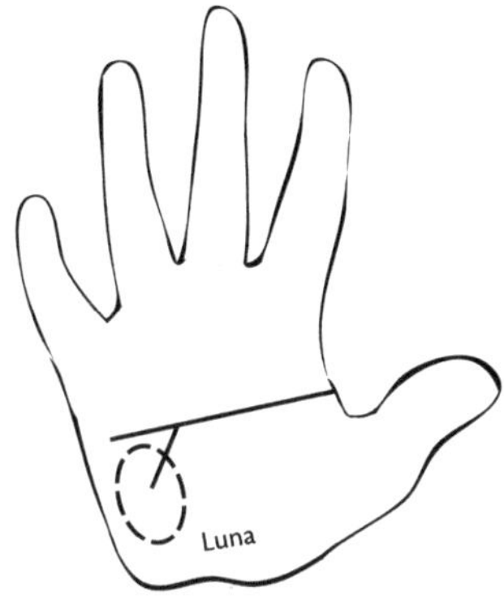

117. Hay un triángulo en su Línea de la Cabeza debajo del Monte Mercurio.

Es usted una persona cuidadosa y diligente que indaga, profundamente, en el significado de todas las cosas. Obtiene satisfacción prestando atención a los detalles y solventando los misterios de la vida. Su objetivo consiste en descubrir hechos nuevos e interpretarlos para hacer que el mundo sea mejor. Sería usted un buen científico.

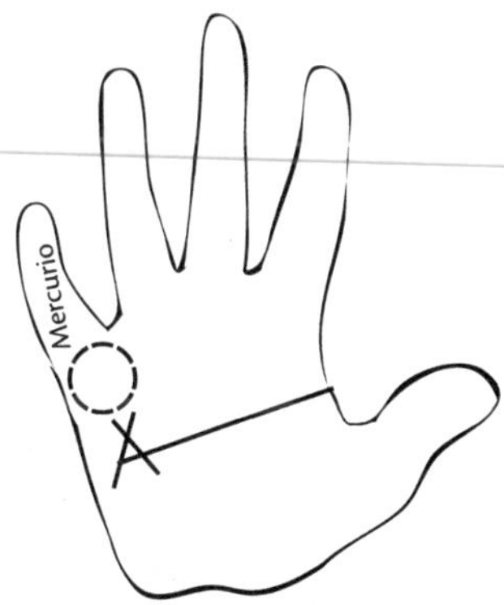

118. Hay una isla en su Línea de la Cabeza.

Puede que sea adicto al trabajo. Algo provoca que trabaje demasiado y durante demasiado tiempo, casi hasta quedar exhausto. Tiende a trabajar en un estado de excitación o confusión. No sabe cuándo está pasándose, pero luego lo siente.

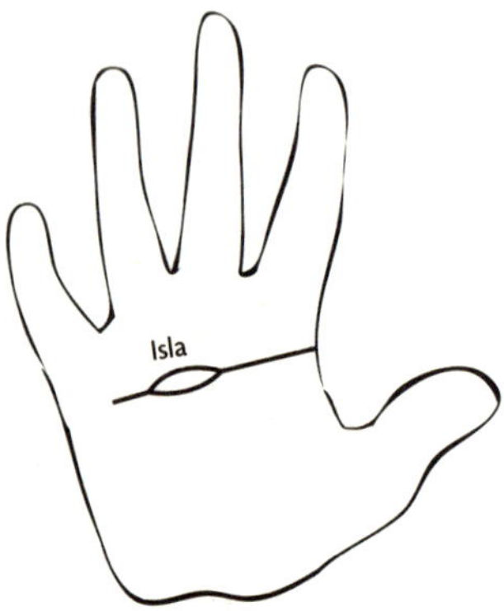

119. Hay un cuadrado en su Línea de la Cabeza.

Su intuición le salva de una retahíla de desgracias. El cuadrado le protege de los malos resultados de desgracias futuras, pero no le protege de caer en ellas al principio. Atrae a la mala suerte porque está acostumbrado a ella: es todo lo que conoce. Ahora debe ser reprogramado para aceptar la buena suerte.

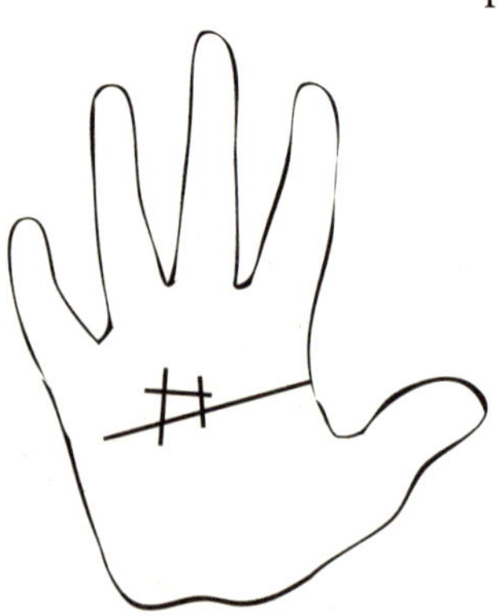

120. Su Línea de la Cabeza se arquea hacia el Monte de Júpiter y luego recupera su curso.

Consigue lo que se propone porque nunca acepta un «No» por respuesta. Se abre camino avanzando con obstinación. Ha escogido un objetivo elevado. Es usted duro y no pueden vencerle, por lo menos no puede hacerlo cualquiera.

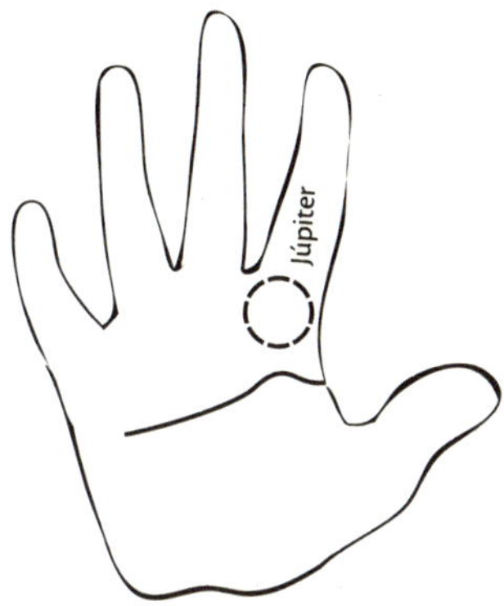

121. Hay una desviación de su Línea de la Cabeza por debajo del Monte de Saturno.

Su mundo mental es saturnino. Se sumerge en los libros y las reflexiones. Sus estudios le alejan de las realidades habituales, que considera tenebrosas y desesperadas. Busca la sabiduría y un día, dentro de poco, dará con su propia solución para la felicidad.

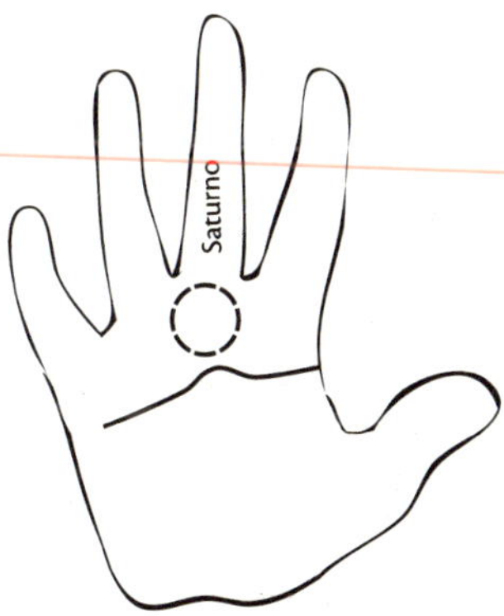

122. Su Línea de la Cabeza se desvía hacia el Monte de Apolo.

Esto significa que asume la vida mental apolínea. Nunca teme airear sus puntos de vista. Si practica el ser más disciplinado evitará conflictos. Tiende a decir cosas que le vienen a la cabeza sin analizarlas antes. Sea más reservado. Aprenda a relajarse más. Sabe lo que quiere, aunque es fácil que se desanime.

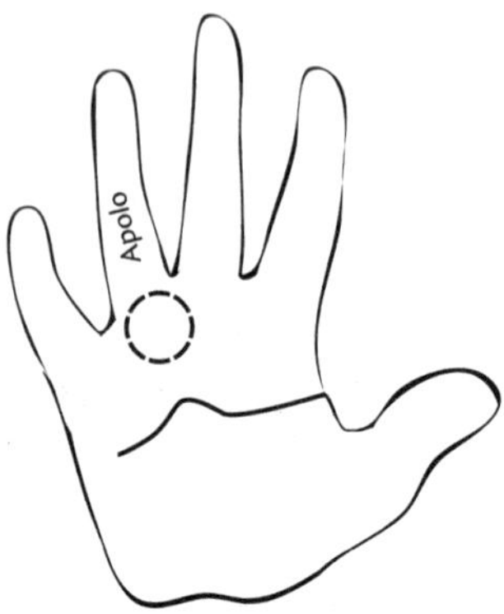

123. Hay una desviación de su Línea de la Vida debajo del Monte de Mercurio.

Su vida mental tiende fuertemente hacia la forma de pensar mercurial. Es usted un pensador astuto y un buen juez del carácter. Su energía es prácticamente inagotable. En el plano mental, entiende y retiene las cosas con más facilidad que la mayoría. Es el maestro diciendo la cosa correcta en el momento adecuado.

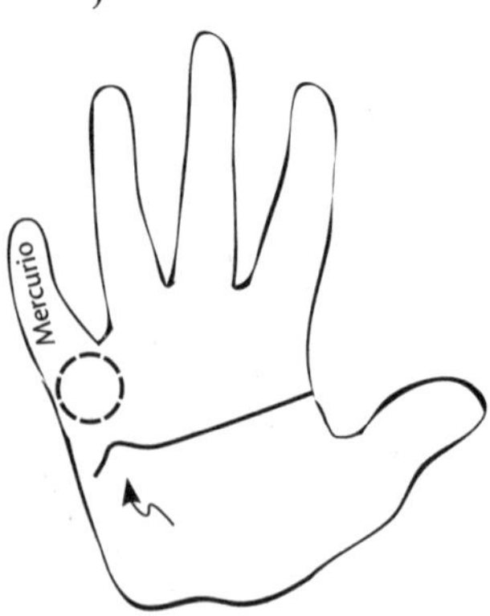

124. Su Línea de la Cabeza tiene una curva en forma de «S».

Sus lados práctico e imaginativo están en conflicto entre sí. Su conciencia le fuerza a ser práctico y lucha contra su imaginación creativa por obtener la primera posición. Considera una indulgencia pasar tiempo con una afición nueva, pero eso es exactamente lo que necesita. Su cuerpo requiere la curación y los poderes paliativos de una afición creativa.

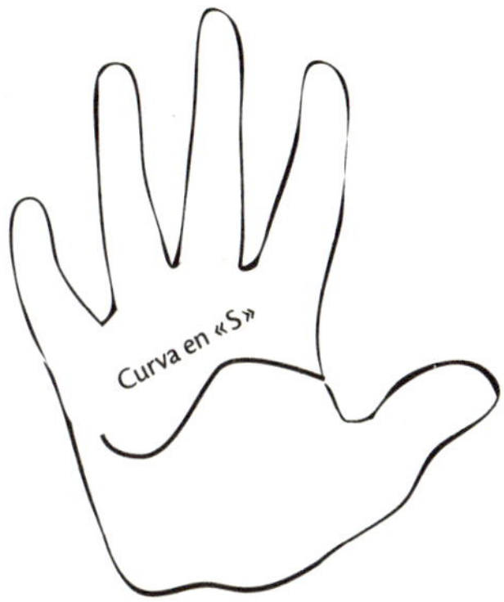

125. Su Línea de la Cabeza da un viraje brusco.

Se le ha forzado a soportar algún tipo de esfuerzo inusual. Está a la altura de las circunstancias gracias a una acción práctica y un cambio de mentalidad. La terrible experiencia que le molesta se convierte en un vago recuerdo, pero le hace más sabio y rico en la vida. Puede aprender a reaccionar de forma menos emocional y a evitar que su cuerpo se estrese.

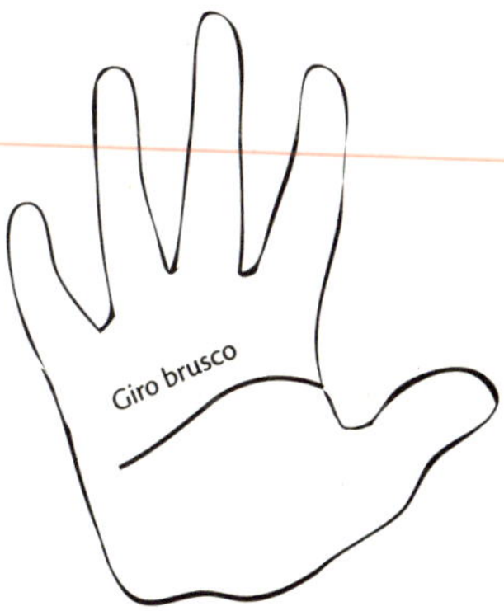

126. Su Línea de la Cabeza sigue un curso ondulado y retorcido.

Es usted titubeante, mutable y fácil de irritar. Últimamente le cuesta decidirse y luego se preocupa por si ha tomado la decisión equivocada. Para tener éxito debe ser más duro consigo mismo. No permita que nadie aprecie su indecisión. Tenga determinación (incluso aunque deba simularla) y los demás empezarán a hacerle caso.

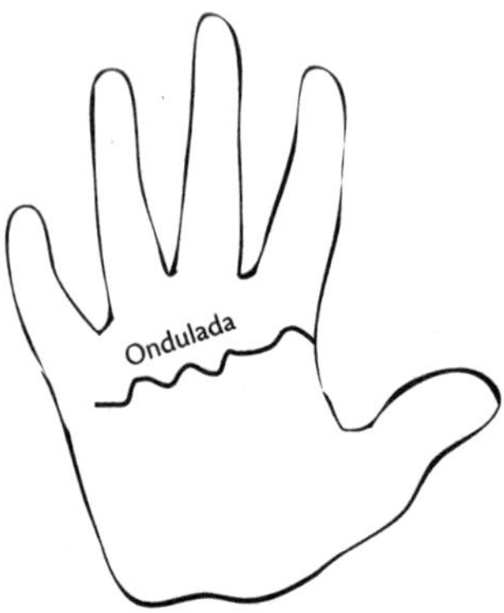

127. Su Línea de la Cabeza acaba en una bifurcación pequeña y clara.

Esto significa que tiene el «don de un pico de oro» y un buen conocimiento del pensamiento racional. Su aptitud para usar y comprender palabras hace que esté bien dotado para el derecho. Como hablador persuasivo puede explicar sus vivencias. Observa los problemas desde distintos puntos de vista, lo que le convierte en un buen juez.

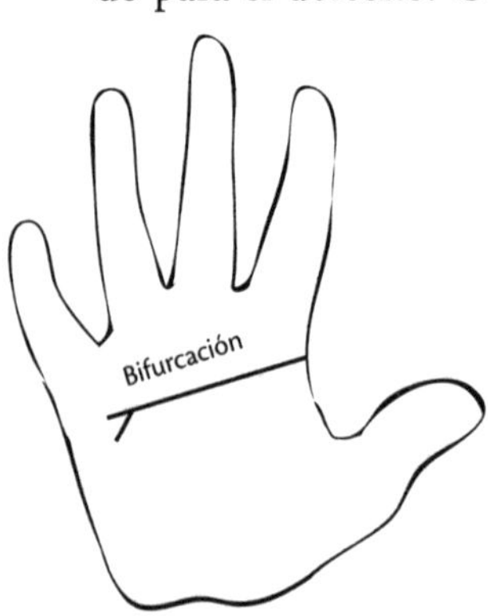

128. Su Línea de la Cabeza finaliza en forma de una bifurcación potente.

Es capaz de observar los dos lados de un problema bastante antes de juzgarlo. Su personalidad tiene un vigor extraordinario debido a la doble baza de poseer un pensamiento práctico e imaginativo. Detesta la estrechez de miras. Su llamada es la de estar en un entorno actoral (teatral). Esta marca suele hallarse en las manos de los comediantes.

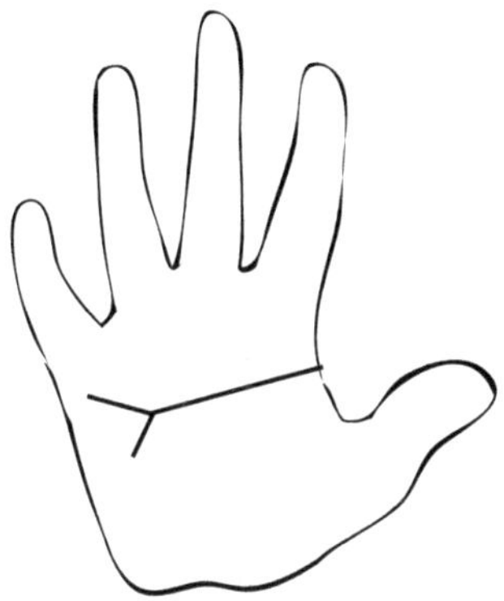

129. Su Línea de la Cabeza empieza a bifurcarse desde un buen principio.

Tiene un carácter dual que oscila entre el tipo introvertido y el extrovertido. Podría pasar de ser un ferviente creyente un día a ser un implacable agnóstico al siguiente. Vive dos vidas: una bajo Dios y otra contra Dios. Asume dos formas de conversación, una amistosa y otra feroz, cambiándolas para adaptarse a la situación.

130. Su Línea de la Cabeza tiene múltiples ramificaciones hacia el final.

Es usted versátil y se adapta a las situaciones cambiantes de la vida como un camaleón. Normalmente no le importa desplazarse y se siente cómodo en lugares desconocidos. Es un luchador, y si no tiene nada por lo que luchar, lo interiorizará en su contra. Bloquea sus propios logros por pura falta de resolución.

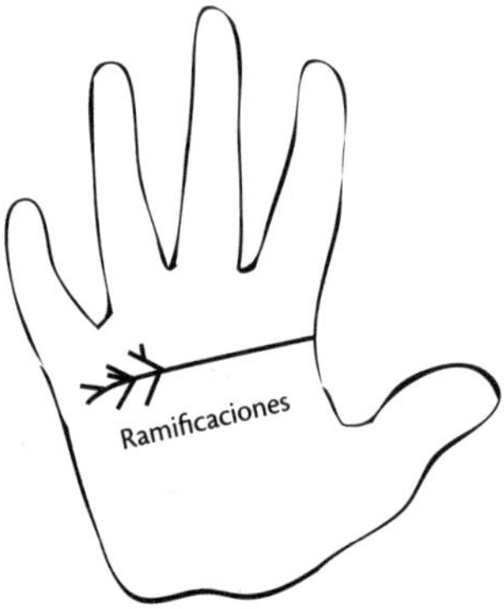

131. Su Línea de la Cabeza se ve interrumpida por una línea inclinada hacia el final.

Este signo significa que no ha sido sincero consigo mismo. No se ve a sí mismo de forma objetiva. Los demás se burlan de usted, confundiendo su humildad y tranquilidad con sumisión. No minusvalore sus capacidades. Puede seguir sobresaliendo en cualquier cosa que quiera hacer.

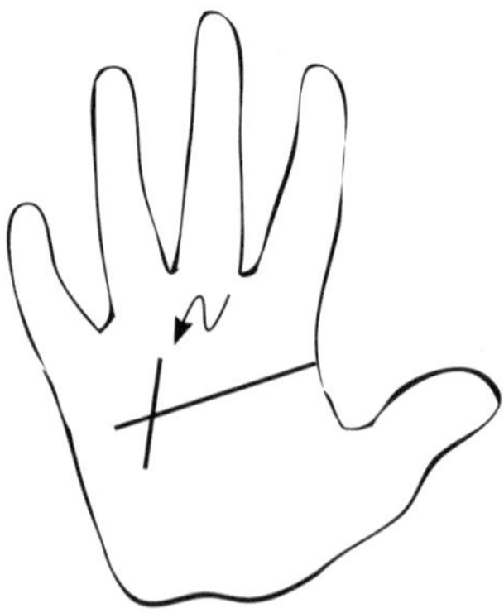

132. Una única línea procedente de Júpiter se une a su Línea de la Cabeza.

Su mente está llena de pensamientos ambiciosos. Se esfuerza por aquello en lo que cree. Una vez cree en algo, nada puede hacerle cambiar de idea. Quiere ver su nombre resaltado. Si lo permite, la insensatez podría destruir sus ganancias económicas.

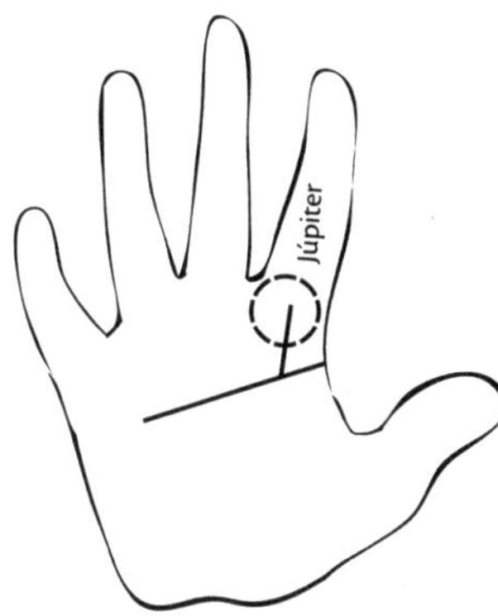

133. Una línea surge bajo Saturno y se une a su Línea de la Cabeza.

Sus pensamientos son saturninos: preocupación por los demás, a veces es indolente, cuidadoso, cínico. Sus atributos son la sabiduría y la comprensión de la naturaleza humana. Es usted estudioso y preciso. Se reserva sus opiniones principalmente para sí mismo porque cree que nada de lo que diga o haga podría hacer cambiar al mundo.

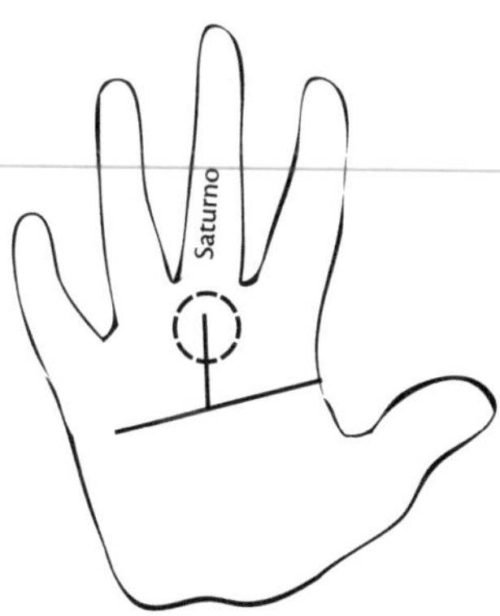

134. Una rama de su Línea de la Cabeza avanza hasta el Monte de Apolo.

Un talento artístico, creativo o literario le va a aportar reconocimiento y proporcionarle esa recompensa económica que ha estado esperando. El éxito llega en un momento en el que combina el espíritu práctico con su trabajo artístico.

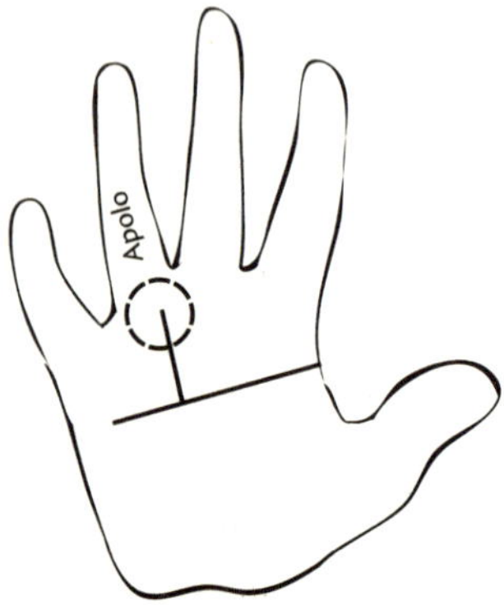

135. Una línea procedente de Mercurio se une a su Línea de la Cabeza.

Sus pensamientos discurren por canales mercuriales. Está fascinado por el método científico de hacer las cosas y lo usa en su trabajo. Calcula sus asuntos comerciales con antelación y sabe, mediante el ensayo, exactamente lo que quiere decir. Es usted intuitivo. Reacciona como un barómetro en directa relación a cómo le tratan los demás.

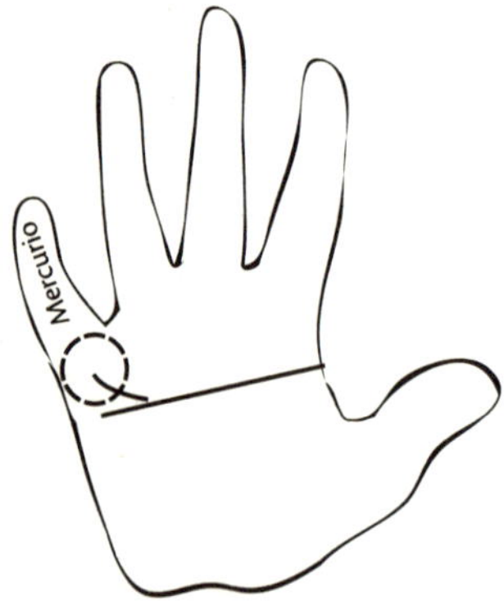

136. Numerosas líneas pequeñas surgen de su Línea de la Cabeza y apuntan hacia arriba.

Esto muestra que está usted aspirando continuamente a ascender por encima de su estatus actual y mejorar social y personalmente. Es receptivo a las sugerencias relativas a formas de mejorar su vida. Las numerosas pequeñas derrotas a lo largo del camino no reducen sus oportunidades de éxito.

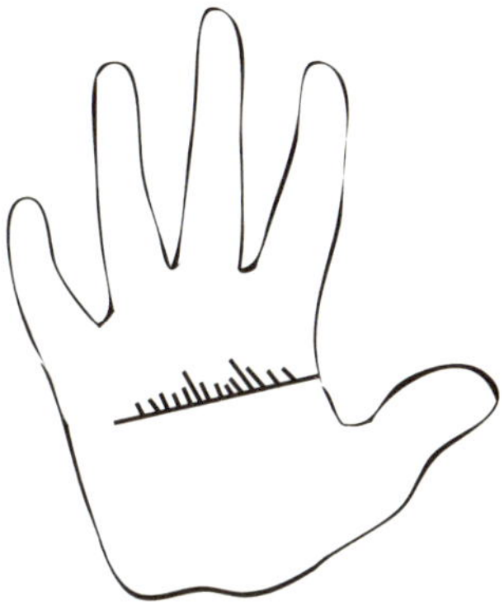

137. Hay unas ramas robustas que surgen de su Línea de la Cabeza y apuntan hacia arriba.

Esto indica que su mente se encuentra en un estado de confusión debido a los numerosos sucesos inesperados que le cogieron por sorpresa. Las personas entran en su vida como ayudantes que le ofrecen consejos inútiles. Sus pensamientos pueden ser desconcertantes. Líbrese de las personas problemáticas que le reprenden.

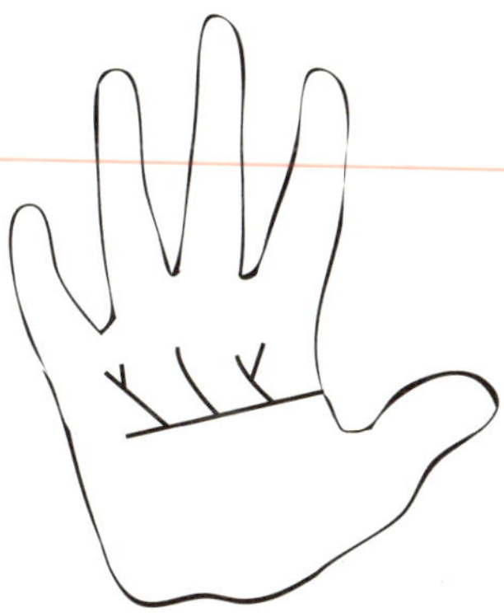

138. Pequeñas ramificaciones surgen de su Línea de la Cabeza y apuntan hacia abajo.

Se desanima con facilidad y no lucha en la batalla de la vida con toda la fuerza que lleva en su interior. Se hace un lavado de cerebro a sí mismo al creer que es desafortunado. Se cansa principalmente debido a la tensión y los pensamientos negativos en su rutina diaria.

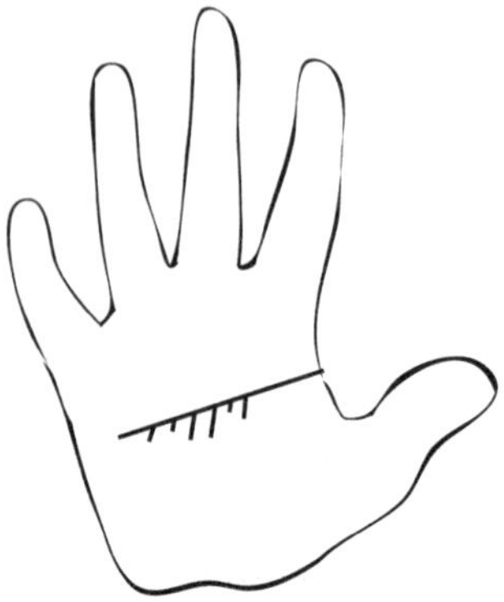

139. Tiene una línea corta que surge de su Línea de la Cabeza en sentido descendente.

El desarrollo de sus facultades imaginativas debería suponer un asunto de la máxima importancia en su vida. Mediante la innovación en una maniobra en los negocios podría prosperar lo suficiente como para permitirse el muy deseado tiempo de ocio. En los años de su jubilación desarrolla un nuevo talento y obtiene provecho de él.

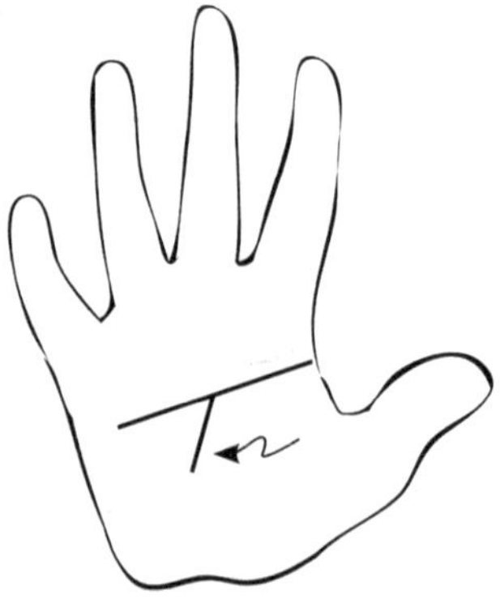

140. Su Línea de la Cabeza empieza en el Monte de Júpiter y sigue un curso normal.

Sus pensamientos están vueltos hacia el interior. Escudriña sus acciones. Como estudiante de la psicología es bueno tratando con gente de todas las edades. Es un orador convincente y, como líder, tiene una buena relación de comunicación. La gente percibe su confianza en sí mismo y se fía de usted para que la dirija. Ordena con una firmeza amable.

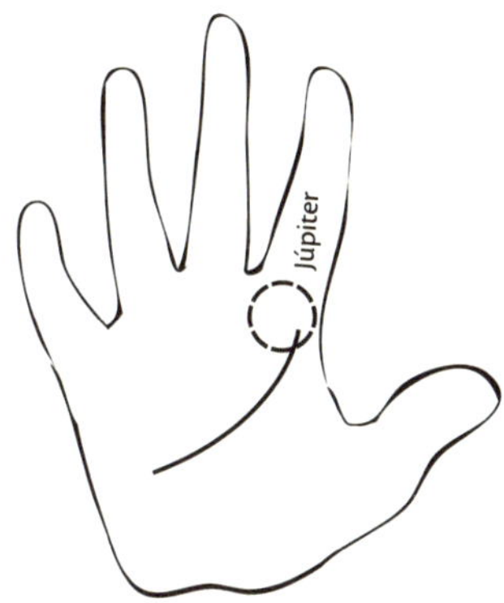

141. Su Línea de la Cabeza se curva hacia el Monte de Apolo.

Apolo, que influye enormemente en sus acciones, puede proporcionarle celebridad o dinero: la elección es suya. Apolo es el representante de las artes y le ha dotado de gusto por la literatura y la música. Es, además, el tipo de director de espectáculos profesional... su sonrisa hace que los demás brillen: su alegría es contagiosa.

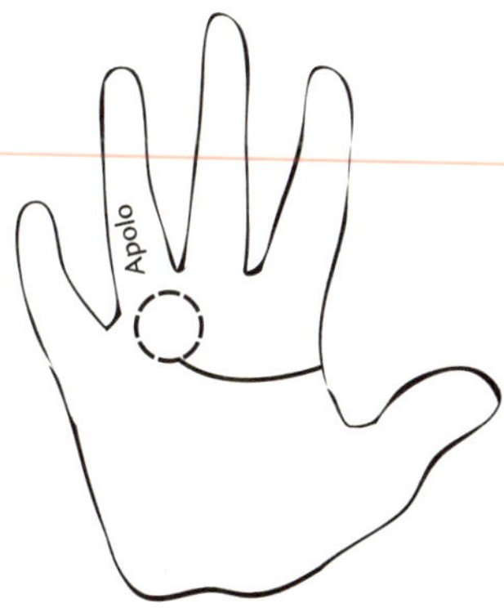

142. Su Línea de la Cabeza se curva, en sentido ascendente, hacia el Monte de Mercurio.

Su vida se ve inspirada por una fuerza llamada Mercurio. Mercurio le aporta el aprecio por la ciencia, los conocimientos sobre los negocios, las responsabilidades y un porte honorable. Su núcleo es materialista. Trabaja con una energía hábil e inagotable. Muestra una curiosidad de tipo intelectual sobre la ganancia de grandes sumas y tiene talento al respecto. Realiza muchos sacrificios en nombre del dinero.

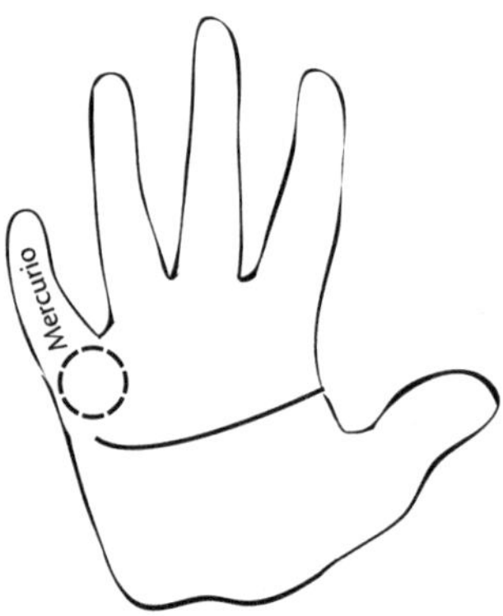

143. Su Línea de la Cabeza se arquea hacia el Monte de Mercurio.

Esto denota que cuanto mayor se vuelva, mayor será su interés por el dinero y las posesiones. A cada año que pasa, su deseo de dinero y comodidades aumenta, y las obligaciones le acucian. Su sola determinación le hace rico. Disfrute de la libertad que le proporciona su juventud, ya que puede que sea el precio que pague por el dinero.

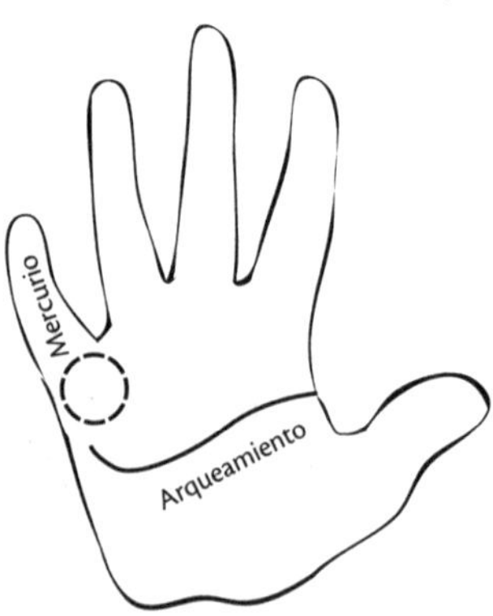

144. Su Línea de la Cabeza finaliza en el Monte de Marte superior.

Esto muestra que el lado con sentido común de su personalidad domina. Tiene un puñado de soluciones prácticas para los problemas cotidianos. Es usted un buen observador. Puede disfrutar de los placeres a través de otros y no envidia su felicidad.

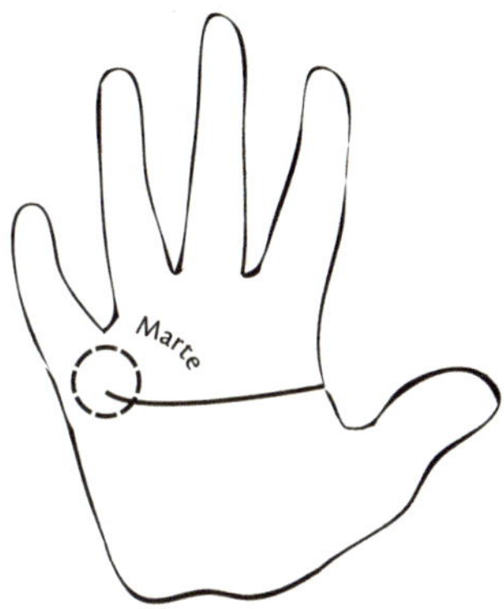

145. Su Línea de la Cabeza se inclina gradualmente hacia el Monte de la Luna.

Esto revela su mente artística y creativa. Sus bien dotadas fuerzas imaginativas atraen admiradores que le tratan con condescendencia. Es usted autosuficiente, metódico y organizado. Podría escribir novelas de ficción, poesía o dar discursos.

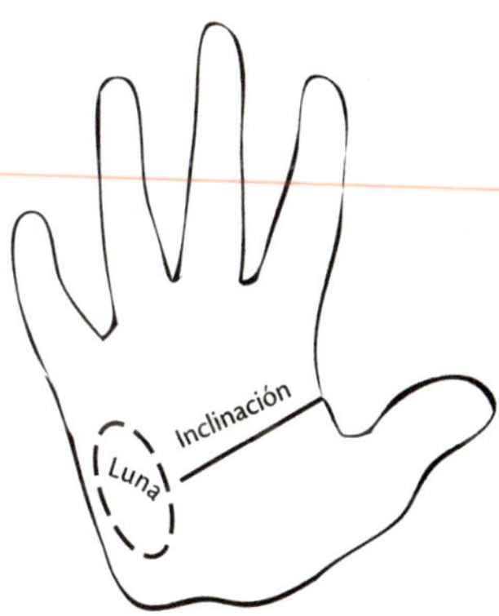

146. Después de que su Línea de la Cabeza haya cruzado la Llanura de Marte, se dirige hacia el Monte de la Luna.

Pierde, felizmente, parte de su buen juicio por observar el mundo de forma artística e idealista. Sus fantasías dejan a un lado la realidad. Su imaginación exagerada y sin freno se desbanda dando lugar a vertiginosas aventuras.

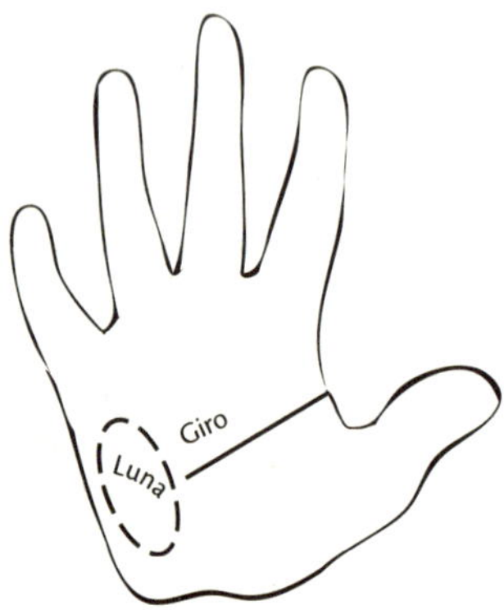

147. Su Línea de la Cabeza se proyecta hasta muy abajo, penetrando en el Monte de la Luna.

Tiene una inclinación hacia el misticismo. Los documentos ocultos le intrigan. Se pierde en la magia de lo «inexplicado». Sueña con convertirse en un místico o un parapsicólogo. Una vez empiece a explorar este campo, descubrirá que dispone de loables poderes parapsicológicos.

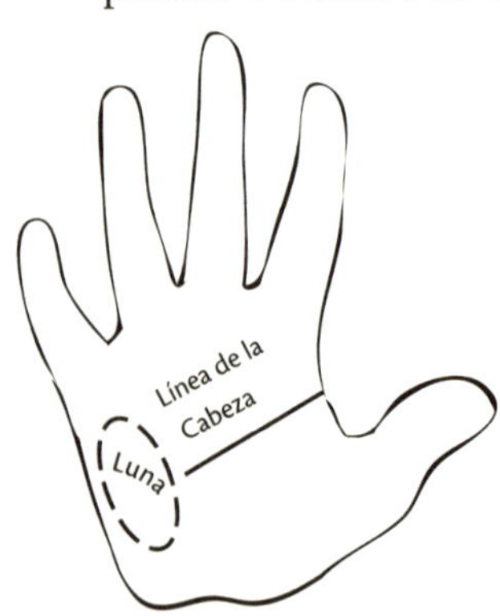

148. Su Línea de la Cabeza se curva y finaliza en el Monte de Venus.

Se trata de un signo raro. Su mente se ve atraída por las ideas venusianas. Esto significa que está lleno de simpatía y amor. Inspira amor a los demás. Su calidez atrae continuamente al sexo opuesto, y en este aspecto le cuesta refrenarse.

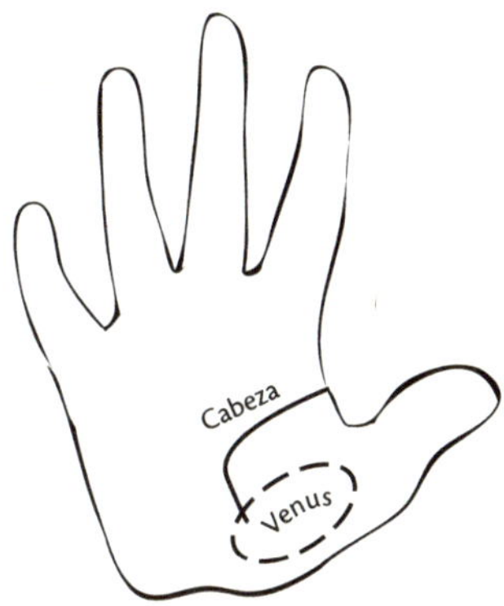

Su Línea de la Cabeza está unida a su Línea de la Vida

149. Su Línea de la Cabeza está unida a su Línea de la Vida, que surge bajo Júpiter.

Es usted una persona muy evolucionada y sensible inclinada a tener deficiencias en su autocontrol. Habitualmente no se vende bien y olvida recompensarse por un trabajo bien hecho. Queda encerrada en situaciones muy incómodas y continúa encerrada porque teme, innecesariamente, su liberación.

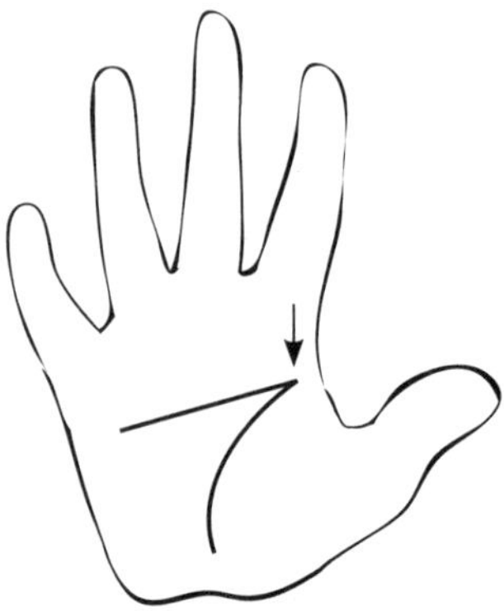

150. Sus Líneas de la Cabeza y de la Vida están unidas y la Línea de la Cabeza discurre, recta, a través de la palma, deteniéndose en el Monte de Marte.

Esto implica que reacciona excesivamente ante las irritaciones porque es hipersensible. Para compensar su sensibilidad, oculta sus verdaderos sentimientos y se encuentra, forzadamente, con otros. Como resultado de ello, sus amigos no le reconocen como una persona sensible, sino como una dominante.

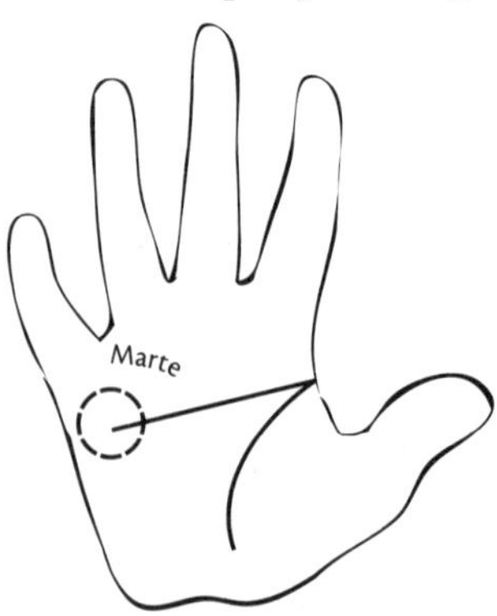

151. Sus Líneas de la Cabeza y de la Vida están unidas y la Línea de la Cabeza discurre, recta, a través de la palma hasta más allá del Monte de Marte.

Esto indica que es usted extremadamente decidido y resuelto. Debido a las líneas unidas al principio, es, sobre todo, una persona sensible y seria, y se acobarda ante cualquier crítica. La longitud de su Línea de la Cabeza le marca como una persona que puede ocultar vulnerabilidades. Su sentido del deber le empuja a sacrificarse por aquello en lo que cree.

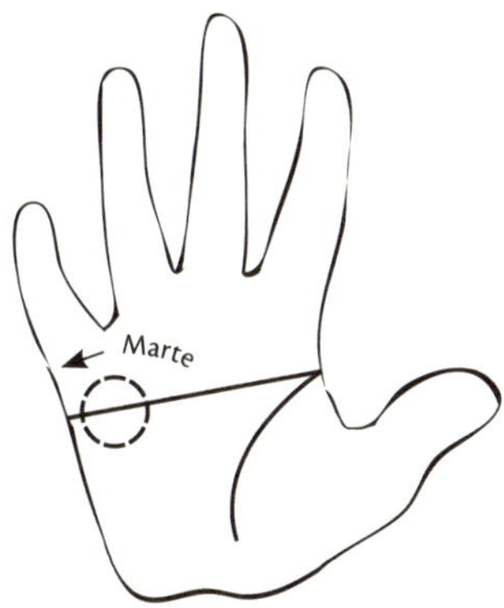

152. Su Línea de la Cabeza está unida a la de la Vida al principio, se curva hacia abajo y la sigue.

Esta forma se encuentra frecuentemente en las manos de los artistas o de las personas que aprecian y comprenden las artes. Si todavía no ha desarrollado un talento artístico al máximo, debería hacerlo. Parte de sus pensamientos son de tipo oscuro, con un toque lúgubre. Necesita que sus meditaciones artísticas lo contrarresten.

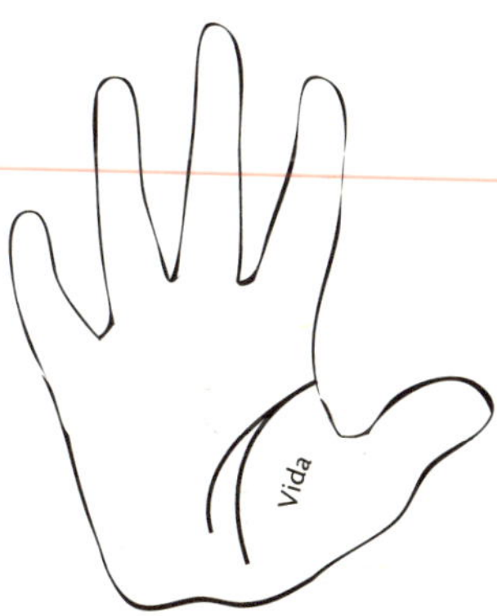

153. Su Línea de la Cabeza está unida a la de la Vida al principio, y la Línea de la Cabeza se inclina en sentido descendente hasta llegar al Monte de la Luna.

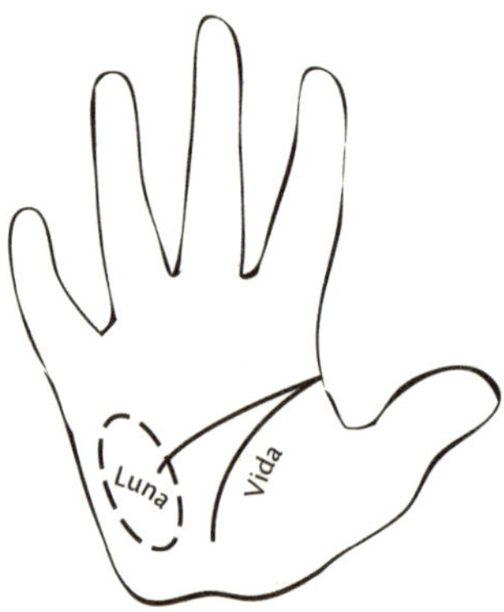

Se trata de una marca distintiva de aquellas personas que ejercen un control consciente sobre sus emociones. Frecuentemente está inhibido y es incapaz de expresar a los demás lo que realmente quiere decir y desea. Contiene sus sentimientos durante períodos prolongados y luego, repentinamente, algo explota y vuelve a ser libre.

154. Su Línea de la Cabeza y la de la Vida se separan inmediatamente después de su origen común.

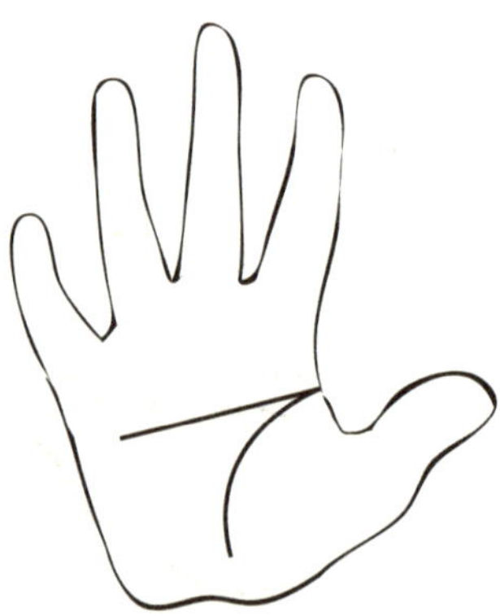

Esto muestra un saludable componente de cautela en su personalidad. Actúa precavidamente en sus tratos con los demás. Es comedido. Pone a prueba a los demás para aceptarlos. Detesta tener a los demás a sus pies y es muy consciente de cuándo penetran en su «burbuja espacial». Es vulnerable a la maldad de los otros. Es aconsejable que se mantenga alejado de aquellos con los que no se sienta seguro.

155. Sus Líneas de la Vida y de la Cabeza empiezan siendo una, y permanecen unidas hasta bien entrada la Llanura de Marte.

Sus amigos le ven como alguien muy precavido y reticente. Existe un elemento de sospecha en toda su personalidad, que a veces usa como mecanismo de protección para salvaguardar sus puntos débiles.

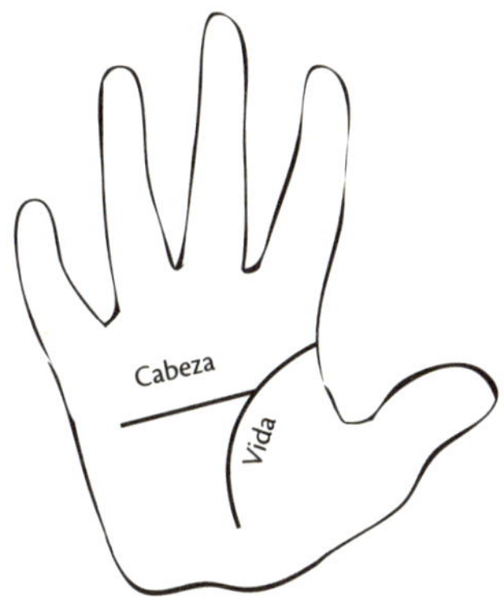

156. Su Línea de la Cabeza no abandona a la Línea de la Vida hasta casi la mitad del recorrido de ésta.

En este caso, probablemente no llegará a ser un pensador independiente hasta que haya vivido bastante. En este momento, el pensamiento independiente por su parte implicaría apartarse de sus familiares y amigos, que han forjado su vida hasta ahora. No importa lo controlado que se sienta: todavía les necesita. Está destinado a hacerlo usted solo, tarde o temprano.

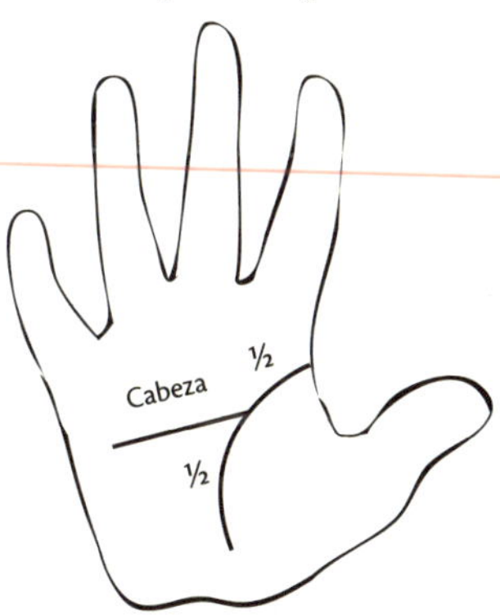

157. Su Línea de la Cabeza y su Línea de la Vida están unidas y situadas a gran altura en la palma bajo el dedo índice.

Es usted un sutil pensador abstracto. Le gusta jugar con la disposición lógica de las cosas. Es rápido a la hora de captar nuevos conceptos, abandonando los antiguos. Con su agudo y excelente sentido del humor, sería un maravilloso profesor.

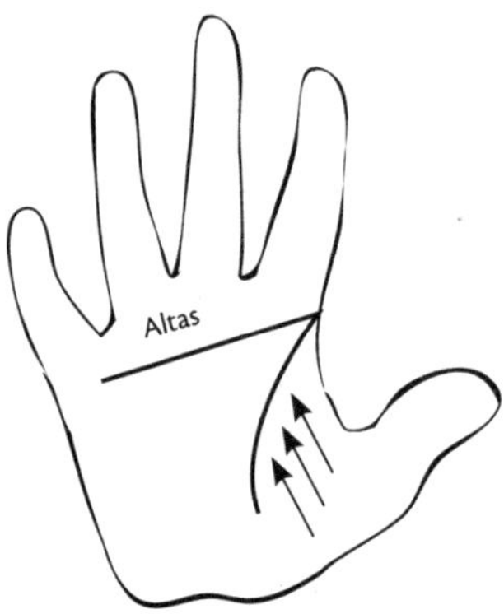

158. Su Línea de la Cabeza, que está unida a la Línea de la Vida al principio, tiene una ramificación en su extremo.

Esta marca ramificada simboliza una insuficiencia en la capacidad de tomar decisiones rápidas. Intenta, con esfuerzo, tener equilibrio entre ser práctico y ser imaginativo. Su tiempo de reacción se ve retrasado debido a su carácter indeciso. Cuando tiene una duda actúa según su primer impulso. Pierde un tiempo importante analizando la naturaleza de los problemas con los que se encuentra.

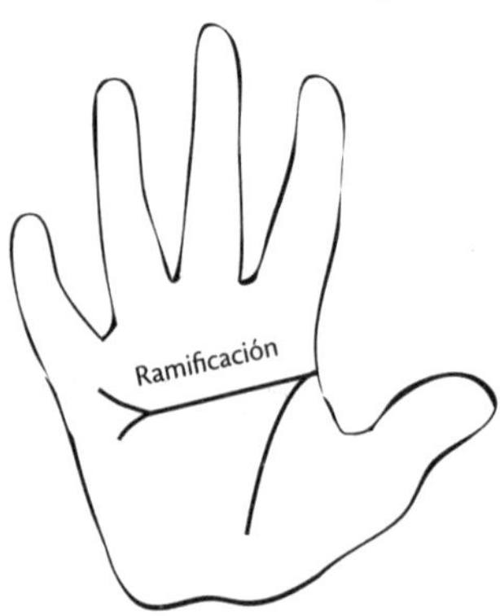

159. Su Línea de la Cabeza surge de su Línea de la Vida y una rama de la Línea de la Cabeza asciende hasta Júpiter.

Se ve gobernado por la ambición de ser una gran persona. Disfruta explicando las cosas a las personas y es un líder nato. Algunos de sus amigos admiran su seguridad, y los que menos le admiran le encuentran aburrido, así que olvídelos. Sus intereses no son corrientes.

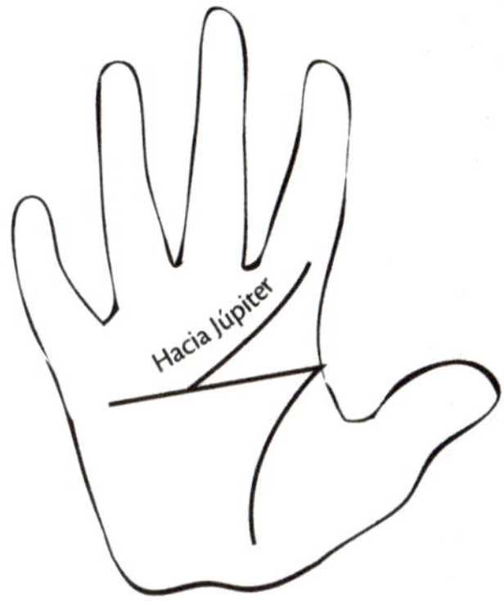

160. El ángulo supremo, formado bajo su dedo índice por sus Líneas de la Cabeza y de la Vida es claro, está marcado y tiene menos de 45°.

Nació con un talante amable y justo. Su carácter es noble y es amigo de todos. A veces adula a la gente para gustar más. Algunas personas no aprecian su naturaleza amable.

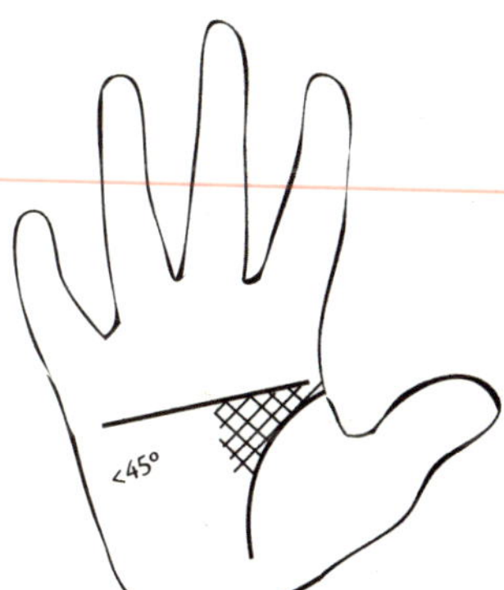

161. El ángulo supremo formado por la unión de sus Líneas de la Vida y de la Cabeza supera los 45°.

Lo pasa mal comprendiendo lo que los demás quieren y esperan de usted. Por tanto, no le resulta sencillo complacer a la gente, aunque sus intenciones son buenas. No siempre sabe colocarse en la situación de otra persona para comprender su punto de vista.

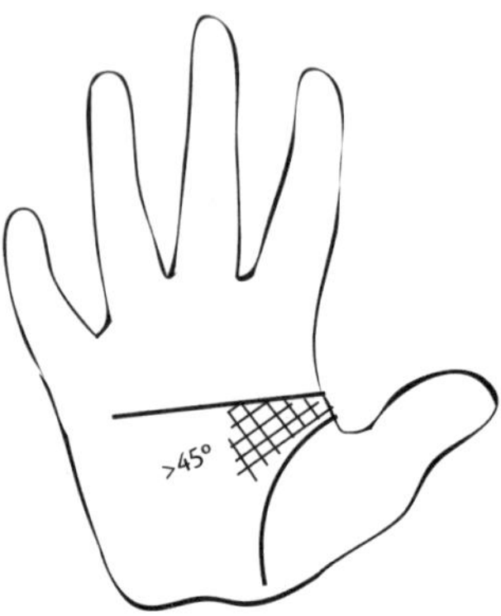

162. Hay una corta rama externa al inicio de su Línea de la Cabeza.

Tiene usted escrúpulos y le preocupa lo correcto. Cree en el castigo siempre que sea adecuado. Una vez que da su palabra, la cumple, como cuestión de honor. Es usted una persona productiva que no cree en la holgazanería.

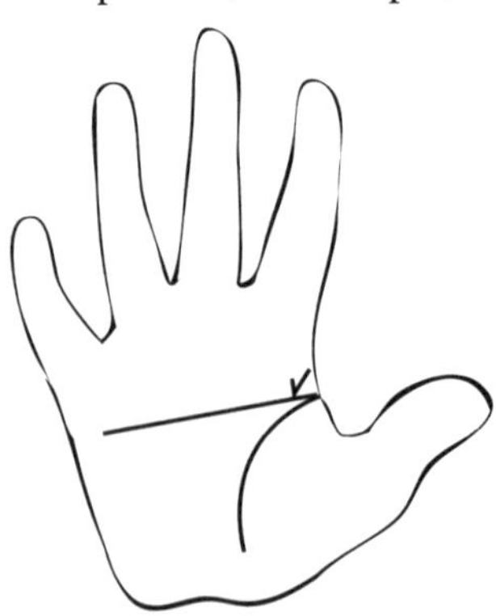

163. Su Línea de la Cabeza tiene una bifurcación corta hacia el interior en su inicio.

Es propenso a los cambios de opinión frecuentes sin una buena causa. Rara vez sabe por qué es tan increíblemente voluble. La fortuna y los honores otorgados por sus progenitores acabarán beneficiándole, pero no los espere sentado. Nunca se sabe cuándo aparecerán.

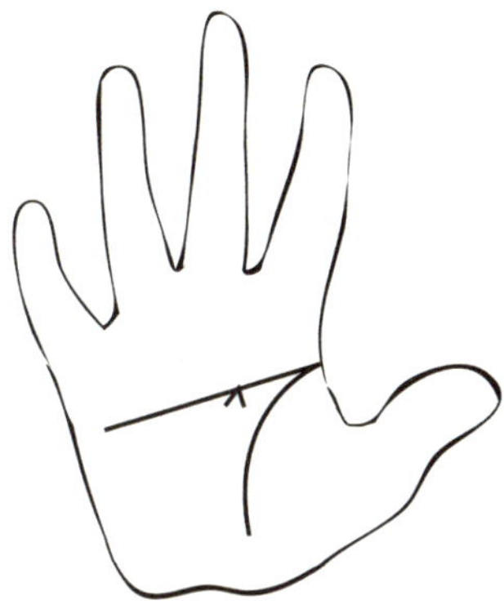

Su Línea de la Cabeza está separada de su Línea de la Vida

164. Sus Líneas de la Cabeza y de la Vida no se unen, pero están conectadas mediante ramas y cruces.

Le gustan todo tipo de bromas. Sin humor y una buena risa diaria siente que no valdría la pena vivir la vida. Le gusta gastar bromas prácticas. Se siente ofendido con facilidad cuando la broma se la gastan a usted, cosa bastante natural, ya que es usted sensible.

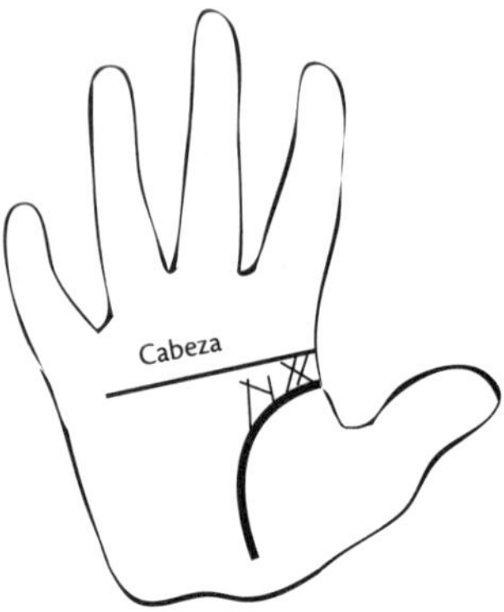

165. Sus Líneas de la Cabeza y de la Vida están separadas en su inicio por un espacio muy estrecho.

Es usted el tipo de persona activa con una fuerte iniciativa. No teme las críticas. Es valiente y atrevido, y tiene la suficiente inteligencia como para escapar del verdadero peligro. Piensa de forma independiente y puede tomar decisiones rápidas. Junto con su valentía física, posee atrevimiento mental, lo que le sitúa un paso por delante de sus adversarios en todo momento.

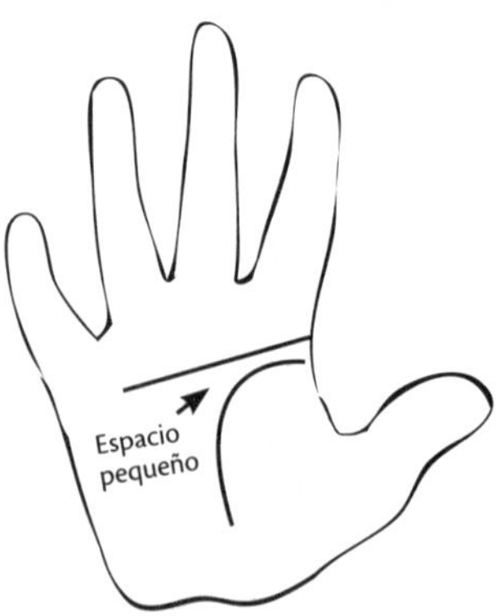

166. Sus líneas de la Cabeza y de la Vida están separadas por un espacio de dimensiones medias.

De vez en cuando es alegre y permite que sus fantasías se desboquen. A veces deja, además, que la tensión de la ira se acumule hasta que usted mismo acaba siendo un nudo gigante. Esta hostilidad puede desencadenar otros estados de humor nada deseables, como el miedo y la tristeza, lo que le hace estar cansado.

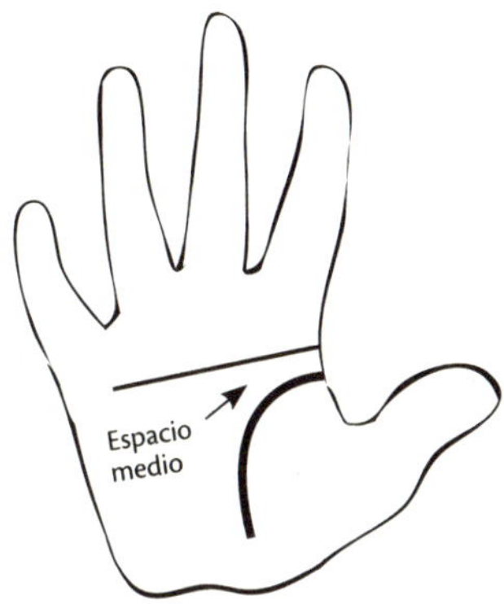

167. Sus Líneas de la Cabeza y de la Vida están bastante separadas en su inicio.

Ésta es una indicación de imprudencia impulsiva. Tiene la obstinación de un bulldog. Su carácter inquieto puede convertirse en temeridad. No actúa con delicadeza con aquellos que sienten ternura por usted. Las oleadas repentinas de energía y sensaciones hacen que le resulte difícil tomar buenas decisiones.

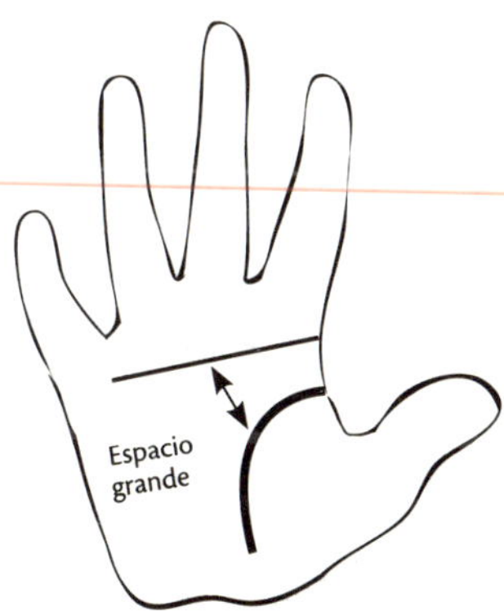

168. La distancia entre sus Líneas de la Cabeza y de la Vida es excesivamente amplia.

Se trata de un signo del carácter frenético, apasionado y precipitado. Los embrollos que le causan infinitos problemas pueden solucionarse con una planificación disciplinada. Como a veces no cree disponer de la fuerza necesaria en su interior para completar las cosas iniciadas, se desanima. Su tensión puede provocarle una falta de confianza. Dispone de una enorme reserva interior de capacidades que no ha explorado.

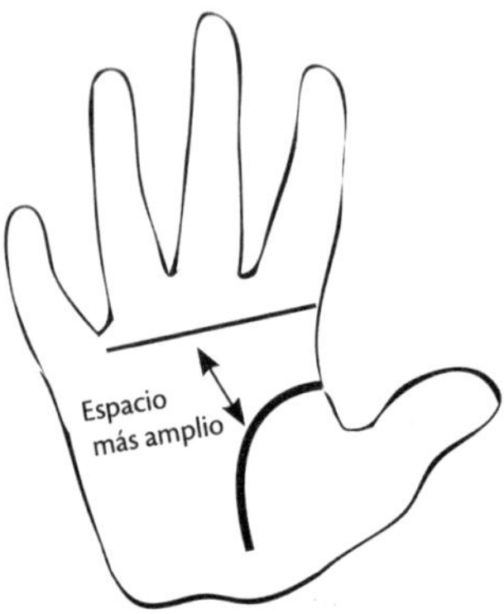

169. Su Línea de la Cabeza se prolonga, recta, a través de su palma de la mano y no contacta con su Línea de la Vida.

Tiene un inmenso poder sobre otros. Esta habilidad se desarrollaría por completo si entrara en la vida pública. Tiene usted una mente ágil y consigue en un instante lo que a otros les cuesta esfuerzo. Debe, por encima de todo, tener un objetivo claro en la vida. Sin un objetivo es usted como un barco sin capitán navegando a la deriva.

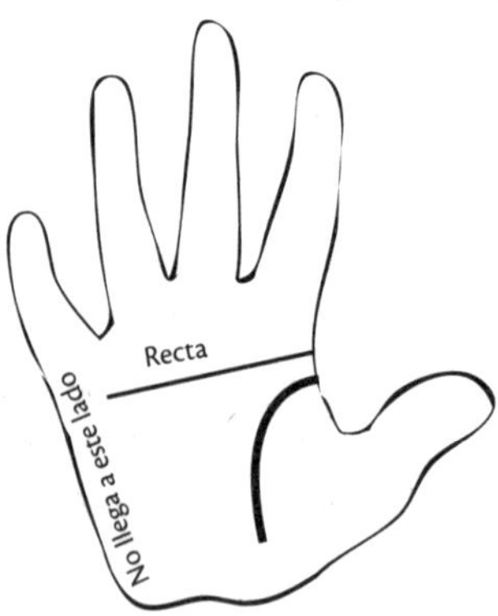

170. Su Línea de la Cabeza está separada de su Línea de la Vida y discurre hacia el Monte de Marte.

Es usted un líder autoproclamado. Disfruta organizando reuniones. Sacrificaría todo (familia, amigos) por lo que creyera que es su deber público. Ha descubierto que el público consiste en una masa de idiotas y está determinado a hacer algo al respecto.

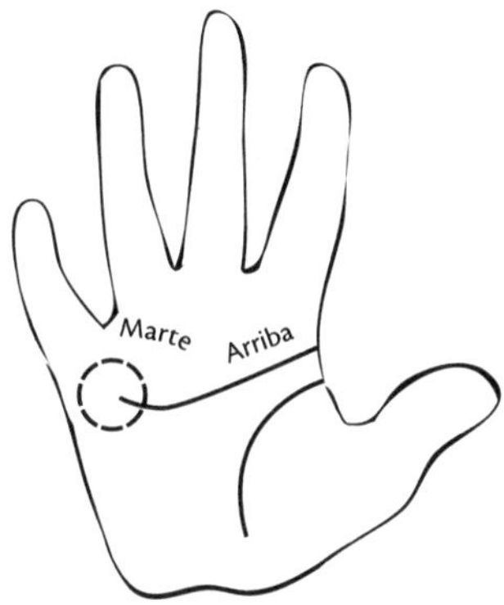

171. Su Línea de la Cabeza, que está separada de la de la Vida, se curva hacia abajo, hacia el talón de la mano.

Muestra inclinación a trabajar duro sólo si tiene el estado de humor adecuado. Si el estado de humor no le afecta, se esfuerza y va desempeñando sus tareas. Ha heredado una imaginación brillante y suele olvidar que la VIDA implica ACCIÓN.

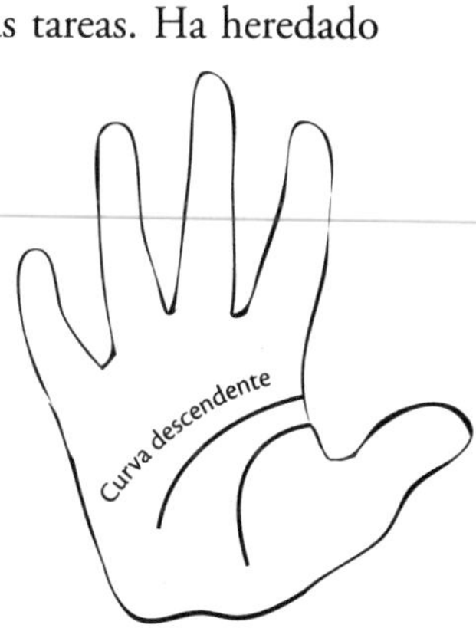

172. Su Línea de la Cabeza empieza en el interior de la Línea de la Vida y progresa, recta, a lo largo de la palma de la mano.

Tiene una vena sensible, y la más ligera alteración puede desencadenar a veces un arrebato emocional impredecible. Más adelante en la vida, a través de su perspicacia, superará en gran medida esta vulnerabilidad. Se siente injustamente tratado, pero su imaginación lo empeora.

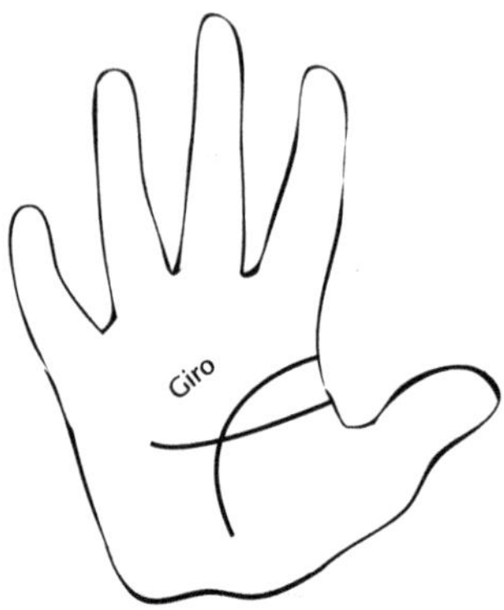

173. Su Línea de la Cabeza empieza en el interior de la Línea de la Vida y prosigue recta a lo largo de la palma de la mano hacia el Monte de Marte.

Esto significa que tiene la cualidad mental de «Marte». Gracias a Marte tiene la fuerza necesaria para luchar por aquello en lo que cree, y se levanta ileso tras la derrota. Quizás se sienta débil, pero Marte siempre le dará la fuerza necesaria. Aunque puede que se sienta tímido y que no está a la altura para afrontar retos, Marte también le proporcionará la valentía para superar casi cualquier debilidad.

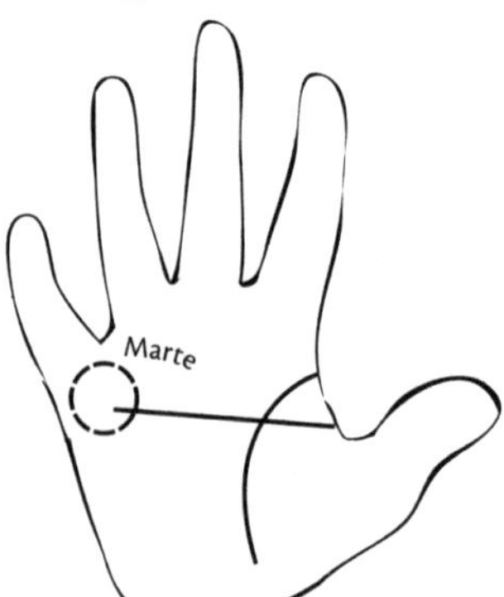

174. Su Línea de la Cabeza se curva hacia abajo y tiene su origen en el interior de la Línea de la Vida.

Esto significa que tiende usted a ser excesivamente cauto. El resultado es que a veces se conduce tímidamente. Se retrae para protegerse, ya que se siente sensible en su interior. Pierde los estribos con facilidad y se precipita haciendo cosas que luego lamenta. No confía en su propio poder mental, que es el antídoto natural de su debilidad.

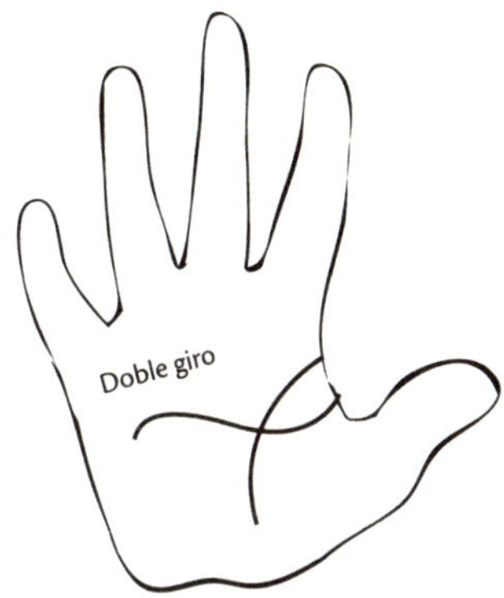

175. Su Línea de la Cabeza no está unida a su Línea de la Vida, pero empieza formando una curva alrededor de la base del Monte de Júpiter.

Se le ha concedido inteligencia y un sentido de la razón superior. Se tiene a sí mismo en gran consideración. Aunque su orgullo es justificable, abra su mente hacia la práctica de la humildad.

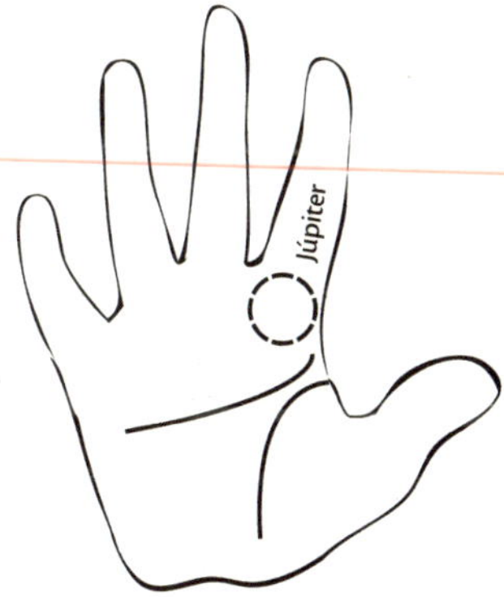

176. Hay una línea transversal que conecta su Línea de la Cabeza con la del Corazón.

El sentimentalismo y los sentimientos amorosos son las fuerzas que le empujan hacia delante. Dedica gran parte de su tiempo a hacer cosas para otros. Tiene un alma generosa. Cuídese de dedicar su generosidad a la gente inadecuada.

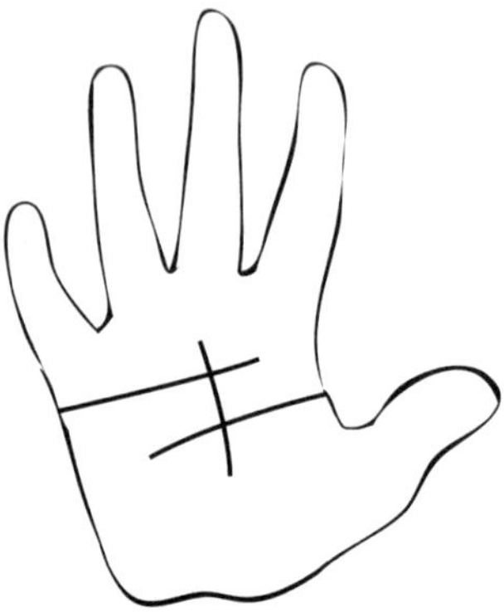

177. Una rama ascendente de su Línea de la Cabeza llega hasta su Línea del Corazón.

Ha permitido que la frialdad en los asuntos del afecto entre en su romance. La lógica fría que domina en los asuntos amorosos le sirve para proteger sus sentimientos destrozados. Su Línea de la Cabeza le proporciona el raciocinio para este bloqueo mediante el razonamiento y el pensamiento.

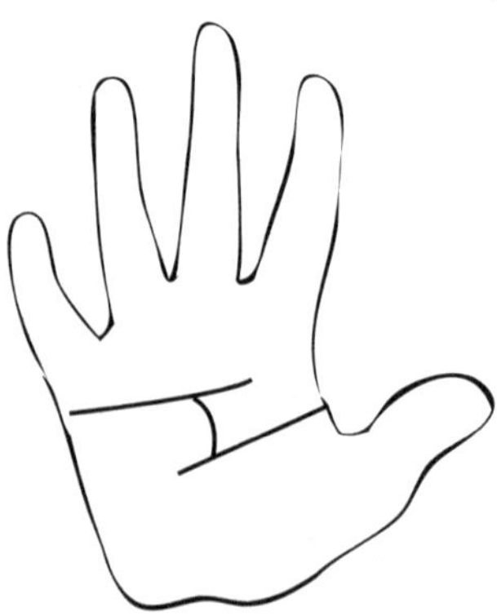

178. Hay un espacio pequeño y homogéneo entre sus Líneas de la Cabeza y del Corazón.

Podría relajarse más con respecto a vivir su vida si no estuviera tan amargado por sus pérdidas. Es cierto que ha perdido mucho y que ahora teme dar, ya que cree que le queda muy poco que dar. Si pudiera encontrar una forma de evitar repetir las pérdidas en su mente y dejar de revivirlas, podría abrir una vía para empezar a recibir más.

179. El espacio entre sus Líneas de la Cabeza y del Corazón es estrecho e irregular.

Sin previo aviso, sus pensamientos se vuelven introspectivos y se centra en sus dolores y esfuerzos. Es en estos momentos cuando se vuelve más sensible a su entorno. Siente más y le duele más. En estas épocas pierde el apoyo de los demás y no dispone de un refugio de seguridad.

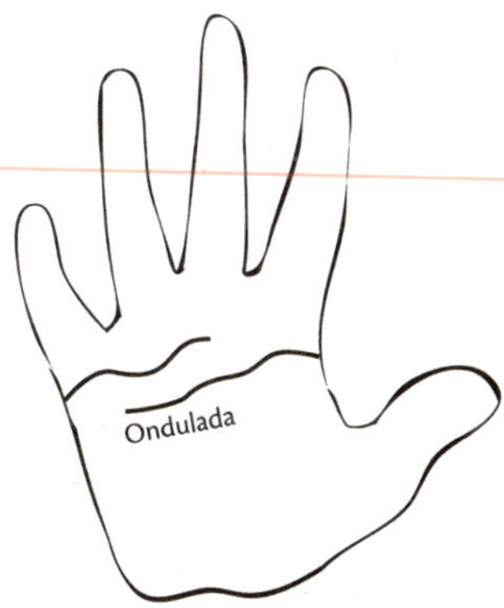

180. El espacio entre sus Líneas del Corazón y de la Cabeza es amplio y se ensancha hacia el talón de su mano.

Esta configuración significa que al hacerse mayor se vuelve más agradecido y generoso. Su dedicación a los demás y el bienestar de los necesitados se convierten en una preocupación importante en sus años de jubilado.

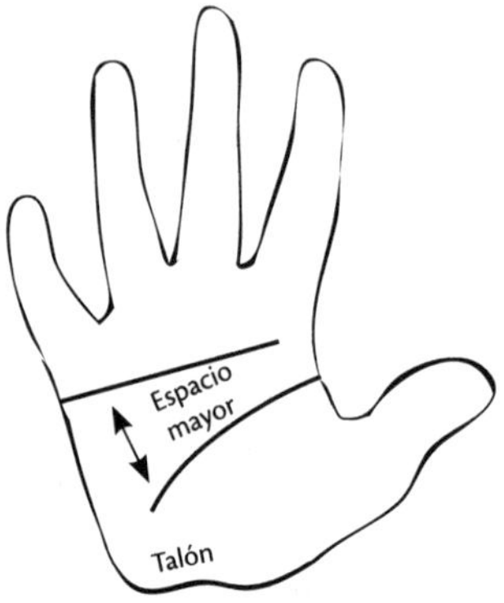

181. El espacio entre sus Líneas de la Cabeza y del Corazón es más amplio en el lado de la Percusión de su mano.

Tiene un cuerpo y una mente saludables, y si mantiene unos buenos hábitos regulares no se encontrará con problemas en estos aspectos. Cree en la honestidad y tiene muy mal concepto de los mentirosos. Si alguien le miente sólo una vez, su relación con dicha persona se acabó para siempre.

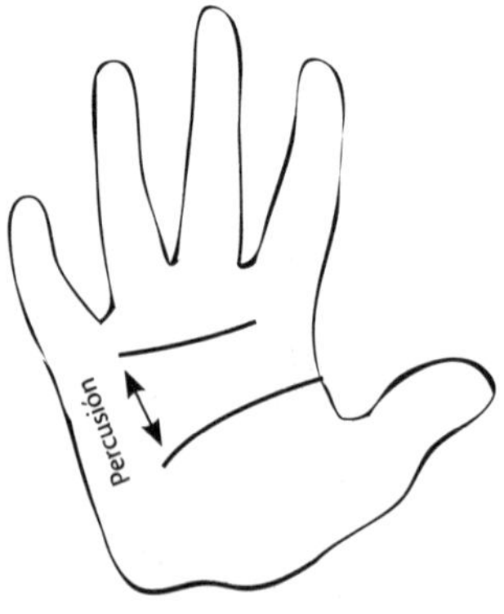

182. El espacio entre sus Líneas de la Cabeza y del Corazón se ensancha hacia el Monte de Júpiter.

Los demás le ven de forma diferente. No es usted un tipo convencional. Siéntase orgulloso de las cosas que le hacen ser diferente y no dé la mayor importancia a lo que los demás puedan pensar de usted. De esta forma, su genialidad y sus dones dispondrán de espacio para crecer junto con su confianza, al tiempo que tendrá una gran reputación y una excelente carrera gracias al hecho de ser diferente.

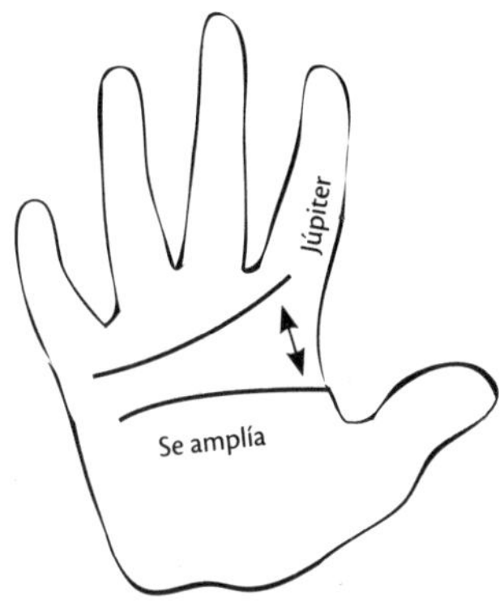

183. El espacio entre sus Líneas de la Cabeza y del Corazón forma un rectángulo.

Cuenta con la bendición de poseer un temperamento homogéneo. Esto hace que sea un buen juez en situaciones de crisis. Sus movimientos corporales están bien equilibrados y sería un buen bailarín o atleta. Está seguro de sí mismo y le gusta hacer notar su presencia allá donde va.

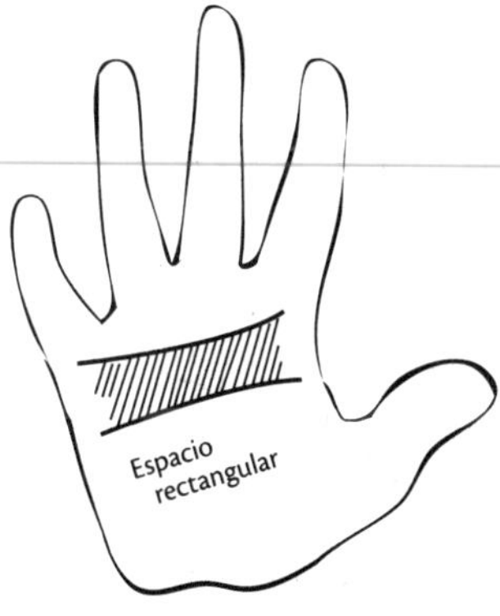

184. El espacio entre sus Líneas de la Cabeza y del Corazón tiene zonas amplias y estrechas, y las dos líneas se aproximan mucho la una a la otra en la zona central de la palma.

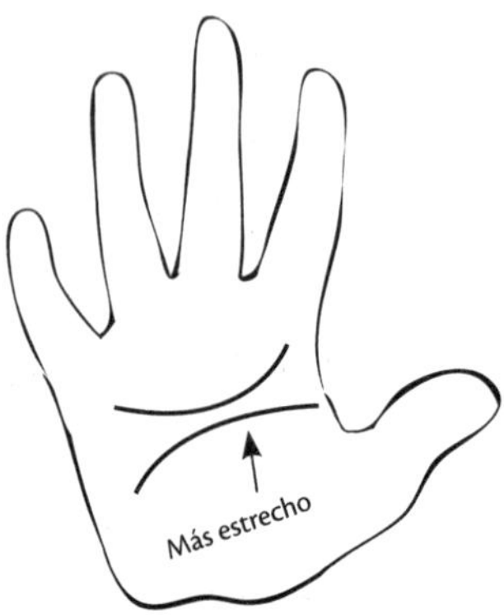

Dependiendo de su estado de ánimo, puede ser generoso y cariñoso o tacaño y vengativo. Su ánimo puede variar entre la alegría y la agitación en un santiamén. Ambos lados son muy fuertes, y podría pasar gran parte de su tiempo haciendo las paces con sus amigos.

185. El espacio entre sus Líneas del Corazón y de la Cabeza forma un cuadrado casi perfecto con una anchura y longitud iguales.

Es usted testarudo y no le gusta que le den órdenes. Confía en sus instintos y no en la gente. Siempre insiste en averiguar todos los datos por sí mismo. Es un aventurero nato. Irá a los lugares que los demás más temen. Su actitud con respecto a la vida es audaz.

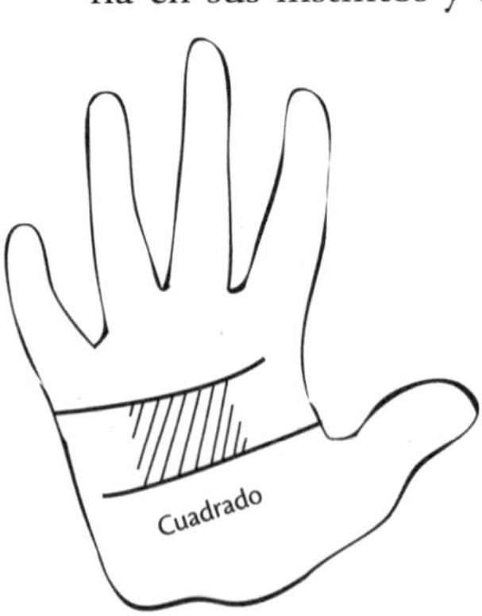

La Línea del Corazón

186. Su Línea del Corazón es excepcionalmente larga.

Posee usted una intensa pasión que sabe cómo disimular bien. Puede imaginar las enfermedades y el sufrimiento de los demás, casi como si los estuviera padeciendo usted. Su compasión atrae a personas menos afortunadas que necesitan su apoyo. Les ayuda, y debe aprender a no llevarse sus problemas a la cama con usted.

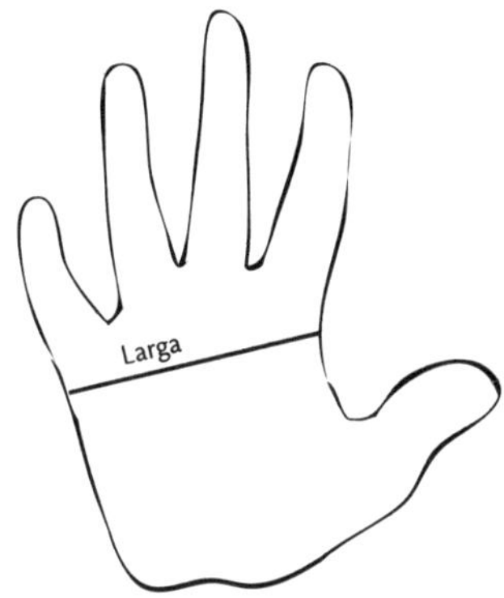

187. Su Línea del Corazón está situada a baja altura en su palma, casi tocando la Línea de la Vida.

Su bondad le convierte en presa fácil para los pedigüeños. Triunfa cuando aprende a pensar por sí mismo en el momento en que aparecen problemas, de forma parecida a cómo soluciona los suyos un científico. Evite compartir sus problemas con los demás, ya que ésta es su debilidad. A veces permite que sensaciones perturbadoras adquieran tanta fuerza que bloquean su forma de pensar lógica.

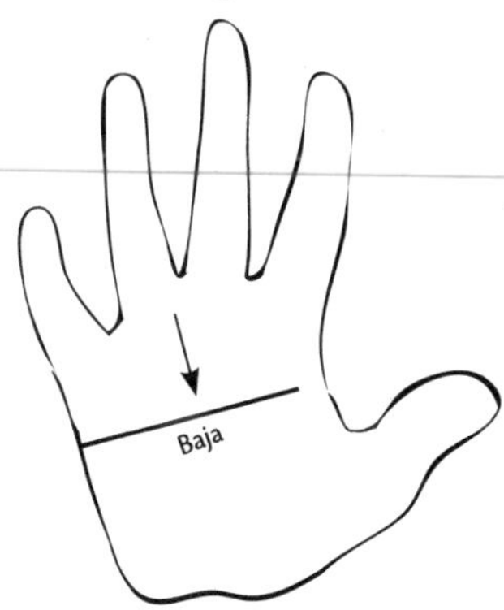

188. Su Línea del Corazón está situada a gran altura en la palma.

Los asuntos del corazón están dictados por una gran precaución. Se promete no asumir riesgos en el amor y calcula cada movimiento con mucha antelación. Su mente es sagaz, perspicaz, activa y atenta. Con ella debería poder cambiar esos pensamientos antiguos y desgastados por actitudes más realistas.

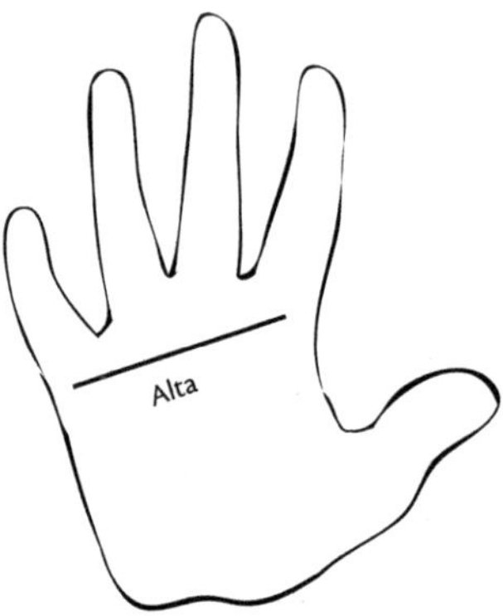

189. Su Línea del Corazón se inclina hacia la Línea de la Cabeza.

Sus poderes mentales tienen una gran influencia sobre sus sentimientos del corazón. Cuando se trata de escoger entre ir tras un interludio amoroso o liquidar un trabajo inacabado, elige el trabajo. La batalla entre el corazón y la razón (o los beneficios) seguirá hasta que aprenda el arte de divertirse.

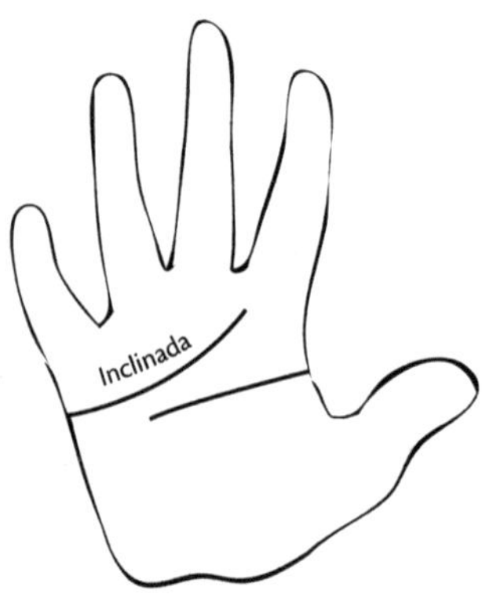

190. Su Línea del Corazón tiene una hondonada hacia su Línea de la Vida.

Ha tenido la difícil tarea de superar algunas experiencias impactantes y que le han hecho madurar pronto. En algunos aspectos, puede estarles agradecido, ya que hacen que tenga una mayor capacidad de hacer frente al ritmo incierto de la vida actual. Sus ideales cambian drásticamente a medida que se hace mayor.

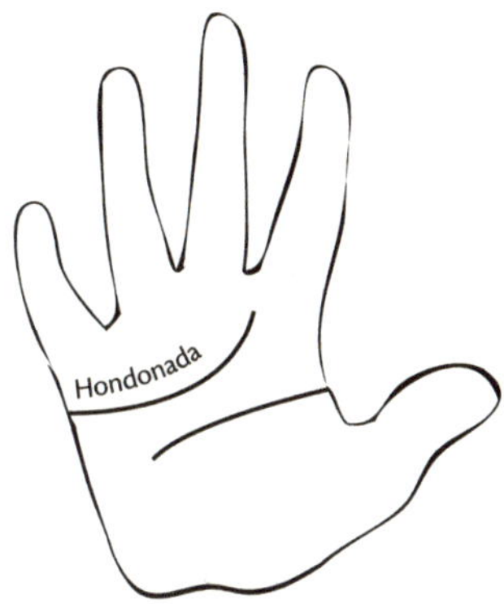

191. Su Línea del Corazón se desvía hacia Saturno.

Se ve fuertemente atraído por las personas de tipo saturnino. Los saturninos poseen una buena cantidad de cualidades maduras y sobrias. Estas personas arrogantes son buenas para usted, ya que es un soñador. Necesita aprender de los saturninos, que le enseñan precisión y control. Estará bien, siempre que no se deje contagiar por su pesimismo.

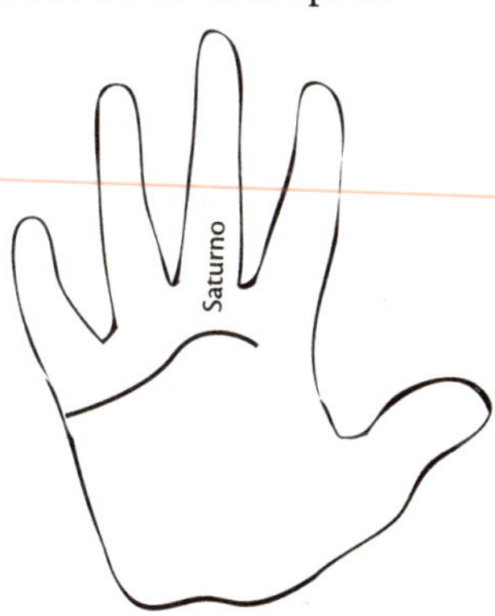

192. Su Línea del Corazón se desvía hacia Apolo.

Su corazón se ve atraído por el tipo apolíneo. Los apolíneos tienen la capacidad de aliviar su melancolía. Son personas vigorosas y sanas que le arrastran a la participación y la acción. Le motivan a que se moldee una vida emocionante. Se podría decir que son la sal y la pimienta de su vida.

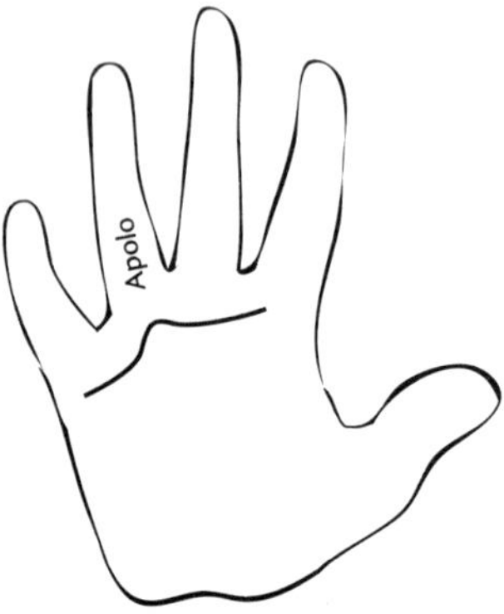

193. Su Línea del Corazón se desvía hacia Mercurio.

Siente una fuerte atracción por una pareja de tipo mercurial. Mediante ella satisfará sus necesidades materiales y obtendrá seguridad. Los mercurianos son astutos y suelen ser ricos en activos materiales. Son habilidosos con las manos y su energía es inagotable. Confía en ellos para que complementen esas partes de usted que no son tan fuertes.

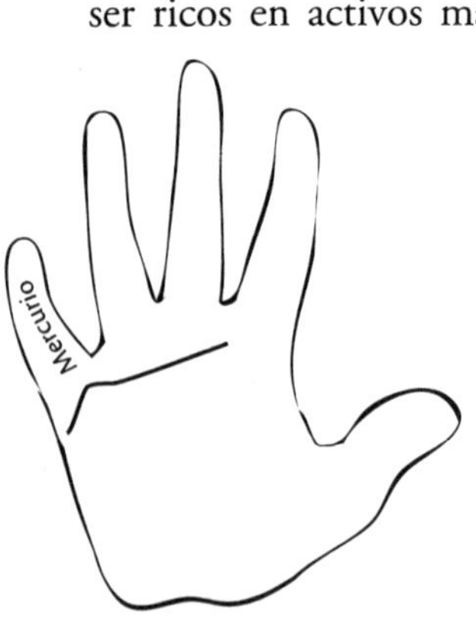

194. Su Línea del Corazón se extiende por encima del Monte de Júpiter.

Escoge a su pareja con sólo buenas intenciones en mente. Este signo implica un amor noble, puro e idealista: nunca ama con motivos ulteriores. Puede ser un entusiasta ciego de su amor. Está tan intoxicado de amor que no reconocería una mala relación.

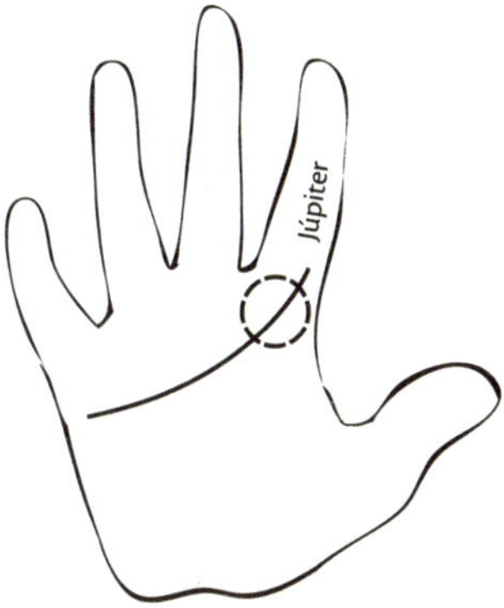

195. Su Línea del Corazón cruza su mano hasta llegar a la Percusión.

Tiene un exceso de afecto. A veces, sus sentimientos de amor y generosidad son tan incontenibles que no hay lugares suficientes en su entorno para que sean apreciados. Esto le provoca ataques de frustración. Frecuentemente se ve herido en lo más hondo cuando su amor no se ve justamente correspondido.

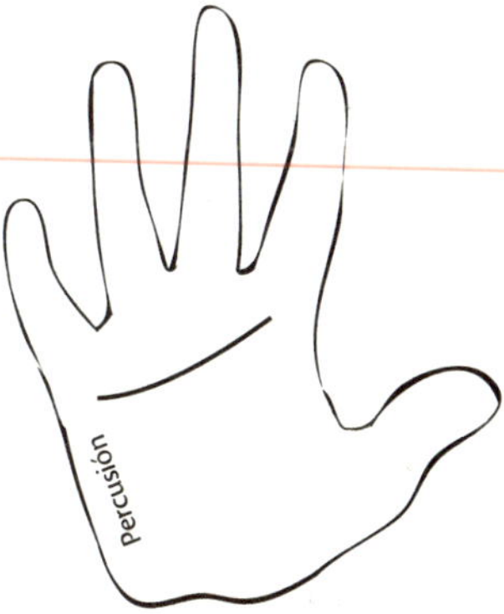

196. Su Línea del Corazón cruza su mano completamente.

La longitud de esta línea refleja, proporcionalmente, la cantidad de amor que hay en su corazón. La verdad es que su corazón es demasiado grande. Permite que los sentimientos superen a su lógica y no consigue proteger sus intereses. Contra su buen juicio, muestra inclinación a prestar dinero generosamente. Tiende a ser condescendiente debido a su compasión. Su corazón es demasiado grande como para hacerle bien.

197. Su Línea del Corazón empieza en el Monte de Júpiter.

Tiene un código de honor inusualmente elevado. Su juego del amor está lleno de normas que es mejor que no se rompan. Tiene muchas ganas de que la gente a la que quiere se haga rica y famosa, y se dedicará a esta causa. Decide casarse con un igual. Una vez que ama, ama para siempre.

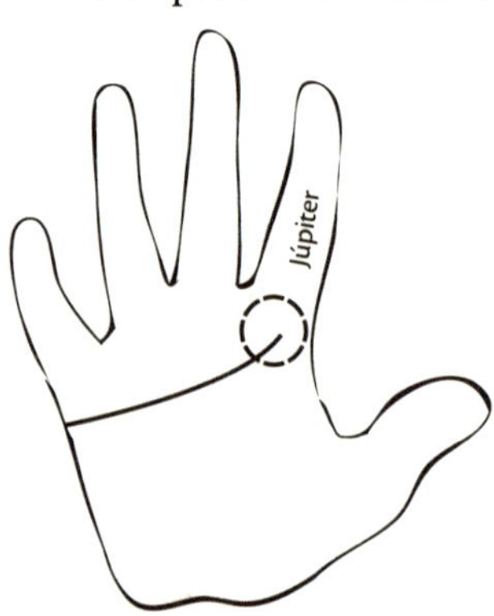

198. Su Línea del Corazón empieza entre sus dedos índice y corazón.

Refleja usted el buen punto intermedio entre el idealismo en el amor y la realidad del sacrificio. Usa ambos con maestría para conseguir la armonía en el amor. Es digno de confianza con sus afectos una vez se permite dejarse llevar y ama para siempre. Trabaja duro por su satisfacción personal. A nivel íntimo con sus amigos, les muestra su carácter tranquilo y profundo.

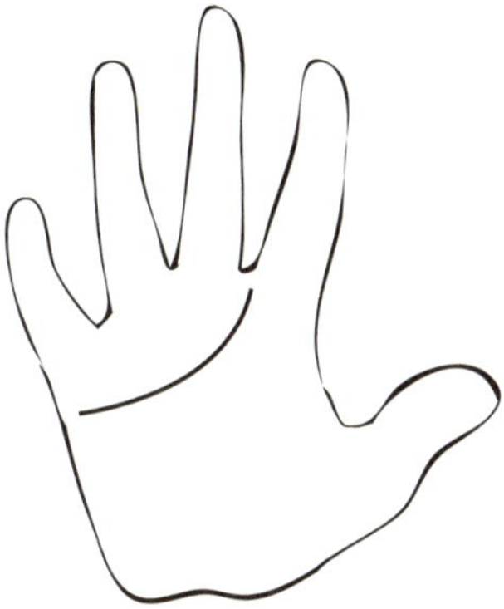

199. Su Línea del Corazón surge del Monte de Saturno.

Es usted posesivo con respecto a sus amigos y sus seres queridos. Los quiere sólo para usted. Si descubre cualquier defecto en su compañero, no perdona. A veces, cuando se equivoca, no está dispuesto a admitirlo. Tiene tendencia a amargarse por las decepciones.

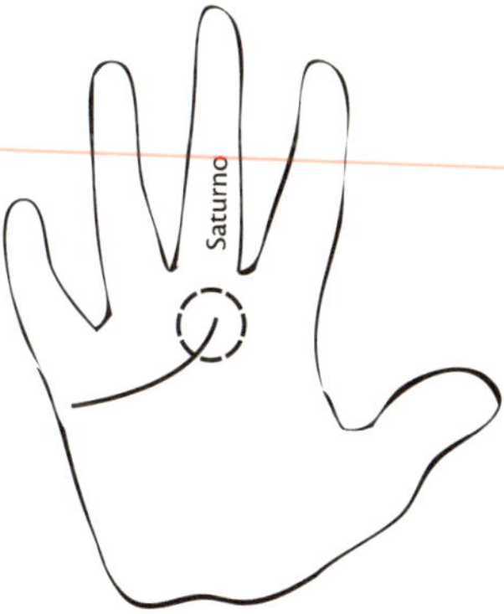

200. Hay una curva descendente en su Línea del Corazón a la altura del Monte de Júpiter.

Es maravillosamente amable y afectuoso. Siempre tiene excusas para aquellos que le hacen daño, justificando sus acciones. No tiene maldad en absoluto. Por su supervivencia en este mundo debería ser más firme y agresivo.

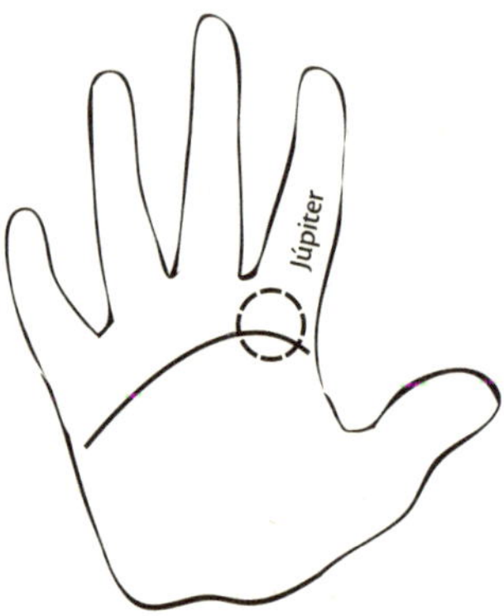

201. Su Línea del Corazón asciende bajo la base de Saturno.

Vive, más o menos, para usted y está desconectado de aquellos que tiene cerca. Una vez que alguien no cuenta con su favor, se convierte en su eterno enemigo. Es una persona «justo así», ya que todo tiene que ser «justo así» y de ninguna otra forma, ya que si no se encuentra extremadamente incómodo.

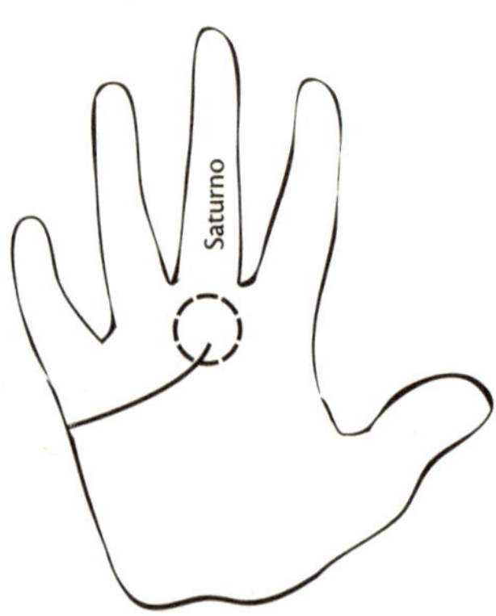

202. Su Línea del Corazón, que es arqueada, finaliza bajo Apolo.

Esto muestra que, en su más profundo ser, es un apolíneo, lleno de ideas de arte y belleza. Será más feliz si se casa con un apolíneo, ya que representan lo que usted más desea: alegría, sana robustez, vigor, genialidad y la chispa de la vida. Su amor ideal puede reconocerse de inmediato por ser una pareja a la que le apasiona la belleza y la elegancia.

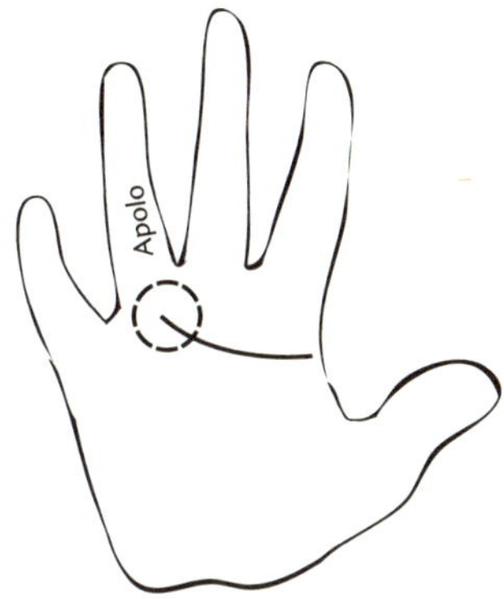

203. Su Línea del Corazón finaliza a gran altura en el Monte de Mercurio.

Esto muestra que sus afectos están influidos directamente por las finanzas. No puede ser feliz a menos que tenga dinero en su bolsillo. La sagacidad mercurial guía a su corazón. En su caso, el amor y el dinero van de la mano. Le gusta verse con buena ropa y no teme admirarse en los espejos.

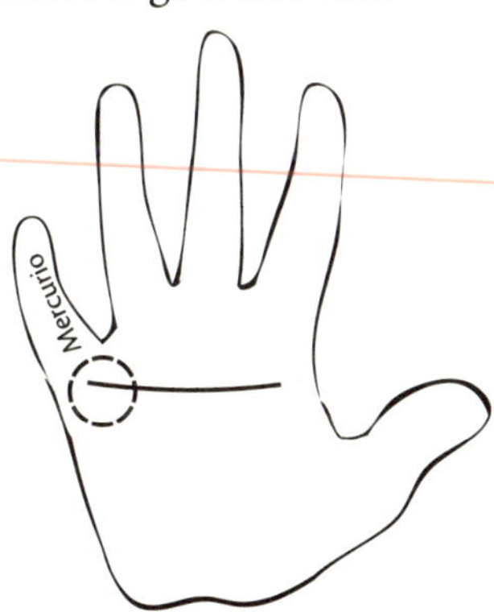

204. Su Línea del Corazón acaba en el Monte de Marte superior.

Se enamora de una persona de tipo marciano. Estos individuos personifican los elementos de agresividad y fuerza de los que carece. Le enseñan a luchar en los negocios y a pelear por el dinero. Aprende de ellos a combatir ferozmente por el amor, igual que hacen ellos. Estas personas de tipo marciano despiertan en usted una pasión febril por todo aquello que desea en el amor. Lucha hasta el final para ganarse el amor que merece.

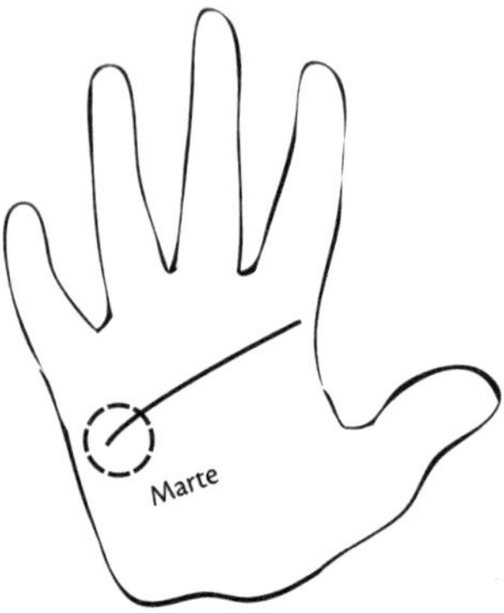

205. Su Línea del Corazón nace bajo Júpiter y acaba bajo Saturno.

Inició su vida con el tipo de afectos correctos por el sexo opuesto. Más adelante, sus sentimientos se torcieron, y el miedo y la aversión entraron en escena. Su carácter cambió del caliente al frío. Necesita a una persona alegre y extrovertida que le muestre que se preocupa por usted. Necesita que le tranquilice y le haga sentir seguro.

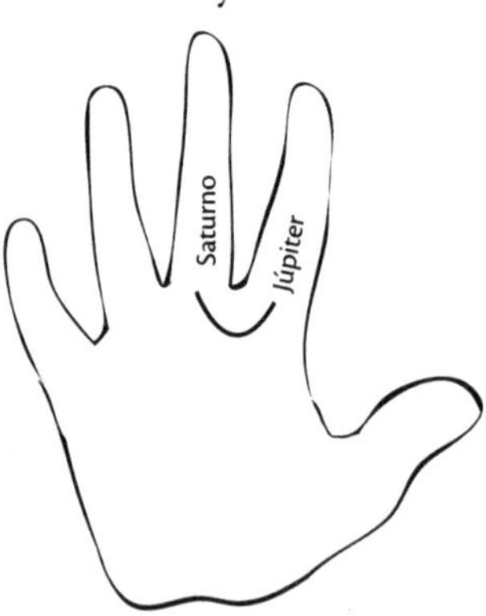

206. Su Línea del Corazón no va más allá del dedo de Apolo.

La longitud de esta línea habla del corazón que tiene y cuánto puede dar a los demás. Como esta línea tiene una forma normal pero su recorrido es corto, esto muestra que se ha topado con graves dificultades, quizás provocadas por la pérdida y la decepción. Ha tomado la decisión de no malgastar su amor en nadie.

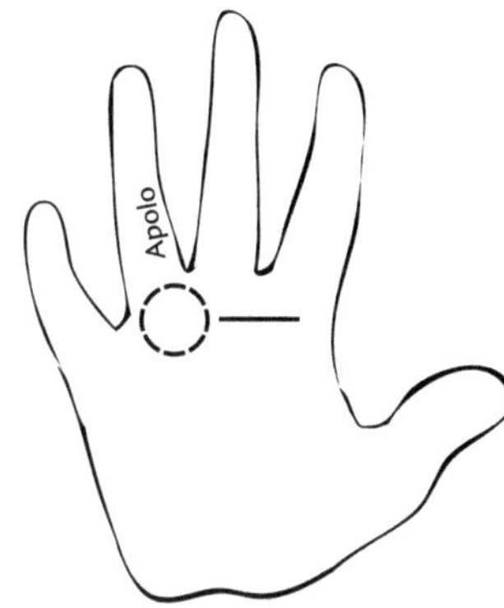

207. Paralela a su Línea del Corazón discurre una línea hermana.

Esta segunda línea demuestra una gran devoción por una persona amada o un amigo. Es usted leal y fiel en la mayoría de las circunstancias, y se enorgullece de poder mantener secretos. Es el mejor amigo que una persona podría desear tener. Cuando ama, lo hace para siempre. Es capaz de amar a dos parejas con la misma intensidad y devoción, o dos parejas son capaces de amarle con el mismo fervor.

208. Es evidente una Línea del Corazón discontinua.

El flujo de amor en su vida no siempre ha sido homogéneo y constante. A veces siente que le robaron injustamente el amor que merecía. Echa de menos que le amen constante y continuamente. Los amigos también han roto sus lazos de forma repentina y sin causa aparente. A veces siente desprecio por los demás debido a todos estos distanciamientos. A medida que las líneas se reparen con el tiempo, podrá recuperarse de esas pérdidas.

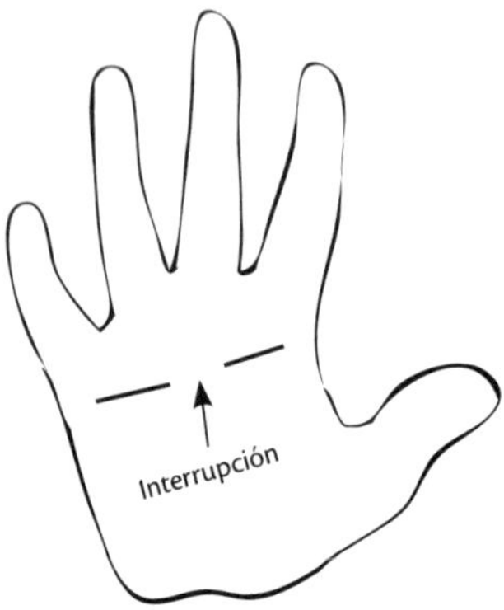

209. Su Línea del Corazón tiene forma de cadena.

Su estabilidad y su rutina se ven alteradas constantemente por intrigas insignificantes. Permite que otros se entrometan en sus asuntos y que le controlen. Cada vez valora menos la valía de sus pensamientos. Se esfuerza por complacer para así ganarse el afecto de la gente a la que necesita, pero hay demasiados obstáculos en su camino. Acrecentar el control sobre los demás eliminará muchos obstáculos.

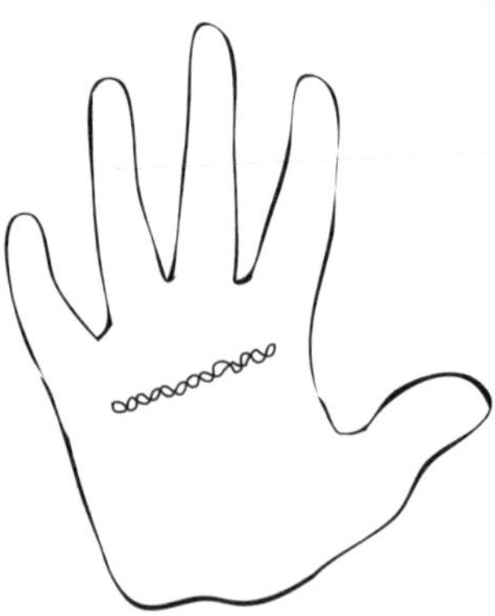

210. Hay un cuadrado que cubre una zona de su Línea del Corazón.

Durante las fases de penurias y sufrimiento físico, este signo del cuadrado le protege de las calamidades descontroladas. El cuadrado le proporciona comodidad, le tranquiliza y le guía a la hora de tomar las decisiones adecuadas. El cuadrado también podría ser un desconocido que le protege de una ruina inminente.

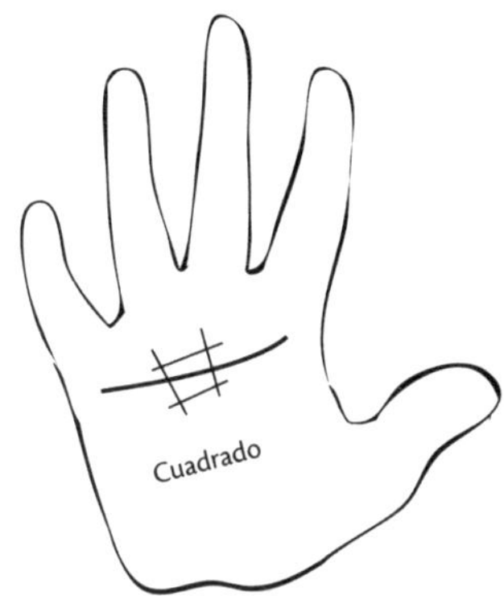

211. Tiene una Línea del Corazón muy larga con un Cinturón de Venus claramente marcado.

Alberga sentimientos de celos cuando la armonía entre usted y su pareja se ve amenazada. Puede ponerse violento durante sus arrebatos emocionales. Pierde la calma de forma tan repentina, a veces ante la más mínima provocación, que no deja tiempo para calmar esas emociones desbocadas.

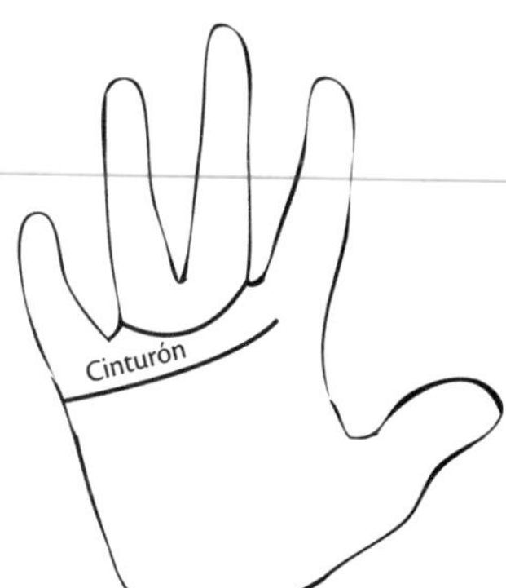

212. Tiene una Línea del Corazón débil y sus Líneas de la Cabeza y de la Vida están separadas.

Es muy sobreprotector en sus relaciones amorosas, y tiene miedo de perder los vínculos que sostienen su relación.

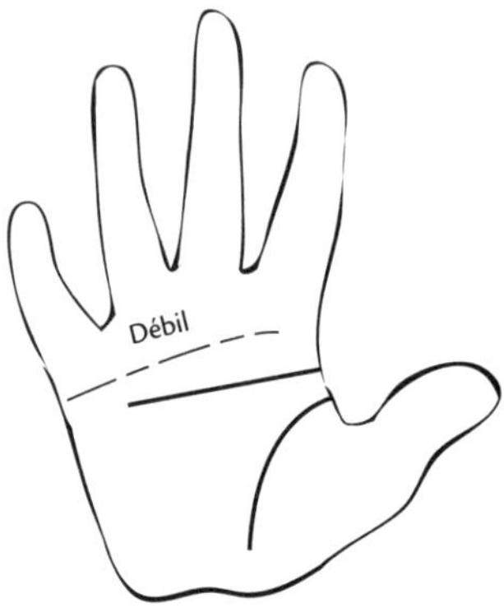

A veces busca, deliberadamente, el peligro en el amor y muestra un deseo excesivo por destruir aquello que ha construido con tanto esfuerzo. Tiene un exceso de energía nerviosa que podría canalizarse hacia el refinamiento de sus relaciones amorosas.

213. Su Línea del Corazón acaba en una especie de borla.

Cada pequeña punta o rama de la borla indica que ha habido una relación amorosa de consecuencias menores. Tiene usted un carácter afectuoso, con mucho amor para

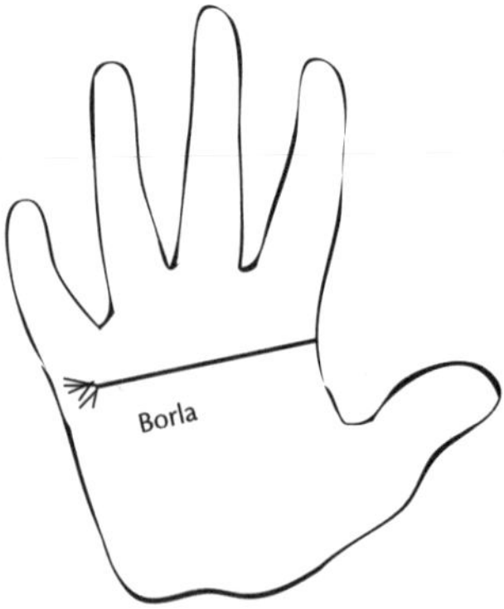

dar y, frecuentemente, se ve bendecido por una sensación de serenidad y generosidad para con la humanidad. Su amabilidad y cordialidad son del tipo que mantiene unidos los matrimonios y a las familias.

214. Hay múltiples líneas finas que descienden desde la Línea del Corazón hacia la zona que se encuentra por debajo de ella y por encima de la Línea de la Cabeza: el cuadrilátero.

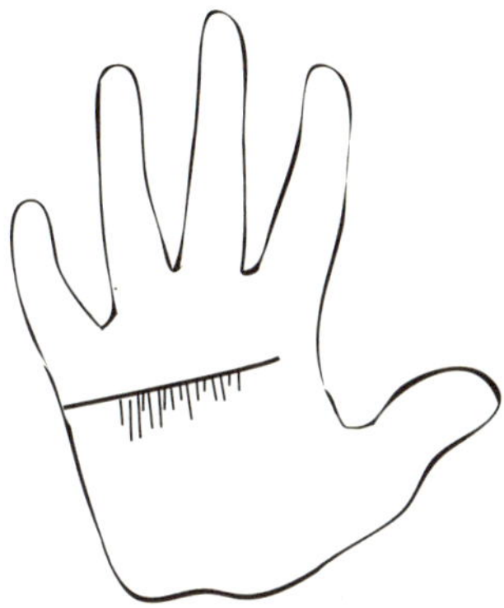

Siempre ha sabido que es usted una persona compleja pero versátil. A veces se frustra porque no puede dedicar toda su capacidad a algo que valga la pena o que genere dinero. Tiene aptitudes en múltiples áreas, y puede resultarle difícil hacer una elección. Sería bueno que se concentrara en aquellas actividades que se le dan bien, que son las que le aportarán las mayores satisfacciones.

215. Tiene una Línea del Corazón con huecos en muchos puntos.

Hay partes de su personalidad marcadas por la falta de constancia. Le gusta cambiar de amigos y de escenario con frecuencia. Se muere por la novedad y la excitación que acompañan a los cambios frecuentes. Esto puede contribuir a la sensación que puede tener de que la vida carece a veces de sentido.

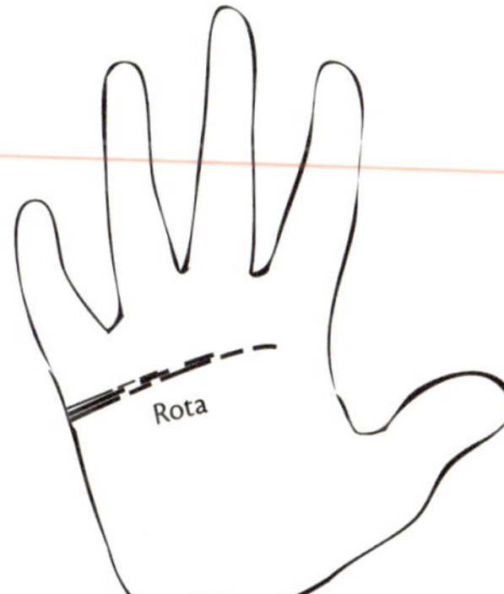

216. Su Línea del Corazón tiene un hueco debajo del Monte de Apolo.

Mediante un cambio de mentalidad repentino e impulsivo rompe una relación amorosa duradera. Se siente superior a los demás, debido, en parte, a que es una persona muy capaz. Esto podría llegar a considerarse como presunción. Se crió en una atmósfera arrogante que, de algún modo, se le ha pegado.

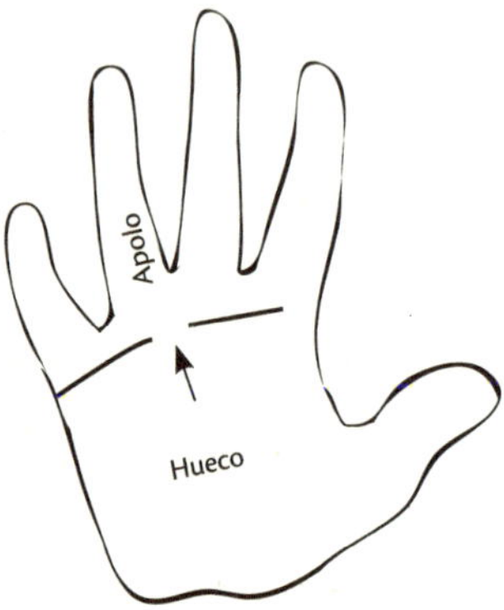

217. Tiene una Línea del Corazón con un hueco debajo de Mercurio.

En este momento, sus pensamientos están centrados en acumular riquezas. Podría convertirse en un acaparador. No se considera mezquino, pero los demás sí piensan que lo es. Su aprecio por el dinero y la seguridad podrían ir tan lejos como para destrozar lazos de amor.

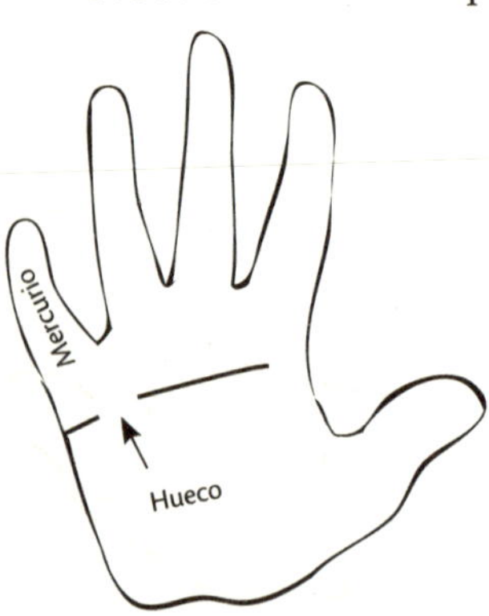

218. Dos fragmentos de su Línea del Corazón se superponen.

Se volverá a reunir con un antiguo amor después de años de separación. Será una reunión espléndida y la oportunidad de iniciar una relación nueva y pemanente.

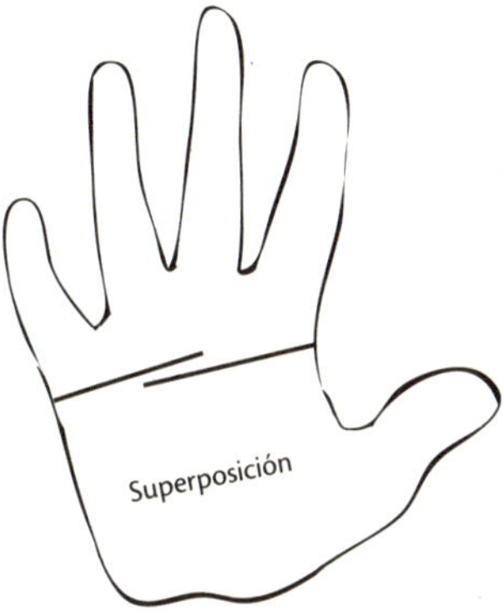

219. Tiene un cierto número de barras que cortan su Línea del Corazón.

Las frustraciones y las condiciones desestabilizadoras aparecen repetidamente en su vida amorosa. Se pregunta si alguna vez superará estas decepciones. Como las barras que atraviesan su Línea del Corazón son limitadas, la amplitud de sus decepciones también será limitada.

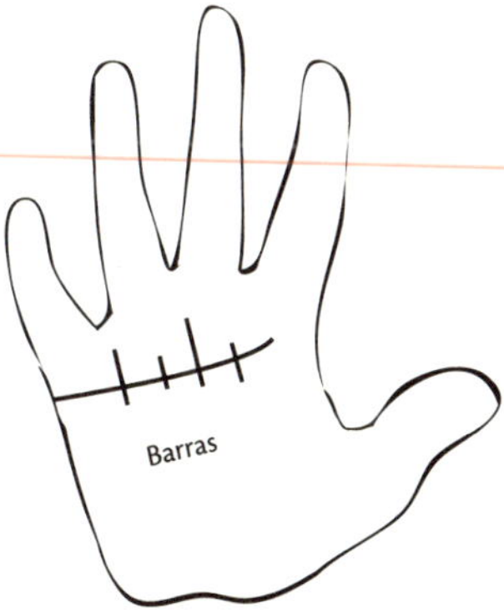

220. Hay islas en su Línea del Corazón.

Ha pasado algunos episodios de abandono. Estas separaciones no fueron culpa suya. Lo más probable es que no vuelva a reconectar con los viejos vínculos.

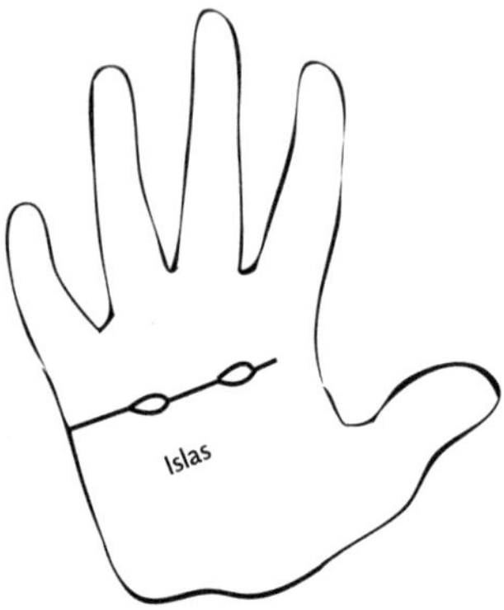

221. Su Línea del Corazón envía ramas hacia arriba, en dirección hacia los dedos.

Estas ramas suponen el número de amistades íntimas y alianzas fuertes. Ése es el número de personas que estarán a su lado en los momentos difíciles y que son sus almas gemelas.

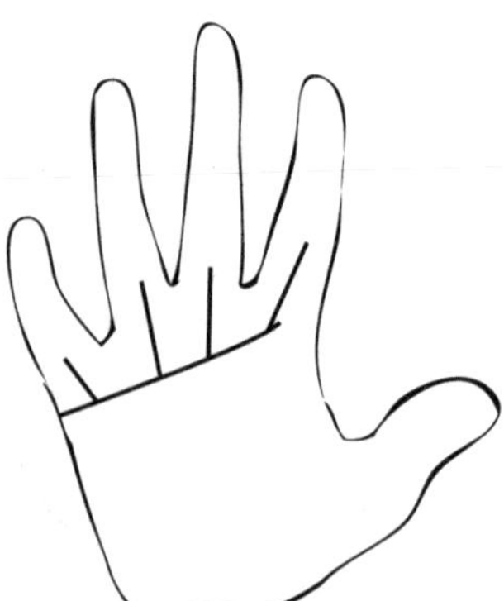

222. Su Línea del Corazón emite una rama que se dirige hacia el Monte de Júpiter.

Las influencias moderadoras de Júpiter aportan honores y riquezas en su camino. Esta rama redirige su impulso sexual hacia servicios para su enriquecimiento personal. Se ve recompensado gracias a la implicación personal y sus sacrificios en los asuntos sociales.

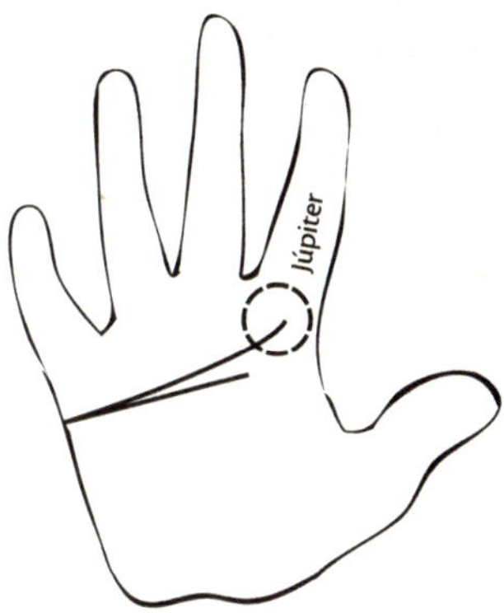

223. Una línea asciende desde su Línea del Corazón y avanza hacia su dedo anular.

Una persona que ofrece mucho amor y apoyo llena sus últimos años de calidez y comodidad. Sus años maduros estarán llenos de alegrías y recompensas materiales. Es entonces cuando acabará conociendo el significado del verdadero amor.

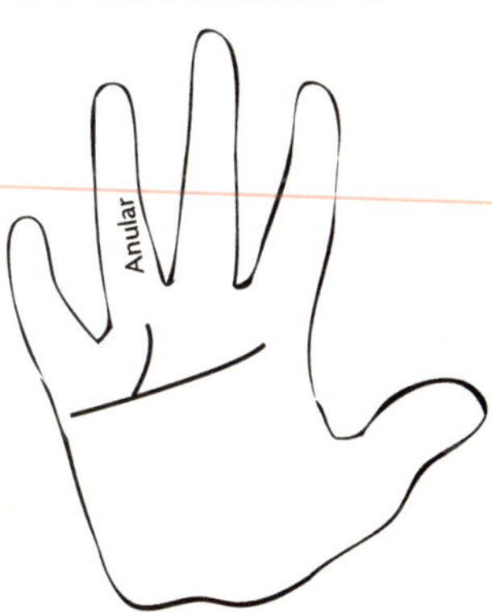

224. De su Línea del Corazón sale una rama hacia el Monte de Mercurio.

A través de la perseverancia, paso a paso, y empezando con muy poco, amasa una verdadera fortuna. Son sólo sus esfuerzos firmes e incansables los que dan sus frutos. Alguien que le ama profundamente puede acelerar su crecimiento.

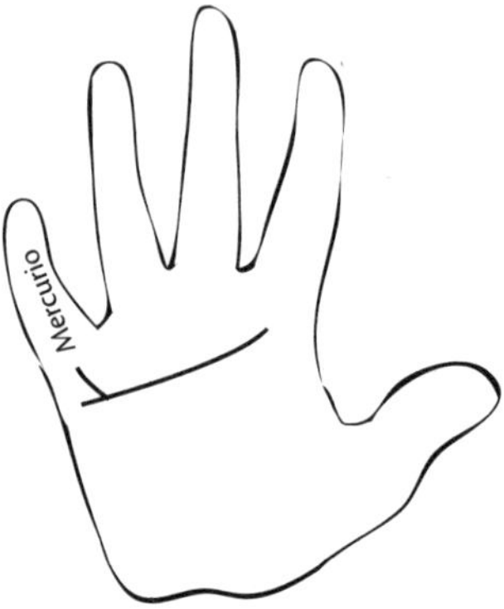

225. Su Línea del Corazón se bifurca al principio, entre sus dedos índice y corazón.

Su vida se vuelve tranquila después de un período de agitación sostenida. La paz consiguiente le vuelve a estabilizar. Tiene un carácter equilibrado y alegre y mucho amor para dar. Comprende las necesidades y los sentimientos de su pareja y no se siente forzado a cambiarlos. Sabe cómo llegar a soluciones intermedias y nunca tiene exigencias poco razonables.

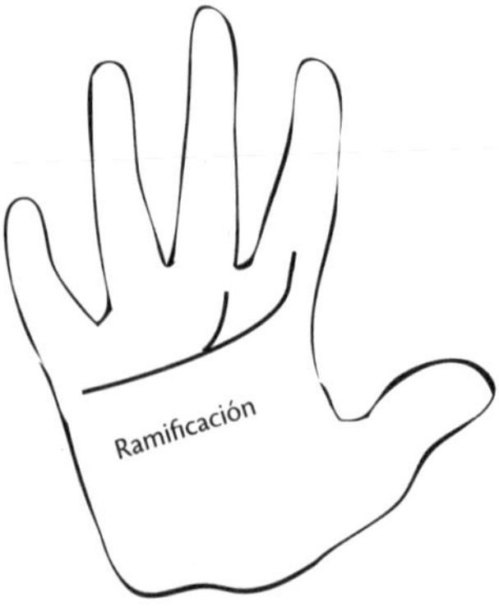

226. Su Línea del Corazón empieza en forma de una bifurcación de tres ramas.

Cuenta usted con el don del espíritu por la justicia. Tiene un gran conocimiento innato de la diferencia entre el bien y el mal. Esto es perfecto para trabajos como el de legislador o agente de la autoridad. Es usted un mediador en asuntos de familia digno de confianza. Los jóvenes y los mayores se fían por igual de su palabra.

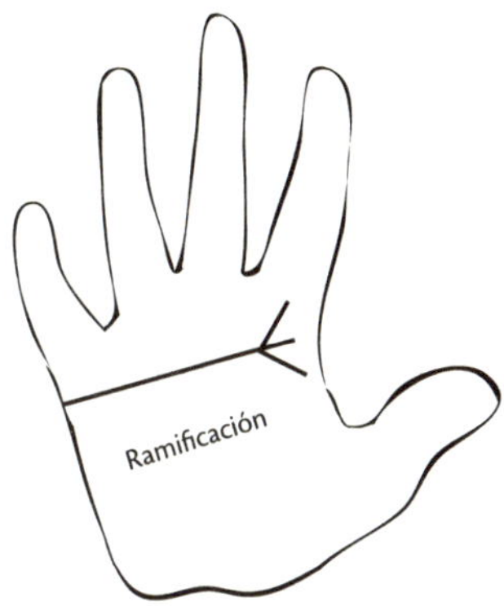

227. Su Línea del Corazón asciende y se une en una ramificación que procede de tres fuentes: Júpiter, Saturno y un punto intermedio entre ellos.

Aunque la pasión es la fuerza dominante en su vida, aprende las normas del sentido común. Todavía no ha descubierto en que consiste el secreto de cómo disfrutar. Tiene amor y afecto para dar.

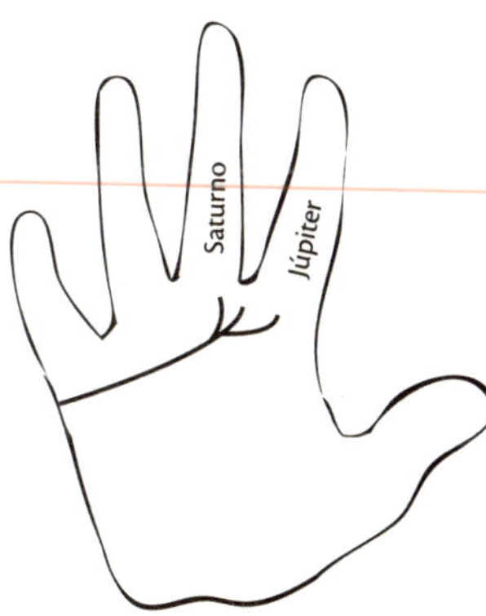

228. Su Línea del Corazón se ramifica en su inicio, y una rama apunta hacia Saturno y la otra hacia su Línea de la Cabeza.

Esto indica un período de intriga y de alejamiento de la norma en un lugar en el que no ha elegido estar. A pesar de todas las decepciones y pérdidas, puede ascender hasta alturas superiores. Es usted blanco fácil para los impostores y los tramposos.

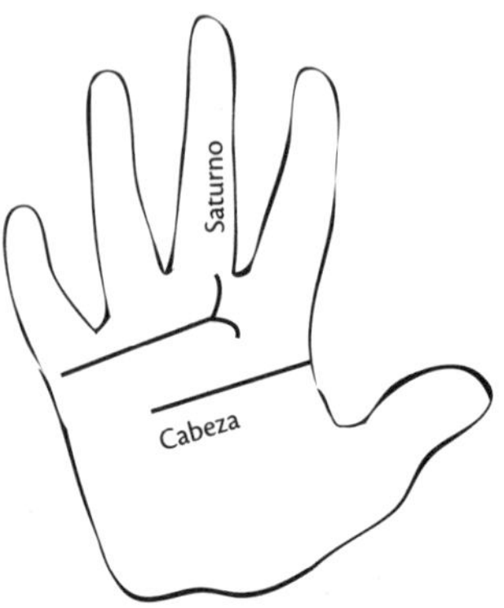

229. Su Línea del Corazón tiene una bifurcación debajo de Saturno.

Se trata de un signo muy afortunado. Con él puede encarar cualquier cosa que implique peligro o riesgo sin miedo. Tiene tendencia a desviarse de las formas convencionales de hacer las cosas. Hay una gran cantidad de energía tras su coraje.

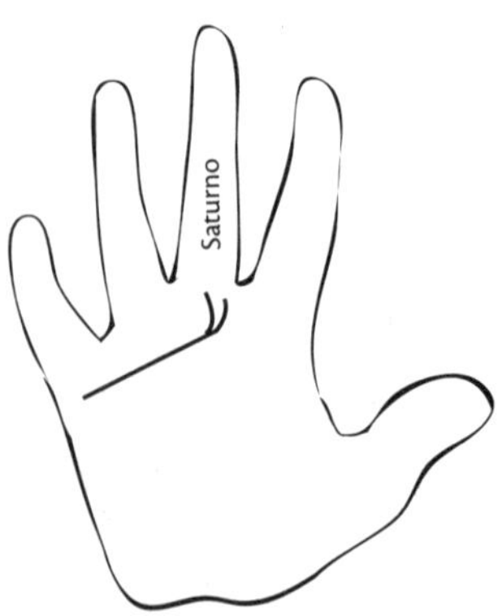

230. Sus Líneas de la Cabeza y del Corazón están ramificadas en su inicio.

Se separará del compañero de su vida durante algún tiempo. Éste es el período en el que avanzará enormemente y madurará con respecto a sus intereses. Cuando llegue el momento de volver a estar juntos, la unión será refrescante y excitante con sus nuevas perspectivas.

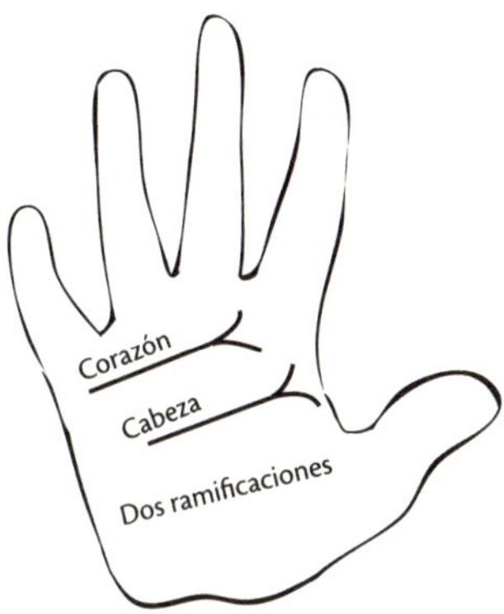

231. Su Línea del Corazón tiene unas ramas descendentes.

Estas ramas marcan sus decepciones pasadas en el amor. Afortunadamente, estas líneas desaparecen con el tiempo, junto con las dolorosas memorias que representan. La curación será más rápida si reemplaza sus pérdidas por actividades y pasatiempos positivos que le proporcionen recompensas inmediatas.

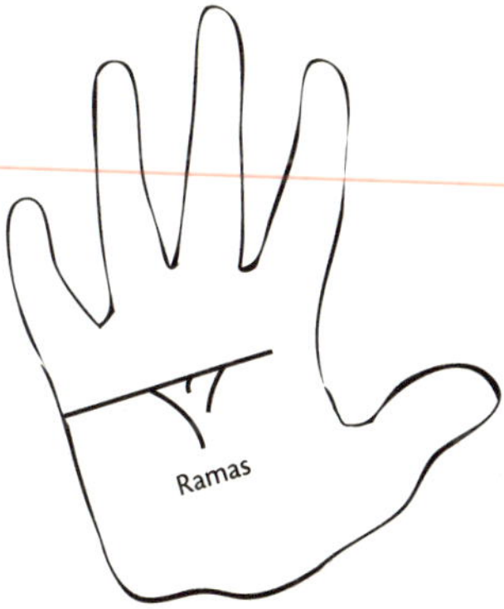

232. Una línea deriva de su Línea del Corazón y desciende gradualmente hacia la Línea de la Cabeza.

Esto muestra que los sentimientos de su corazón se han rendido a su razón. Una irritación o una preocupación han provocado que sea muy cuidadoso a la hora de valorar las porciones de amor que reparte. Su amor, guiado ahora por la razón y el sentido común, fue antes natural y fluido. Limita sus oportunidades de encontrar a alguien adecuado para usted mediante una barrera de críticas que no le hace ningún favor.

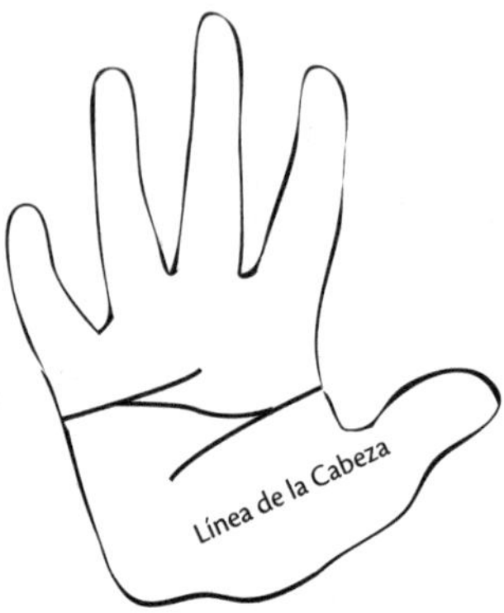

233. Su Línea del Corazón se une a una Línea de Apolo ascendente.

Puede que ascienda hasta una posición de poder, prestigio y riqueza mediante una asociación gobernada por el afecto. Después de su ascenso, otros admirarán enormemente su estilo de vida esplendoroso, e incluso le usarán como modelo.

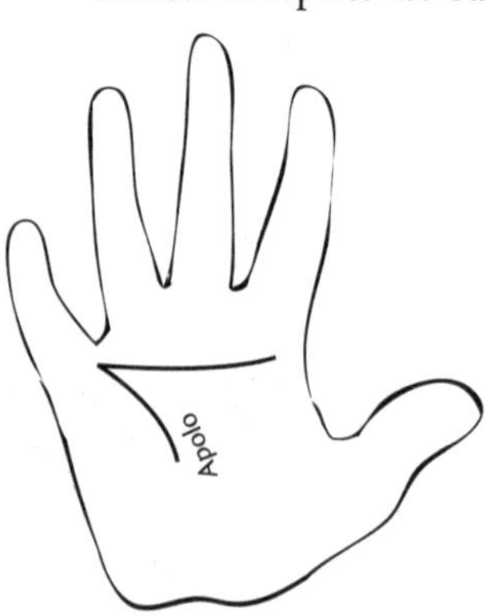

234. Su Línea de la Vida se combina con su Línea de la Cabeza.

Perder su Línea del Corazón a favor de su Línea de la Cabeza muestra que su afecto por una persona concreta ha desaparecido y que ha sido reemplazado por una sensación tranquila, distante y ausente. Ahora sus sensaciones están teñidas de dolor y agresividad. Se producen épocas de grandes problemas cuando permite que la ira le domine. La rabia podría destruirle, y es necesario que calme sus nervios de alguna manera que le funcione.

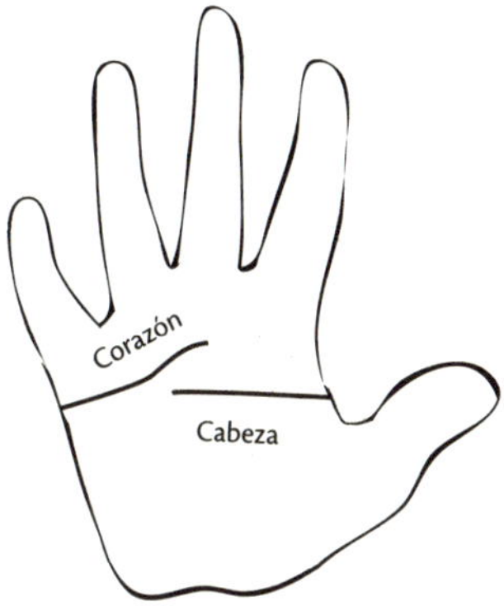

235. Ramas de su Línea del Destino que ascienden hasta la Línea del Corazón salen hacia la derecha o la izquierda de su Línea del Destino.

Aunque se muere de ganas por tener una relación íntima con el sexo opuesto, teme los compromisos y las formalidades que le acompañan. Estas señales indican que tiene varias relaciones amorosas que no finalizan en matrimonio.

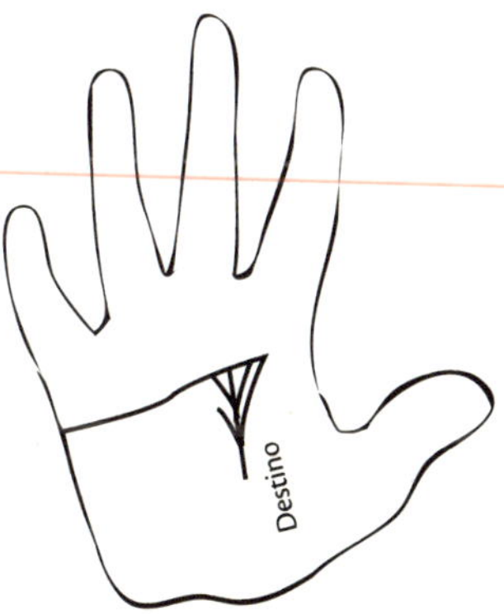

236. Hay unas líneas secundarias que conectan sus Líneas del Corazón y de la Vida.

Ha sido derrotado y decepcionado por el amor en numerosas ocasiones (innumerables). Ha sido el perseguidor, el que más ha amado, el que estaba enamorado. Siempre ha sido el suplicante de sus amantes. Esta falta de reciprocidad podría hacer que acabe abatido e incluso enfermo.

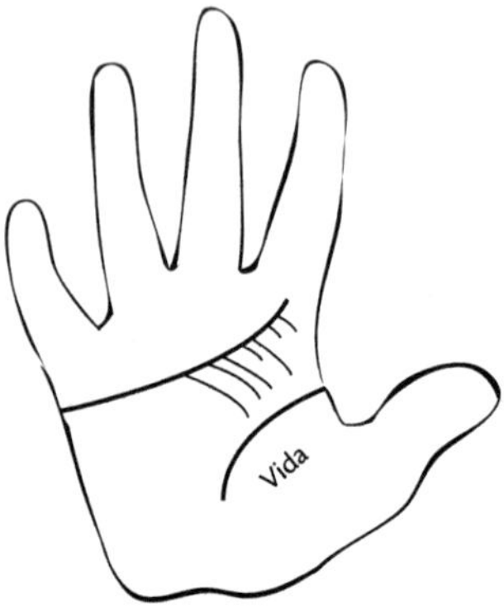

237. Líneas procedentes de su Línea del Corazón llegan cerca de su Línea de la Cabeza sin cortarla.

Su vida está centrada alrededor del sexo opuesto. El sexo opuesto tiene la capacidad de corromper su pensamiento y manipularle en aras de su propio beneficio. Su grandeza no es apreciada porque no ha aprendido las herramientas de la asertividad.

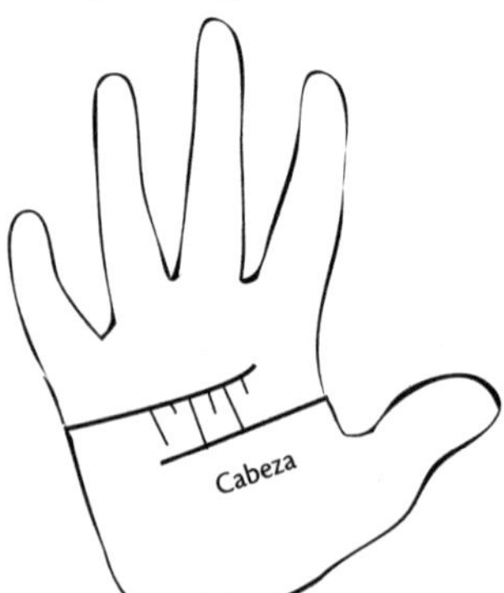

La Línea de Saturno

238. Su Línea de Saturno es recta.

Esto presagia felicidad en su vejez. Forma parte de un equipo que inventa cosas nuevas. Prefiere vivir en un entorno organizado y no se siente cómodo en el mundo exterior, que es demasiado grande y difícil de controlar. Muestra inclinación por la arquitectura.

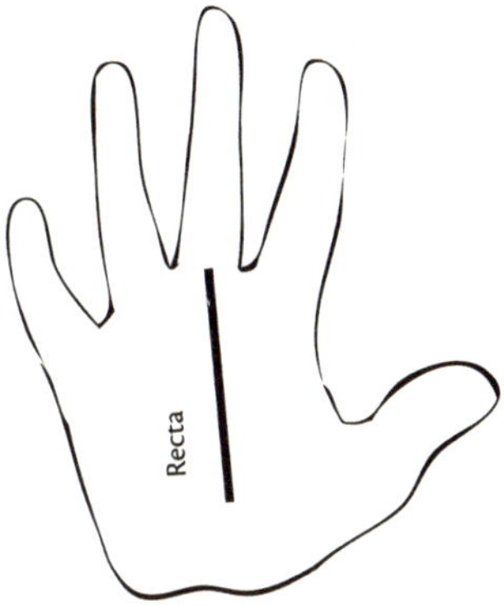

239. Su Línea de Saturno es difícilmente visible.

No está completamente convencido de que tenga un porvenir o destino relacionado, de alguna forma, con un plan divino. Esta línea suele estar ausente en la mano de la gente con una mente materialista. Los detalles concretos de su destino son difíciles de vaticinar debido a su gran inclinación por vivir la vida a su manera.

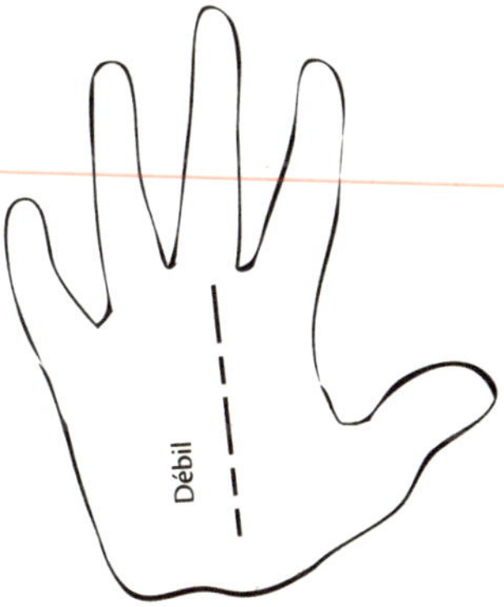

240. Su Línea de Saturno es ondulada.

Está siguiendo un camino constantemente cambiante. Se ve dirigido hacia situaciones que preferiría evitar. Permite que la gente mandona se le suba a las barbas. Hace grandes esfuerzos por mantenerse a flote. No se fíe del azar ni de los números de la suerte. Siga abriéndose camino contra la corriente que le empuja: siga exigiendo sus derechos como persona y llegará donde quiere.

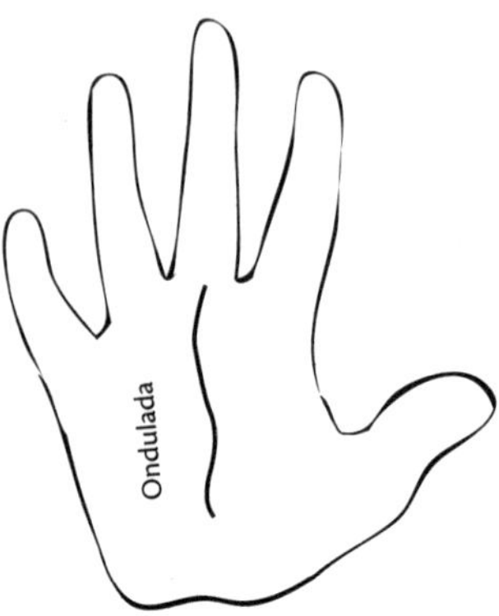

241. Su Línea de Saturno está marcada por una única ruptura.

Tras una prolongada deliberación inicia un gran avance. Se da un cambio en su entorno. El cambio se debe a que está «harto» de su situación actual. Su profunda insatisfacción le anima a hacer las cosas que más temía. Se encuentra con que está a la altura del reto. Una vez que toma la decisión de cambiar, está a la altura de las circunstancias.

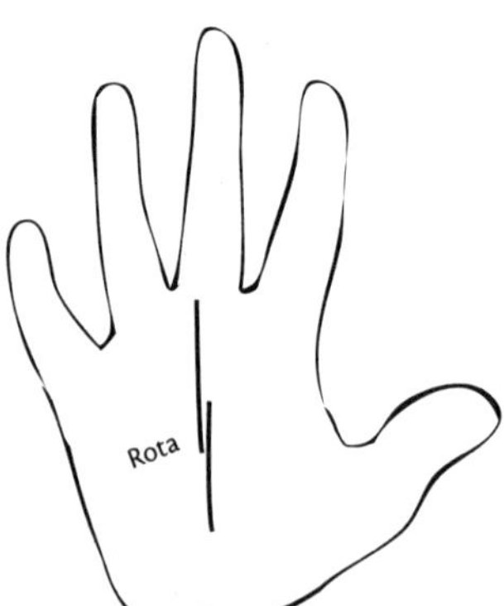

242. Su Línea de Saturno tiene múltiples interrupciones.

Ésta es una indicación de que sus momentos felices tienden a presentarse en forma de rachas, lo que le deja con intervalos de soledad y vacío que son difíciles de soportar. Ahora teme salir y realizar las actividades que más le gustan. Se le insta a que haga amigos nuevos y duraderos.

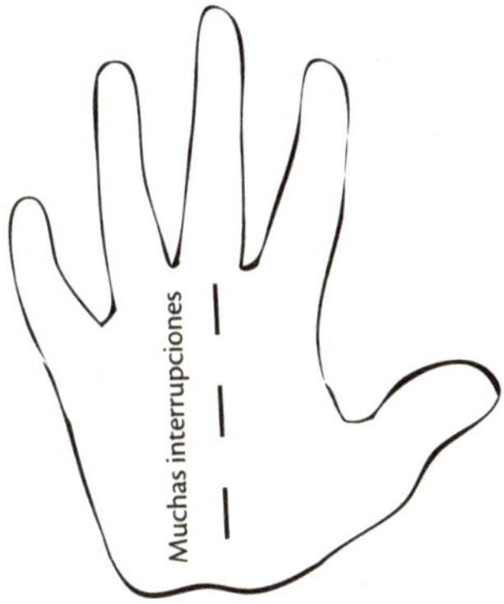

243. Su Línea de Saturno se inclina hacia Júpiter.

La recompensa llega tras años de trabajo duro y frecuentemente deleznable. Las recompensas materiales dependen, en gran medida, de un factor de honestidad. Puede que alguien esté esperando que rectifique errores del pasado. Solucione los viejos malentendidos y su trabajo será más fácil.

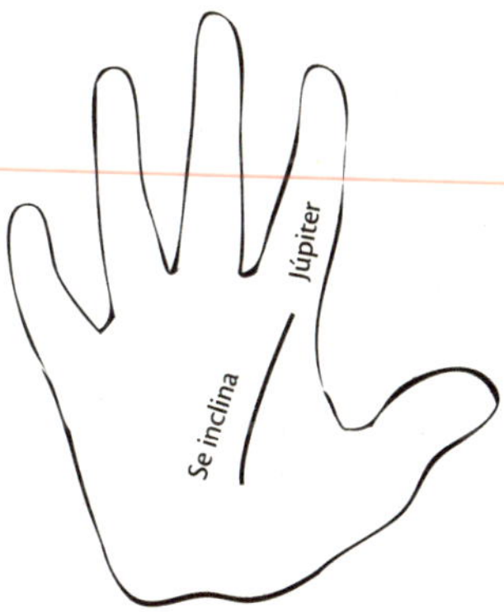

244. Su Línea de Saturno se inclina hacia Apolo.

Le lleva más tiempo del normal hacer un gran avance hacia la felicidad. Hay una implicación en las artes que le aporta éxito. Una llegada inesperada de riquezas en la familia también le aporta un alivio añadido.

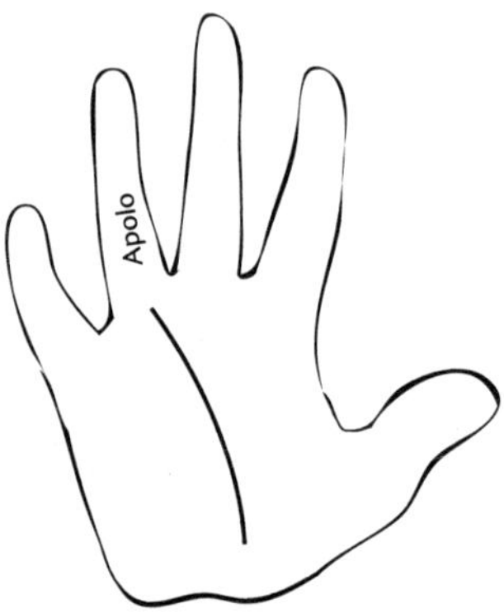

245. Su Línea de Saturno se inclina hacia Mercurio.

El éxito repentino en el campo de los negocios llegará. Al defender lo que es suyo y lo que es correcto, los demás cambiarán sus opiniones sobre usted. Empiezan a estar a favor de su compañía. Comprende la forma de obrar de la naturaleza. Esto, en combinación con la facilidad por los negocios, podría resultar lucrativo.

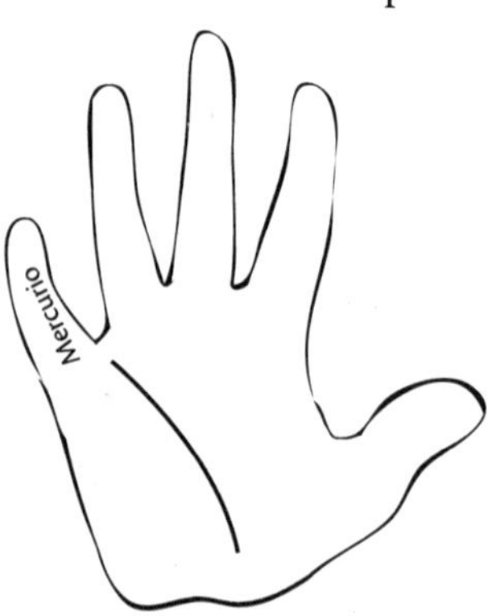

246. Su Línea del Destino finaliza en el Monte de Júpiter.

Tiene un destino extraordinario reservado sólo a unos pocos. Inicia una relación rara. Deslumbra a todos con su trabajo en equipo. Toda su vida empieza a centrarse alrededor de actividades compartidas. También es posible que inicie un matrimonio igualmente brillante con su compañero de trabajo.

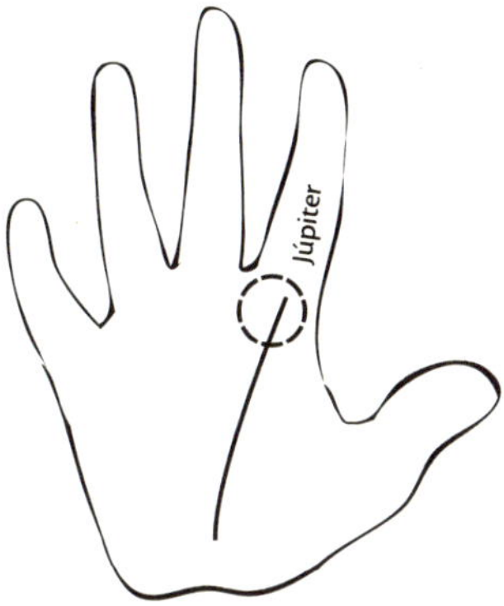

247. Su Línea del Destino se detiene en el Monte de Apolo.

Este punto final puede interpretarse como un amor innato por las bellas artes. Es usted un coleccionista de objetos caros, y disfruta rodeado de su belleza. La gente con esta línea tiende a dedicar toda su vida a cultivar sus capacidades literarias o artísticas. Desea dejar su impronta en el campo que ha escogido.

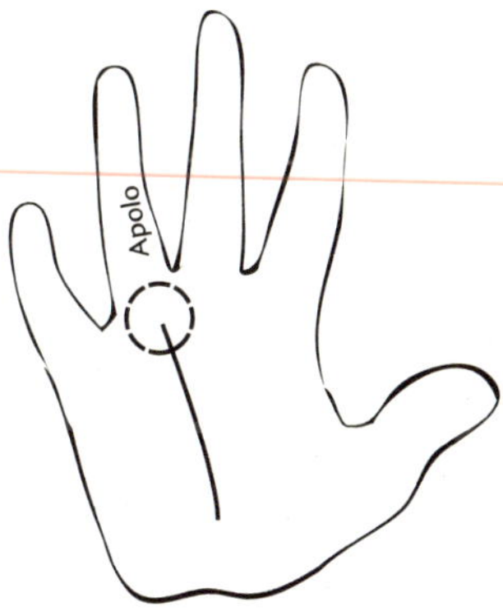

248. Su Línea de Saturno acaba en el Monte de Marte superior.

No se rinde con facilidad. Se aferra tenazmente a sus ideales. Este poder de resistencia le ayuda a conseguir el éxito en el liderazgo. Es usted un luchador y siempre sabe cómo resurgir tras el desánimo.

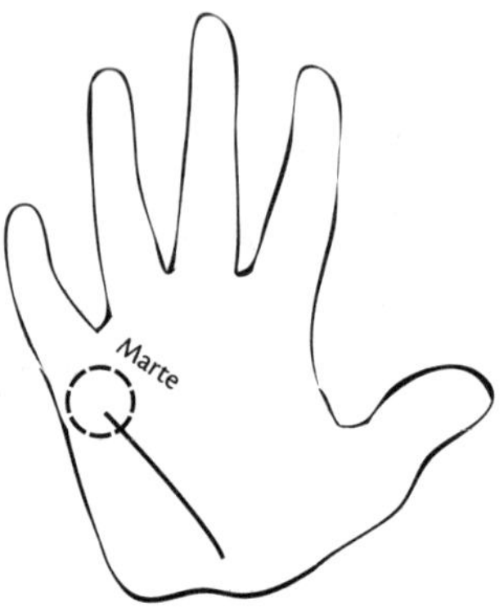

249. Su Línea de Saturno surge del Monte de la Luna.

Hay unos cambios caleidoscópicos de sucesos en su vida que le mantienen activo. Tiene tendencia a que los demás abusen de usted por su voluntad de complacer y la necesidad de contar con su aprobación. Hasta que su vida se estabilice, intente pensar primero en usted.

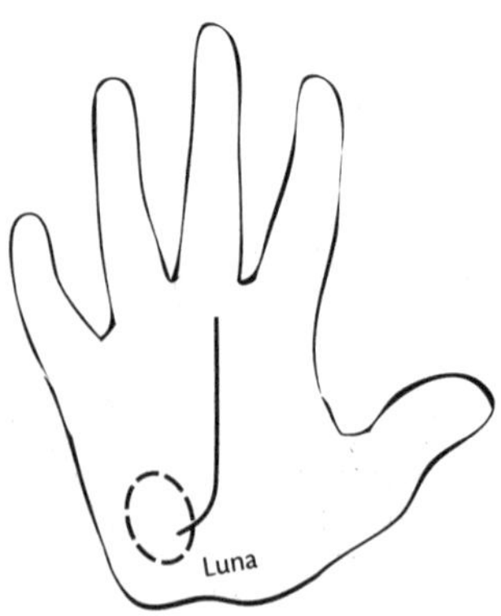

250. Su Línea de Saturno asciende desde el Monte de la Luna y discurre hasta el Monte de Júpiter.

Su signo es un signo de dinero. Es ambicioso, pero no siempre sabe bien cómo conseguir sus metas. Se apoya en alguien del sexo opuesto. Cree que mediante su influencia y orientación prosperará.

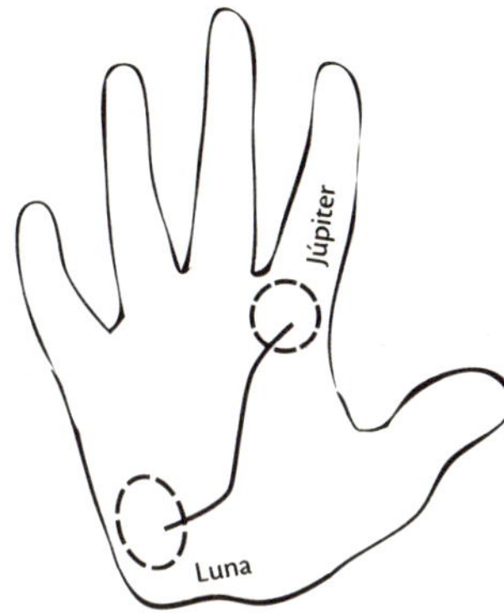

251. Su Línea del Destino empieza en el Monte de la Luna y discurre hasta el Monte de Saturno.

Esto indica un destino singular. Sus cualidades favorables le hacen estar en el punto de mira. Ya sea en el campo de la política, el entretenimiento o las artes, su estrella brillará con toda seguridad. Sabe cómo estimular la imaginación de los demás.

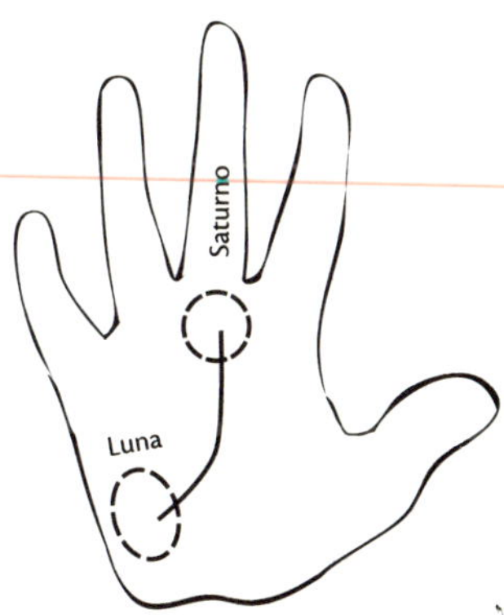

252. Su Línea de Saturno asciende desde la muñeca y se extiende hacia su Dedo de Saturno.

La naturaleza le ha proporcionado todos los requisitos esenciales para llevar una vida brillante y exitosa. Una vez empiece a perseguir su objetivo, descubrirá todos sus recursos ocultos. Guárdese de las personas que intentan convencerle para que no lleve a cabo sus ideas y planes.

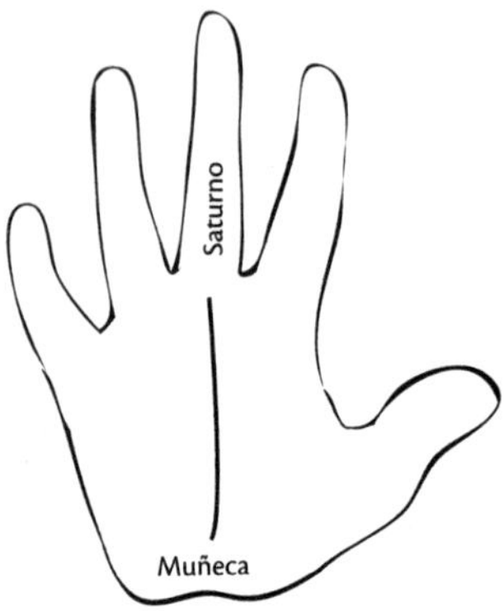

253. Su Línea del Destino se eleva desde cerca del Monte de Venus.

Su amor apasionado afecta a toda su carrera. En el pasado ha dedicado su afecto a personas que no se lo merecían. Sus excompañeros eran meros pretendientes y no se dedicaban plenamente a usted. Debe estudiar a sus amigos con más discernimiento.

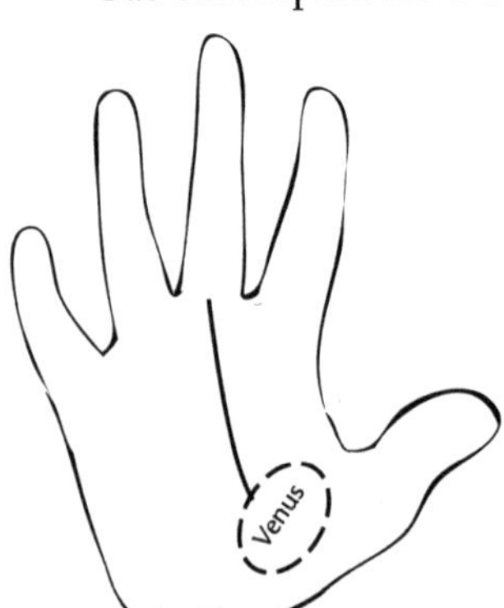

254. Su Línea del Destino empieza en el Monte de Venus y, en su camino, cruza la Línea de la Vida.

Su familia desempeña un gran papel e influye en su vida. Está en deuda con ellos y les está agradecido, pero se encuentra inextricablemente unido.

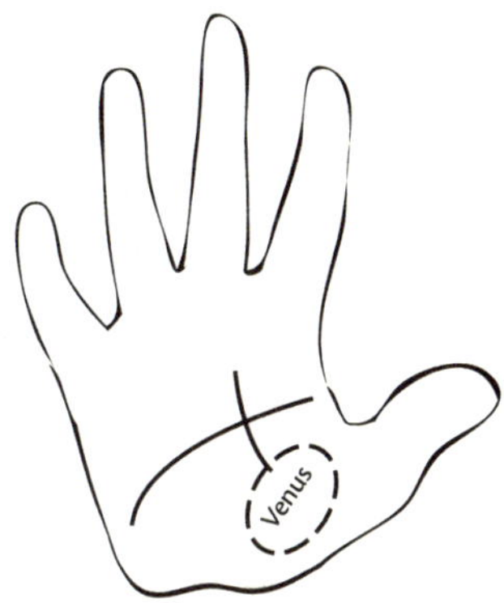

255. Su Línea de Saturno asciende desde dentro de la Línea de la Vida y discurre hasta el Monte de Saturno.

Esto indica que el éxito material le está esperando. Sus familiares cercanos le ayudan mucho porque les convence de su talento fiable. Dispone de la energía y la inteligencia para llevar a cabo cualquier trabajo bien.

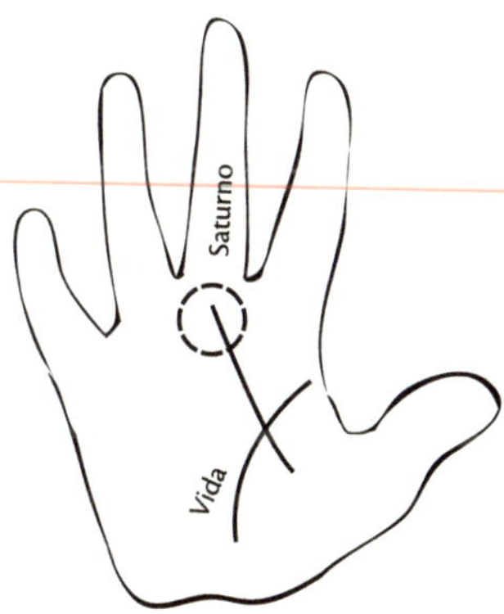

256. Su Línea de Saturno está ausente en la parte inferior de la palma y empieza su recorrido en la Llanura de Marte.

Ha pasado por un período prolongado de lucha unido a la incertidumbre financiera. No todo está perdido. A medida que sus problemas disminuyen empieza a reorganizarse de la misma forma que antaño y los logros empezarán a acumularse.

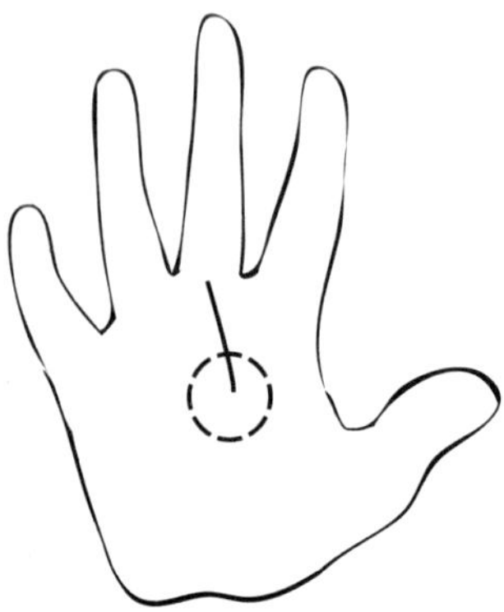

257. Su Línea de Saturno asciende desde el centro de la palma de la mano y llega hasta el Monte de Saturno.

Consigue el éxito en la vida en gran medida gracias a sus esfuerzos. Acaba dándose cuenta de que su suerte no se basa en nada más que en usar su sentido común y actuar rápidamente cuando el impulso aparece. Debe aplicarse más que los demás y trabajar sus capacidades de concentración.

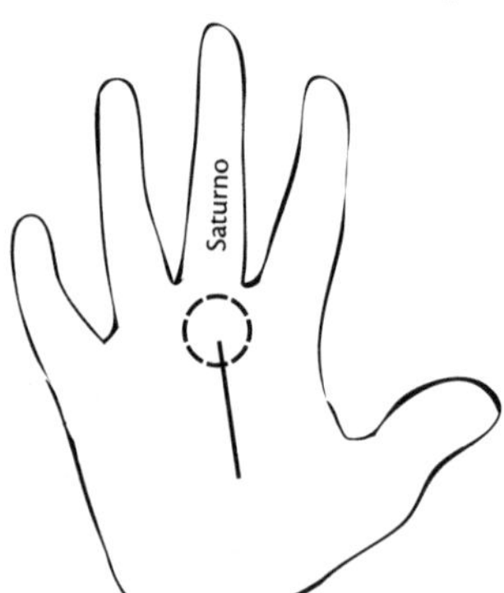

258. Su Línea del Destino empieza en el centro de la palma de la mano y se inclina hacia Apolo.

La brevedad de esta línea indica que puede que haya tenido una infancia difícil o que haya tenido que luchar más para alcanzar sus objetivos. La vida le ha enseñado muchas lecciones. Su mayor baza es comprender que es usted el único arquitecto de su fortuna.

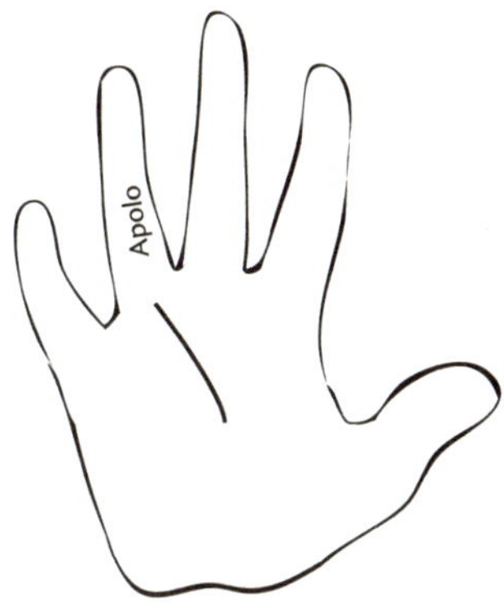

259. Su Línea del Destino empieza con una bifurcación a baja altura en su palma de la mano.

Su amor por la gente le hace acoger a forasteros en su familia, bajo su protección. Acepta a la gente por cómo es y no intenta proyectarse en ellos. No teme a los extraños ni a las situaciones extrañas.

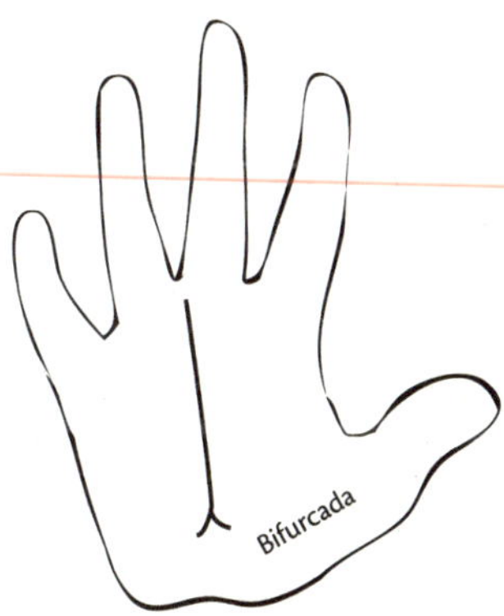

260. Su Línea de Saturno tiene una bifurcación muy amplia al principio, con una rama que llega al Monte de Venus y otra al Monte de la Luna.

Dedica un gran esfuerzo al éxito contra todos los pronósticos. La energía que necesita podría ser generada por algún gran amor o por la inspiración de la belleza. No permita que su imaginación le perjudique, ya que es usted vulnerable a ello.

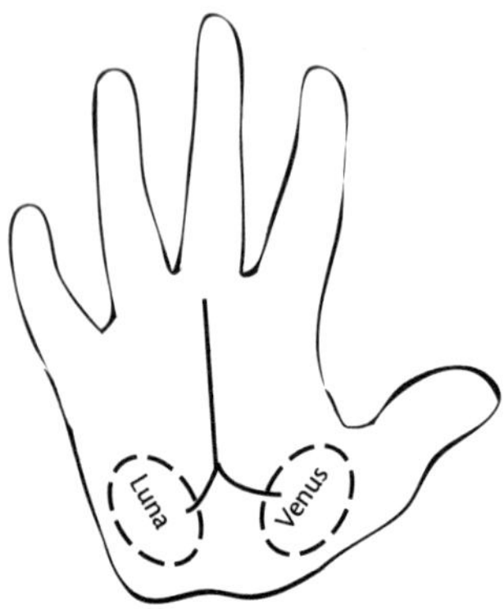

261. Su Línea de Saturno está bifurcada al final y tiene dos o más ramas.

Una rama significa ambición, dos prudencia, y tres un intelecto brillante. Éstas son sus valiosísimas bazas. Su rasgo dominante es su deseo por triunfar ganándose la aprobación de los demás. No debe tener miedo de emplearse a fondo.

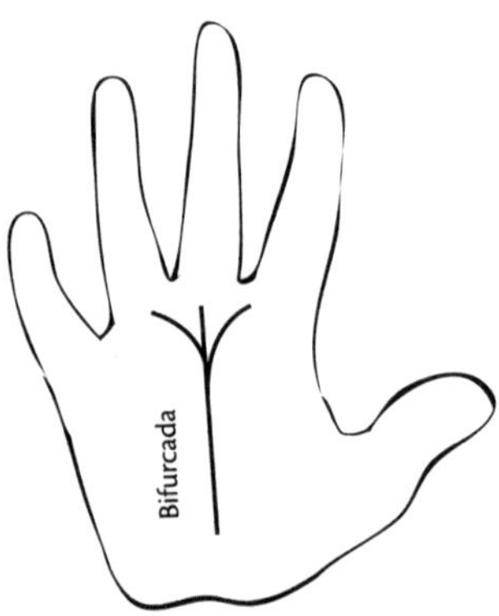

262. Su Línea de Saturno es clara y recta y finaliza con una única estrella en el Monte de Apolo.

Se encuentra a sí mismo en una fase temprana de la vida. Debido a esto, sus logros serán celebrados. Más adelante será muy solicitado y se verá honrado por la popularidad.

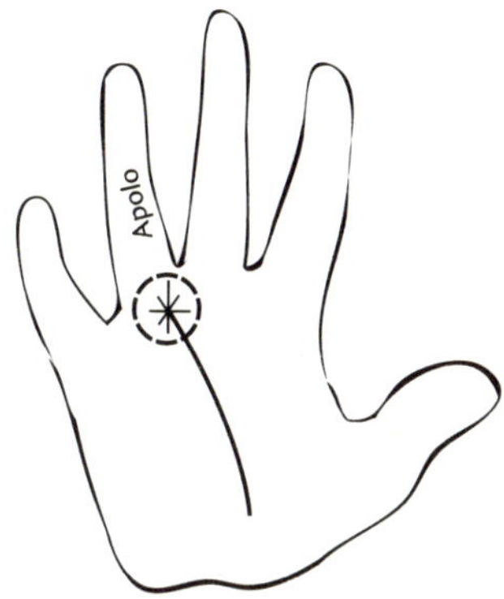

263. Su Línea de Saturno se cruza con una Línea de la Cabeza descendente.

Muestra inclinación por las transacciones que implican elementos de riesgo. Hacer grandes apuestas no le provoca intranquilidad. Se preocupa demasiado poco por los riesgos de las posibles pérdidas. También especula en su vida amorosa, lo que le pone en aprietos.

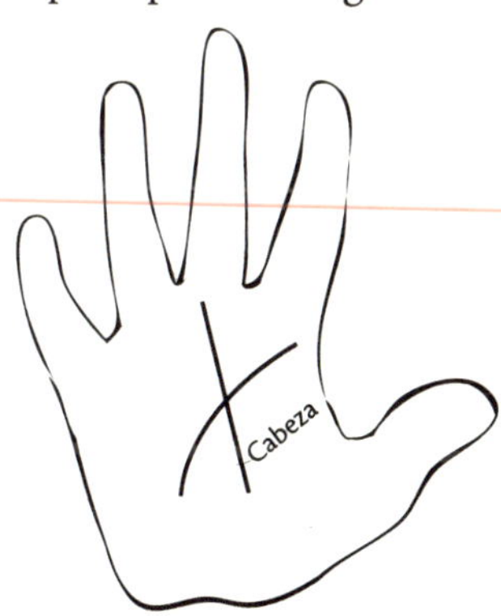

264. Una porción de su Línea de Saturno envía una rama hacia el Monte de Júpiter.

Un superior se entera de su capacidad de liderazgo. Le ofrecen un gran ascenso en su carrera. Una nueva posición le llena de poder y prestigio. Debe aprender a llevar una pesada carga de responsabilidades.

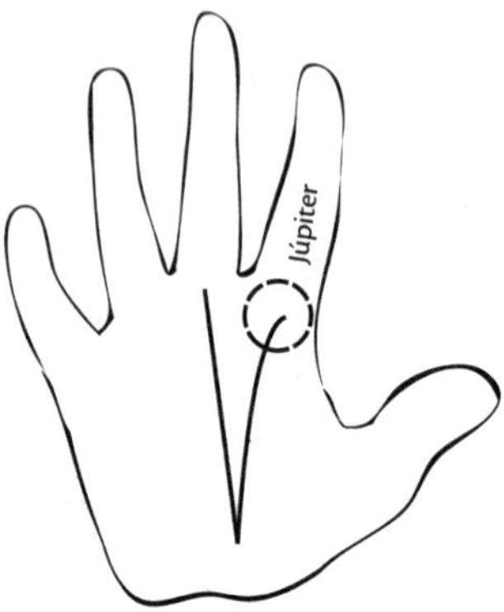

265. Su Línea de Saturno envía una pequeña rama que apunta hacia la base del dedo anular.

Esta línea está relacionada con un dominio excepcional del lenguaje o la pluma. Se le podrían abrir nuevos canales de éxito mientras va en esta dirección. Conecta bien con el público. El dinero público también pasa por sus manos. Ésta es la línea que llevan en la palma muchos políticos de éxito.

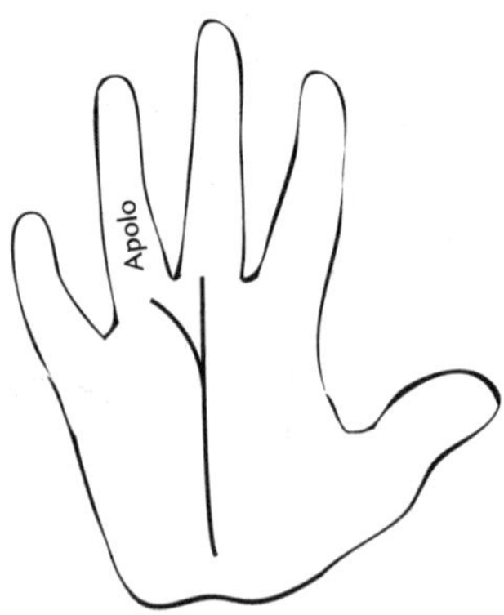

266. Su Línea de Saturno envía una rama hacia la base del meñique.

Su éxito siempre se ve oscurecido debido a que es una persona llena de dudas. Su prudencia y sus sospechas limitan su exposición a las cosas, las personas y los eventos, que podrían aportarle nuevas oportunidades. Sus grandes logros se dan en los campos de las ciencias o de la industria.

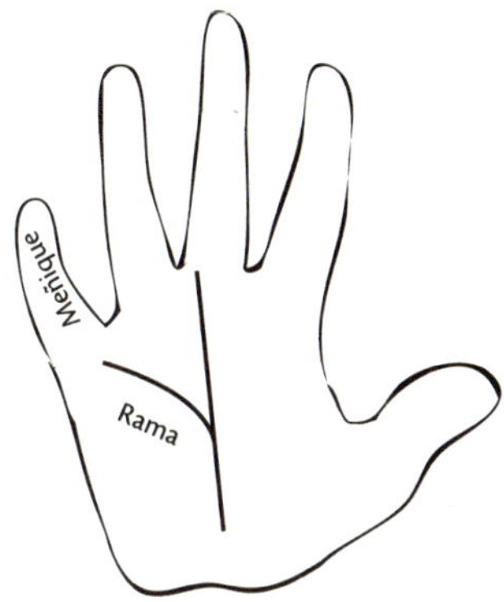

267. Su Línea de Saturno sigue su curso normal y se ve respaldada por otra línea que procede del Monte de la Luna.

Inicia una relación llena de fuerza con un miembro del sexo opuesto. Se trata de una unión sana con unos lazos permanentes. Casarse con esta persona llena de energía le enriquecerá en todos los aspectos.

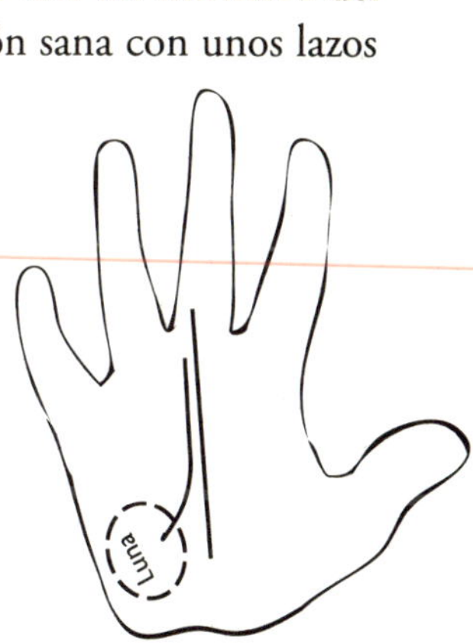

268. Su Línea de Saturno envía una rama hacia el Monte de la Luna y otra hacia el Monte de Venus.

Tiene tendencia a dejar que su pasión y su imaginación superen a su razón. El romance y la pasión dictan sus acciones y le apartan de la profesionalidad. Se siente atraído por personas que no son de fiar. Sueña con ser el primero, pero siempre es el último.

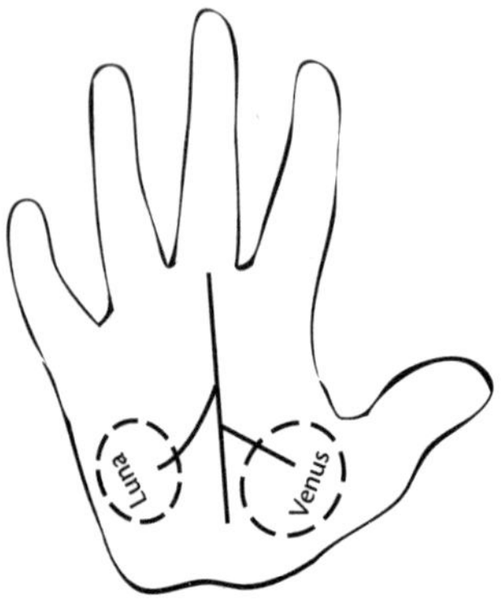

269. Su Línea de Saturno es recta y está llena de ramas ascendentes.

El cambio se encuentra en su campo de gravedad. Siempre le están sucediendo cambios. La permanencia es algo que desea. Durante su vida conocerá tanto la riqueza como la pobreza.

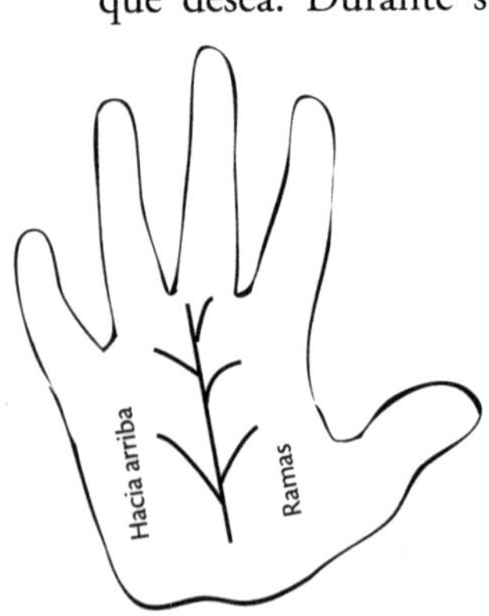

270. Tiene una Línea de Influencia procedente de su Monte de la Luna que no se une a su Línea de Saturno.

Este rasgo muestra que en una fase de su vida permite que otro tenga una influencia peligrosa en su vida. Aprende una enorme lección de esto, lo que le enseña a confiar en sí mismo. Se convierte en una persona que vive la vida al máximo.

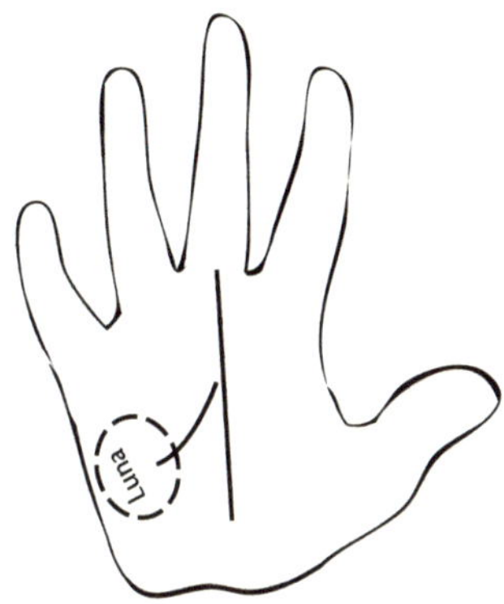

271. Su palma de la mano muestra una Línea de Influencia que se origina en el Monte de la Luna y finaliza conectando con su Línea de Saturno.

En su interior ha habido mucha confusión. Cuando llega al límite, se convierte en una persona nueva, como una oruga que se transforma en una mariposa. El nuevo brillo interior le hará olvidar el pasado.

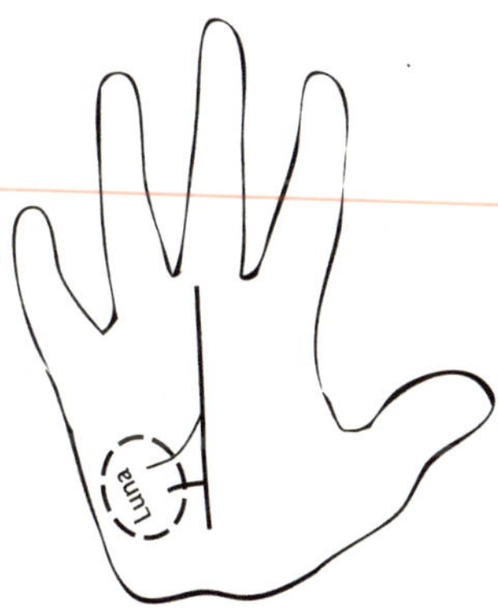

272. Tiene Líneas de Oportunidad que no contactan con la Línea de Saturno, sino que discurren paralelas a ella.

Estas líneas ejercen una intensa influencia sobre su carrera. Siente que su carrera no está progresando tan rápidamente como debiera. Escuche a sus amigos íntimos, que están intentando orientarle. Ven su situación difícil con claridad y tienen una preocupación desinteresada por usted. Se resiste a sus recomendaciones porque es muy orgulloso.

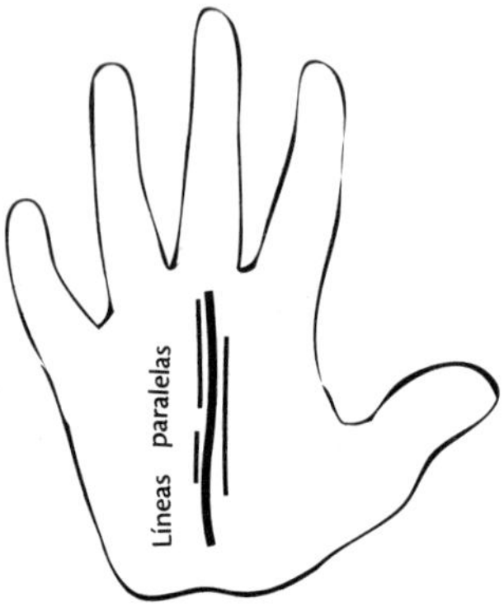

273. Hay una cruz al lado de su Línea de Saturno.

En este caso, la cruz indica un cambio importante en su vida. Llega a un cruce: un cambio de hogar o de trabajo. Puede que posea habilidades latentes que necesiten despertar. El consuelo interior viene tras un período de reposo. El aburrimiento es el enemigo contra el que lucha todo el tiempo.

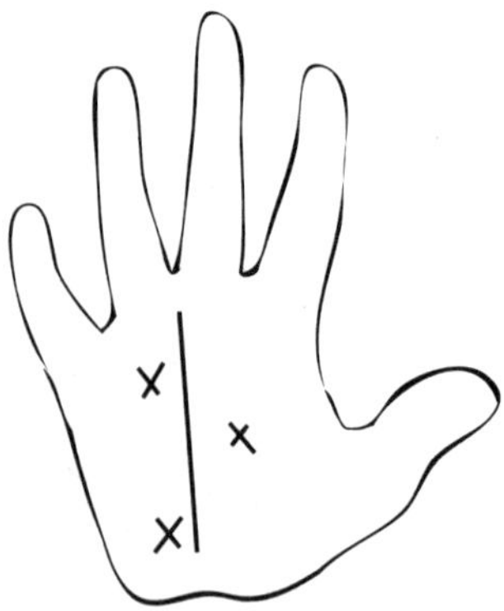

274. Líneas procedentes de distintos montes se encuentran atravesando simultáneamente su Línea de Saturno.

Factores que se hallan más allá de su control le han ralentizado y han hecho que el avance de su carrera y su estilo de vida lleguen casi a un punto muerto. Necesita hacer saber a toda la gente importante que usted también tiene voz.

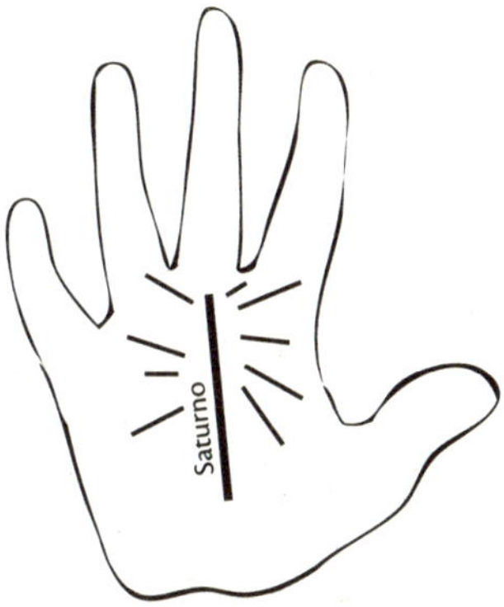

275. Tiene más de una Línea de Saturno y éstas pueden apuntar hacia distintos montes.

Sus ingresos acaban derivando de dos carreras distintas. Puede acabar ejerciendo ambas carreras al mismo tiempo, siendo la principal la profesión que estudió y la secundaria una afición o interés previos.

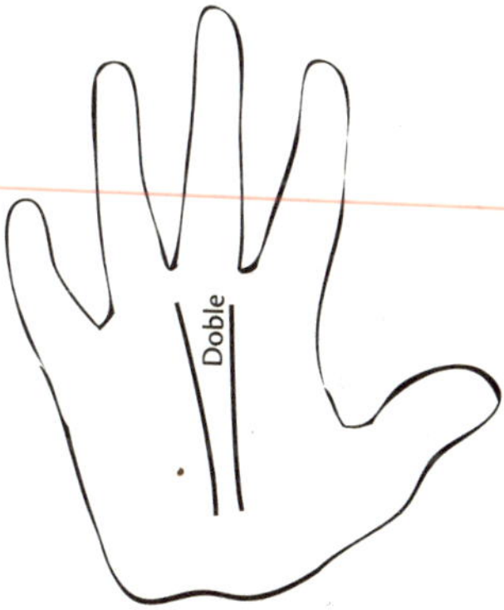

276. Su Línea de Saturno se ve interceptada por su Línea de la Cabeza.

Hasta ahora se ha visto guiado por las expectativas que tenían los demás sobre usted. Se acerca el momento en el que ya no necesitará apoyarse en sus ánimos y su refuerzo. Ahora, sus propias ideas son muy intensas y debe desarrollar sus propios primeros auxilios emocionales.

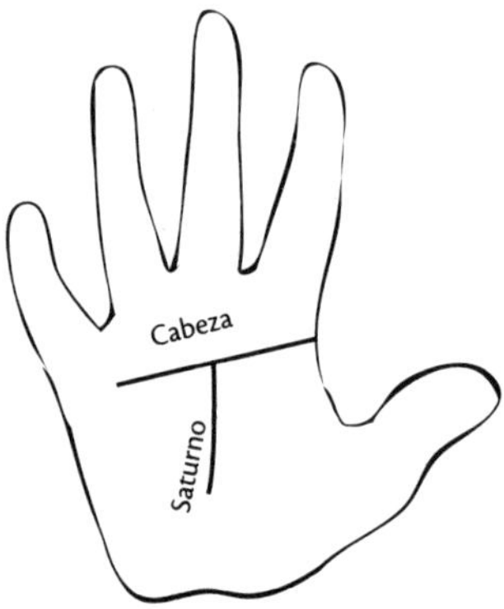

277. Su Línea de Saturno empieza en la Línea de la Cabeza y cruza el Monte de Júpiter.

Está extremadamente orgulloso de algo que nadie más tiene y teme perderlo. El miedo a perder lo que se ha ganado frena su progreso. No se siente tan importante como es en realidad.

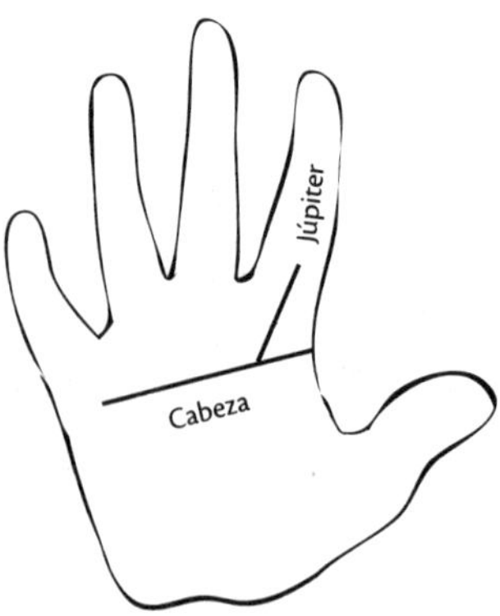

278. Su Línea de Saturno empieza en su Línea de la Cabeza.

Su claridad de pensamiento y su madurez moldean su carrera de tal forma que en su edad madura se encuentra con que está muy solicitado. Si permanece activo y se atreve siempre a poner a prueba sus virtudes, mirará hacia atrás y se encontrará con grandes logros.

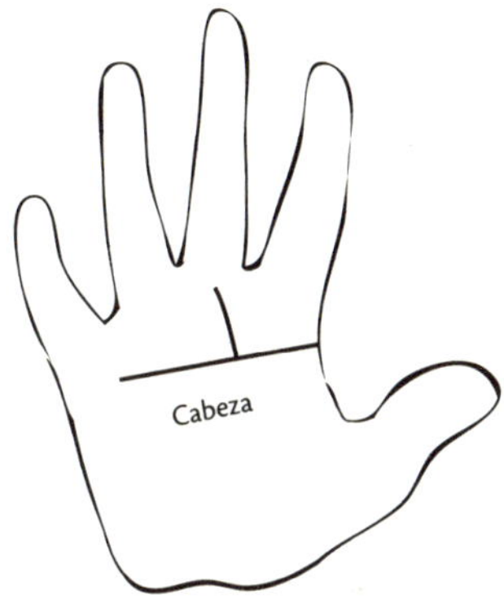

279. Su Línea de Saturno surge de su Línea de la Cabeza y se dirige hacia arriba, hacia los dedos.

Las recompensas por sus constantes esfuerzos se acumulan y, más adelante en su vida, llegarán en forma de una sorpresa tardía. En la parte media de su vida recuperará su autoestima, y esta nueva dimensión de orgullo le aportará nuevas energías para iniciar nuevos proyectos con toda su fuerza.

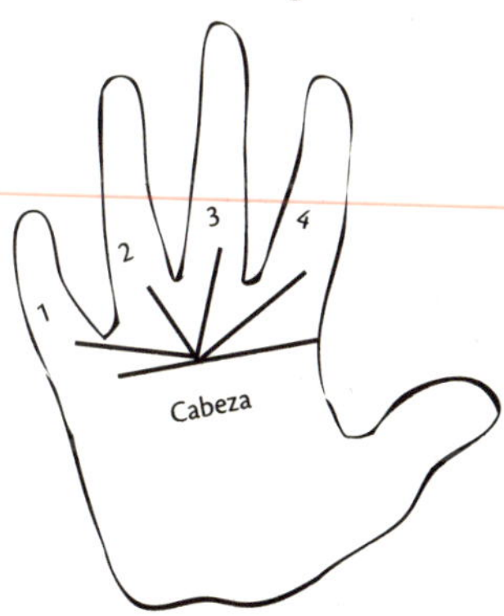

280. Una Línea de Oportunidad procedente de su Línea de la Cabeza discurre al lado de su Línea de Saturno.

No se desanima con facilidad. Tiene una gran motivación por superar todas las dificultades por su cuenta. Piensa con la cabeza clara. Es un juez imparcial de las personas y un observador entusiasta de los hechos y los detalles.

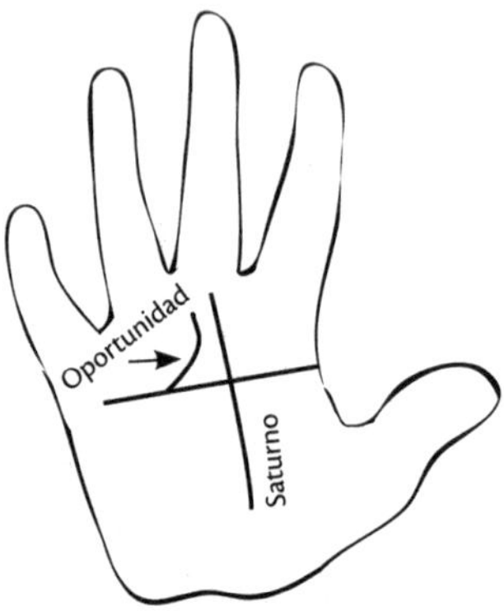

281. Su Línea de Saturno inicia su curso desde la Línea de la Vida.

Está orgulloso de exclamar que es una persona hecha a sí misma. A veces se siente desafortunado y desvalido y cree que la vida le ha tratado mal. Estos golpes y vueltas han marcado un patrón en su vida. Si pudiera librarse del pasado volvería a tomar el control de su vida.

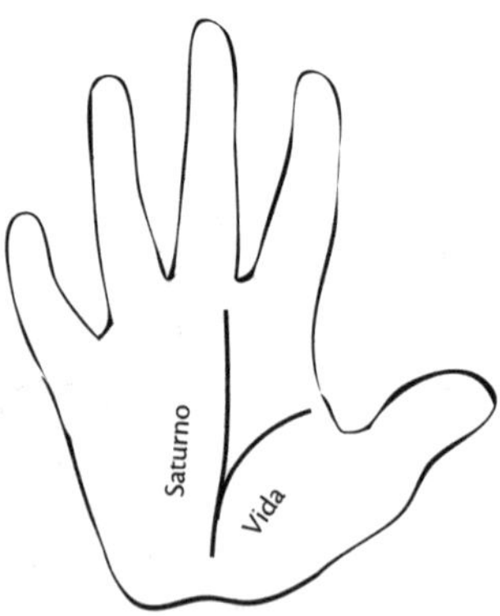

282. Su Línea de Saturno fluye hacia su Línea del Corazón.

Esta mezcla de líneas es pronóstico de un matrimonio feliz y próspero. Convierte su matrimonio en una profesión. Siente atracción por su pareja debido a sus ideas y caprichos inusuales, que más adelante ponen a prueba su paciencia. Si deja pasar estos momentos duros, estas molestias se convertirán en algo magnífico. Su pareja hace despertar en usted el espíritu aventurero.

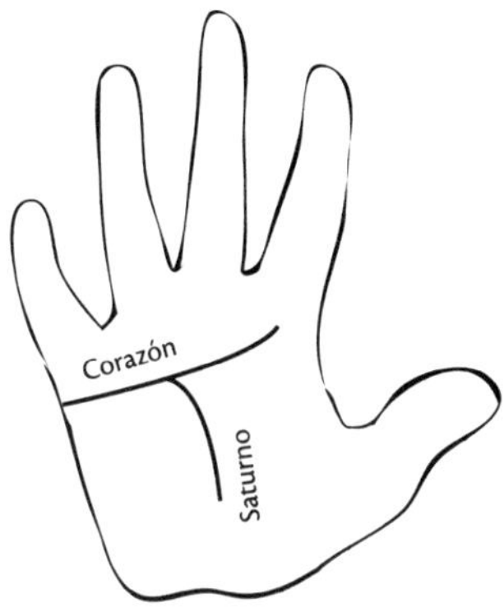

283. Su Línea de Saturno se une a su Línea del Corazón y asciende hasta el Monte de Júpiter.

Su carácter le lleva a ser poco exigente y muy afectuoso con aquellos a los que quiere. Su carácter bondadoso extiende y repele el amor. Algunos le admiran por esto y otros se apartan de usted. Pertenece al tipo de persona que tiene que dar amor. Esto combinado con una profesión podría hacerle conseguir grandes logros.

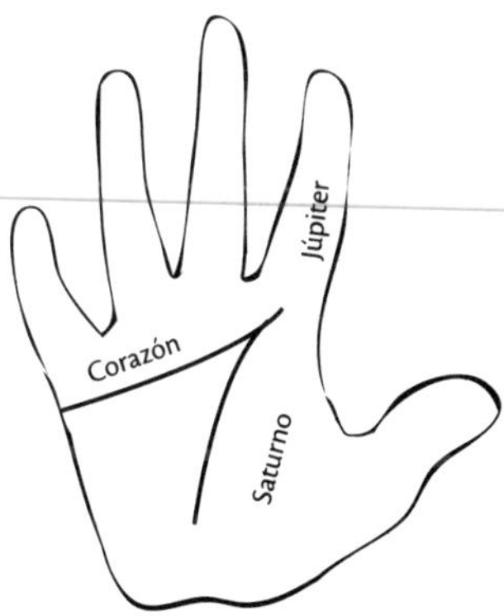

284. Su Línea de Saturno desaparece entre sus Líneas de la Cabeza y del Corazón.

Los proyectos que ha desarrollado desde la nada y a los que ha dedicado todos sus esfuerzos no le han llevado a ningún lugar. Estas decepciones, quizás una detrás de otra, han mermado su motivación para empezar algo nuevo. Hay un fallo en común en todos sus proyectos. Averigüe cuál es el error en su valoración y nunca más habrá un proyecto demasiado grande que no pueda llevar a cabo.

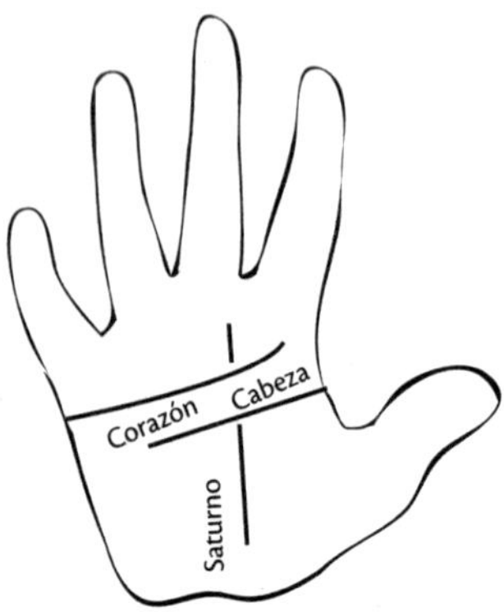

La Línea de Apolo o del Sol

285. Tiene una Línea de Apolo sin desvíos que empieza en la muñeca y se dirige, recta, hacia el anular.

Fue un niño dotado y recibió atenciones especiales a una tierna edad, lo que le permitió tener un buen inicio en su campo de excelencia. Asciende hasta la cima, dejando atrás cualquier cosa mediocre. Le gusta retar a su mente y resuelve los problemas difíciles sin ayuda. Los demás se sienten atraídos hacia usted.

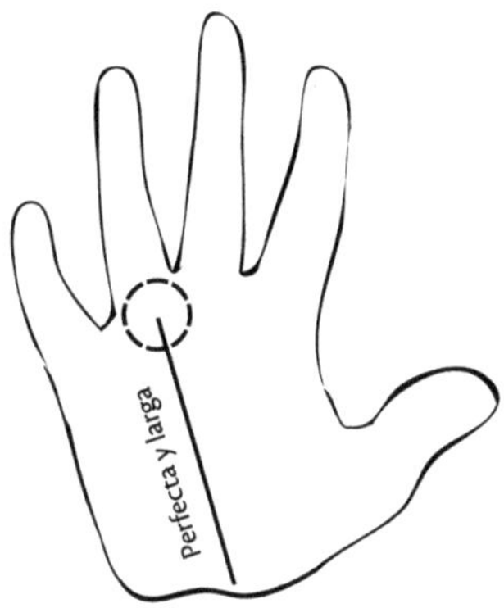

286. Su Línea de Apolo es clara y larga y se extiende hasta el Monte de Apolo.

Esto significa conocimiento, creatividad y amor por las artes. Escoja cualquiera de las ramas del arte y recibirá reconocimiento si persevera. Quizás tenga que obligarse, ya que no siempre se siente creativo, pero una vez se pone en marcha no hay quien le pare.

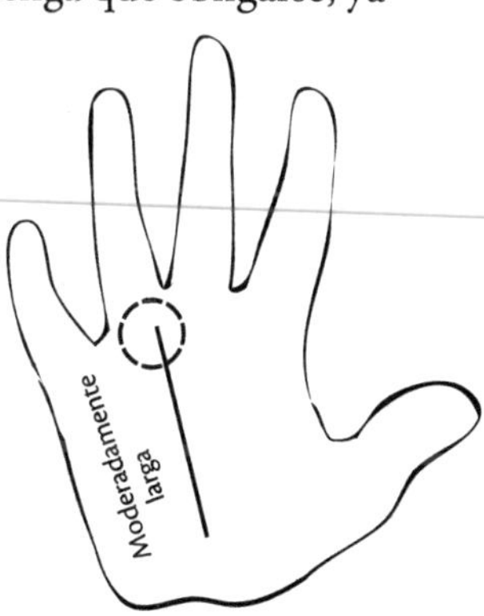

287. Tiene una Línea de Apolo ligeramente torcida que va desde la muñeca hasta el Monte de Apolo.

Nació dotado de un gran talento. A otros les lleva años aprender lo que usted hace de forma natural y sin práctica previa. Este talento creativo se sigue desarrollando inconscientemente durante toda su vida mediante la observación y la imitación. El éxito instantáneo y el duradero serán suyos si usa este talento como forma de ganarse la vida.

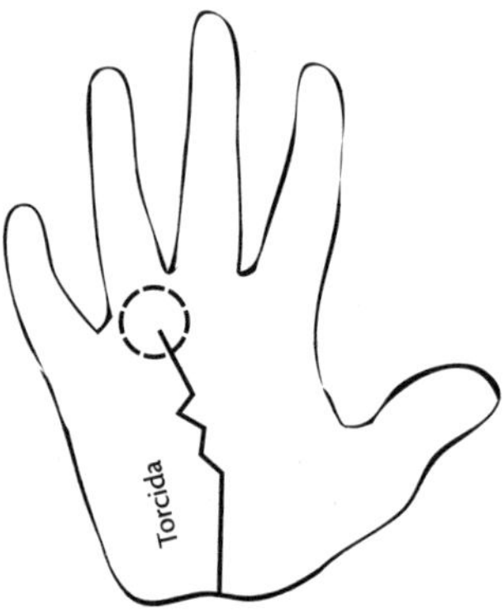

288. El curso de su Línea de Apolo es ondulado.

Dispone de muchos dones y habilidades. Una aplicación vacilante de la disciplina provoca que dude de su talento. Observe cuidadosamente el uso que hace de su tiempo. Vea si pierde tiempo posponiendo el éxito. A veces le hacen sentir como un extraño.

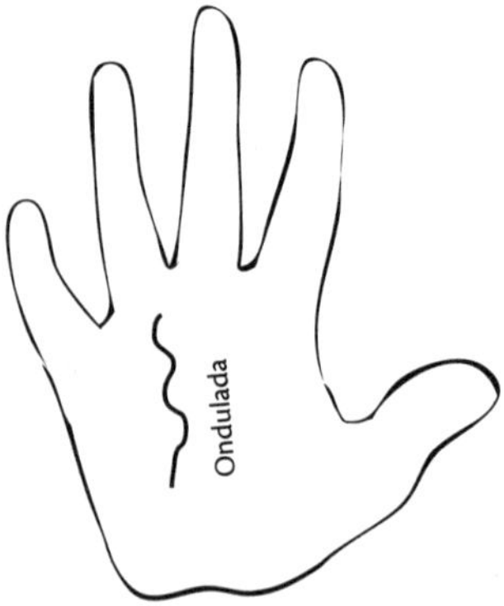

289. Su Línea de la Cabeza y su Línea de Apolo son rectas y gruesas.

Esta combinación le da un impulso para ser absorbido por la acumulación de cosas materiales. Nunca se conforma con la mediocridad. Trabaja constantemente para alimentar su ardiente ambición para que sea el mayor éxito imaginable. Amasa una fortuna no por azar, sino como resultado de una cuidadosa planificación.

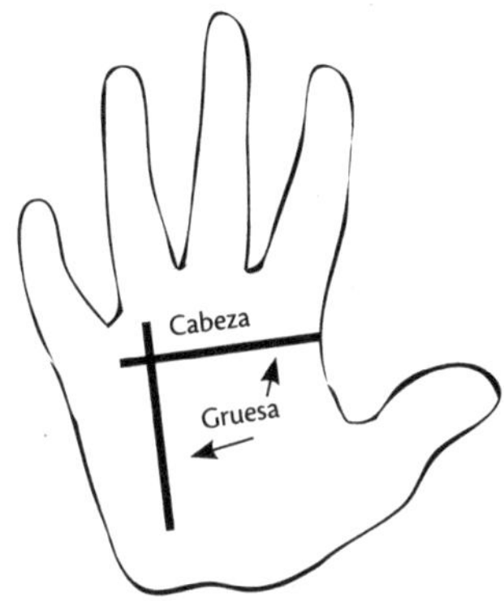

290. Su Línea de Apolo empieza en el Monte de Marte y se desplaza hacia el Dedo de Apolo.

Esta línea señala el éxito en un proyecto que ya le ha costado muchos años de trabajo y frustración. Muchos no son conscientes del número de obstáculos que ha tenido que superar para estar donde se encuentra hoy. Le gustaría abandonar el proyecto actual debido a la frustración.

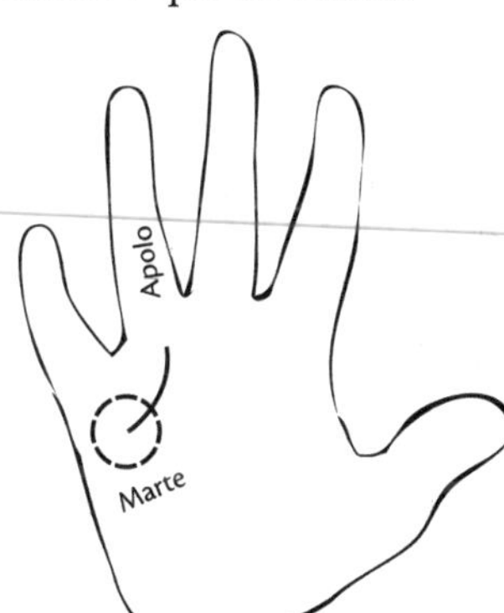

291. Su Línea de Apolo empieza en el Monte de la Luna y avanza hacia el Dedo de Apolo.

Se implica en la vida de otros. Está frustrado porque las personas de su entorno cambian de planes continuamente. Cuando no comprende claramente los motivos de los demás acaba confundido y enfadado. Gran parte de su éxito depende de la cooperación de otros.

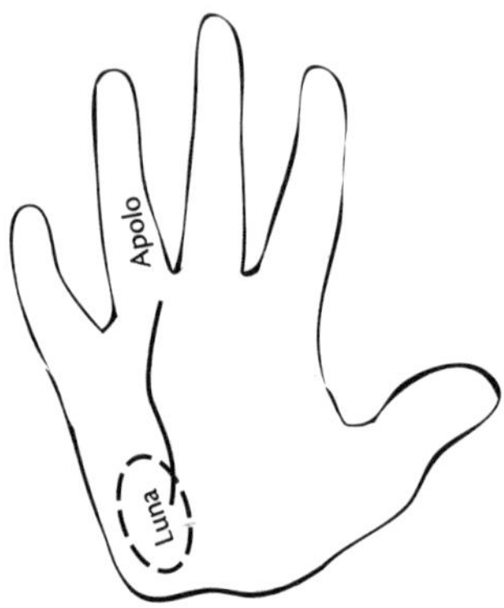

292. Su Línea de Apolo empieza en el Monte de la Luna y señala hacia la base del dedo anular.

Su mayor baza es su poder de manipulación sobre los demás. Magnetiza a la gente para influir en ellos de la forma que quiere. Puede modificar las emociones de las personas en un santiamén. Un amigo le hará las veces de mentor y le hará avanzar un escalón en su carrera. Los demás están intrigados por su tipo de discurso.

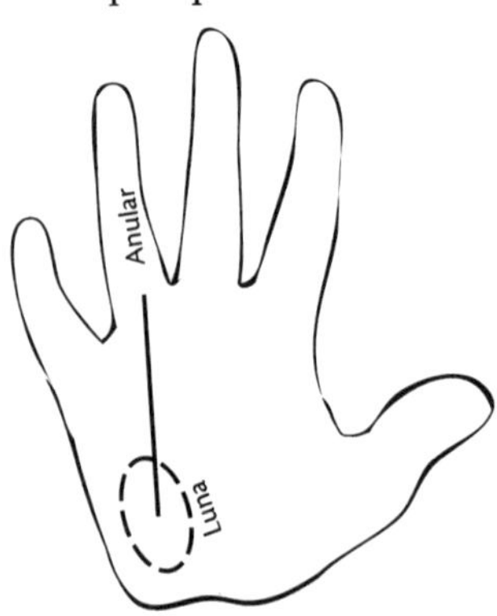

293. Su Línea de Apolo empieza a baja altura y recorre una distancia corta.

Durante su infancia confiaba en sus habilidades creativas naturales para eclipsar a los demás. Desde entonces se ha apartado de su propósito y ha perdido interés por los dones que Dios le dio. Algo le impide que retome el camino desde donde lo dejó.

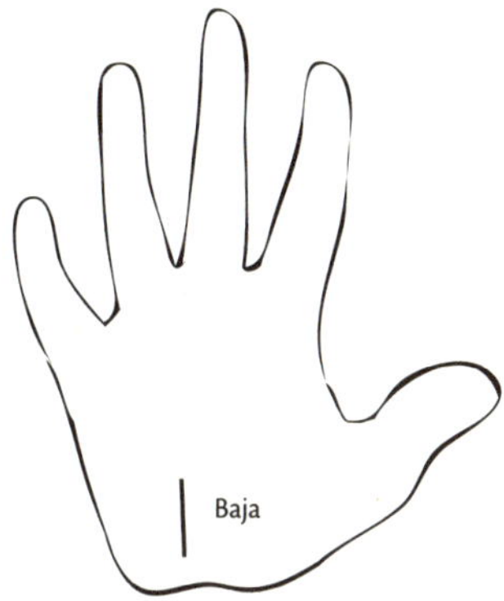

294. Su Línea de Apolo se origina en el Monte de Venus, en el interior de la Línea de la Vida, y se dirige hacia el dedo anular.

Dispone de la capacidad de aprender rápidamente y de recordar detalles sobre cifras. Al principio de su carrera, los miembros de su familia le ayudan. Visualiza con facilidad y tiene una memoria excelente para los detalles visuales. Puede conseguir grandes cosas con este don.

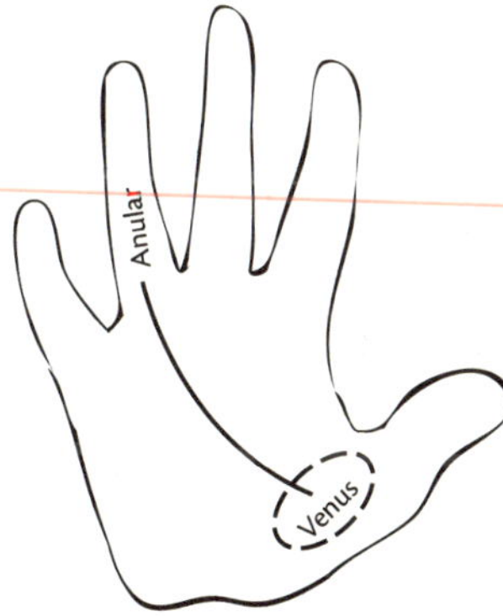

295. Su Línea de Apolo empieza en la Llanura de Marte.

Esta configuración está relacionada con una larga lucha por el éxito. Debido a fracasos y errores, los demás le minusvaloran. Es usted listo y considera que la vida es su universidad, al tiempo que se esfuerza por aprender todo lo posible sobre la vida.

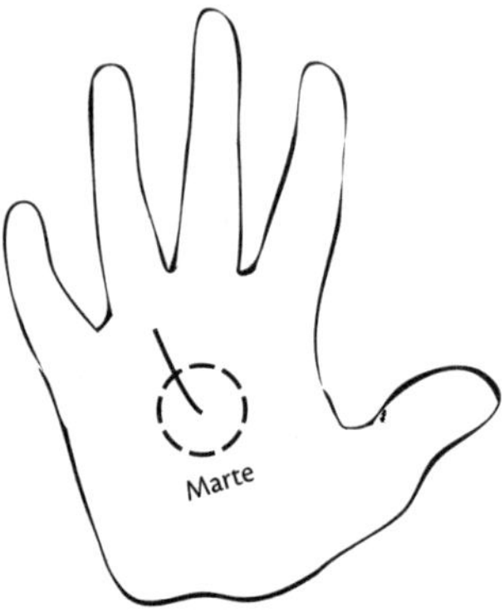

296. Su Línea de Apolo empieza a gran altura en la palma y discurre hasta el Monte de Apolo.

Es usted una persona espontánea, llena de diversión y alegría. Es un buen juez de lo hermoso y lo artístico. Le preocupa más la belleza de la vestimenta, el interior de las casas y los diseños.

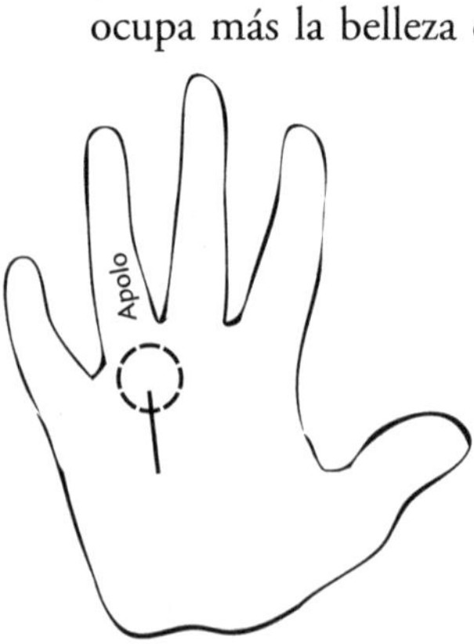

297. Su Línea de Apolo empieza entre la Línea de la Cabeza y la del Corazón y se curva hacia arriba, hacia el dedo anular.

Es usted el tipo de persona que nunca acepta un «No» por respuesta. Consigue el éxito mediante su tenaz perseverancia. Está listo, en todo momento, para hallar errores y lagunas. Le gusta ser más astuto que los demás.

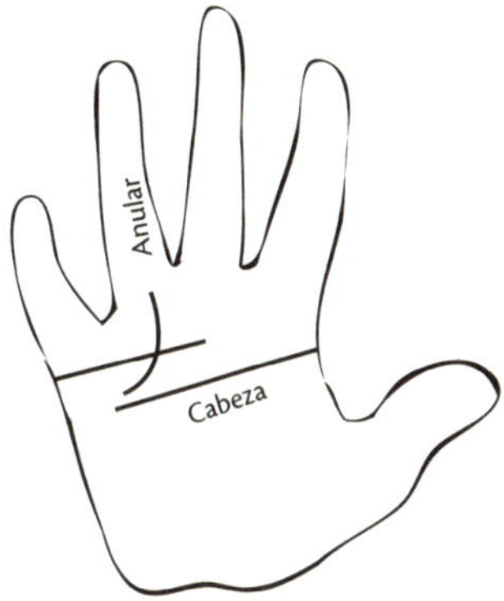

298. Su Línea de Apolo nace a bastante altura en su palma y recorre el espacio entre sus Líneas de la Cabeza y del Corazón.

Durante su etapa formativa, un talento y una agudeza brillantes le ayudaron a superar los períodos críticos con facilidad. Este talento especial puede ayudarle, de nuevo, a superar las dificultades actuales.

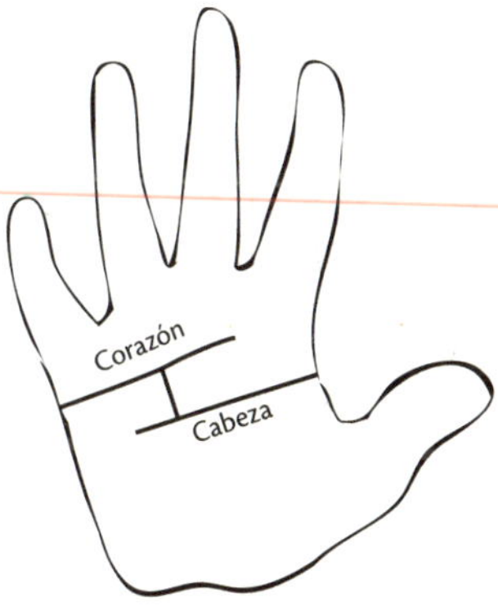

299. Su Línea de la Cabeza se inclina en sentido descendente. Su presencia influye en la dirección de su Línea de Apolo.

Se esfuerza en exceso por intentar progresar en su carrera. Se ofrece voluntario para el trabajo extra y esto pasa desapercibido. Cuanto más hace, menos apreciado es. Dé con esa persona que será el ancla de su éxito. Alguien tendrá que abrirle un canal.

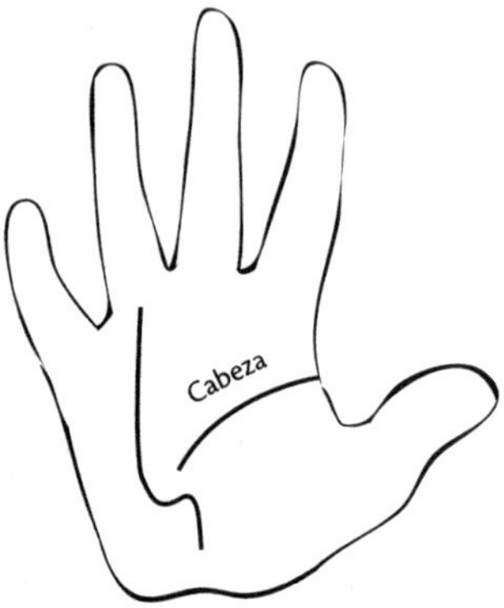

300. Hay una bifurcación al final de su Línea de Apolo y una de las ramas apunta hacia Mercurio.

Sus habilidades están repartidas en dos direcciones. Esta diversidad de intereses le quita tiempo valioso para concentrarse en su eficacia. Concéntrese en su habilidad más poderosa. Si siente que ambas son igual de importantes, escoja la que suponga un servicio realista y una contribución para la humanidad.

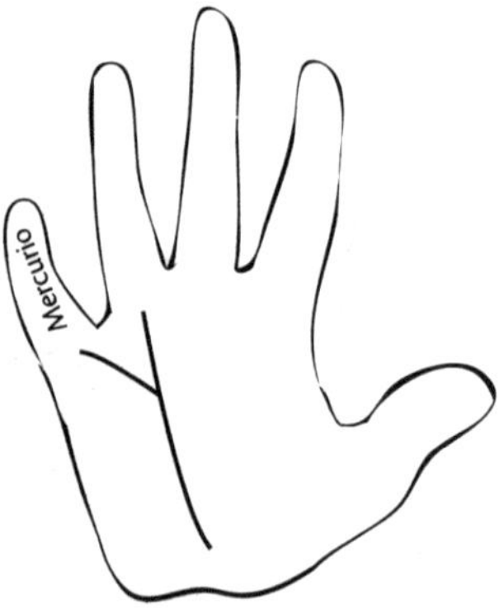

301. Su Línea de Apolo está bifurcada en el extremo cercano al dedo y tiene dos ramas de igual longitud.

Siendo, como es, una persona talentosa, sigue esperando los resultados reales. Hay varias áreas en las que sobresale por un igual y para las que es igualmente parcial, pero no puede permitirse dividir sus esfuerzos. Puede que acabe tomando una decisión arbitraria al escoger una de entre sus muchas habilidades.

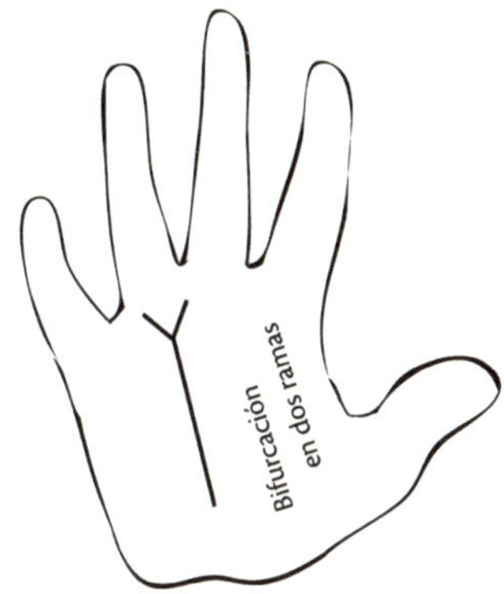

302. Su Línea de Apolo está dividida en tres ramificaciones en el extremo cercano al dedo, y las ramas se encuentran bajo el Dedo de Apolo.

Tiene unos sueños poco realistas de hacerse famoso. En su más íntimo ser está frustrado porque ha desaprovechado muchas de las oportunidades que se han cruzado en su camino. Se debilita en los momentos críticos. Piense que su debilidad es sólo una ilusión, ya que eso es lo que es en realidad.

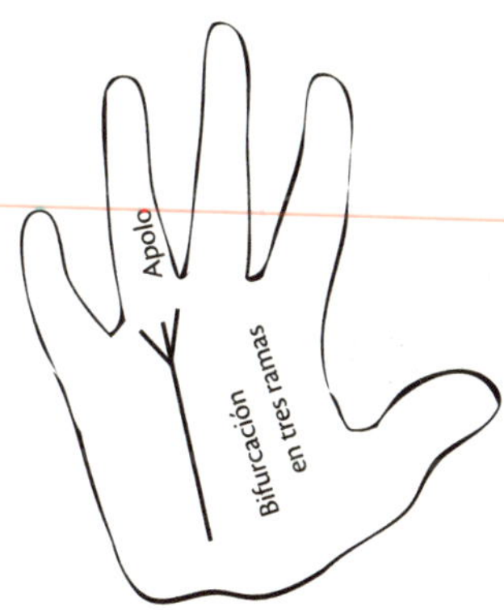

303. Su Línea de Apolo acaba en tres ramas uniformes.

Hay pruebas de que pasa usted más tiempo imaginando su éxito que haciendo planes para que se haga realidad. Necesita diseñar un plan para mejorar su eficiencia, para así lograr su propio programa para el éxito. Luego sorprenderá a los demás por lograr su objetivo en un tiempo récord.

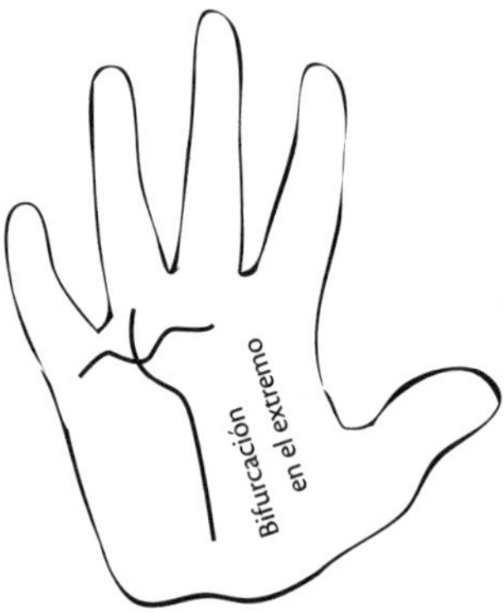

304. Una barra corta cruza su Línea de Apolo.

La armonía es el factor más importante para el avance de su carrera. Esto incluye la armonía en su trabajo y en su hogar. Las personas muy cercanas a usted se enfadan con su pose autodefensiva. Otros esperan que sacrifique su orgullo en aras de la buena voluntad.

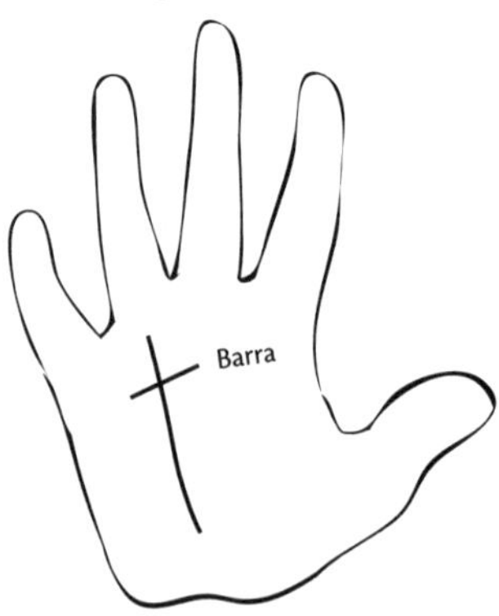

305. Su Línea de Apolo está acompañada de líneas que la cruzan en toda su longitud.

Esto implica que hay obstáculos importantes que dificultan su progreso. Los obstáculos son la envidia y la desaprobación por parte de aquellos que pretenden ser sus ayudantes. No pueden seguirle a causa de su talento superior. Muestra usted su falta de paciencia y a cambio recibe falta de respeto.

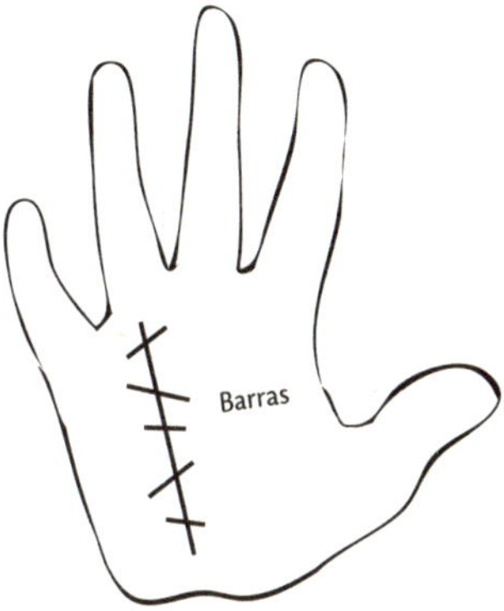

306. Su Línea de Apolo tiene una estrella.

Una estrella en esta posición intensifica su buena suerte y su magnetismo positivo sobre otros. Tiene el poder de hacer variar las opiniones a los demás. Se sabe de gente con esta señal que ha cambiado el curso de la historia. Ésta es también la marca del actor o el vocalista, o de una persona con una enorme capacidad expresiva. El uso de esta habilidad en una empresa económica podría resultar lucrativo.

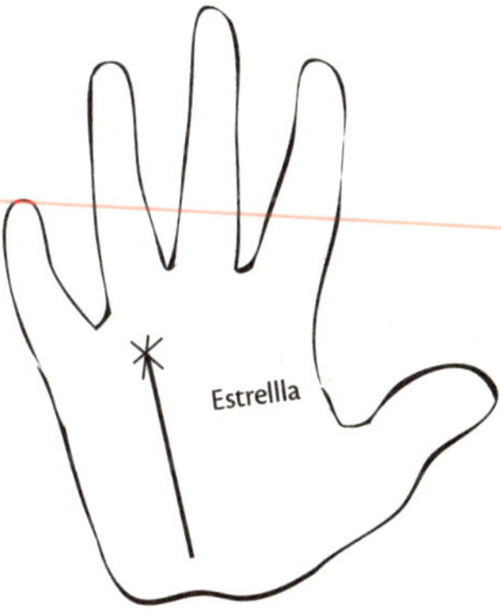

307. Su Línea de Apolo está marcada por un cuadrado claro.

Permanece ileso, a pesar de las conjuras contra usted y por muy taimados que puedan ser sus asaltantes. El cuadrado representa la fuerza protectora que le guía y le anima a seguir hacia adelante constantemente. Mediante ésta se libra de la traición, los enemigos y los accidentes.

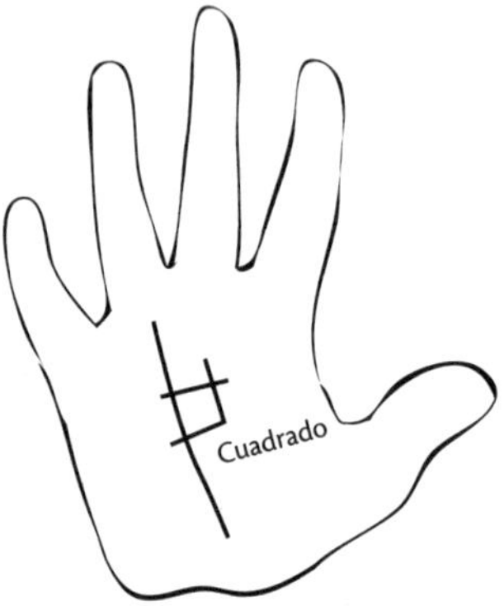

308. Su Línea de Apolo se origina a partir de una isla bien formada.

Con los contactos correctos se ve estimulado hacia una carrera tan asombrosa que se convierte en la envidia de todos aquellos que dudaron de usted. Un asunto del corazón le hace sentirse vacío y culpable. Cree que nunca se recuperará de esta pérdida, sin importarle cómo distraiga su atención. Sufre con facilidad y se siente preocupado porque ese amor, que quiere como a nada más en el mundo, parece tan alejado.

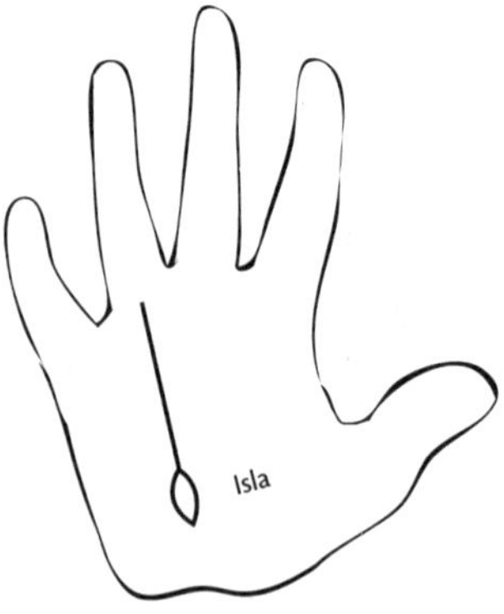

309. Hay huecos y líneas de reparación en su Línea de Apolo.

Siente que ha perdido su motivación o que la inspiración le ha abandonado. Las cosas no son lo que parecen. Su entusiasmo se ve eclipsado por los problemas. La actividad física y la mental harán que su mente se aparte de estos pozos negros y que vuelva a coger el ritmo. Necesita buscar para encontrar esas cosas que le emocionan y le inspiran.

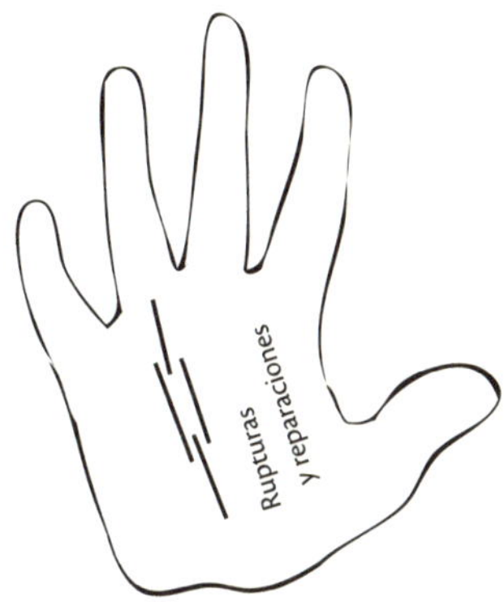

310. Su Línea de Apolo tiene tres ramas principales que apuntan en dirección ascendente.

Cada rama equivale a un impulso durante su vida para alzarse por encima de la media. Tiene un anhelo muy enraizado de eclipsar a los demás con una demostración espectacular, que se ve respaldado por sueños de poseer riquezas. Durante su vida tendrá tres grandes golpes de suerte.

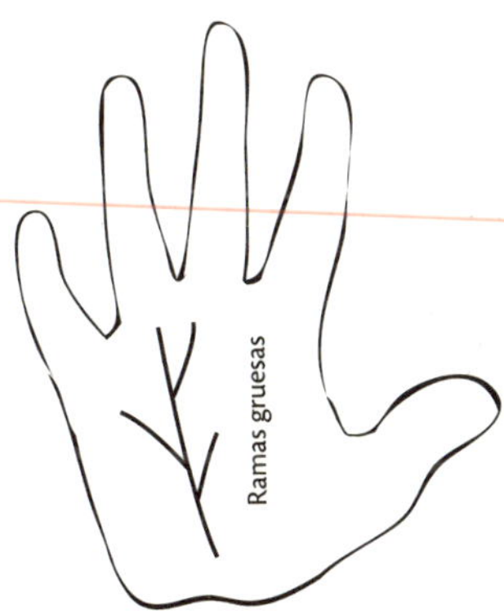

311. Ramas en forma de unas líneas finas ascienden desde su Línea de Apolo y apuntan hacia los dedos.

Se preocupa por no recibir el reconocimiento por el éxito debido a sus logros pasados. Su mayor obstáculo es la preocupación por el fracaso. Luchar contra esta preocupación bloquea sus canales del éxito.

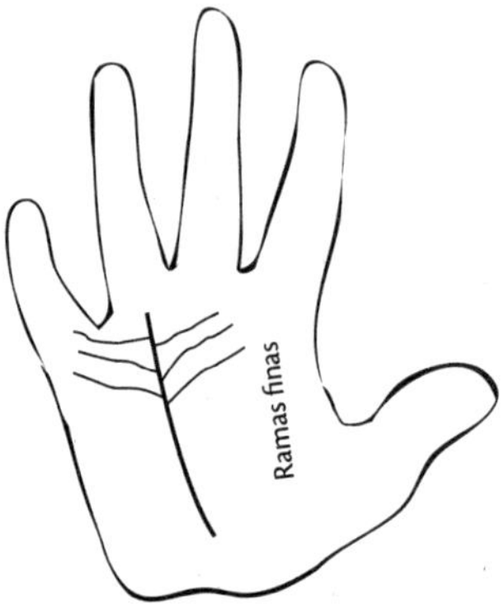

312. Líneas finas caen desde su Línea de Apolo y descienden hacia la muñeca.

Cada año dedica más y más energías a acercarse más a su objetivo, y cree que no está cosechando una recompensa justa. A veces siente como si estuviera golpeándose contra una puerta cerrada. Tiene usted la llave en su propia mano. Haga que una persona no implicada analice el problema. Puede que esté relacionado con unos malos hábitos en el trabajo.

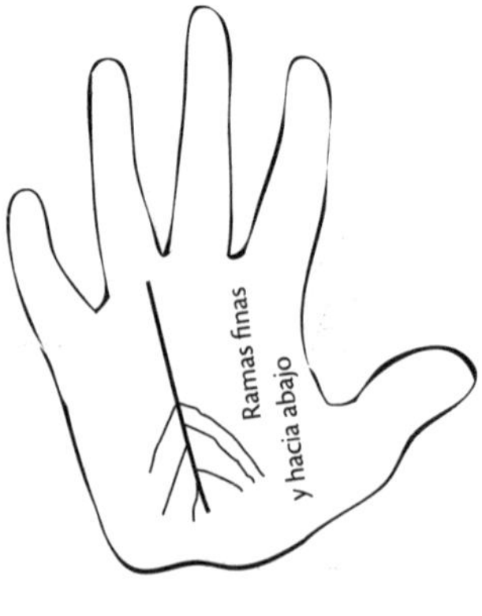

313. Tiene dos Líneas de Apolo que forman una «V».

Hay dos fuerzas que le empujan en dos direcciones distintas. Sirva al amo que le trata bien, el que le está agradecido y le elogia. Los resultados vienen tras la decisión de obedecer a sus propios pensamientos, y no a los de otro. Una vez siga su camino, sus poderes latentes le proporcionarán una gran fuerza interior.

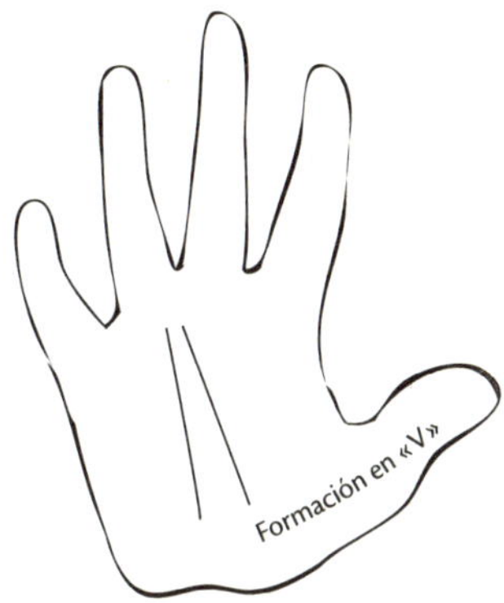

314. Varias Líneas de Apolo de distinta longitud ascienden hacia su Monte de Apolo.

Tiene discernimiento y sabe qué es lo que se considera de buen gusto. La mecánica y la técnica de distintas formas de arte le resultan sencillas. Una difracción de intereses podría retrasar su éxito.

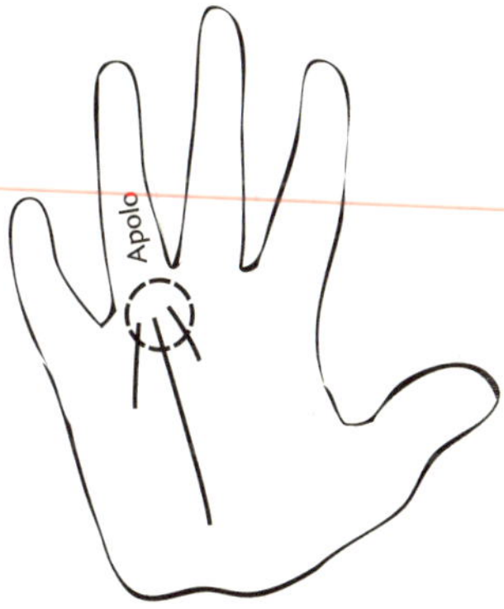

315. Líneas de igual longitud ascienden hacia su Dedo de Apolo.

Este signo indica un gran reconocimiento a través del uso de un talento. Asciende no una, sino varias veces, a una gran altura. Puede que reviva, a rachas, tras su primer ascenso a la fama, y después de eso, su éxito podría alcanzar una meseta. Conserva su entusiasmo por la vida e intenta, incansablemente, mejorar sus puntos débiles.

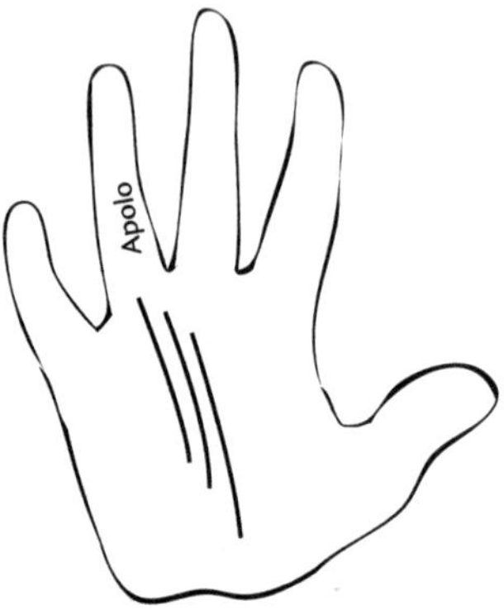

316. Tiene múltiples Líneas de Apolo, cada una de ellas de una longitud aleatoria.

Debe tomar una decisión difícil para escoger una de las muchas líneas de trabajo trazadas para usted. La dificultad a la hora de escoger puede llevarle a decidir por lo que le resulta más interesante. Puede llevar a cabo varias cosas simultáneamente, incluyendo dirigir varios negocios. La clave de su éxito consiste en mantener la supervisión personal por encima de todos los intereses.

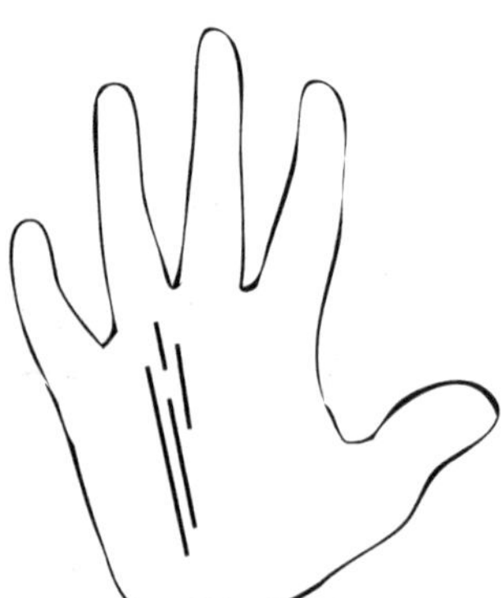

317. Hay muchas líneas verticales al final de su Línea de Apolo.

Tiene habilidades en varios campos distintos. Está especialmente determinado a estudiar la distintas culturas del mundo. Para especializarse en una determinada habilidad debe dedicar todas sus energías a este único campo, ya que muestra inclinación a dispersar su fuerza.

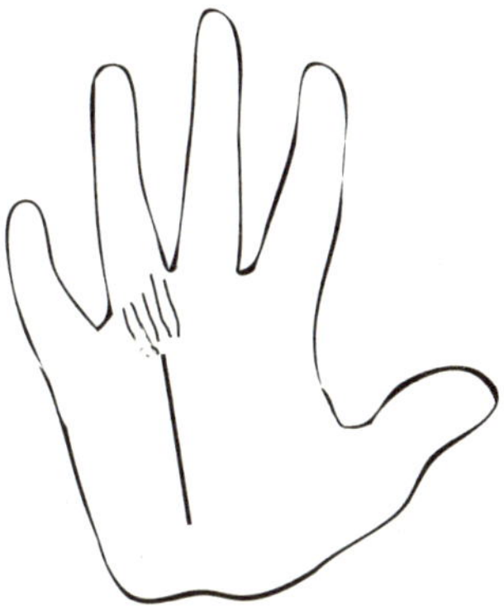

318. Una rama sale de su Línea de Apolo y discurre hasta el Monte de Júpiter.

Su ambición, unida a su gran talento, le conduce a logros de enorme duración. Una vez pone su mente en un objetivo, dedica toda la energía de su vida a conseguir el éxito. Otros perciben su capacidad de liderazgo y usted se siente cómodo en un rol dominante.

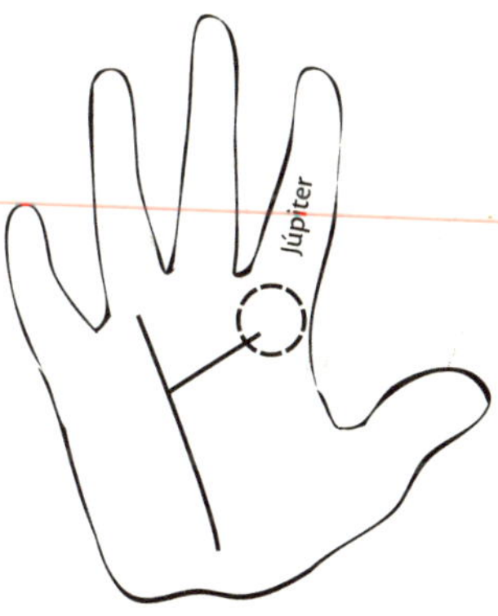

319. Una rama de su Línea de Apolo asciende hasta el Monte de Saturno.

No se deja llevar por la tradición. Es usted decidido. Se hace oír con una extraordinaria seguridad. Su brillante personalidad atrae a las personas adecuadas, que le proporcionan los contactos idóneos. Es usted una fusión de las dos combinaciones planetarias: Saturno y Apolo. Saturno le aporta una frugalidad y un fatalismo sobrios, y Apolo amplifica su vitalidad y su buen humor.

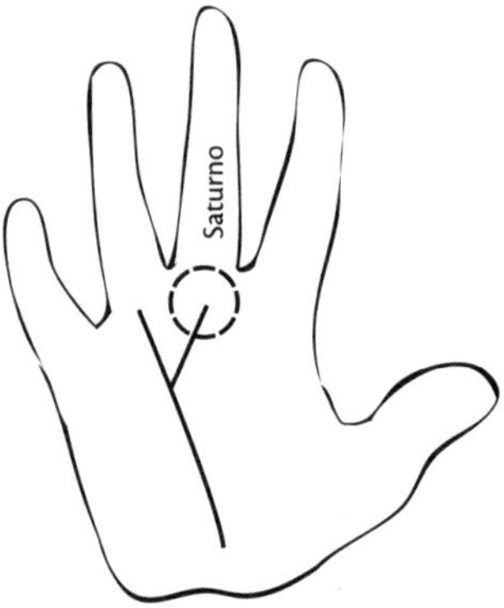

320. Una rama de su Línea de Apolo asciende hasta el Monte de Marte.

La suma de su carácter apolíneo de vivacidad y buen humor le viene del poder de Marte. El planeta Marte le imbuye de un temperamento luchador, determinado y resistente. Debería poder resistir solo y seguir su camino en la vida sin ayudas.

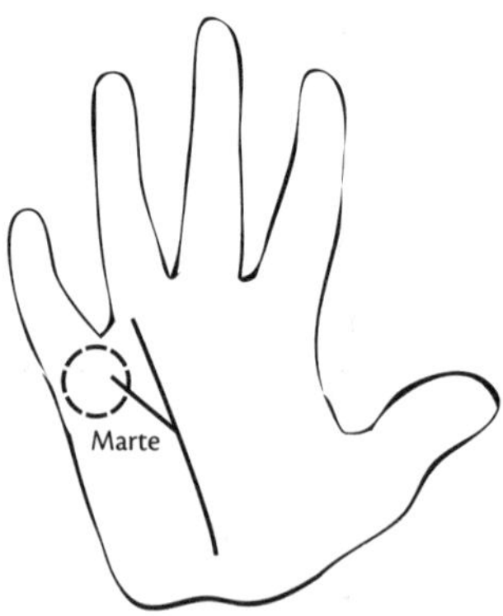

321. Una rama procedente del Monte de la Luna se une a su Línea de Apolo.

Su futuro está ligado a su capacidad de plasmar las imágenes en palabras. Sea cual sea su profesión, si desarrolla su poder de expresión verbal ascenderá a la cima. Llegaría a ser un buen escritor o compositor musical.

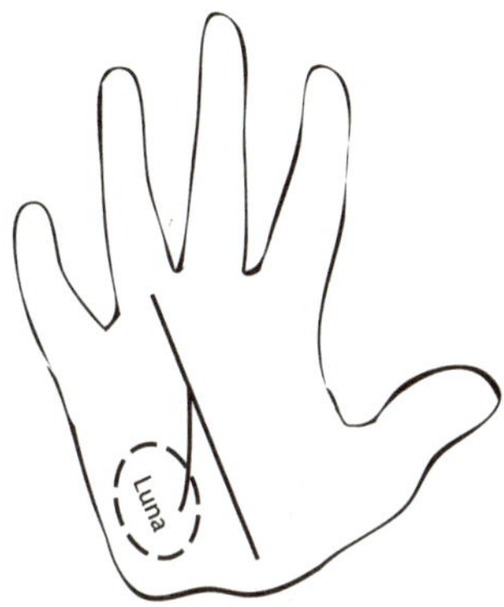

322. Su Línea de Apolo se una a una línea curvada ascendente procedente del Monte de Venus.

Esta señal indica que el dinero de la familia pasará por varias manos pero que acabará en las suyas tras un período de pruebas. También es un signo del dinero obtenido a través del trabajo y la frustración.

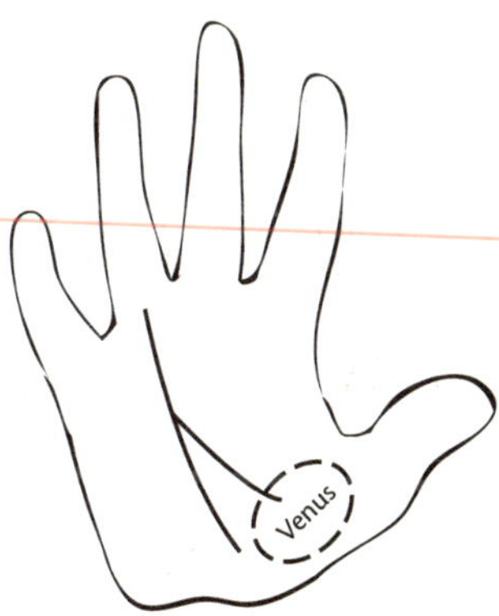

323. Líneas de Influencia procedentes del Monte de Venus discurren al lado de la Línea de Apolo.

Esto se interpreta como la intervención de familiares o amigos íntimos en el moldeo de sus planes de carrera.

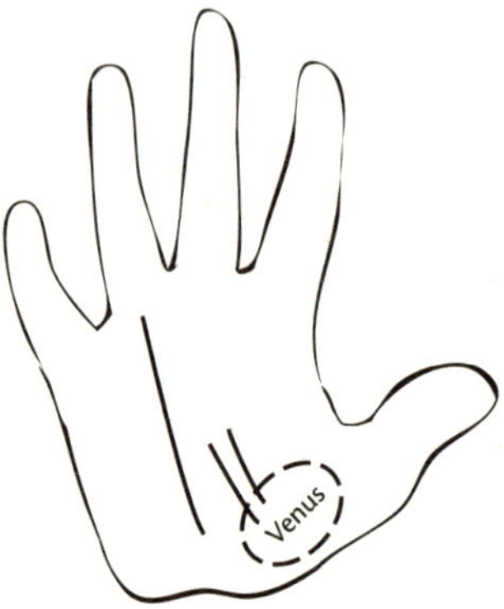

Frecuentemente, esta señal se interpreta como un legado. Recibe consejos y apoyo económico por parte de sus familiares. Le ayudan en sus momentos de necesidad, pero a cambio de algo.

324. Su Línea de Apolo procede de su Línea de la Cabeza.

Posee el don de una determinación incansable para mantener la verdad. Está preparado para retrasar las recompensas materiales y sacrificar muchas horas y años de estudio por un pequeño premio.

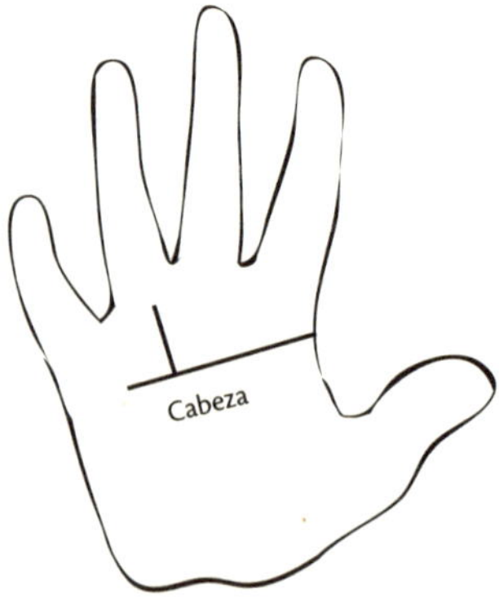

Apunta alto y, por tanto, necesita una profesión a la que pueda dedicar todo su ser. Buena parte de sus grandes esfuerzos pasarán desapercibidos.

325. Su Línea de Apolo detiene su recorrido debido a la interferencia de la Línea de la Cabeza.

Tiene grandes potenciales, pero su éxito se ve dificultado debido a un impedimento oculto. Al ser consciente de sus patrones de pensamiento y al analizarse, supera su impedimento. Un excesivo enfoque o formación académicos interfiere con sus capacidades artísticas.

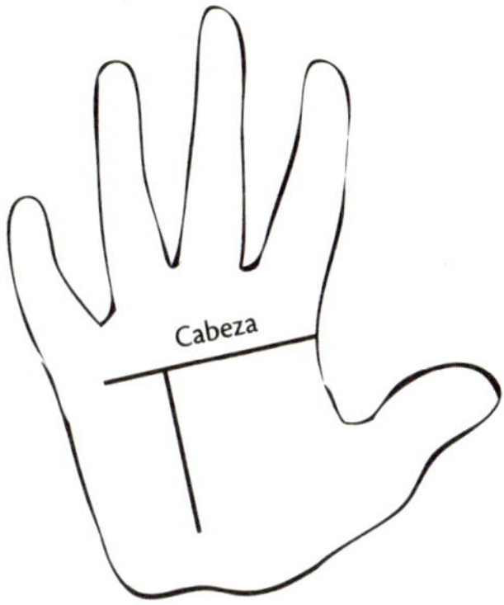

326. Su Línea de la Cabeza y la de Apolo son extremadamente largas.

Tiene unos reflejos mentales rápidos y desea arriesgarse porque está seguro de sus planteamientos y, por tanto, es un excelente candidato para llevar a cabo grandes negocios. Se siente seguro de sí mismo: a veces tanto, que podría caer en especulaciones de alto riesgo e incluso en el juego.

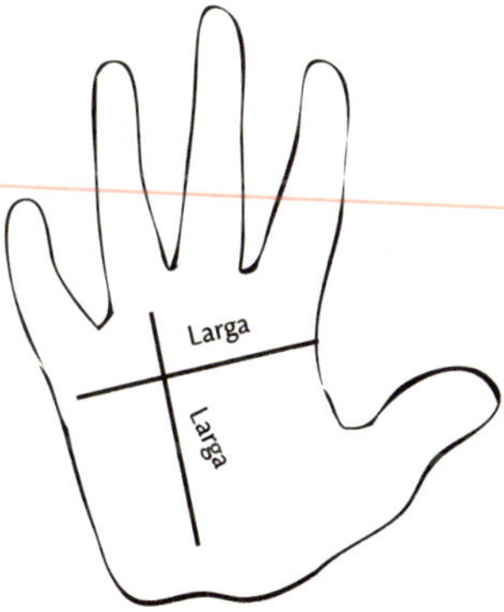

327. Su Línea de Apolo tiene su origen en la Línea de la Vida.

Tiene la capacidad de convertir las tareas tediosas, duras y de ínfima importancia en un trabajo gratificante. Está satisfecho con sus logros. No se avergüenza de llevar a cabo trabajos duros. Está orgulloso de su patrimonio cultural.

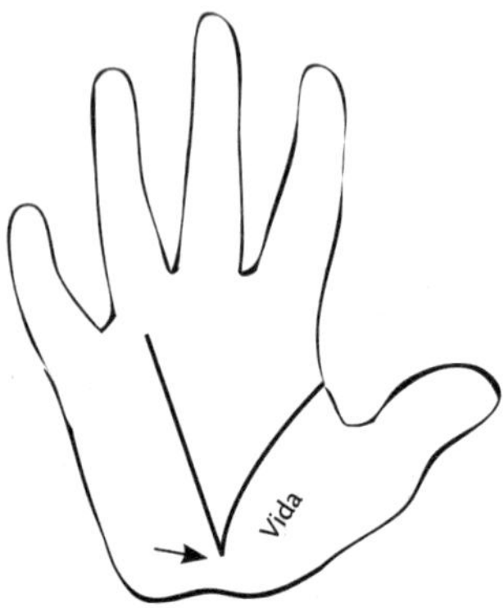

328. Su Línea de Apolo empieza en su Línea del Corazón.

Ha habido un retraso en la llegada de recompensas materiales por sus esfuerzos pasados. En sus años dorados cosechará el éxito por el que está luchando ahora. Más adelante en su vida puede desarrollar formas nuevas de usar su energía creativa. En esta edad madura podrá aprender compasión, amor por la belleza y autosatisfacción.

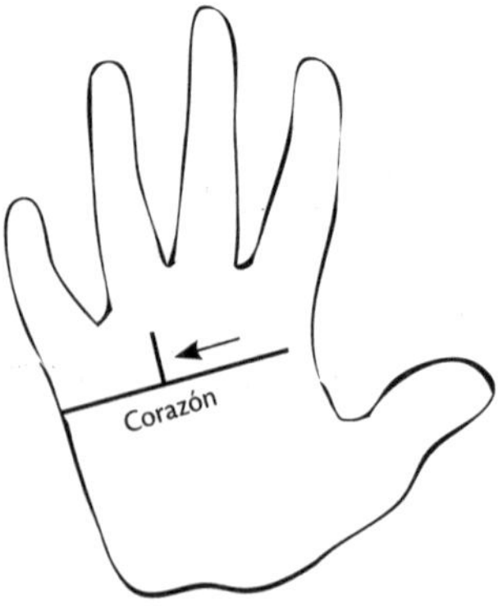

329. El recorrido de su Línea de Apolo se ve detenido por su Línea del Corazón.

Su potencial para sobresalir y verse satisfecho no puede llegar a su grado máximo debido a un bloqueo. Éste se debe a la ausencia del tipo de amor adecuado en su vida. Una vez que su don de dar se haya detenido en su vida, su creatividad y su entusiasmo se desmoronarán.

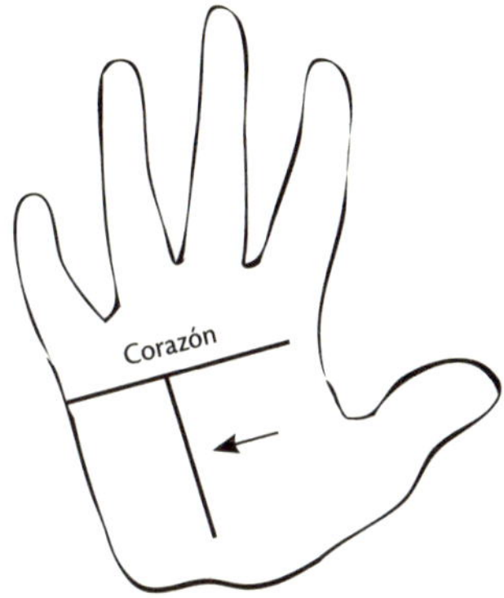

330. Una línea que desciende desde su Línea del Corazón se une a su Línea de Apolo.

Mucha gente reconoce en usted franqueza y que es una persona sana. Se acercan a usted para participar de estas bondades. También le ofrecerán su mano y protegerán su dignidad en los momentos difíciles. Florece usted en presencia de otros.

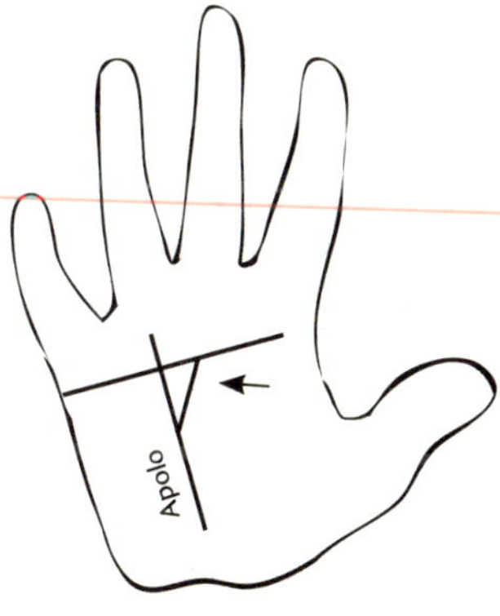

331. Su Línea de Apolo parte de la Línea de Saturno.

Se trata de una línea de distinción que predice el éxito a la hora de asentar una muy buena reputación. Su mayor probabilidad de éxito es en una plaza que requiera una enorme sensibilidad. Su único obstáculo es una cierta dificultad a la hora de manejar las presiones y las obligaciones propias del éxito.

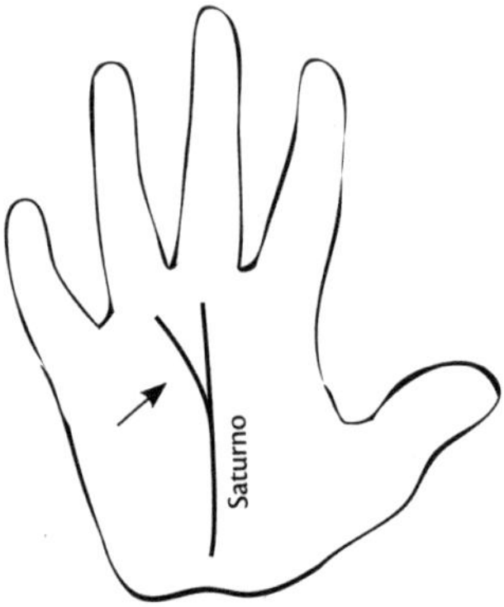

332. Sus Líneas de Apolo y de Saturno están unidas por una línea clara.

Esto puede significar una asociación legal. También puede implicar el matrimonio con una persona con unos intereses opuestos a los suyos, y le irá bien.

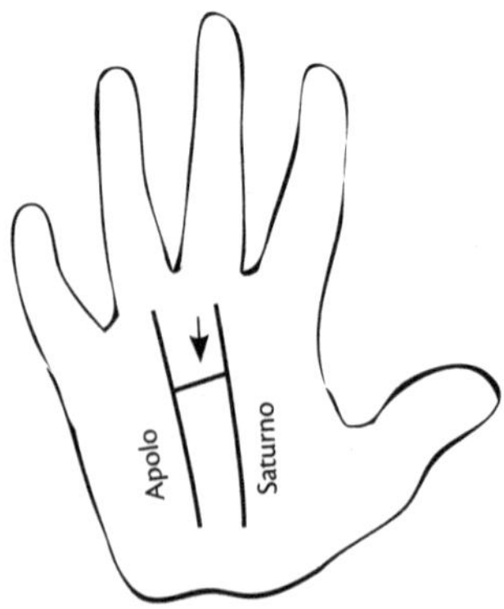

Línea de Mercurio

333. Carece de Línea de Mercurio.

Carecer de esta línea es un signo excelente. Su ausencia denota una constitución extremadamente fuerte y un estado mental saludable. Un enfoque vital con seguridad en sí mismo y confiado le mantiene en un buen estado físico y mental.

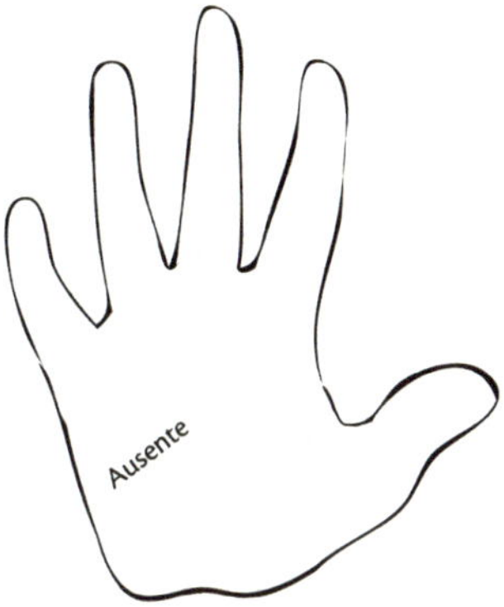

334. Su Línea de Mercurio es curvada.

La naturaleza le dotó de unos órganos resistentes y una constitución robusta. La buena salud continua está en sus manos, siempre que no maltrate a su cuerpo con excesos. Tiene un temperamento nervioso y sensible, con inspiraciones y una clarividencia de grado superior. Algunos de sus sueños claros y vívidos se convierten en realidad. Las personas de su clase inspiran a los demás.

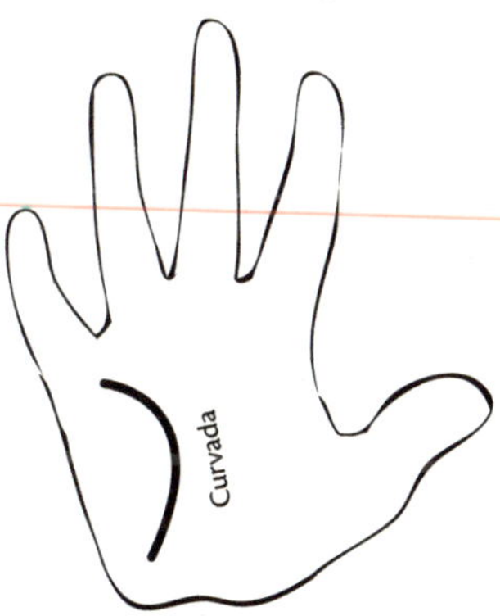

335. Su Línea de Mercurio está partida o es discontinua.

No tiene el poder para resistir las tentaciones. Una vez se encapricha de algo, debe satisfacer su deseo a cualquier precio. La disciplina no funciona en su caso: sus ansias son demasiado intensas. Otros están esperando a que se debilite para ocupar su puesto.

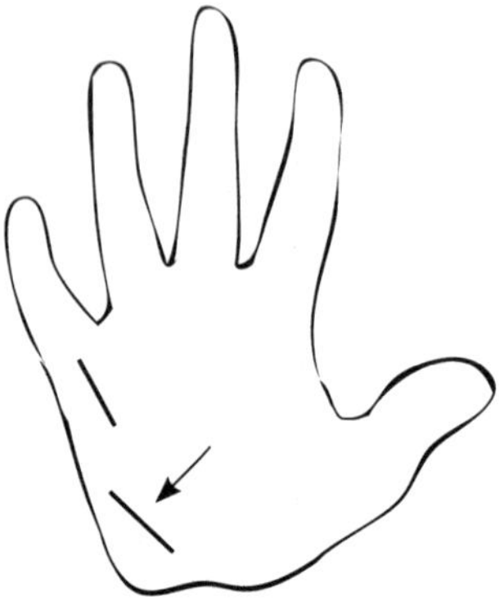

336. Su Línea de Mercurio es ondulada.

Es adicto al tipo inadecuado de alimentos, y cuanto más los consume más los desea. Le encantan especialmente las texturas mantecosas, crujientes y crocantes. Es difícil que encuentre otras cosas que le interesen más que la comida, pero llevar a cabo algo que le haga feliz distraerá su mente de la comida.

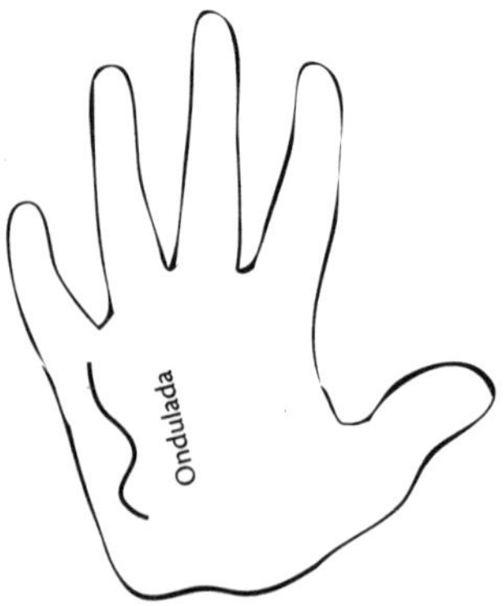

337. Su Línea de Mercurio tiene una estrella.

Es una persona con muchas facetas que muestra un gran talento disperso en muchas áreas. Si quiere triunfar de verdad, dar con ese talento especial y hacer que se ponga a trabajar en su beneficio, deberá retornar a su talento más precoz. Es un profesional nato debido a la pasión que siente por el escrutinio y la solución de problemas. Una vez que su confianza sufra un pequeño empujón y empiece a crecer, hará más de lo que había imaginado.

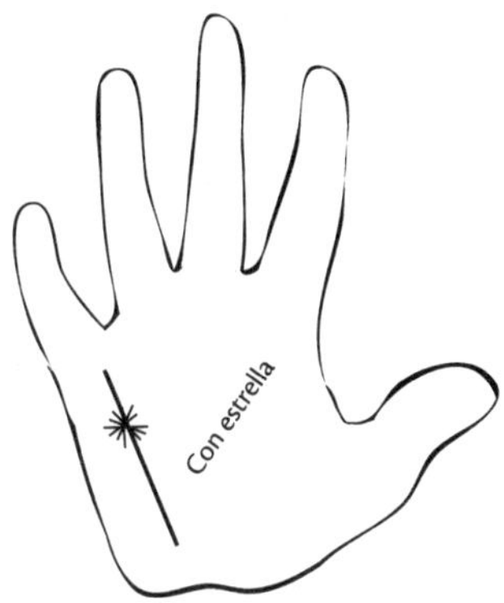

338. Hay una isla en su Línea de Mercurio.

Una isla cercana a la muñeca es una señal propia de una persona que recibe mensajes clarividentes importantes a través de los sueños. Una isla alejada de la muñeca significa que renacerá de una bancarrota. Esta situación de ruina le enseñará, por las malas, todo lo que necesita saber para tener un éxito permanente en su segunda oportunidad. Si esta línea dispone de varias islas se enfrentará a varias situaciones de bancarrotas.

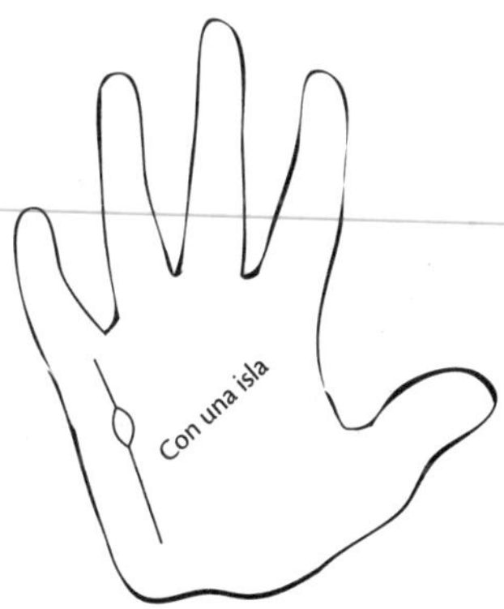

339. Hay unas barras sucesivas en forma de escalera que se alinean para formar su Línea de Mercurio.

Debido a su obstinación, persevera cuando otros ya habrían abandonado la causa. Tiene un problema crónico con su desempeño. En el trabajo, las cosas podrían empezar a irle mal. Tiene dificultades para determinar sus problemas. Si un detector de problemas le dijera qué es lo que está mal, es dudoso que le escuchara. Un cambio de trabajo o de profesión le resultaría favorable.

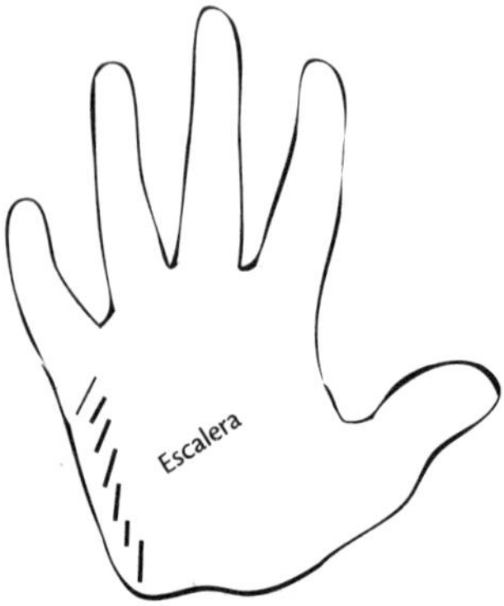

340. Su Línea de Mercurio se ve interrumpida por algunos espacios y huecos.

Tiene unos hábitos de trabajo erráticos. Se distrae con facilidad y cuando reemprende el trabajo se encuentra en un sendero distinto. Le cuesta más que a los demás finalizar un trabajo, y éste rara vez le deja satisfecho. No le gusta mucho la disciplina.

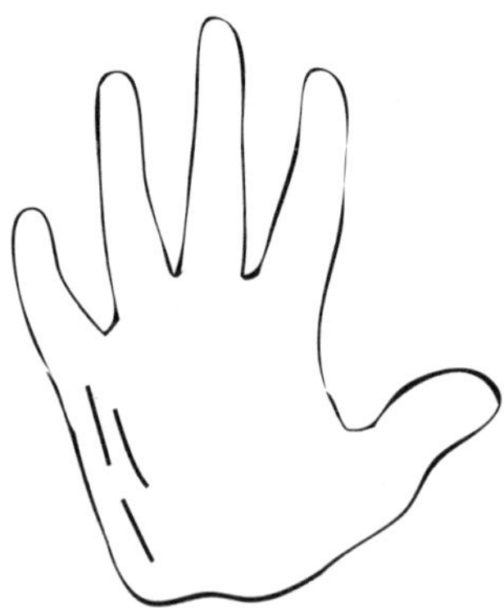

341. Su Línea de Mercurio está formada por ramas onduladas cortas y líneas rotas curvadas.

No es la persona más fácil de complacer del mundo. Tiene un interior extremadamente inquieto. Si pudiera aprender a usar su buena sintonización, descubriría que está captando las incomodidades y las preocupaciones de otras personas. Tiene capacidades magnéticas y psíquicas, y en lugar de atraer actitudes contagiosas, podría zafarse de las contribuciones importantes.

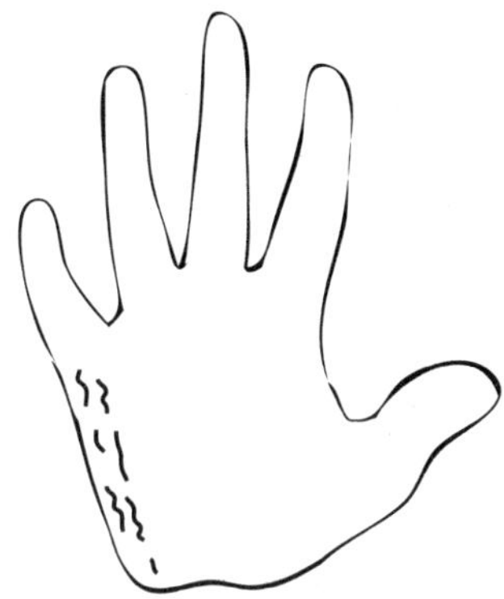

342. Su Línea de Mercurio se dirige directamente al Monte de Mercurio, evitando el Monte de la Luna.

Debido a su preocupación por gozar de una vejez llena de salud, se marca como objetivo una actividad física vigorosa para mantenerse sano. Se indica su capacidad de recordar un gran número de cosas. En su fantástico banco de memoria también ha conservado muchos sucesos tristes del pasado. Compensa las pérdidas dando una exorbitante importancia al dinero, ya que le hace más feliz que cualquier otra cosa.

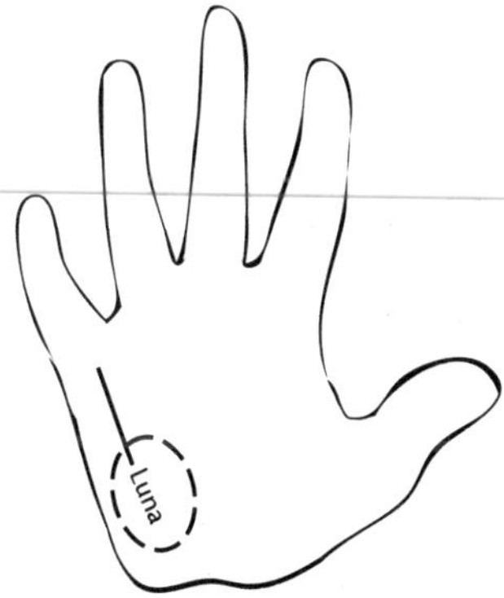

343. Su Línea de Mercurio tiene una formación perfecta (empieza en el Monte de la Luna y se dirige hacia Mercurio).

Sus bazas son: un gran sentido de los negocios, deseo de descubrir cosas, una actitud llena de esperanza, un temperamento alegre, un gran sentido del humor e inteligencia, una constitución nerviosa estable, etc. Su mejor baza es su poder hipnótico sobre los demás, del que quizás nunca antes se había dado cuenta. Su enorme influjo sobre las personas, además de sus capacidades hipnóticas, pueden dar lugar a que tenga una carrera exitosa en la política.

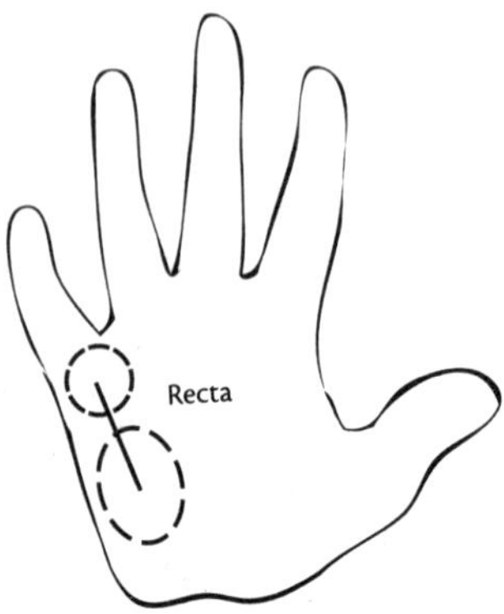

344. Su Línea de Mercurio está bien desarrollada y tiene unos contornos casi ideales.

Piensa con claridad y precisión, y puede distinguir entre la realidad y la fantasía. Aunque su imaginación es rica, logra mantener ambos pies en el suelo y se concentra en objetivos realistas e inmediatos. Los sueños le permiten conocer bien las cosas. Se deja llevar mucho por las primeras impresiones.

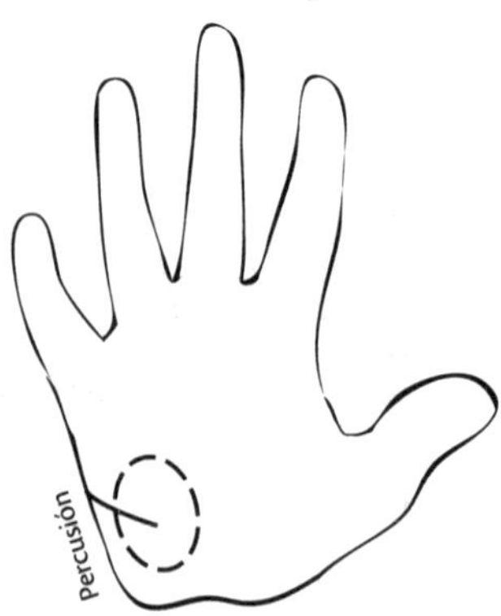

345. Su Línea de Mercurio radica en la zona superior del Monte de la Luna.

Hay elementos de verdad tras sus corazonadas y sus sentimientos. Está buscando la respuesta a una pregunta que le ha estado preocupando durante años. Siente que ha visto la respuesta muchas veces, pero no puede darse cuenta de ella.

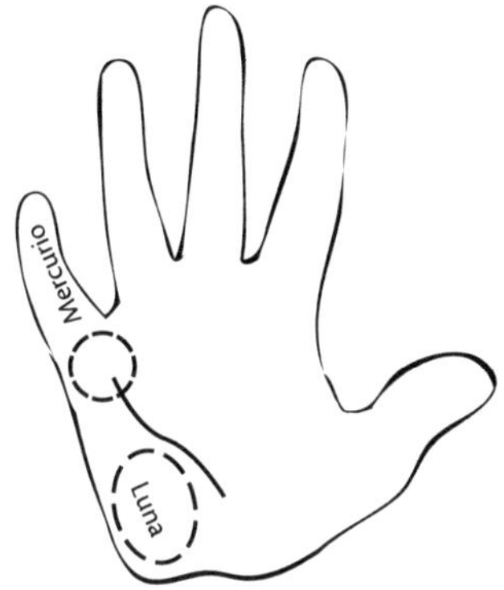

346. Su Línea de Mercurio sigue un trayecto recto desde el monte de la Luna hasta el Monte de Marte.

Esto puede significar que los miembros de su familia también pueden ser sus amigos íntimos o compañeros en el trabajo. Es una persona intensa y lucha por su libertad de expresión. Es usted más serio que alegre. Corresponde al tipo de persona que podría implicarse seriamente en la política.

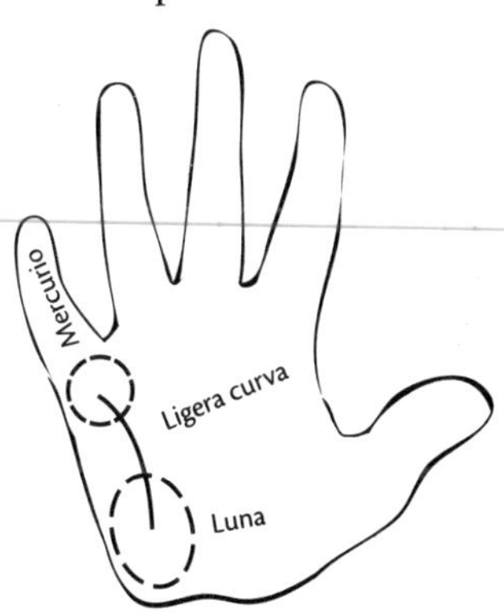

347. Su Línea de Mercurio cruza el Monte de la Luna y se dirige hacia la Percusión de la mano.

Su carácter es tan impredecible y caprichoso como el mar. Sabe cómo encantar a la gente con un caleidoscopio de estados de humor y expresiones que cambian para adaptarse a la situación. Está lleno de misterio y a veces le cuesta entenderse y comprender por qué hace ciertas cosas.

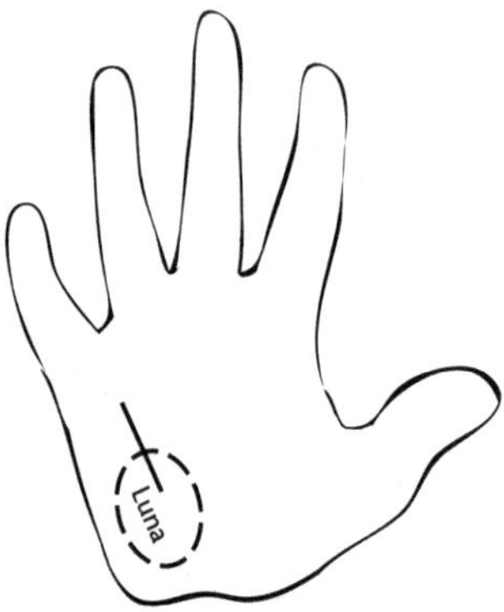

348. Su Línea de Mercurio empieza en el Monte de la Luna y gira para acabar en el Monte de Marte.

Tiene un carácter tan bondadoso que éste hace que no esté feliz hasta que la gente de su alrededor lo esté. Cuando las cosas van mal, sorprende a todos con muestras de esperanza y alegría. Es persuasivo y se muestra así en beneficio de los demás.

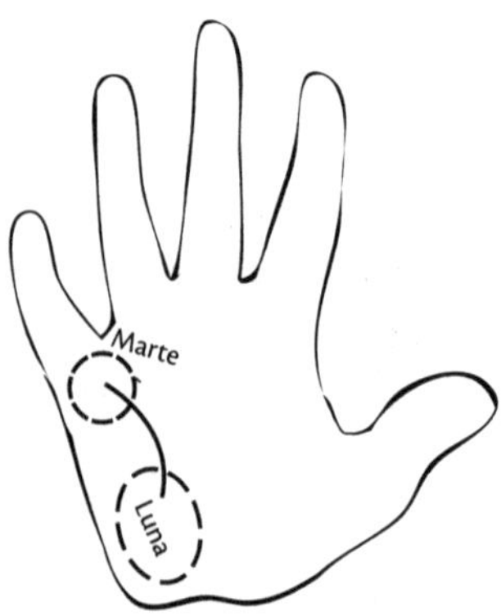

349. Su Línea de Mercurio va desde su Monte de Marte hasta su Monte de Mercurio.

Es usted una persona que se deja llevar por sus emociones y que tiene mucha chispa e inteligencia. Si pudiera poner freno a su rabia, su sagacidad podría hacerle llegar lejos en los negocios. Necesita pasatiempos agradables y constructivos para que le alivien y para reavivar su vitalidad.

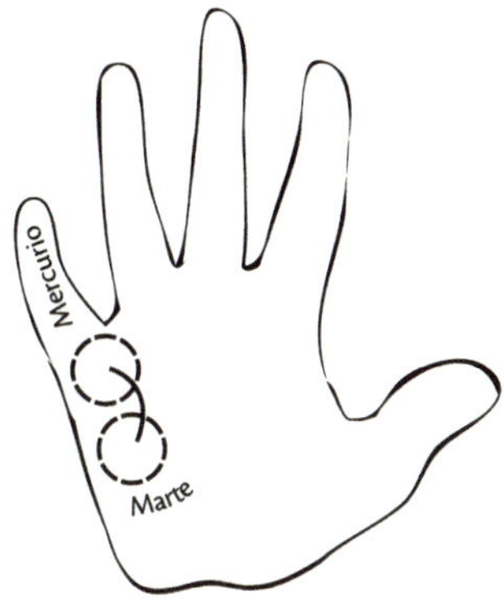

350. Su Línea de Mercurio se encuentra entre los montes de sus dedos anular y meñique.

La dirección de esta línea presagia la llegada de una gran recompensa como resultado de un esfuerzo duradero y concentrado de una resistencia sobrehumana. Se verá situado, repentinamente, en la cumbre, lo que renovará su espíritu y su fuerza. Sus esfuerzos se verán un día y serán apreciados por mucha gente.

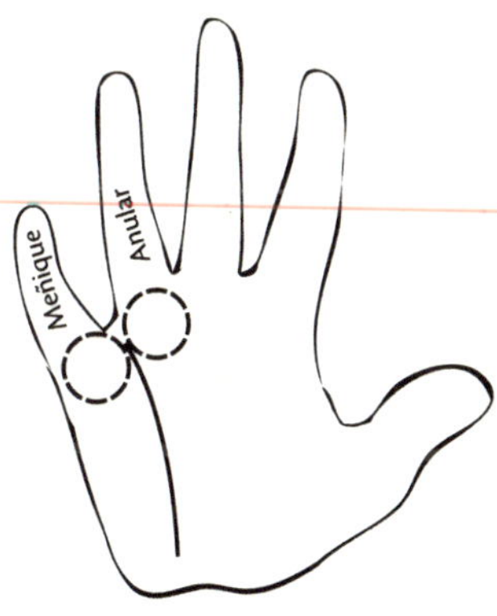

351. Su Línea de Mercurio empieza en el centro de su mano y se extiende hacia el Monte de Mercurio.

Esto significa que tiene la piel fina. Es físicamente ambicioso y tiene la personalidad vivaz que atrae a admiradores. Está atento y exige una satisfacción inmediata de sus necesidades. Le encanta hablar y es un conversador intrigante.

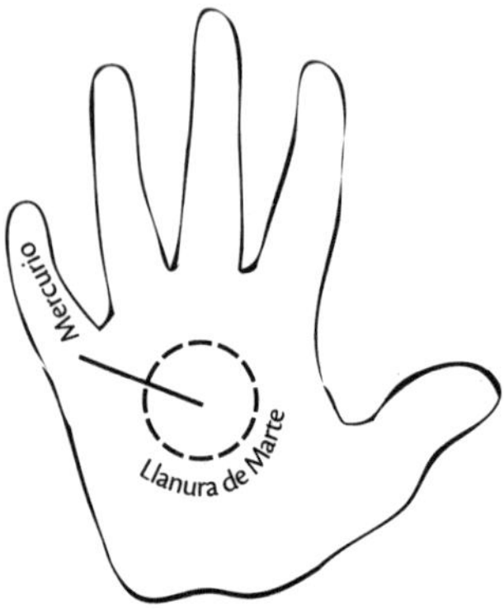

352. Su Línea de Mercurio cruza su Llanura de Marte (el centro de su palma de la mano) de forma ondulada.

Su percepción de sus incomodidades físicas es muy exagerada. Es decir: las cosas nunca son tan malas como las siente. Puede mantener una buena salud realizando en su rutina diaria actividades moderadas fuera de casa. Lleva tiempo anquilosado, y necesitará muchos años para desarrollar una rutina de actividades al aire libre.

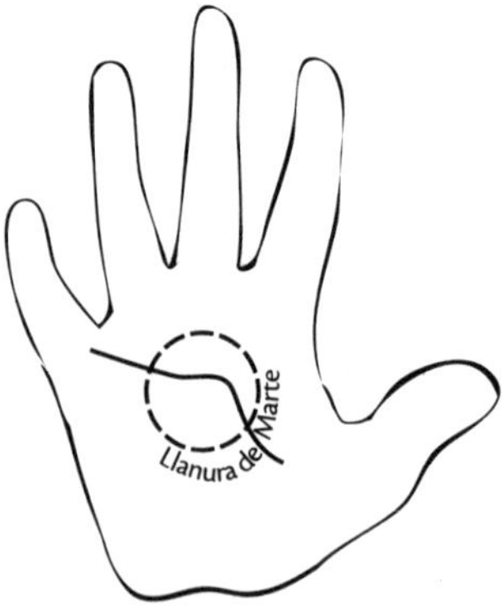

353. Su Línea de Mercurio cruza la Llanura de Marte sin interrupciones.

Ésta es una señal de larga vida. A veces muestra una preocupación exagerada por su salud. Es usted una persona autosuficiente. Le gusta dedicarse de lleno al trabajo. Es serio y directo.

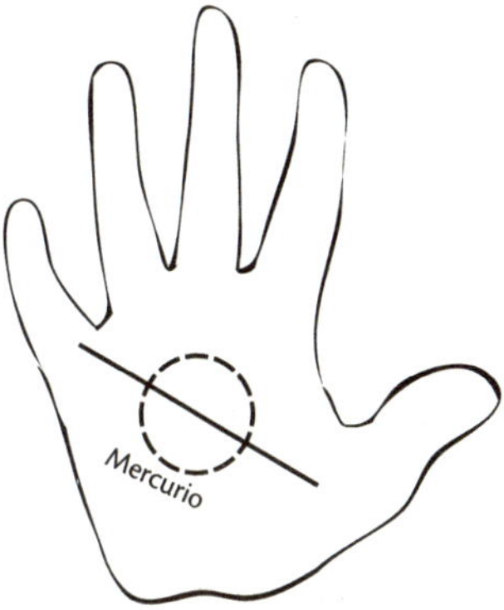

354. Su Línea de Mercurio está desplazada hacia el lado de la Percusión de la mano.

Tiene un carácter lleno de dudas y, debido a ello, no aprovecha plenamente su clarividencia. No ha estado en paz consigo mismo desde hace mucho tiempo. La rabia, la frustración y los cambios rápidos en su vida han dado lugar a su impaciencia.

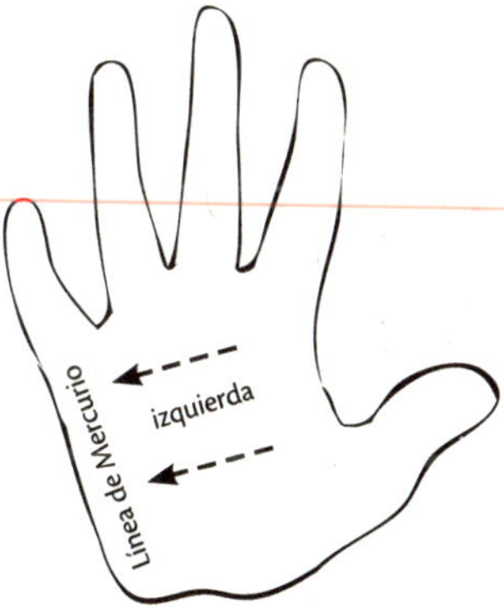

355. Su Línea de Mercurio, que es larga, clara y recta, se cruza con su Línea de la Cabeza, que es también larga y recta.

La persona con esta señal debería poseer una memoria excelente. Como la línea de Mercurio también recibe el nombre de Línea del Hígado, su dieta y su ingesta de grasas podrían influir en su mente y su memoria. Si quiere agudizar su memoria con esta línea es aconsejable que restrinja su consumo de grasas de origen animal, de alimentos procesados edulcorados y de un exceso de alcohol.

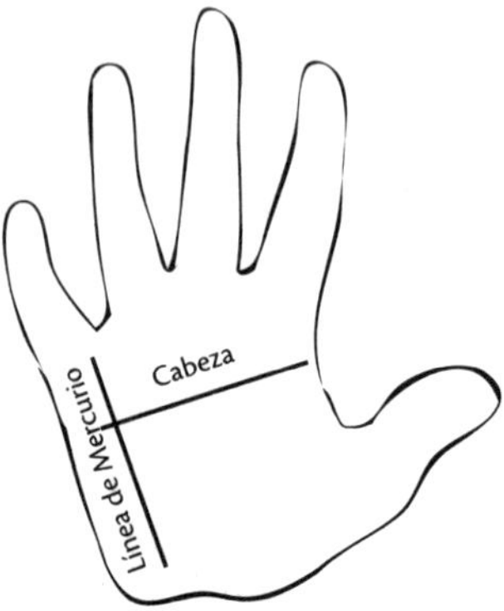

356. Su Línea de Mercurio, que es ondulada, empieza en el interior del Monte de Venus y se desplaza a través de la palma hacia Mercurio.

Quiere obtener tanta diversión y goce de la vida como le permita el tiempo. Tiene la tendencia a desarrollar hábitos poco saludables. También se aferra a actitudes y pensamientos que le agotan. Necesita salir a flote de sus malas sensaciones.

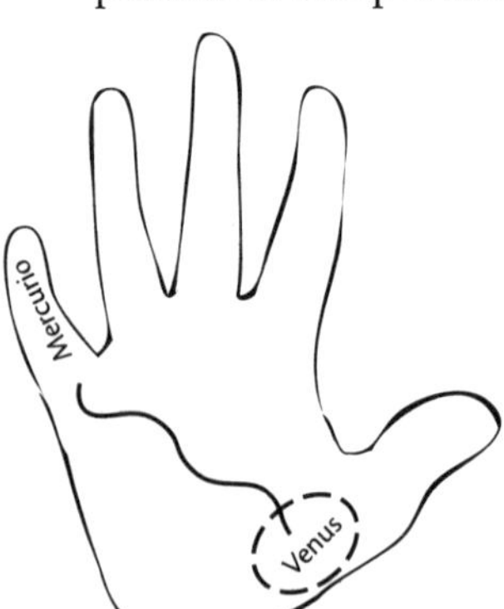

357. Su Línea de Mercurio empieza en el Monte de Venus y se inclina hacia la Percusión.

El amor es el motor de su vitalidad. Su optimismo, su inteligencia y su temple menguan cuando no hay amor en el aire. La cualidad más importante que pierde cuando siente que nadie más le ama es su sentido de la determinación. Una vez se sienta seguro con respecto al amor, recupera su dirección en la vida.

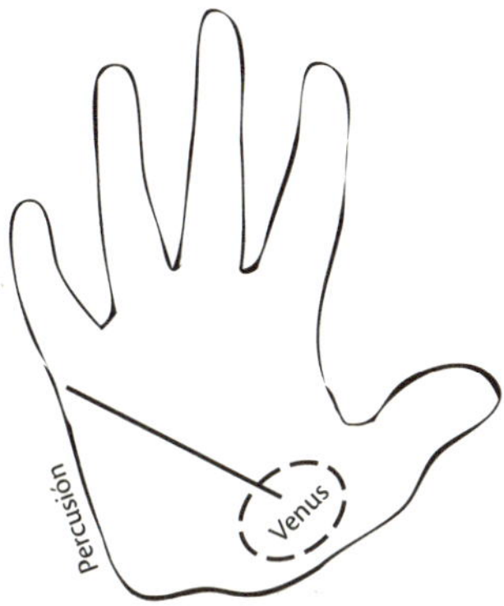

358. Su Línea de Mercurio, que se inclina hacia la Percusión, tiene una estrella.

Tendrá la buena suerte de conocer a una persona cuyo amor y consideración le ayudarán a convertirse en alguien completamente nuevo. El amor de esta persona hará que se convierta en un individuo de acción y descubrimientos.

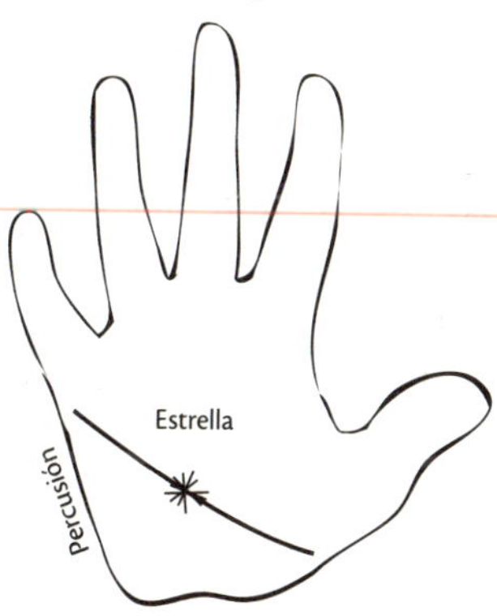

359. Su Línea de Mercurio, que es inclinada, se ve interceptada por su Línea de Saturno.

Su talante de vivacidad y esperanza se ve constantemente reprimido por su actitud de temor. Su comportamiento excesivamente precavido hará que los demás le consideren inflexible y demasiado formal. Las viejas supersticiones, heredadas de sus familiares, limitarán su gama de actividades.

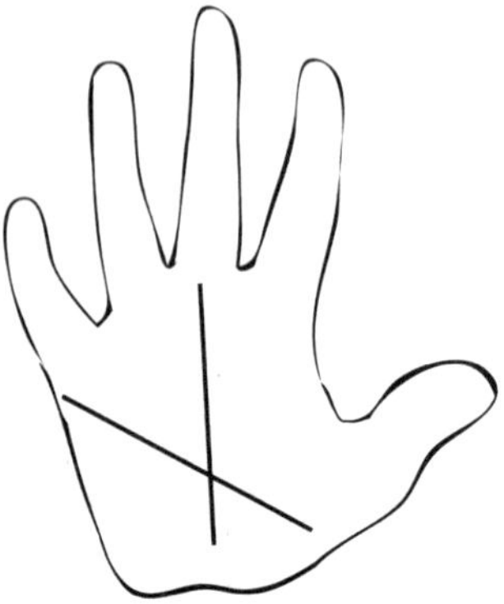

360. Su Línea de Mercurio, que es inclinada, se cruza con su Línea de Apolo.

Es fácil que acabe llorando por temas relacionados con la belleza y la compasión. Su capacidad de éxito tiene su origen en su voluntad de experimentar. Se dedica a hacer que el mundo sea hermoso.

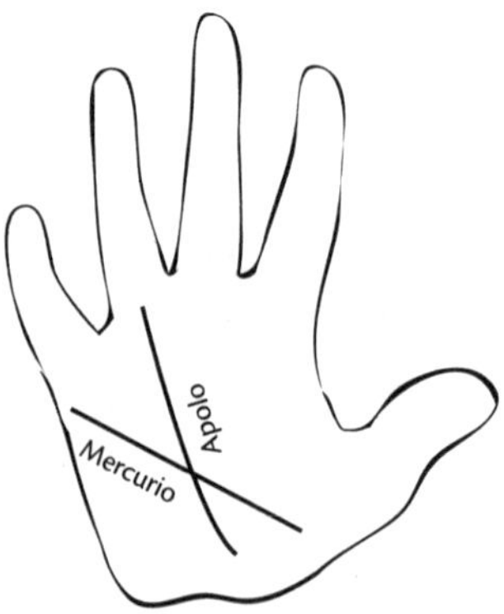

361. Muchas líneas menores conectan sus Líneas de la Vida y de Mercurio.

Puede que ya haya descubierto que posee poderes ocultos. Esta formación de líneas indica que debe mantener en secreto sus capacidades extrasensoriales. Sus familiares y amigos objetan el uso que hace de sus poderes ocultos. Ha sido herido muchas veces por otros y está tentado a emplear sus poderes para igualar las cosas.

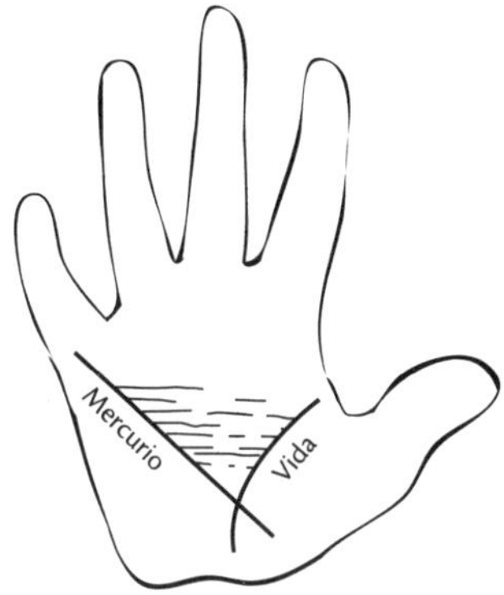

362. Una rama sale de su Monte de Júpiter y se une a su Línea de Mercurio.

Un proyecto de trabajo inminente le empuja al desconocido terreno de la gran riqueza. Hasta entonces, no rechace la ayuda de sus amigos. Muestra grandes capacidades de liderazgo y acabará teniendo grandes satisfacciones a causa de ello.

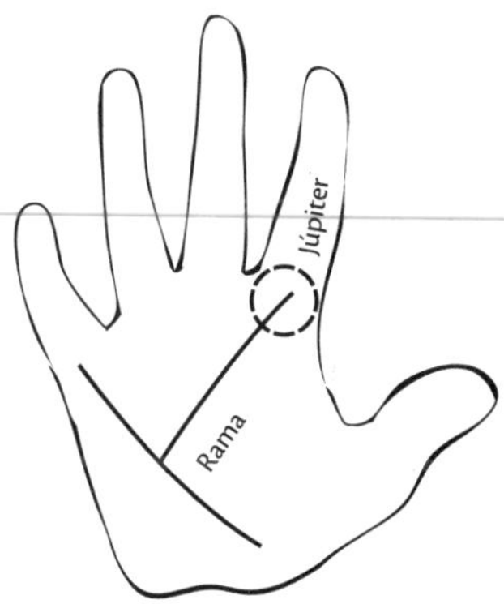

363. Una rama procedente de su Monte de Saturno desciende para unirse a su Línea de Mercurio.

En muchas de las cosas que hace, ve principalmente el lado oscuro y espera lo peor. Descarta todas las sorpresas agradables. Su mente tiene una cualidad sobria y conservadora, y se mantiene tenso en todas sus acciones. Su vida está bien planeada desde el amanecer hasta el atardecer. Esta línea concreta en su palma de la mano es una señal del éxito en manos de las personas que trabajan con el cambio de dinero.

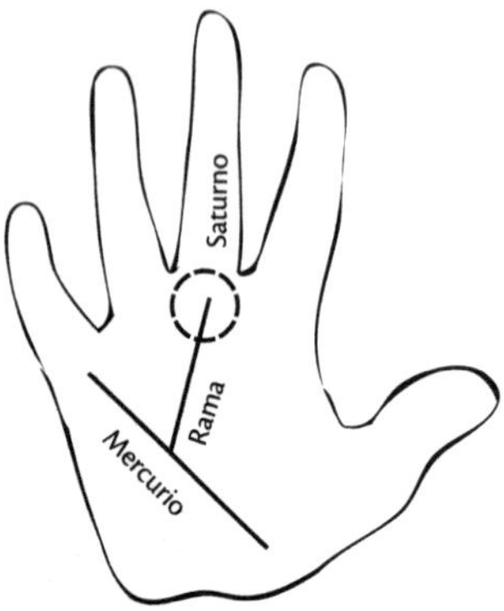

364. Una rama procedente de su Monte de Apolo se une a su Línea de Mercurio.

Tiene una personalidad agradable y es un pensador astuto. La gente con esta combinación se muestra independiente en el trabajo.

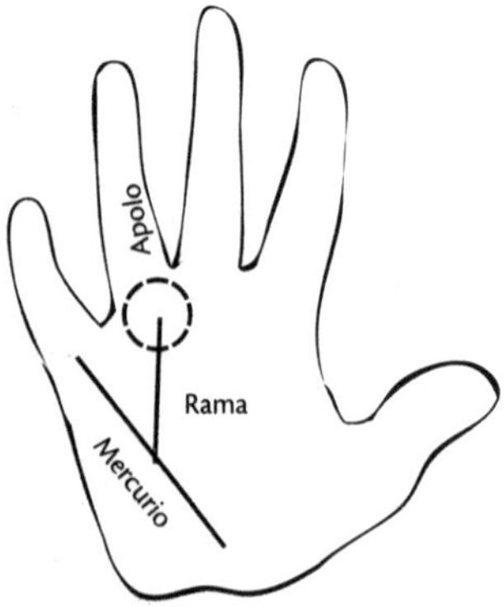

365. Su Línea de Mercurio acaba en una ramificación en el Monte de Mercurio.

Sus energías y su tiempo están divididos, a partes iguales, en dos objetivos. Un gran éxito le espera después de la elección de un solo objetivo. Una de sus mejores habilidades puede encontrarse en una ocupación relacionada con la salud. Como sabe de qué forma puede hacer felices a los demás, quizás quiera aprovechar esto.

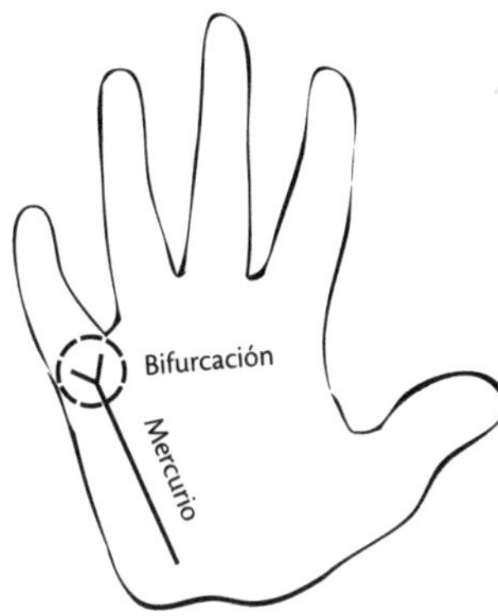

366. Su Línea de Mercurio envía una rama hacia el Monte de la Luna.

Una implicación en un asunto menor sin importancia puede dar lugar a una obsesión molesta. Sobresale en el manejo de la palabra escrita. Es usted una persona a la que le encantan los detalles triviales. Podría convertir su meticulosidad en beneficios y fortalecer todas las inseguridades convirtiéndose en un maestro de la palabra escrita.

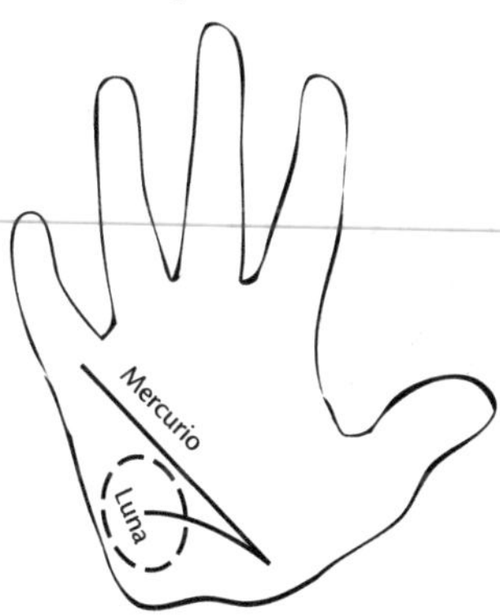

367. Su Línea de Mercurio forma, junto con su Línea de la Cabeza, una «X» equilibrada.

Posee plenamente las capacidades del sexto sentido. Aprender a usar estos poderes podría poner fin a sus luchas. Algunos de sus problemas son tan inextricables que estos poderes le fueron proporcionados para que se liberara. Nadie puede facilitar las respuestas que busca, y acabará dominando estos poderes para librarse de cargas pesadas.

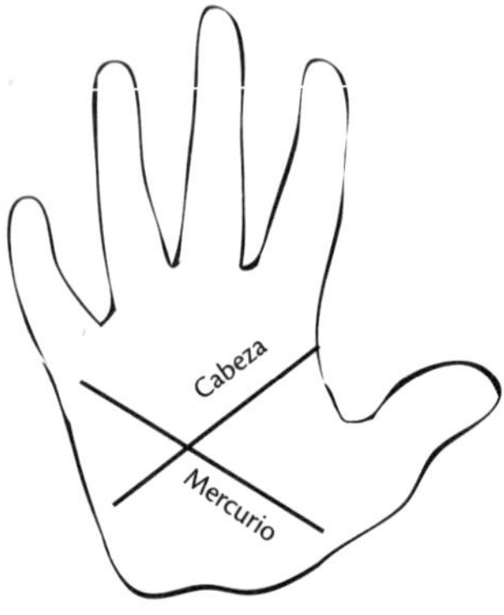

368. Su Línea de Mercurio se ramifica al final, y la ramificación se une a su Línea de la Cabeza para formar un triángulo.

Su lógica se ve controlada por deseos y caprichos muy asentados. Intenta satisfacerlos de todas las formas posibles. Su temperamento se ve animado por su impulso firme para dar satisfacción a estas necesidades. La verdadera fuente de estos impulsos es una falta de plenitud intelectual. Su mente necesita los retos que frecuentemente no obtiene.

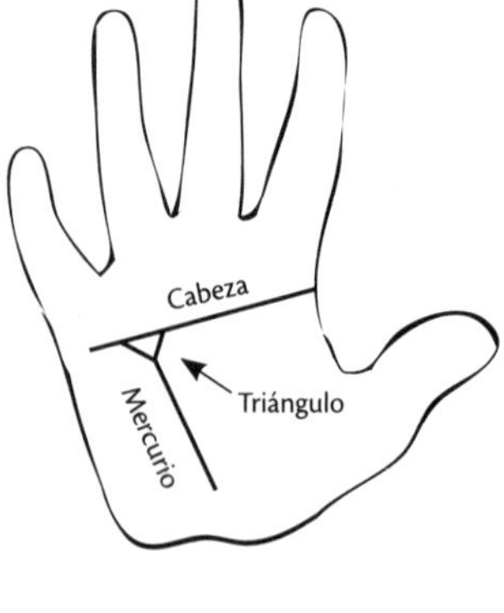

369. Una rama de su Línea de Mercurio se dirige hacia arriba y se une a su Línea de la Cabeza.

Una carrera literaria o científica es la llamada cósmica ideal para usted. Su amor por los detalles y por la solución de acertijos podría estar relacionado con la base de una carrera exitosa. Además de inteligencia, esta configuración denota poder sobre otros. Como es un buen observador, a veces puede diagnosticar y curar su propia enfermedad.

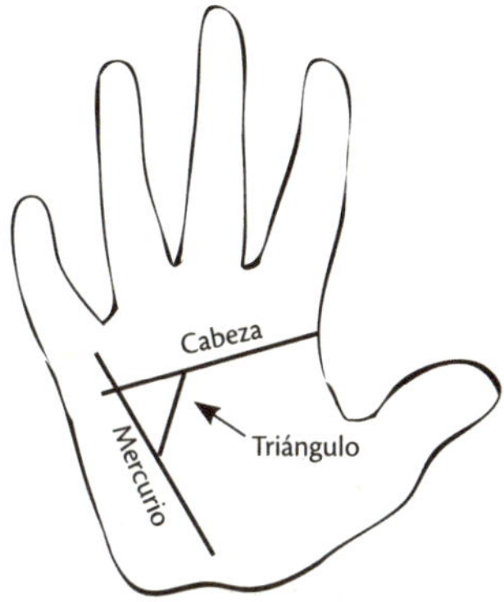

370. Su Línea de Mercurio empieza cerca de la muñeca, cerca de la Línea de la Vida, pero se separa de ella.

Conoce el secreto de escuchar a su cuerpo. Detecta cuándo los mecanismos sensibles de su cuerpo no están en sintonía. A lo largo de su vida ha adoptado algunos hábitos buenos y saludables que le ayudarán a alcanzar una larga edad. La buena relajación es un factor importante, y para funcionar con normalidad necesita descansar más que la mayoría.

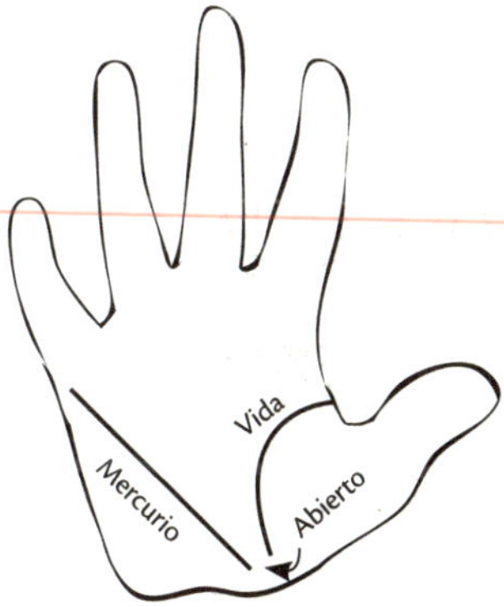

371. Sus Líneas de Mercurio y de la Vida no se unen ni se cruzan.

Es aconsejable que calle ante aquellos que no son sus aliados. Esfuércese por fortalecer su personalidad hasta el punto en que pueda mantener firmemente lo que dice. Se esfuerza por conseguir un mayor grado de confianza en sí mismo. No lo ha alcanzado porque todavía no ha logrado grandes éxitos en su trabajo. Se le aconseja seguir sus objetivos y promesas.

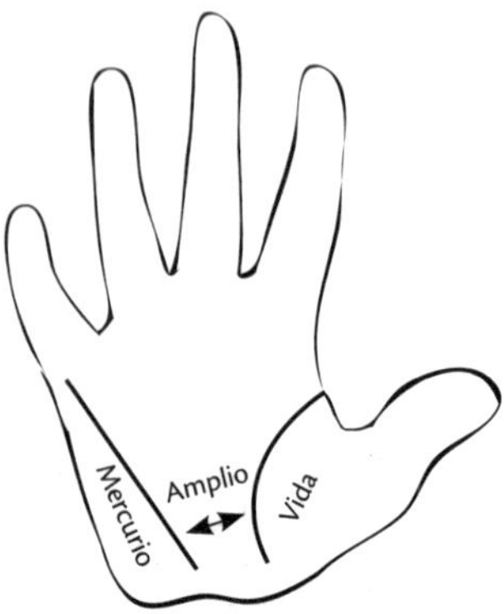

372. El ángulo que forman sus Líneas de la Vida y de Mercurio es agudo.

Siente la necesidad de recoger cosas y acumularlas. Esto compensa el amor que no le ha sido concedido. Tiene un buen corazón y haría cualquier cosa por un amigo. Frecuentemente se desanima a causa de sus amigos, ya que siente que no le corresponden.

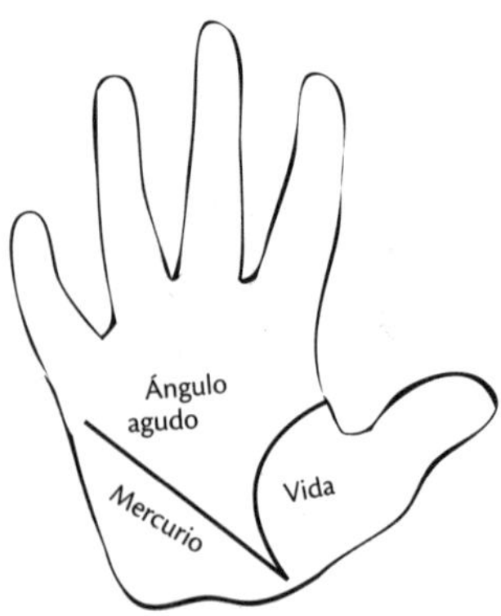

373. La intersección de su Línea de la Vida y de su Línea de Mercurio forma un ángulo recto.

Se marca unas normas estrictas e intenta cumplirlas. Está extremadamente orgulloso de su fidelidad a las causas. Se esfuerza por ser un ángel. Expresa su bondad con su generosidad. La integridad lo es todo para usted.

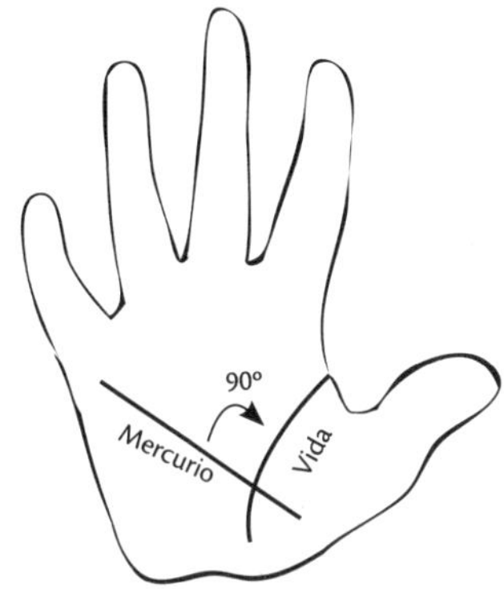

374. El ángulo formado por la unión de sus Líneas de la Vida y de Mercurio es obtuso (de más de 90º).

Algunas personas con esta línea lo pasan mal al despertarse por la mañana. A otros les gustaría pasar el resto de su vida acurrucados en la cama. La noche trae los momentos de máxima creatividad. Es impaciente y pierde la calma con las personas que cree menos inteligentes que usted.

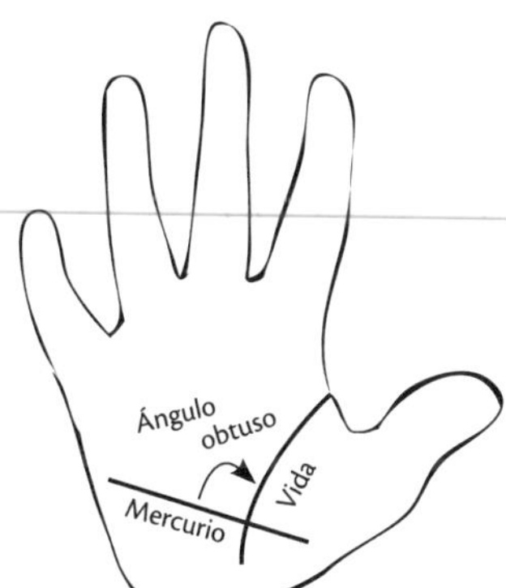

375. El Gran Triángulo formado por sus Líneas de la Cabeza, de la Vida y de Mercurio tiene unos lados de igual longitud (a = b = c).

Tiene un carácter equilibrado y moderadamente amistoso. Una valentía suficiente respalda sus planes. Es razonable y se muestra comprometido en sus tratos con los demás, al tiempo que permanece firme y se gana el respeto. Tiene una buena capacidad de razonamiento y se ciñe a sus principios con resolución.

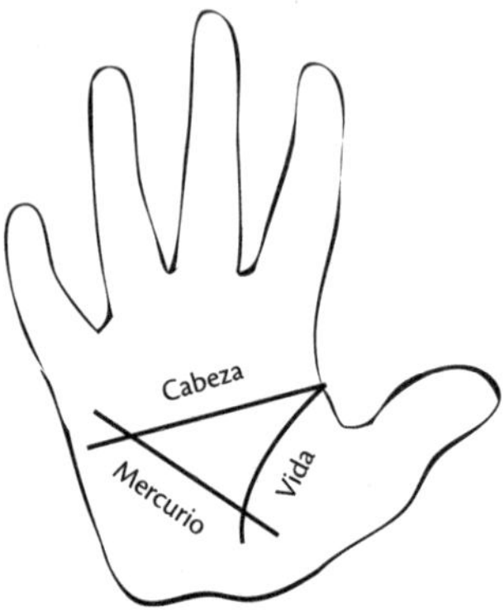

376. El Gran Triángulo formado por sus Líneas de la Cabeza, de la Vida y de Mercurio tiene uno tamaño pequeño.

Se preocupa por detalles innecesarios e insignificantes que hacen que no pueda finalizar los trabajos importantes a tiempo. Es intolerante consigo mismo y está molesto por no poder hacer todas esas cosas que desea. También le asusta la toma de decisiones.

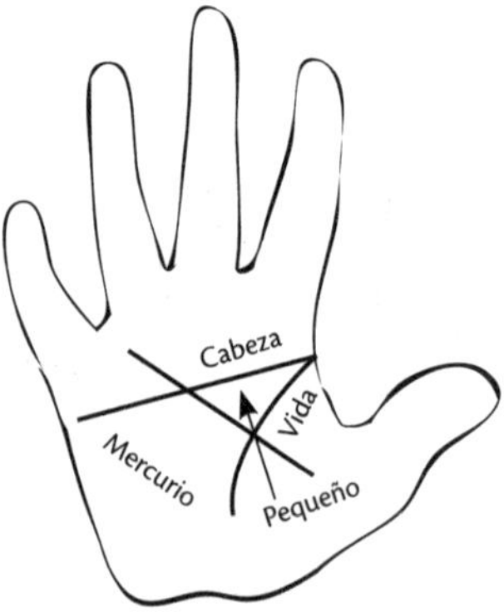

377. El Gran Triángulo formado por sus Líneas de la Cabeza, de la Vida y de Mercurio es grande.

Cuanto mayor sea su triángulo, mejor serán sus poderes de recuperación. Su visión de la vida es amplia y su campo de acción es muy grande. Intenta mejorar, y cada pocos años evoluciona para convertirse en una persona prácticamente distinta.

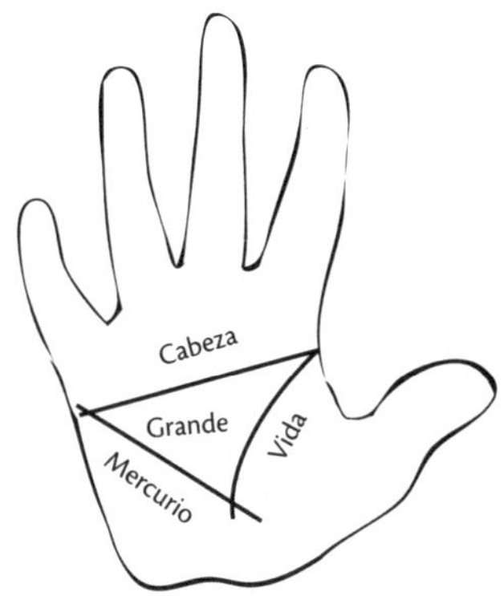

378. El ángulo superior izquierdo de su Gran Triángulo (formado por la intersección de las Líneas de la Cabeza, de la Vida y de Mercurio) forma un ángulo agudo (de menos de 90°).

Es usted dado a la precaución. Su sentido común y sus tratos justos con los demás le convierten en un amigo digno de confianza. La gente confía demasiado en usted como para que se sienta cómodo. Se viste con elegancia, muestra un gran gusto por la ropa y la decoración. Su porte es noble.

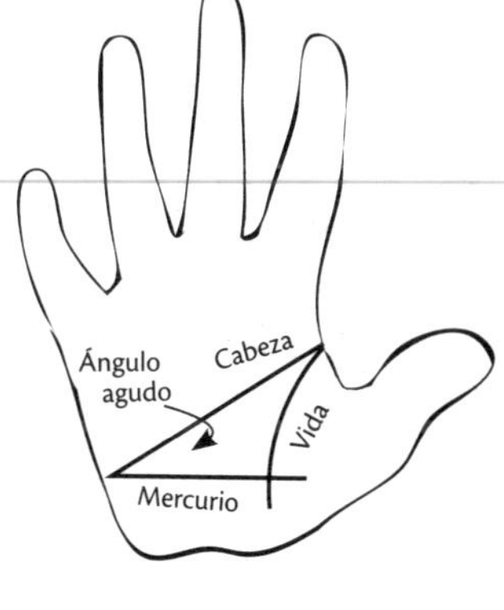

379. El ángulo superior izquierdo de su Gran Triángulo (formado por la intersección de las Líneas de la Cabeza, de la Vida y de Mercurio) forma un ángulo recto claramente definido (90°).

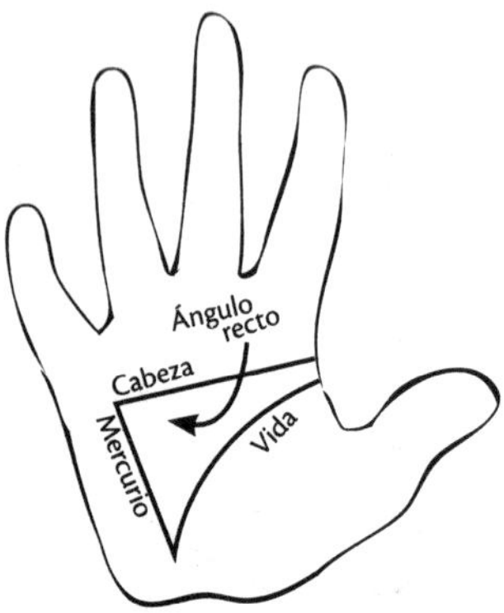

Su mente siempre está activa con pensamientos constructivos y concretos. Le gusta aplicar a los proyectos prácticos lo que descubre. Tiene un buen juicio de las dimensiones y las proporciones. Le gusta dedicarse a asuntos complicados.

380. El ángulo inferior de su Gran Triángulo (formado por la intersección de las Líneas de la Cabeza, de la Vida y de Mercurio) apenas está unido.

Las actividades y las ganas de hacer cosas forman parte de su personalidad. Le encanta estar ocupado. Siempre está haciendo cosas. No se muestra satisfecho hasta que tiene entre manos alguna ocupación. El deporte profesional le aporta grandes satisfacciones.

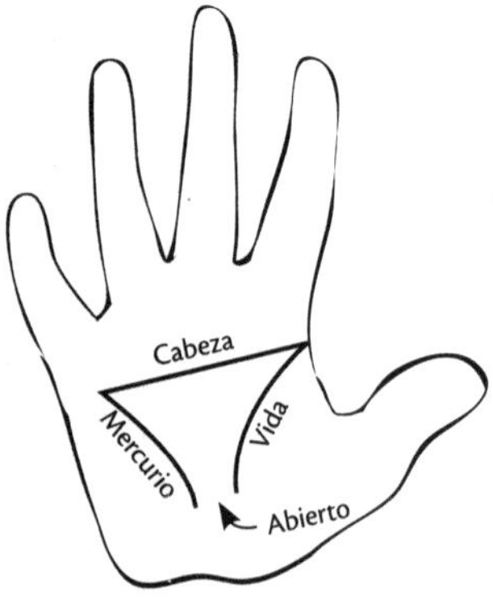

381. Sus Líneas de Saturno, de la Cabeza y de Mercurio se unen para formar un triángulo.

Esta conformación denota que tiene una aptitud natural por el estudio de los detalles intrincados. También comprende, de forma innata, la armonía natural que gobierna nuestro universo. Le encanta la naturaleza y también tiene habilidad para la jardinería.

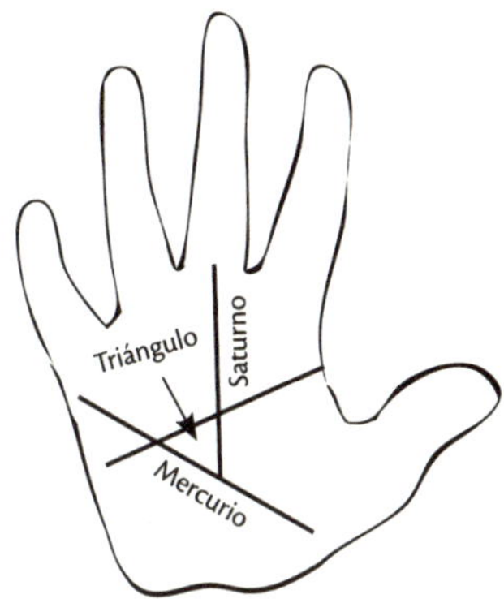

382. Su Monte de Júpiter (la almohadilla carnosa situada bajo su dedo índice) está bien desarrollado.

Tiene una perspectiva adecuada con respecto a sus sentimientos amorosos. La alegría y la humildad son rasgos que hacen que sea apreciado. También posee el don de un buen discurso, lo que impresiona a los demás. La buena vida y un entorno cómodo son importantes para usted. Tiene lo que algunas personas llaman «encanto clásico».

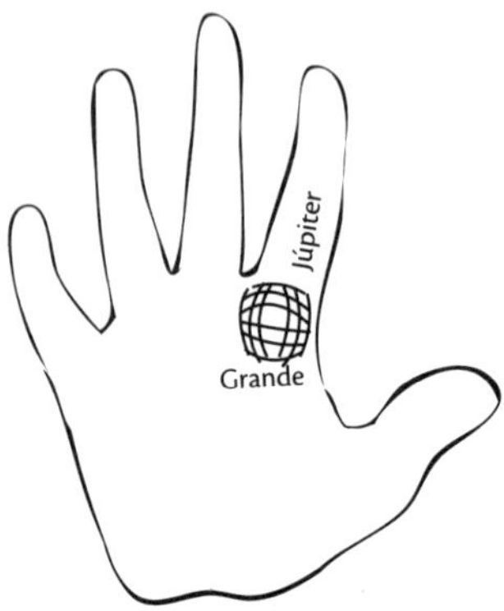

383. Su Monte de Júpiter (la almohadilla carnosa situada bajo su dedo índice) sólo está ligeramente elevado.

Carece del orgullo y la dignidad personal que se ha ganado merecidamente. Se siente desanimado porque no ha conseguido todo lo que se ha propuesto. Su sensibilidad está desgastando su confianza en sí mismo. Inculque en su mente que ese «respeto» es su derecho de nacimiento y sentirá más confianza en sí mismo.

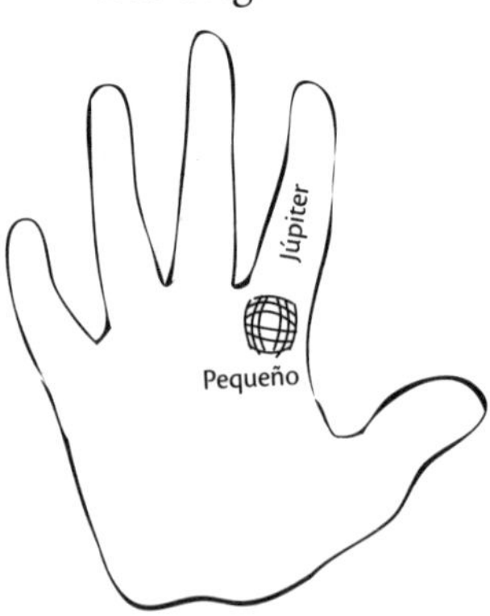

384. Su Monte de Júpiter (la almohadilla carnosa situada bajo su dedo índice) está desplazado hacia la izquierda.

Tras sus bazas de liderazgo (comunicación convincente de los conocimientos, amor por la autoridad y capacidad para enseñar), hay una personalidad sensible que tiene distintas formas de mirar las cosas. No encaja con sus iguales, ya que busca la sabiduría y el conocimiento.

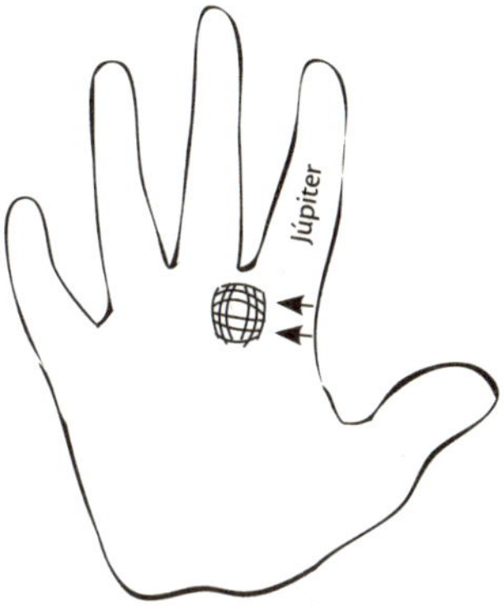

385. Su Monte de Júpiter (la almohadilla carnosa situada bajo su dedo índice) está desplazado hacia el centro de la palma.

Es más consciente de sí mismo, de su forma de ser y de sus sentimientos que la mayoría de las personas. Esta introspección hace que sea excesivamente crítico consigo mismo y que se alarme con facilidad. Quedar absorbido por proyectos divertidos le podría ayudar a olvidarse de sí mismo. Acumula mucha sabiduría mediante sus reflexiones, y llegará el momento en que la compartirá con otros.

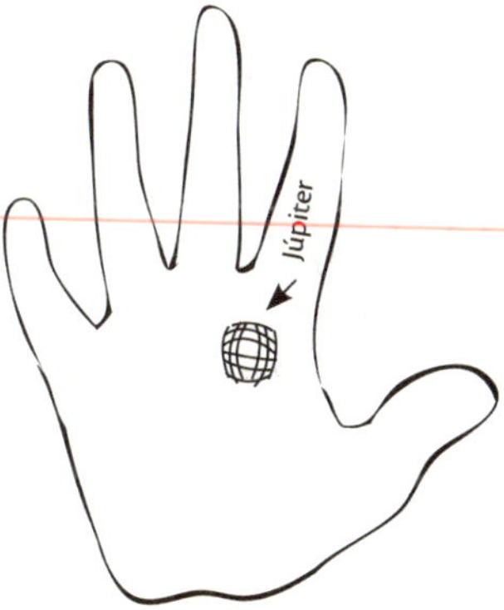

386. Su Monte de Júpiter (la almohadilla carnosa situada bajo su dedo índice) está desplazado hacia el Monte de Marte inferior.

Tiene una irresistible tentación por dominar a los demás.

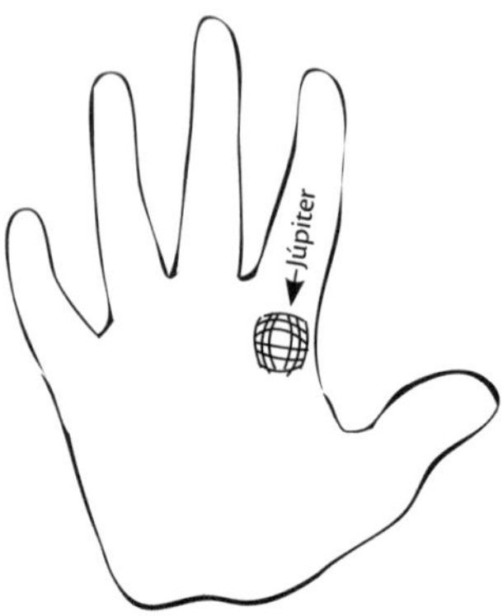

Alguien le consintió, dejando que se saliera con la suya durante demasiado tiempo. Tiene una gran opinión de sí mismo y se enciende cuando le contradicen. Le gusta vencer a sus opositores.

387. Su Monte de Saturno (la almohadilla carnosa situada bajo su dedo corazón) está bien desarrollado.

Esta elevación aporta seriedad y prudencia a su carácter. Tiende a creer que las cosas no cambian a mejor y espera, con aprensión, la fatalidad eventual. Cree que pasar

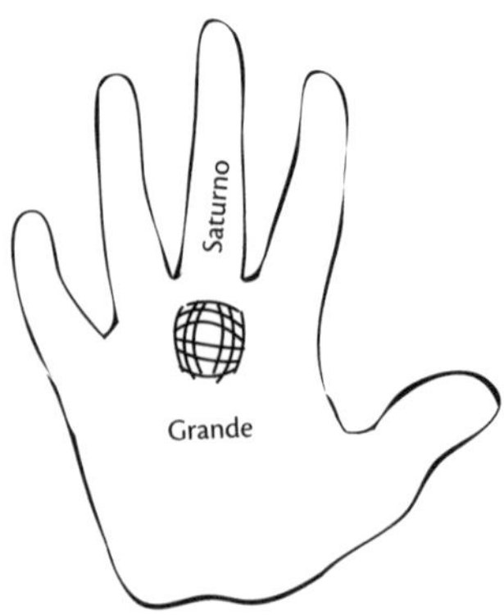

su tiempo en lugares tranquilos y aislados le rejuvenecerá, pero pasar su tiempo en buena compañía hará un trabajo más rápido.

388. Su Monte de Saturno (la almohadilla carnosa situada bajo su dedo corazón) es pequeño.

Cae fácilmente en la melancolía y vive con un ligero miedo de algo. No disfruta de la vida tanto como podría debido a sus actitudes de aprensión. Si se enfrenta a este fantasma será una persona transformada. Dedicar demasiada importancia a la lealtad provoca que pierda amigos. Tiene unas convicciones religiosas firmes e inamovibles.

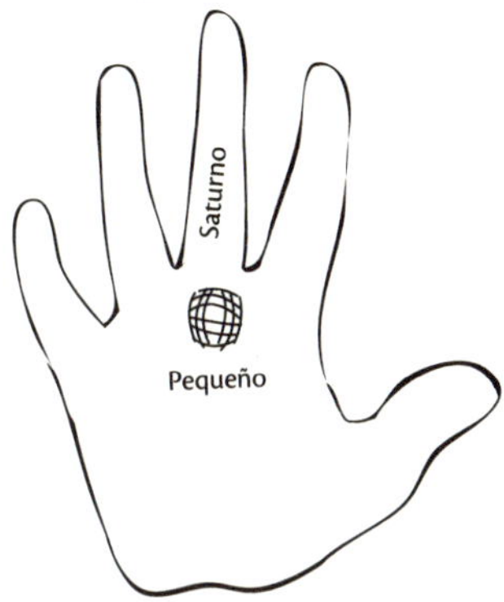

389. Su Monte de Saturno (la almohadilla carnosa situada bajo su dedo corazón) está desplazado hacia Júpiter.

Su carácter bondadoso y su confianza en sí mismo atraen a los demás, que se ven arrastrados hacia usted en busca de esperanza y consuelo. Mediante la mejora constante de la confianza en sí mismo progresa firmemente en la vida.

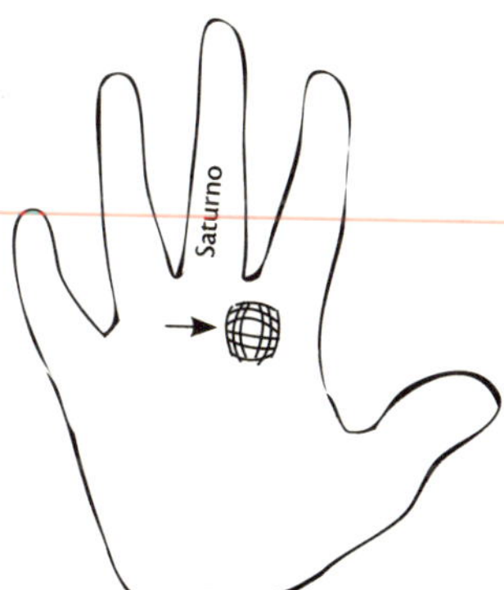

390. Su Monte de Saturno (la almohadilla carnosa situada bajo su dedo corazón) está desplazado hacia Apolo.

Este desplazamiento provoca que el lado más sombrío de su personalidad se ablande. Desarrolla un gusto por la soledad y se beneficia de una rutina de contemplación pacífica. Tiene unos pensamientos muy intensos, positivos y recurrentes que deberían ser puestos en acción.

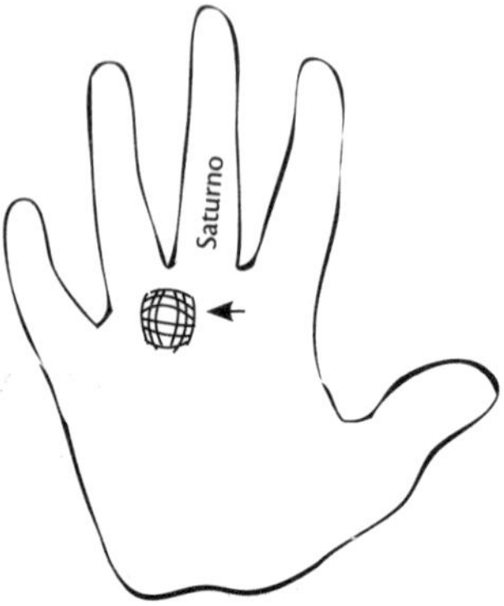

391. Su Monte de Saturno (la almohadilla carnosa situada bajo su dedo corazón) está desplazado hacia la Línea del Corazón.

Se aferra a las memorias de su corazón roto. Cuanto más lo haga, más insensible y menos compasivo se volverá. Si se incorpora de nuevo a la vida volverá a despertarse feliz. Sus afectos naturales están demasiado llenos de venganza y dolor.

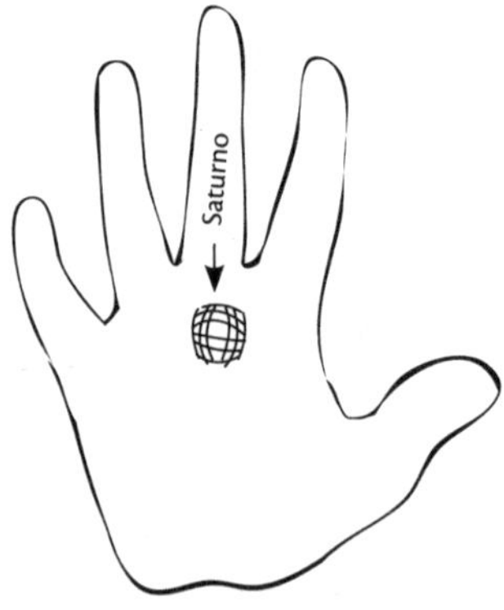

392. Su Monte de Apolo (la almohadilla carnosa situada bajo su dedo anular) está bien desarrollado.

Tiene el deseo de brillar ante los ojos de los demás. Está entusiasmado por la belleza de todas las cosas. Quiere construir un hogar hermoso y rodearse de obras de arte. Su gusto es generoso y lujoso. Su carácter es inteligente y comprensivo. Encuentra y crea belleza en los rincones más apagados.

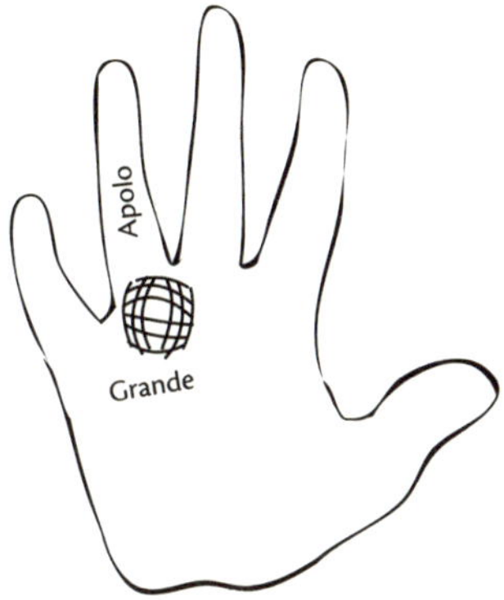

393. Su Monte de Apolo (la elevación carnosa situada bajo su dedo anular) es pequeño.

Aunque muestra inclinación hacia el materialismo y quiere una seguridad doble para su futuro, su corazón malherido le empobrece. Tiende a hacer cosas con poco dinero para ayudar a sus amigos en apuros. Aunque es excelente en los negocios, acaba, de algún modo, amasando fortunas para otros. Al ponerse del lado de los socialmente desamparados, acaba siendo usted uno de ellos.

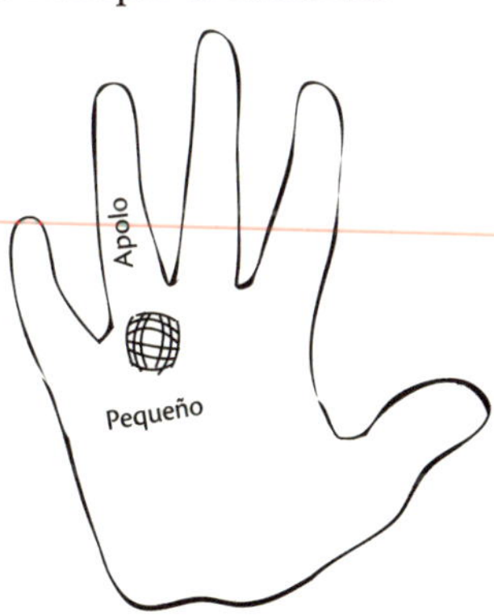

394. Su Monte de Apolo (la almohadilla carnosa situada bajo su dedo anular) está desplazado hacia Saturno.

El amor ilimitado por los niños y las mascotas mantiene vivo en usted el instinto paternal. Su carácter es amable, cálido y paciente. Para mantener su vida equilibrada necesita una porción diaria de amor y queda perplejo si se ve privado de él.

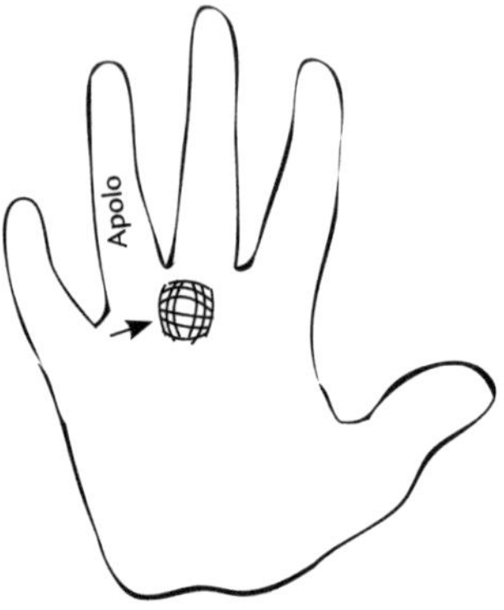

395. Su Monte de Apolo (la almohadilla carnosa situada bajo su dedo anular) está desplazado hacia Mercurio.

Este desplazamiento indica un amor por las posesiones materiales. Tiende a preocuparse más por los animales que por los niños. Se asusta de los enfrentamientos que requieran su compromiso completo y aprecia su libertad por encima de los placeres derivados de los lazos familiares íntimos.

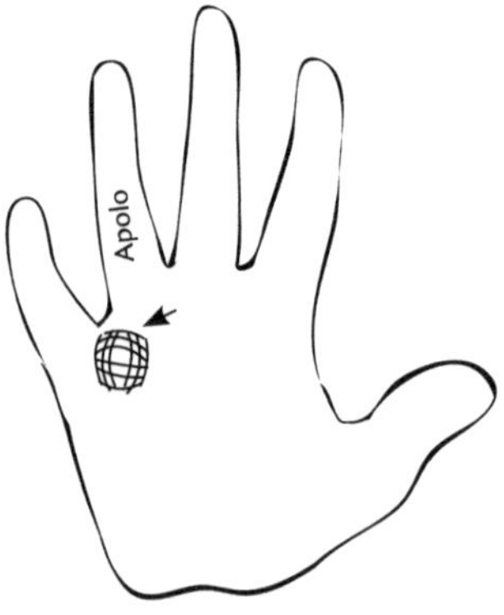

396. Su Monte de Mercurio (la almohadilla carnosa situada bajo su meñique) está bien desarrollado.

Es inteligente, elocuente y de reacción rápida. Su mente posee partes no exploradas y podría sobresalir en un campo intelectualmente estimulante. No tiene una noción fija de lo que quiere hacer en su vida y podría cambiar sus planes o su ocupación en un instante.

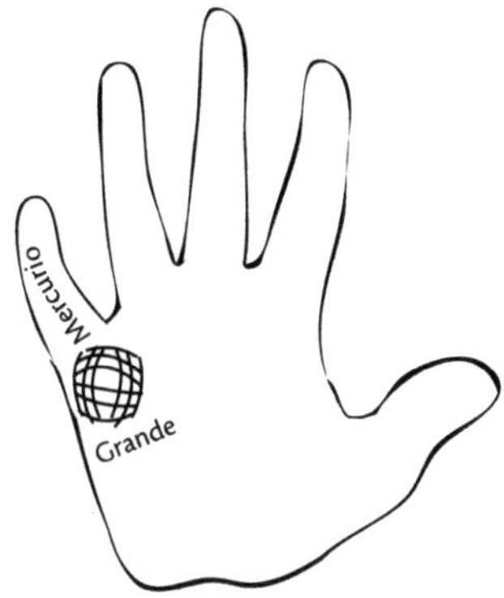

397. Su Monte de Mercurio (la almohadilla carnosa situada bajo su meñique) es pequeño.

Su ánimo está bajo y su autoestima se hunde. Escucha a sus amigos y familiares y sus ideas le vuelven loco. Quiere alzarse por encima de sus actitudes de autodesprecio, pero acaba con la compañía equivocada. Debe aprender a preocuparse menos por lo que los demás piensen de usted.

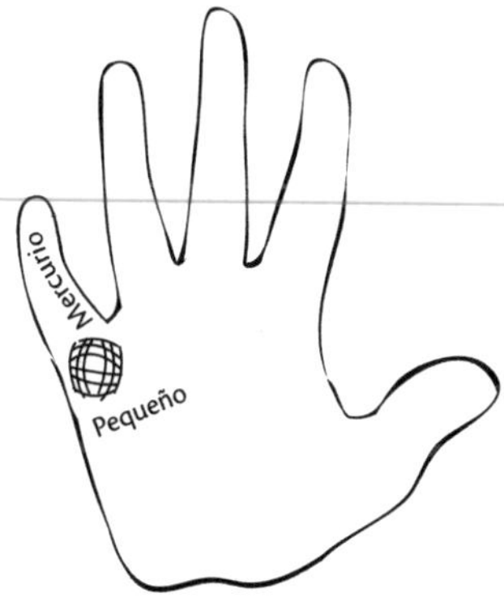

398. Su Monte de Mercurio (el promontorio carnoso situado bajo su meñique) está desplazado hacia el Monte de Apolo.

Esto tiende a crear un carácter que se toma la vida a la ligera. Piensa que las cosas por las que se preocupa la mayoría de la gente son irrisorias. La gente le ridiculiza por no ser más realista, pero no le importa. Sabe cuál es la situación y a veces se toma las cosas a broma a modo de alivio.

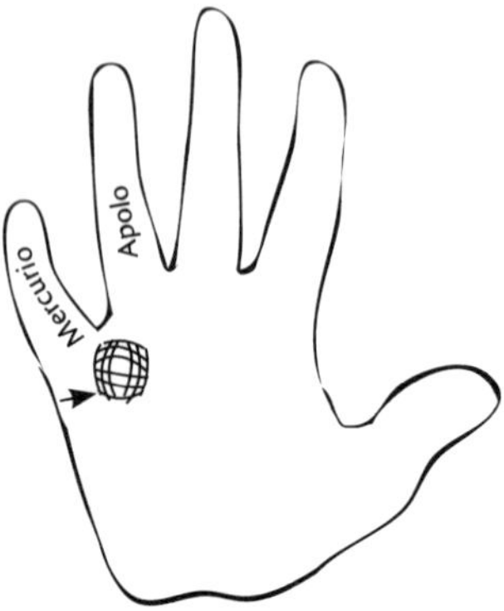

399. Su Monte de Mercurio (el promontorio carnoso situado bajo su meñique) está desplazado hacia la Percusión de la mano.

Este desplazamiento aporta a su personalidad un toque de valentía. Tiene la capacidad de trabajar sin miedo bajo presión. Reacciona con rapidez y permanece impertérrito ante los golpes que conlleva la vida.

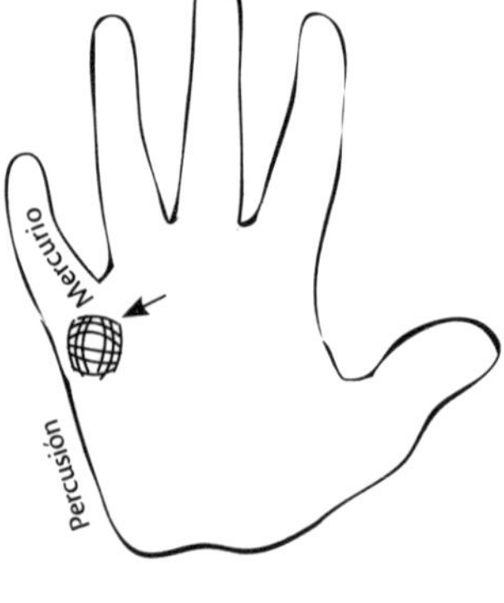

400. Su Monte de Mercurio (la almohadilla carnosa situada bajo su meñique) está desplazado hacia la Línea del Corazón.

Esto marca su capacidad de alzarse en los momentos de crisis para enfrentarse a una emergencia. Muestra un excelente carácter y capacidad en situaciones en los que otros perderían la calma a causa del pánico. Tiene sueños de combinar su valentía con una actividad práctica para aliviar el caos y el sufrimiento en el mundo.

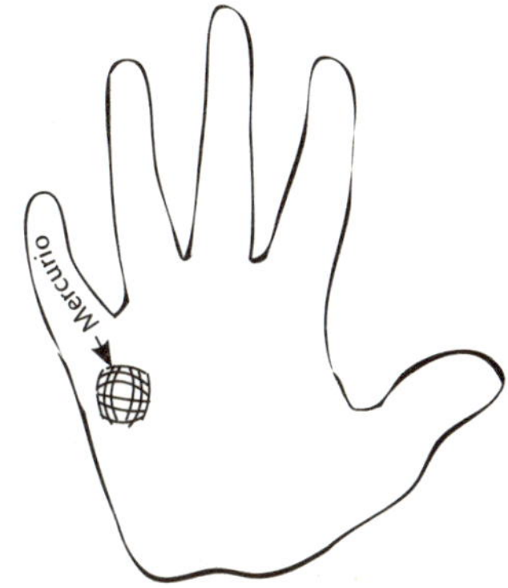

401. Su Monte de Marte superior (monte situado debajo del Monte de Mercurio) está bien desarrollado.

Una prominencia carnosa grande en este punto indica coraje, resistencia y una atracción por el peligro en su vida. Con un coraje atemperado puede mantener un temperamento equilibrado durante un trastorno. No se rinde fácilmente. Está acostumbrado a salirse con la suya. A veces se siente indestructible.

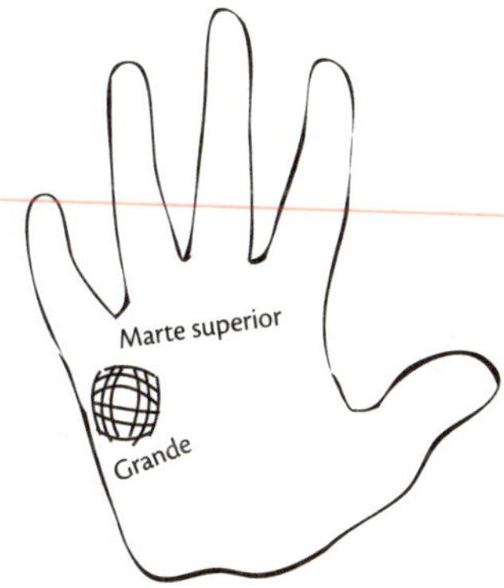

402. Su Monte de Marte superior (monte situado debajo del Monte de Mercurio) es pequeño.

Le cuesta aceptar la responsabilidad. Las reacciones de impaciencia sin un planteamiento adecuado le aportan cambios en su vida de los que quizás se arrepienta y que tal vez le lleve años solucionar. Se rinde fácilmente ante las presiones externas. Siente que sólo está haciendo unos progresos poco prometedores en la vida.

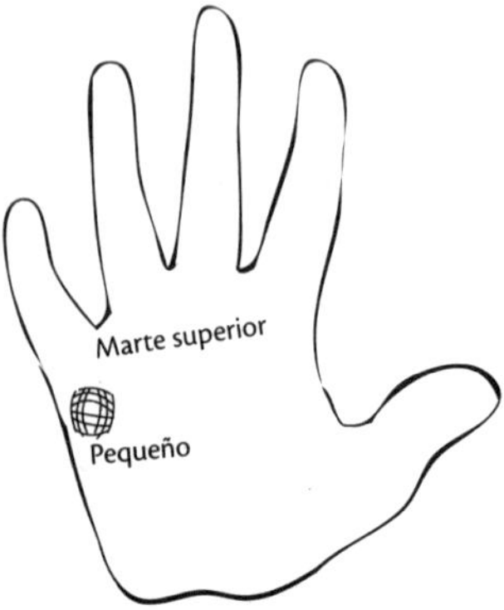

403. Su Monte de Marte superior (monte situado debajo del Monte de Mercurio) está desplazado hacia el Monte de Mercurio.

Se trata de un signo de fortalecimiento. Tiene una enorme capacidad de resistencia y siempre dice «NO» a la derrota. Tiene éxito en sus objetivos, no por buena suerte, sino porque no se detiene ante nada para conseguir lo que se ha propuesto.

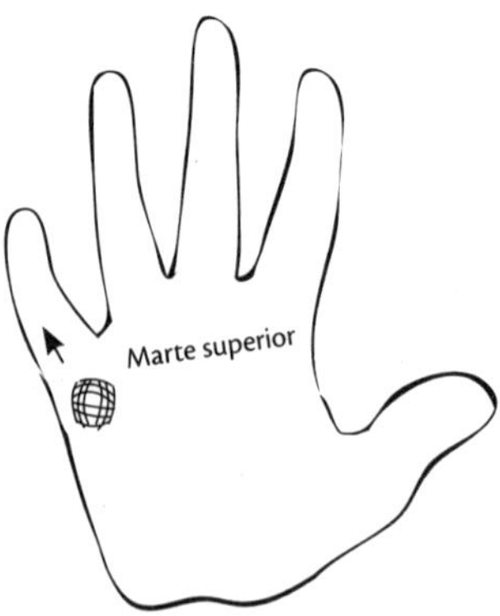

404. Su Monte de Marte superior (monte situado debajo del monte de Mercurio) está desplazado hacia el centro de la palma.

Esta pequeña prominencia proporciona a su carácter un aspecto agresivo y valiente. Se ve tentado a explorar esta faceta suya. Su carácter sufre un cambio completo una vez empieza a hacer esas cosas que más le asustan.

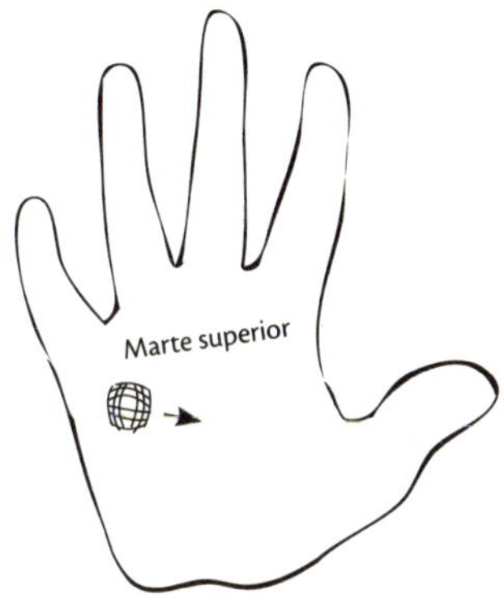

405. Su Monte de Marte superior (monte situado debajo del Monte de Mercurio) está desplazado hacia la Luna.

La gente le considera sumiso, pero no lo es. Su enorme paciencia y tranquilidad se confunden a veces con timidez. Se trata, en realidad, de una gran reserva interna. Sus ojos y su voz transmiten paciencia a aquellos con los que se encuentra. Tiene poderes hipnóticos.

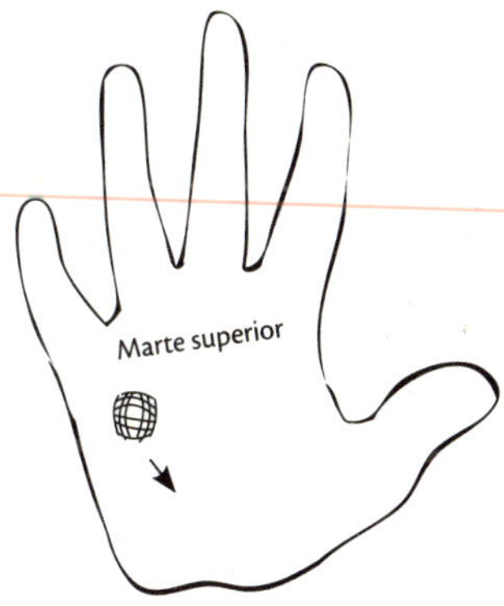

406. La parte superior de su Monte de la Luna (la almohadilla carnosa situada en el talón de la mano) está desarrollada.

Su mente está llena de imágenes y colores y, al mismo tiempo, está estructurada y ordenada, por lo que es experto controlando situaciones nuevas y difíciles. Estaría bien capacitado para una profesión en la que pueda usar su originalidad y su frescura. Alcanza su plenitud como profesor o escritor.

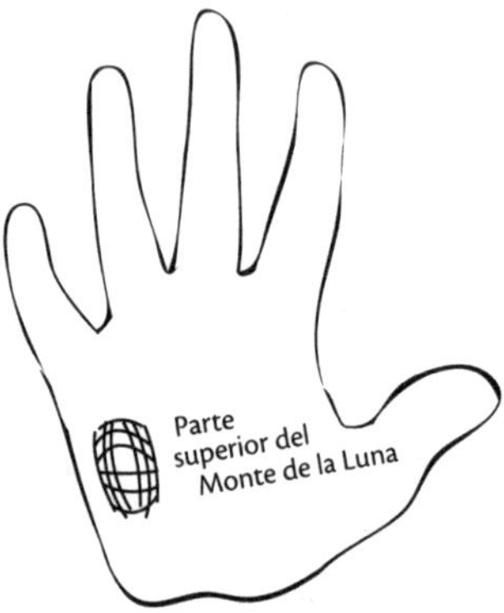

407. La parte intermedia de su Monte de la Luna (la almohadilla carnosa situada en el talón de la mano) está desarrollada.

Su actitud hacia el trabajo es enérgica. Se esfuerza por un negocio levantado por usted mismo en el que puede unir su creatividad y su imaginación con la logística de los negocios.

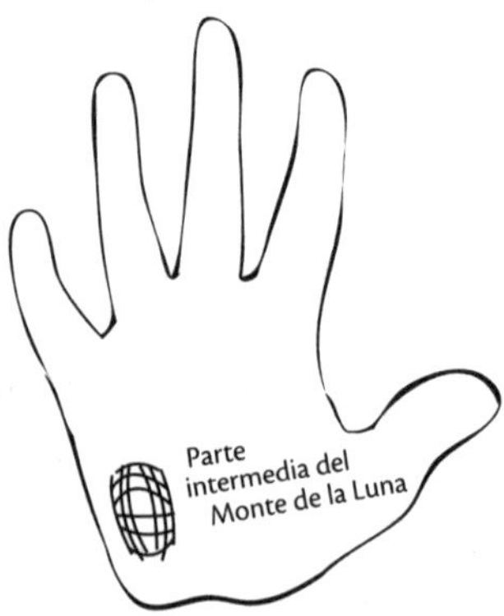

408. La parte inferior de su Monte de la Luna (la almohadilla carnosa situada en el talón de la mano) está desarrollada.

Tiene un anhelo continuo por lo imposible y lo impracticable. Sus facultades imaginativas están muy bien desarrolladas: tan bien, de hecho, que su imaginación gana el control y provoca que viva de fantasías en las que puede escapar de la realidad.

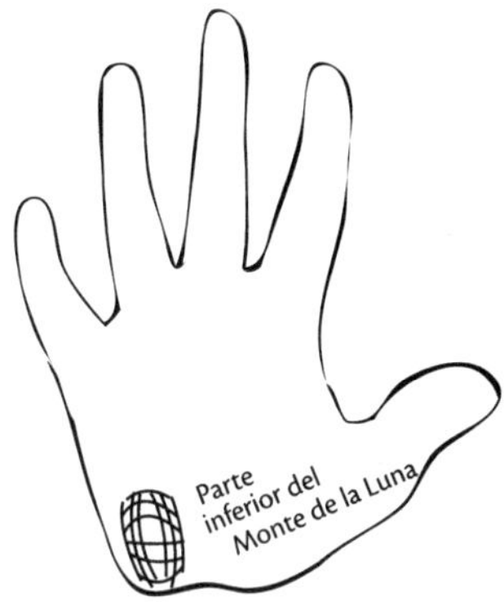

409. Su Monte de la Luna (la almohadilla carnosa situada en el talón de la mano) es grande.

El tamaño de este monte es un reflejo de la dimensión de su imaginación y sentimentalismo. Tiene una necesidad básica en la vida: los entornos profundamente hermosos. Viajaría durante toda su vida en busca del marco perfecto y armónico en el que vivir. Es introspectivo y frecuentemente prefiere oír que escuchar.

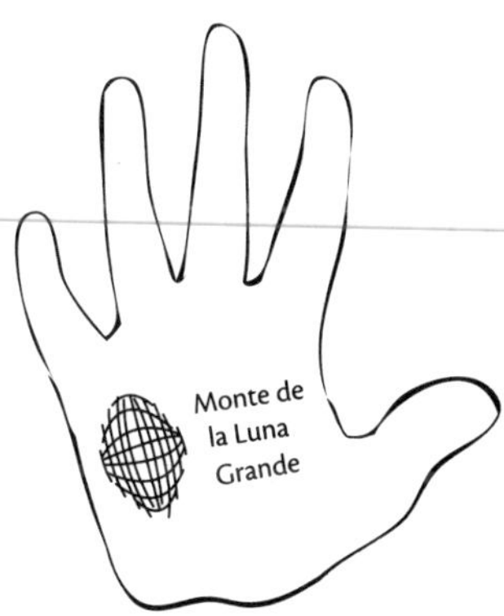

410. Su Monte de la Luna (la almohadilla carnosa situada en el talón de la mano) es pequeño.

Es inquieto y busca su lugar en la vida. Se siente vacío y frecuentemente vive los días contando las horas. Rodeándose de gente inspiradora obtiene destellos de nuevas ideas. Está esperando ese momento especial que compensará los fracasos pasados.

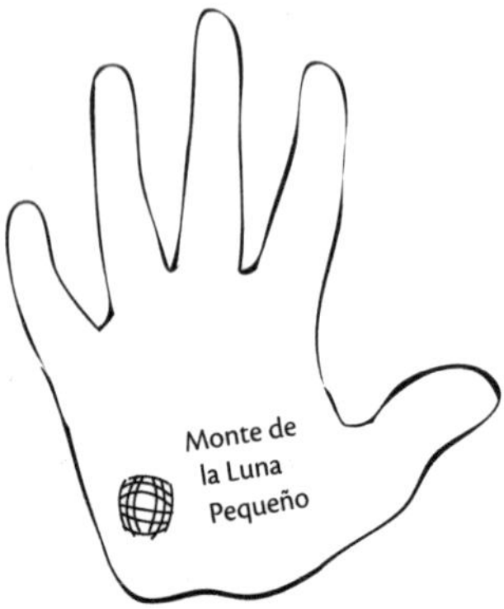

411. Su Monte de la Luna (la almohadilla carnosa situada en el talón de la mano) está desplazado a mayor altura que la media.

Esto revela una imaginación muy activa y enérgica. Está dirigido por un ansia artística y creativa, y su tema principal es la armonía. Este signo también marca sus capacidades inventivas. Intenta mantener su imaginación estrictamente controlada, dando así lugar a ideas maduras y sanas (en lugar de a fantasías absurdas e inútiles) que son vendibles.

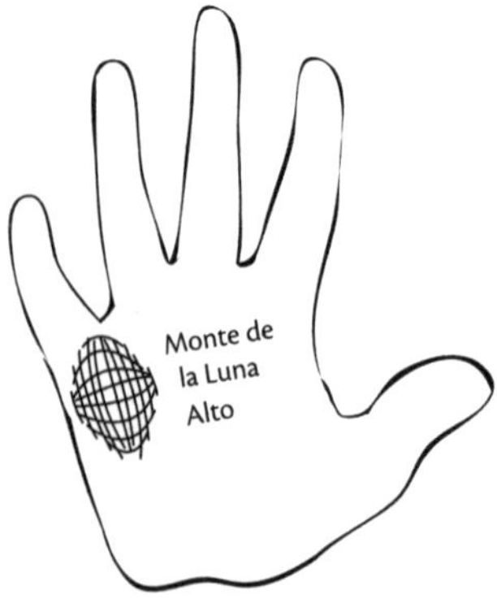

412. Su Monte de la Luna (la almohadilla carnosa situada en el talón de la mano) está desplazado hacia el borde exterior de su palma (la Percusión).

Junto con el don de la imaginación, esta formación también le aporta las semillas de la envidia, que traen consigo el malestar. Su imaginación le juega malas pasadas, exagerando los celos. Está a la defensiva, protegiéndose de los demás, incluso de las personas fieles.

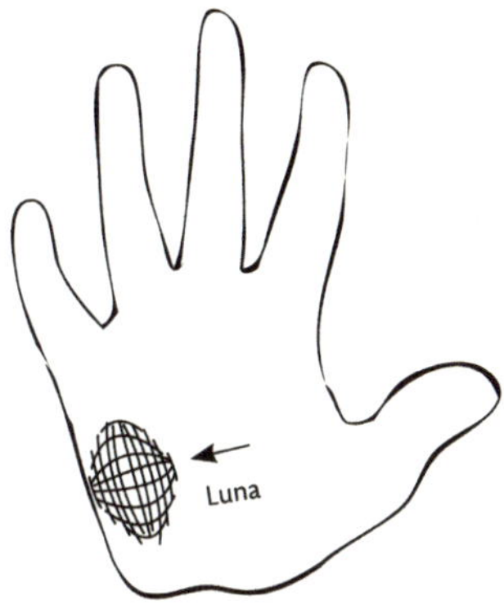

413. Su Monte de la Luna (la almohadilla carnosa situada en el talón de la mano) está desplazado hacia la muñeca.

Posee una imaginación desenfrenada y vívida. Sucumbe fácilmente a sus ensoñaciones y sugestiones. Esta faceta de su personalidad de «querer estar en cualquier otro lugar» debe ser apartada, de forma que una inspiración nueva y fresca pueda fluir libremente.

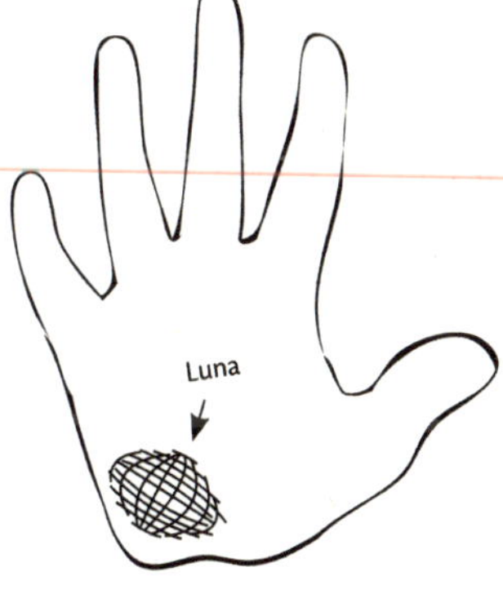

414. Su Monte de la Luna (el promontorio carnoso situado en el talón de la mano) está desplazado hacia el Monte de Venus.

Su imaginación desencadena reacciones emocionales que, a su vez, dan lugar a imaginaciones peores. Frecuentemente cae presa de sus fantasías emocionales. Necesita levantarse y encarar sus miedos, y experimentará una liberación gozosa sin igual.

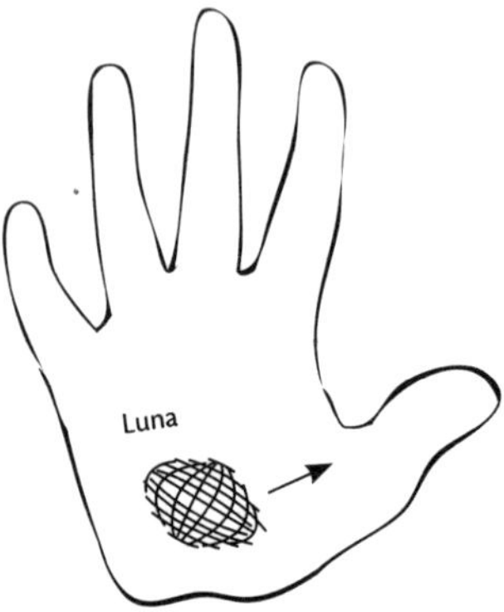

415. Su Monte de la Luna (el promontorio carnoso situado en el talón de la mano) está desplazado hacia la parte central de la palma.

Posee un cierto poder de liderazgo y de controlar a la gente. Está alerta, reacciona con rapidez y tiene unas ideas firmes. Una combinación de fuerzas agresivas e imaginativas le hace avanzar en su carrera a ritmo veloz.

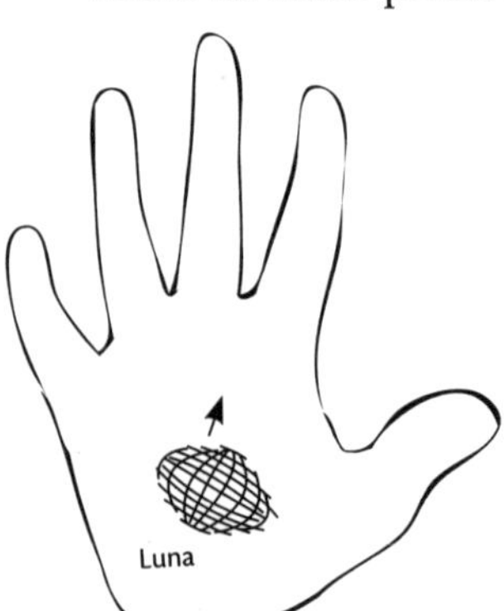

416. Su Monte de Venus (la almohadilla carnosa situada en la base del pulgar) está bien desarrollado.

Es muy generoso por naturaleza. Las principales fuerzas que le mueven en la vida son el afecto, el amor por la melodía, la elegancia y la ternura. Un Monte de Venus con este tamaño suele estar asociado a un cantante o un actor talentoso, cuyo dominio del ritmo provoca gozo a los demás. Su motivación se expande cuanto más amado es.

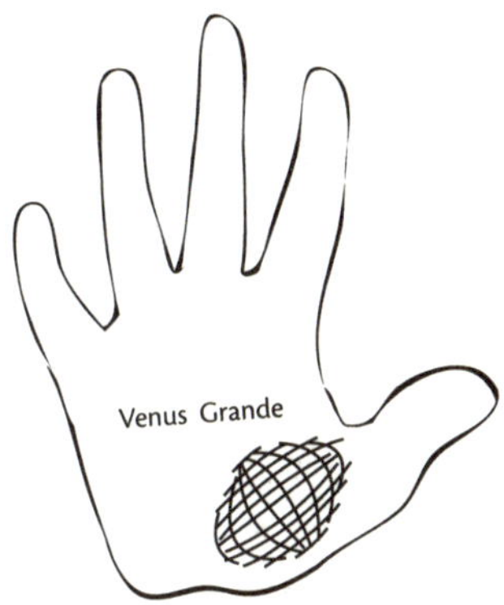

417. Su Monte de Venus (la prominencia carnosa situada en la base del pulgar) es pequeño.

Si reduce sus contactos sociales, puede perderse el placer de la vida. Tiene la necesidad de rodearse de belleza y esplendor para reponer sus sentimientos de pérdida.

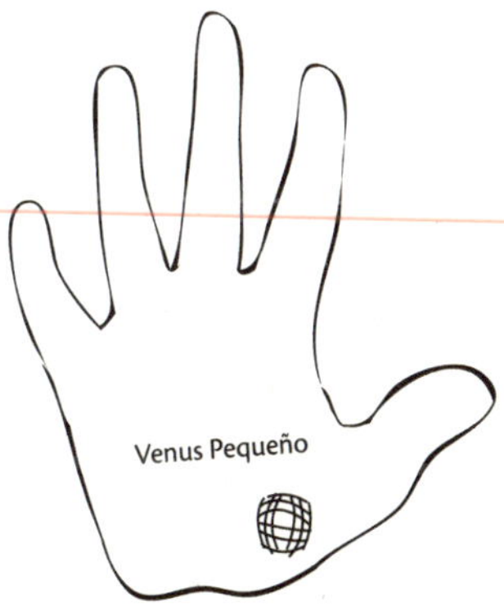

418. Su Monte de Venus (la prominencia carnosa situada en la base del pulgar) está situado más cerca de su pulgar de lo normal.

Sus emociones dominan su voluntad. Su carácter suele ser demasiado emocional como para dejar lugar para la lógica. Quiere alejarse del la influencia del vaivén de sus emociones y quiere reacondicionarse para responder de forma lógica y con presencia de ánimo. Una vez se dirija hacia la consecución de un objetivo claro, muchas interferencias desaparecerán.

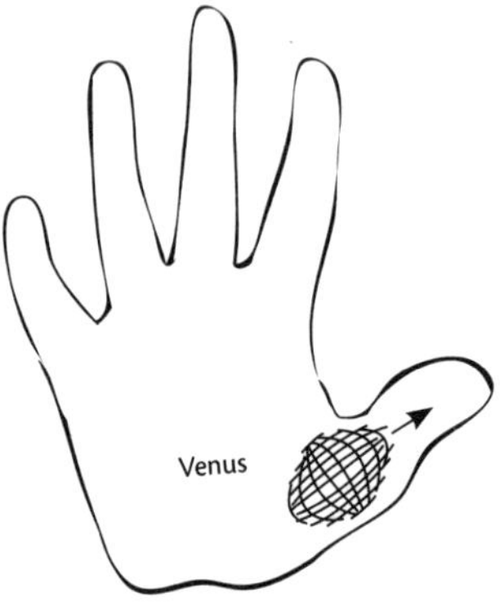

419. Su Monte de Venus (la prominencia carnosa situada en la base del pulgar) está situado más cerca del centro de su palma de lo normal.

Esto aporta fuego a las fuerzas vitales que le dirigen. Es sensual y le gustan el lujo y las comodidades. Obtiene un enorme placer de las sensaciones del mundo físico y se da caprichos con alimentos raros y selectos. Es tan astuto como tierno.

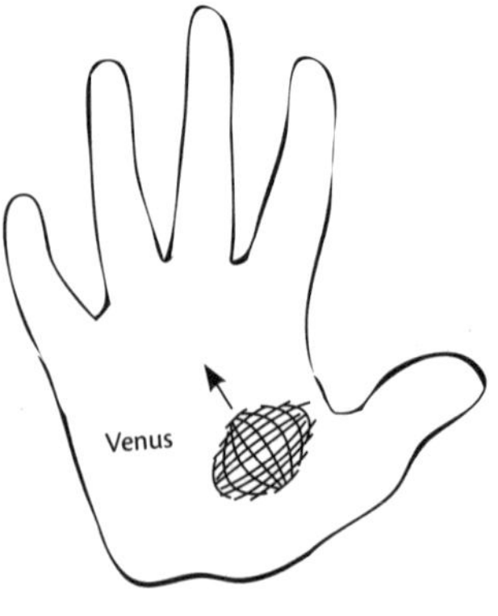

420. Su Monte de Marte inferior (la almohadilla carnosa situada cerca de la malla del pulgar) está bien desarrollado.

Toma parte activa en la vida y muestra un elevado grado de autocontrol y una gran reserva oculta de fortaleza. Persigue sus objetivos con un estallido inicial de energía. Acepta tareas imposibles sólo para demostrarse a sí mismo que puede hacerlas. A la hora de poner a prueba su resistencia, a veces se excede.

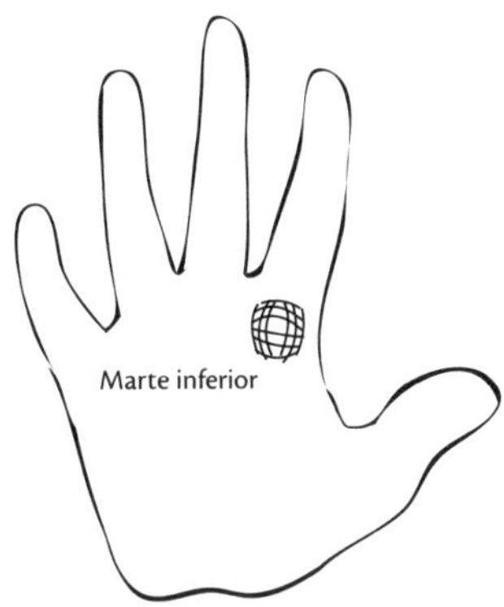

421. Su Monte de Marte inferior (la almohadilla carnosa situada cerca de la malla del pulgar) es pequeño.

Huye de cualquier tarea que requiera una demostración de valentía. Se ha encerrado para protegerse de las exigencias de la vida. Necesita salir de su concha protectora y empezar a reactivar ese viejo coraje. La norma de «cuanto más hagas más puedes hacer» se ajusta a usted perfectamente.

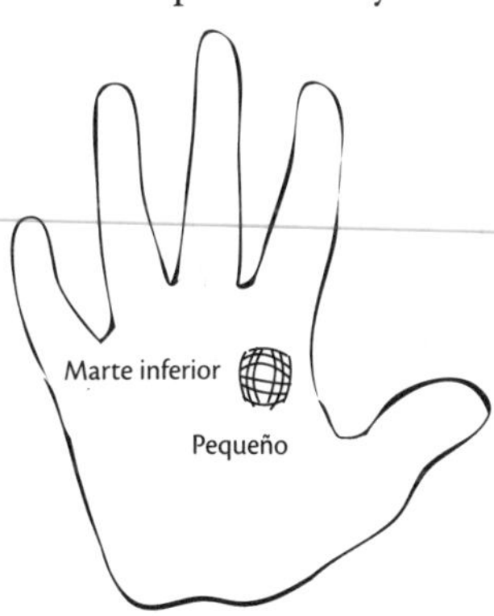

422. Su Monte de Marte inferior (la almohadilla carnosa situada cerca de Monte de Júpiter, al lado de la malla del pulgar) está desplazado hacia la parte lateral de su mano.

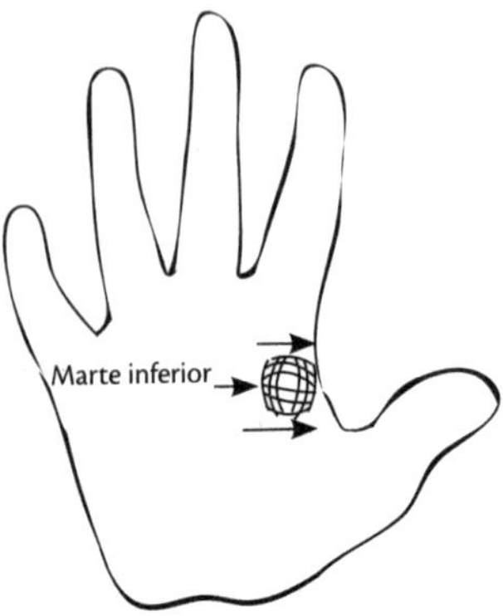

Su valor es producto de la pura fuerza de voluntad y las agallas. Una vez ha tomado una decisión, nada puede cambiarla, ni siquiera la fuerza física. A veces se defiende, usando en ocasiones los límites de su energía.

423. Su Monte de Marte inferior (la almohadilla carnosa situada cerca de la malla del pulgar) está desplazado hacia abajo.

Su poder de resistencia y su valentía están directamente relacionados con la cantidad de atención y amor que recibe. Cuando se siente infeliz está indefenso. El amor le proporciona la resistencia que necesita para enfrentarse a las crisis de la vida.

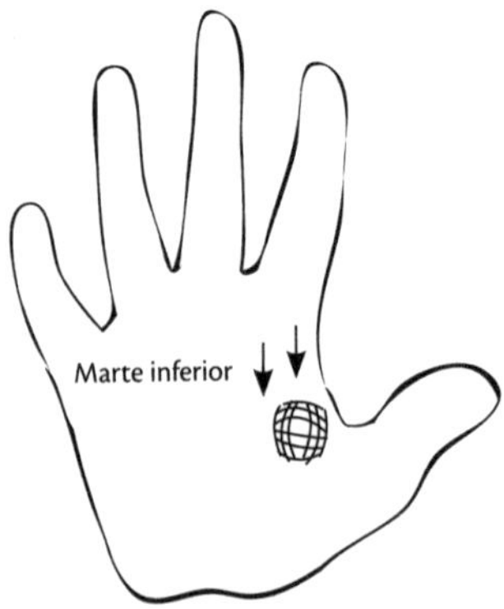

424. Su Monte de Marte inferior (la prominencia carnosa situada cerca de la malla del pulgar) está desplazado hacia el centro de la palma.

Siente una enorme atracción por un estilo de vida audaz. Medra con el cosquilleo que le provoca el peligro. Es adicto a las emociones propias de una vida peligrosa y busca nuevas formas de poner a prueba su fuerza. También muestra instintos combativos.

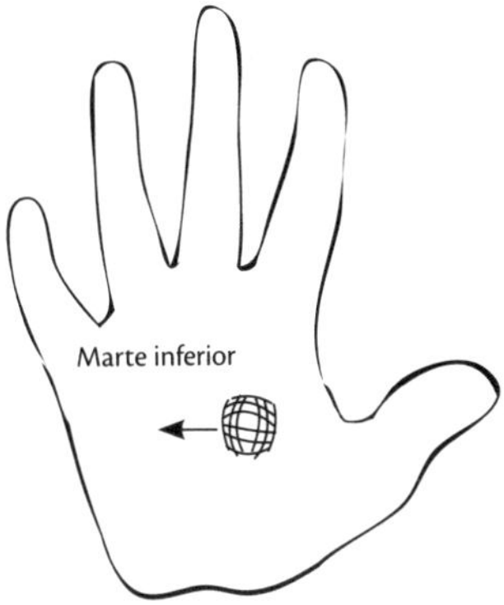

Las marcas sobre los montes

425. Hay una cruz en su Monte de Júpiter.

Una nueva amistad llena de afecto y sinceridad le coge por sorpresa y afecta a su estado de ánimo. Se casa por amor, y no por dinero. Cuanto más alto llega en la vida más humildad muestra. Es usted comedido y educado.

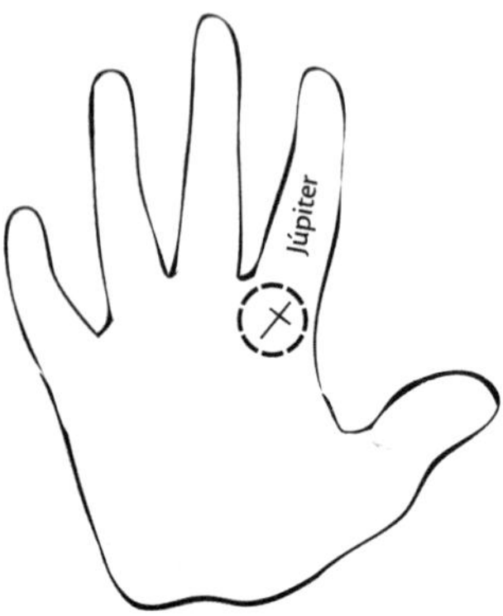

426. Hay una marca en forma de flecha, que apunta hacia arriba o hacia abajo, en su Monte de Júpiter.

Desea dejar el pasado atrás y librarse de los recuerdos y los reveses e iniciar un período más alegre. Busque formas de revivir con nuevas energías y vuelva a introducir el regocijo en su vida.

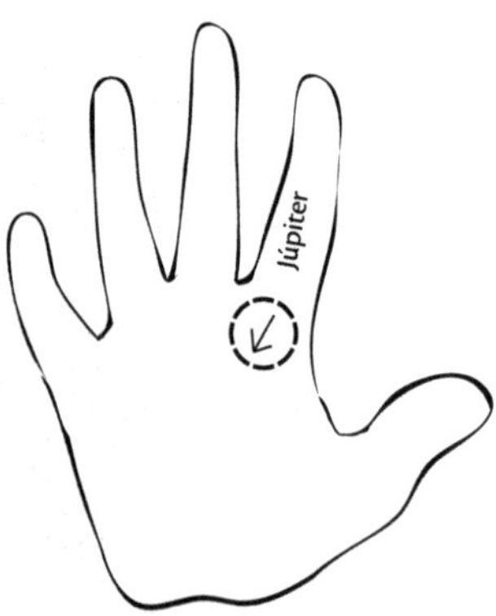

427. Hay una marca en forma de «N» en su Monte de Júpiter.

Necesita un empujón para empezar. Durante mucho tiempo ha confiado en su buena suerte. Si quiere trabajar para obtener un mayor provecho, no puede confiar en la gente cercana a usted para que le ayude o le anime.

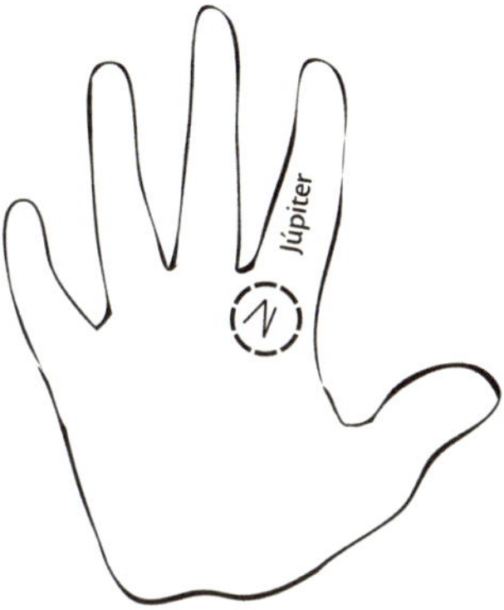

428. Tiene una estrella en el Monte de Júpiter.

Tiene la capacidad de hablar y hacerse entender a un nivel que llega a todo el mundo. La presentación de una persona distinguida cambia su vida. Obtiene usted esa misma distinción y se ve estimulado hacia una mayor actividad.

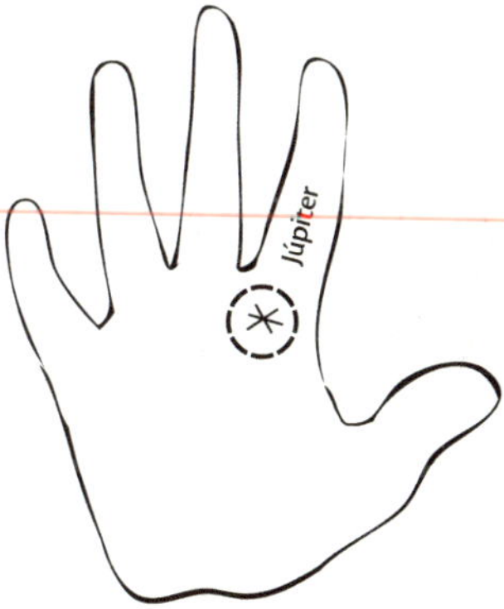

429. Tiene una rejilla en su Monte de Júpiter.

Una fuerza externa más fuerte que usted le está empujando a gratificar a su ego. Las frustraciones se acumulan, ya que ha escogido lo imposible y es incapaz de enfrentarse a muchas cosas. Hace preguntas y busca respuestas a preguntas sin respuesta. Su orgullo y sus frustraciones le están barrando el éxito matrimonial y otros tipos de éxito.

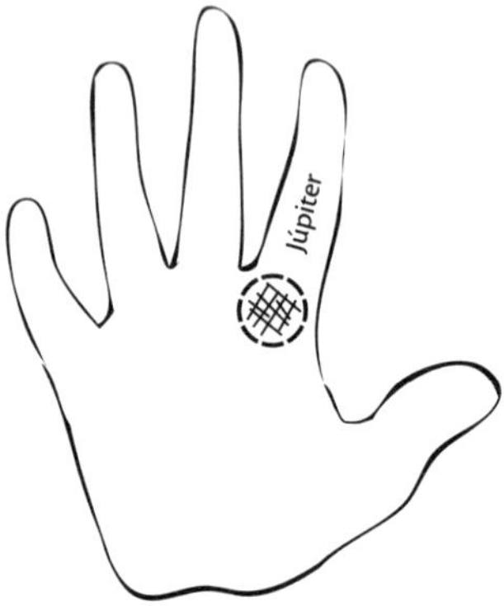

430. Su Monte de Júpiter tiene un círculo en su interior.

Los momentos felices están volviendo a usted. Recibe una recompensa por sus esfuerzos distinguidos, que han pasado desapercibidos durante mucho tiempo. Esto le hace alcanzar nuevas cotas y se vuelve aplicado. Se siente estimulado para aceptar un nuevo campo de actividad.

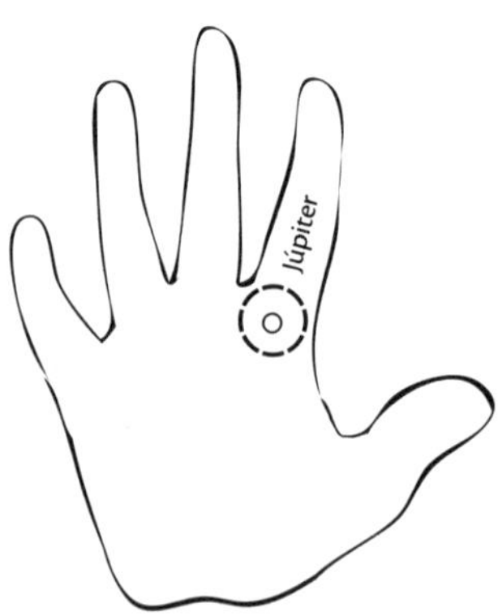

431. Tiene un triángulo en su Monte de Júpiter.

Tiene un talento inusual para saber qué es lo correcto y lo justo. La forma en la que trata a las personas les hace sentirse necesarios y apreciados. Sus días están organizados desde primera hora de la mañana hasta última hora de la noche. Nunca se conformará con menos.

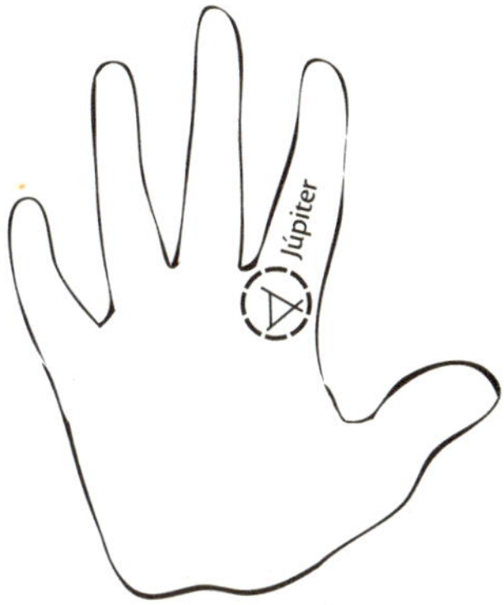

432. Hay un cuadrado en su Monte de Júpiter.

Tiene un exceso de ambición que todavía no ha encontrado un canal adecuado. Cualquier cansancio que sienta puede deberse a este vaciamiento de valiosas reservas de energía. El cuadrado le protegerá de la susceptibilidad a la enfermedad debido a los esfuerzos excesivos.

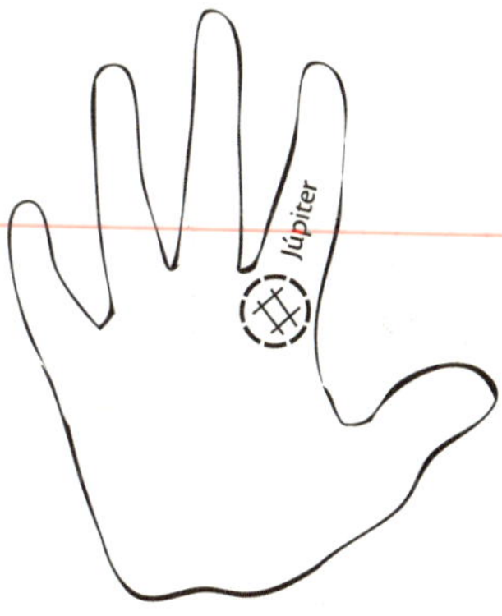

433. Tiene una cruz en el Monte de Saturno.

A usted no se le va la mano, sino que exagera y acaba exhausto mucho antes de que sus proyectos finalicen (si es que lo hacen). Frecuentemente se da por vencido antes de los resultados. Es un planificador. Planea los viajes o los eventos meses o incluso años antes de que sucedan y los ejecuta prácticamente siguiendo un horario.

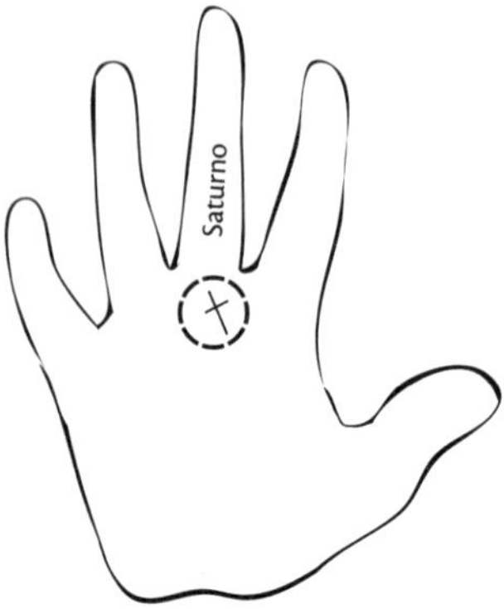

434. Hay una señal parecida a la letra griega *psi* en su Monte de Saturno.

Tiene la capacidad de cambiar las cosas usando sus poderes psi (habilidades mentales). Necesita usar este poder para salir de situaciones imposibles. Este poder psi que posee también puede librarle de sentirse apesadumbrado y disolver los miedos que le atenazan. Si usa el poder psi puede hacerse bastante rico en un futuro.

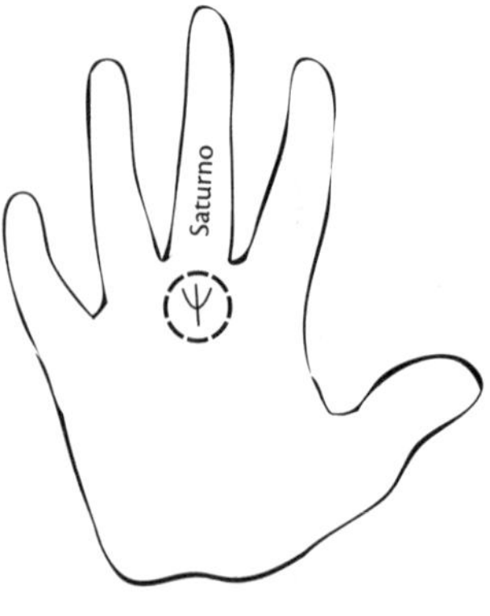

435. Su Monte de Saturno está estrellado.

Una persona distinguida y reputada le conoce. Juntos intentan hacer historia. Esta persona intenta que se desvíe y hacerle caminar por el otro lado de la ley. Como le dirán hasta la saciedad, es mejor permanecer en el buen camino.

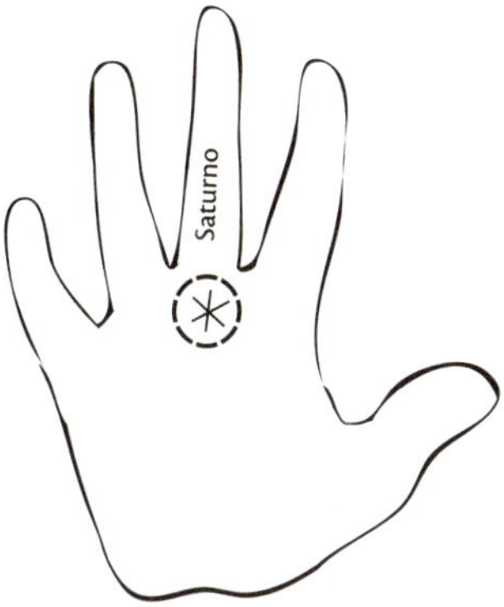

436. Hay un «4» al revés en su Monte de Saturno.

Comprende, intuitivamente, la lección mística y filosófica de la vida, con la que los demás tropiezan. Debido a estos conocimientos se ahorra las mayores tragedias de la vida (aquellas provocadas por la estupidez). Por tanto, debería dedicar su atención a los menos afortunados.

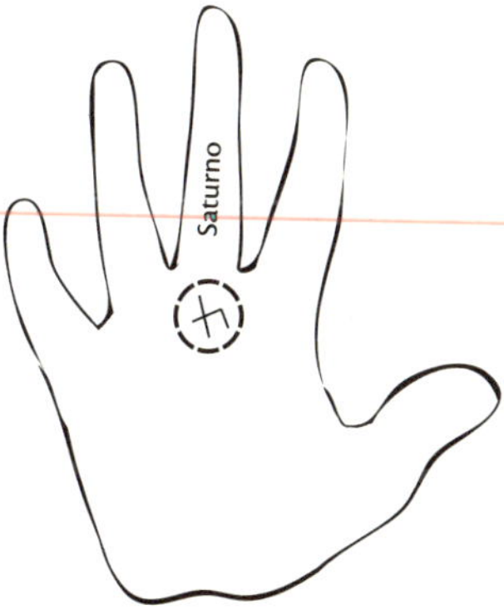

437. Varias líneas cortas y paralelas discurren por su Monte de Saturno.

Cada línea simboliza una crisis en su vida que ha destrozado el orden de las cosas. A medida que la vida progresa, estos fragmentos vuelven a ocupar su lugar, añadiendo sentido a su vida.

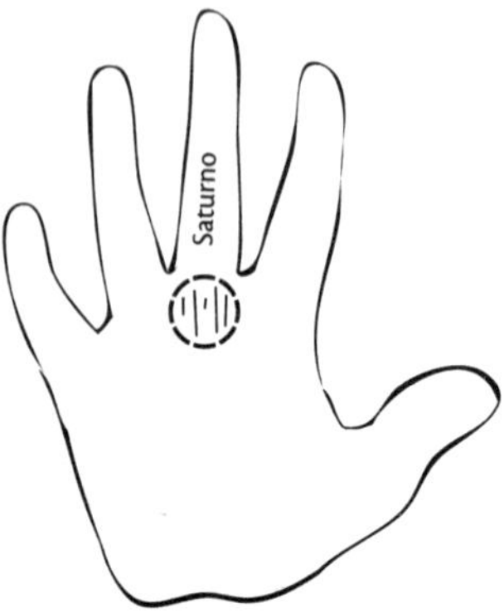

438. Hay una señal en forma de rejilla en su Monte de Saturno.

Es muy melancólico y tiene que esforzarse el doble que los demás para conseguir la felicidad. Frecuentemente encuentra a la gente irritante, ya que no comprenden su faceta de persona seria. Tiene que trabajar muy duro para descubrir su propia fórmula personal para conseguir la felicidad.

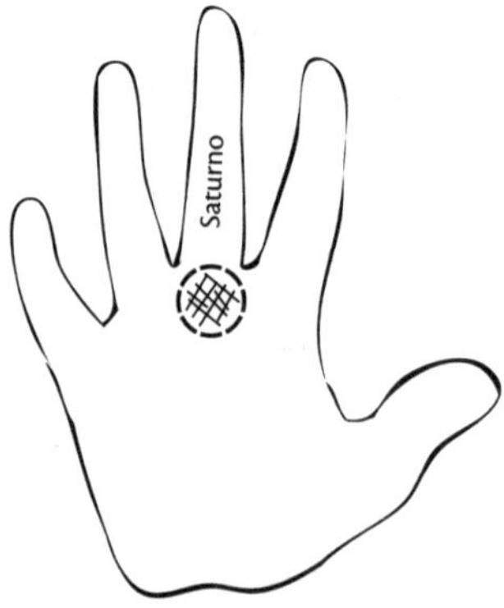

439. Su cinturón de Venus finaliza en el Monte de Mercurio.

Su instinto predominante es la pasión. Sin importar lo duro que luche contra ella, le sigue dominando. Se ve torturado fácilmente por las tentaciones y es un maestro a la hora de ocultar esto a los demás. Hay una faceta suya que nadie conoce.

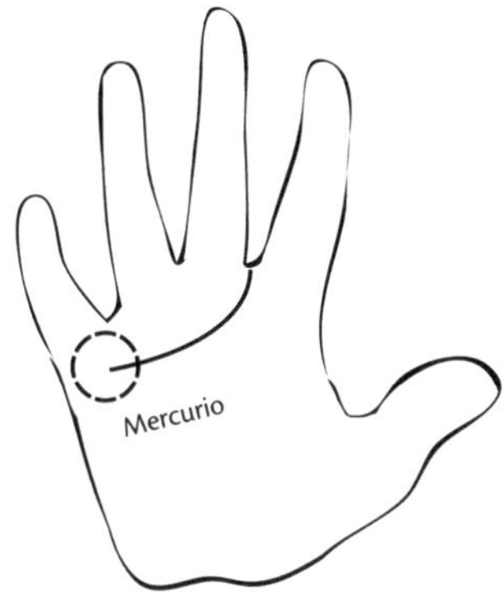

440. Su Cinturón de Venus forma un semicírculo que empieza entre Júpiter y Saturno, y finaliza entre Apolo y Saturno.

Se ve guiado, de forma incontrolable, por una fuerza en su vida que provoca que haga cosas temerarias. Se enamora y desenamora con facilidad. Somete a unas exigencias rígidas a su amante, cuando las señales del amor se marchitan, se amarga.

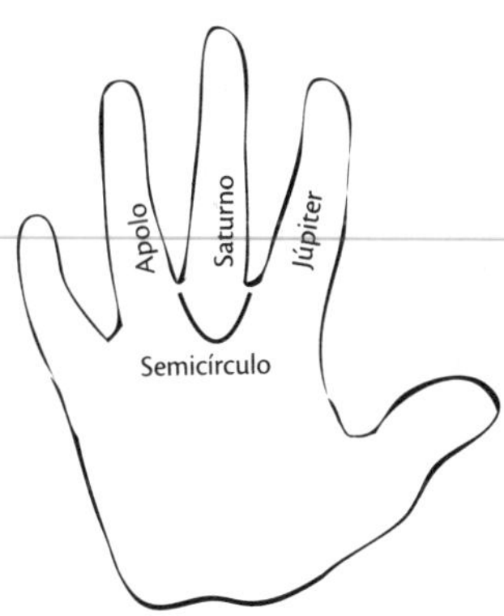

441. Hay un círculo en su Monte de Saturno.

Enriquece su vida a través del comercio con productos de la tierra, como los minerales, la cerámica, el vidrio, las gemas o los metales. Le iría bien refinándolos, vendiéndolos o usándolos de forma artística. Implicarse con la tierra también aliviará sus problemas de salud física y emocional.

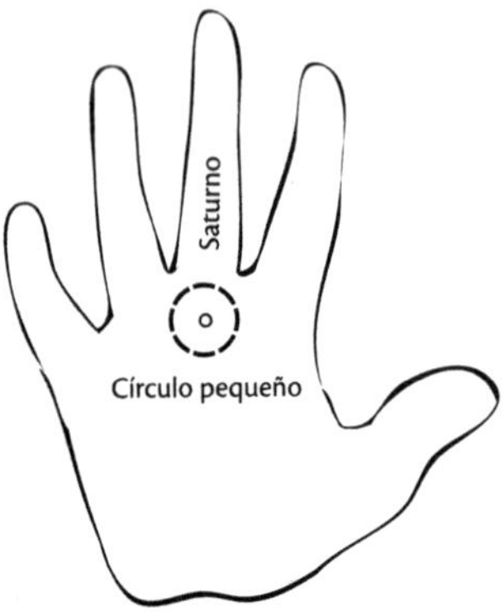

442. Hay una marca en forma de isla en su Monte de Saturno.

Es usted una persona precavida por naturaleza. Aunque parece tranquilo por fuera, siempre está alerta, ya que no le gusta que le pillen con la guardia baja. Siente la necesidad incesante de protegerse de las sorpresas poco gratas.

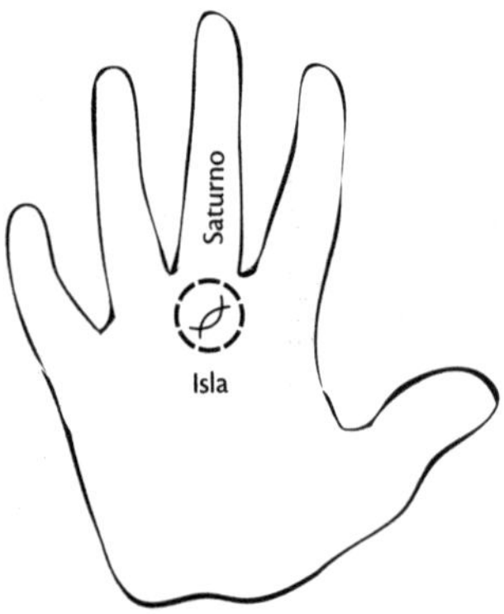

443. Tiene un triángulo en su Monte de Saturno.

Tiene una personalidad misteriosa. La gente rara vez le engaña, ya que puede ver a su través. Frecuentemente no dispone de nadie a quien contar sus problemas. Se le ha abierto un mundo lúgubre y aprensivo y le ha provocado una agitación interna. Capta la mala suerte a su alrededor y desea usar medios ocultos para hallar consuelo.

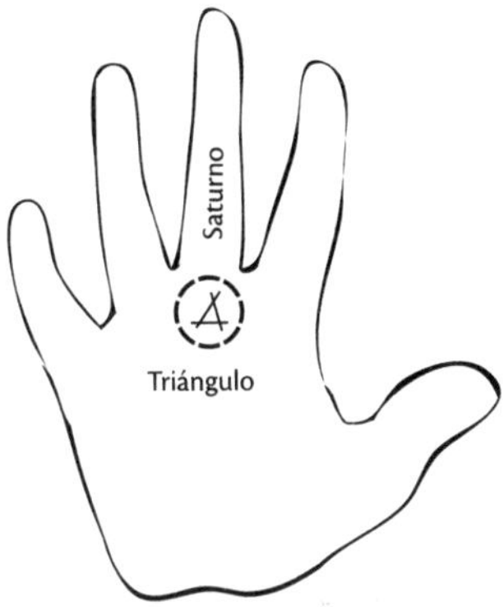

444. Hay un cuadrado en su Monte de Saturno.

Ha superado muchos peligros sin apenas un rasguño. El cuadrado, que le protege de amenazas futuras, no puede borrar las sombras del pasado ni protegerle de ellas.

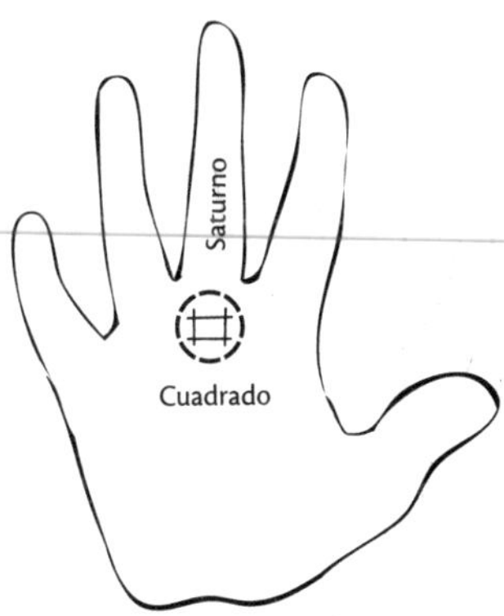

445. Su Línea del Matrimonio se curva hacia arriba en el Monte de Apolo.

Se trata de una señal envidiable. Se une a una persona influyente. Sus personalidades trabajan juntas para formar un equipo soberbio. Ambos hacen más juntos que lo que harían por separado. Tienen hijos que se dan a conocer a través de una publicidad favorable.

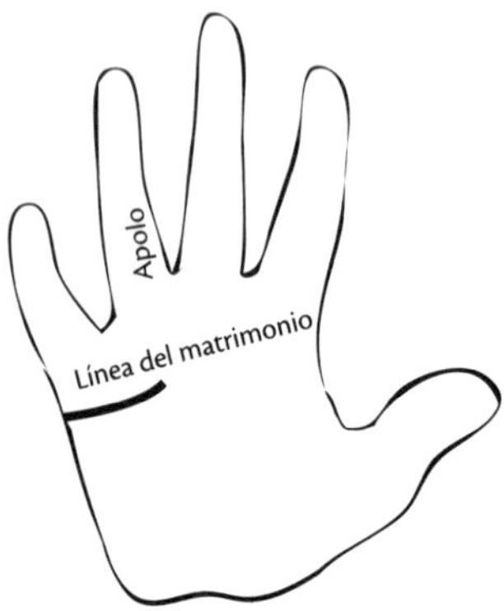

446. Tiene una cruz en el Monte de Apolo.

Ha intentado denodadamente alcanzar el verdadero éxito y ahora está desanimado debido a meteduras de pata. Necesita funcionar con un flujo constante de energía (ni demasiada ni muy poca) hasta alcanzar un equilibrio agradable. Para un éxito financiero óptimo necesita eliminar de su vida las mentiras y la envidia.

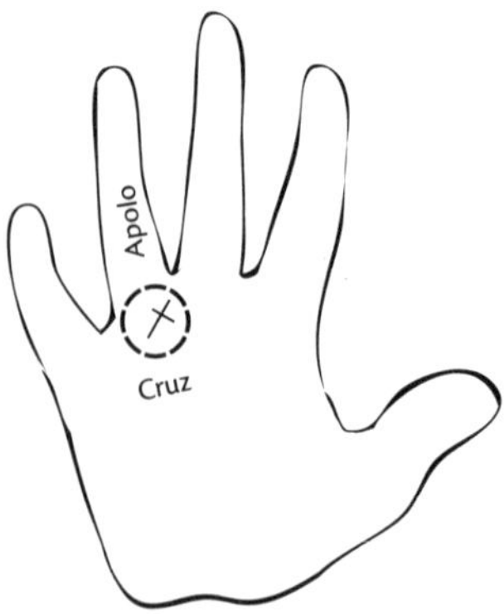

447. Hay unas cruces pequeñas en su Monte de Apolo.

El matrimonio puede aportarle ventajas materiales. El dinero obtenido mediante un matrimonio de este tipo puede ser destructivo, a no ser que se combine con afecto. La envidia o una mentira sostenida por usted en este matrimonio destrozará sus seguridad financiera.

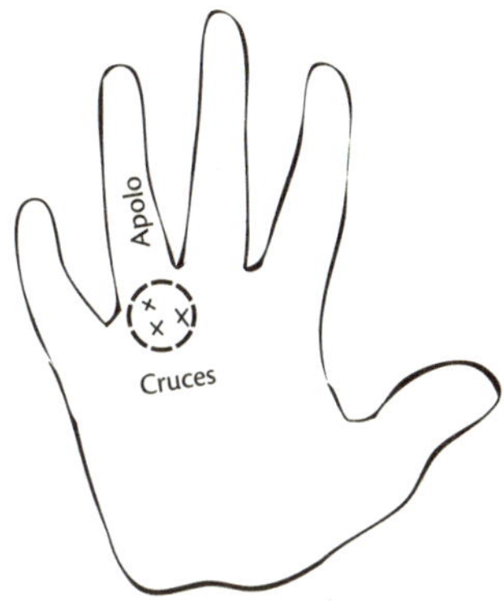

448. Hay un signo parecido a la letra griega *psi* en su Monte de Apolo.

Se trata de un signo favorable que potencia la especulación en una nueva empresa audaz. Este signo le ayudará a ganar dinero sin demasiado esfuerzo. Este signo también le facilitará alcanzar la independencia.

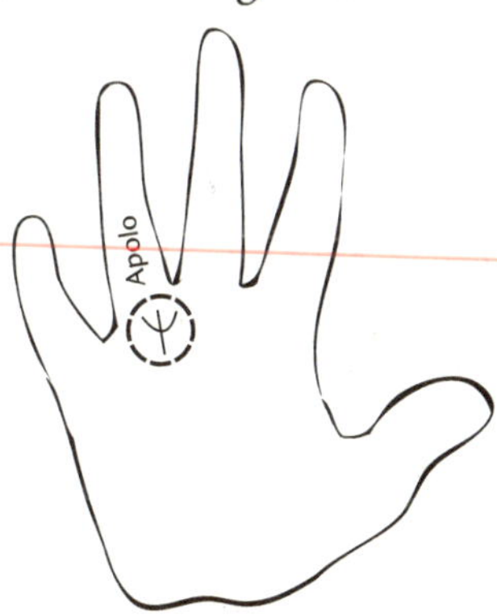

449. Tiene una estrella en el Monte de Apolo.

Éste es un signo de que, por pura suerte, una importante suma de dinero acaba en sus manos. Esto también nos habla de la consecución de la iluminación en un campo en el que sus instintos naturales le llevan a destacar (generalmente en las artes). Como tiene un poder suplementario en muchas áreas, es posible que abuse de sus buenas cualidades.

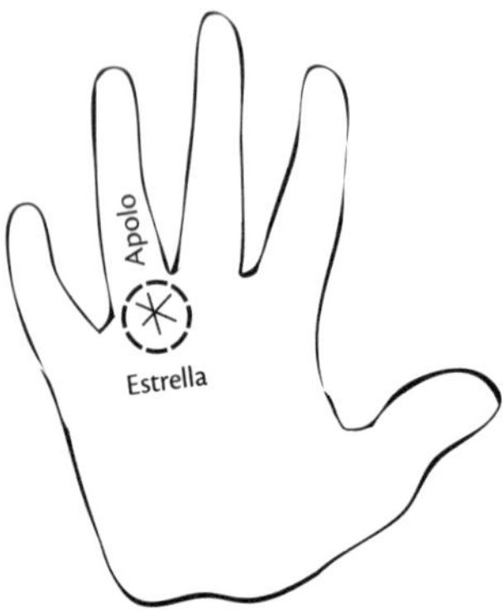

450. Hay una señal en forma de rejilla en su Monte de Apolo.

Una rejilla en esta posición puede, a veces, suponer una amenaza. Intenta, con un esfuerzo desesperado, dejar su huella en este mundo y es muy impaciente porque su idealismo visionario no le proporciona los resultados que esperaba. Cuando deje de luchar por su lugar en la cima acabará viéndose elevado hasta ella.

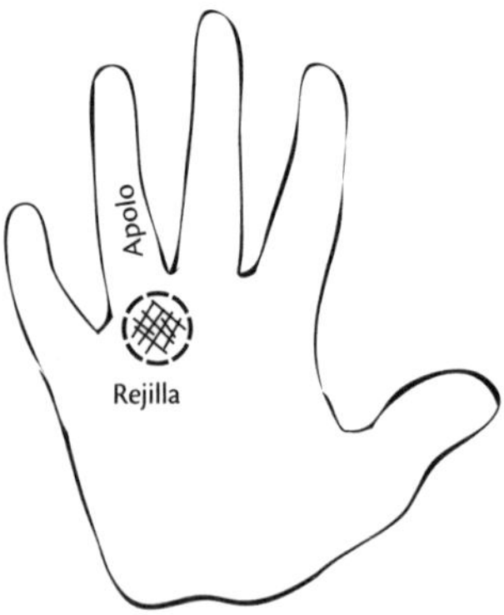

451. Hay un círculo en su Monte de Apolo.

El círculo es un signo muy inusual. Está ansioso por finalizar lo que empieza y acepta cualquier proyecto menor, dejando de lado los proyectos a largo plazo. Le gusta la sensación del éxito y tener el control y, por tanto, persiste en sus proyectos de corto alcance. Éste es también un signo de que la suerte puede acumularse más adelante en su vida.

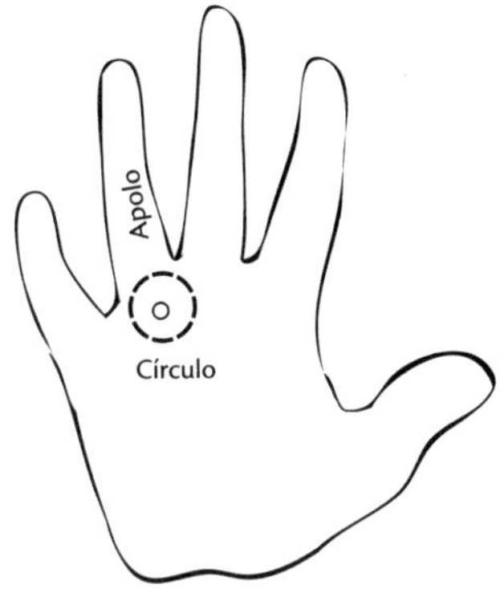

452. Hay una señal en forma de sol y rayos bajo su Dedo de Apolo.

Esta señal es muy rara. Le está esperando una buena reputación a nivel mundial. Es extraordinariamente talentoso y se muestra muy motivado. Su clave para la motivación reside en dejar que su curiosidad le lleve a descubrir lo nuevo y lo emocionante. No es fácil confundirle.

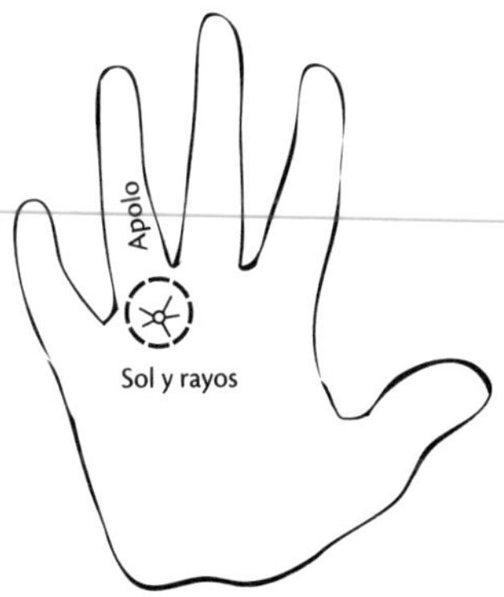

453. Hay un signo en forma de isla bajo Apolo.

En este preciso momento está en una situación desgraciada y no quiere ceder. Ha tenido que cambiar sus planes y siente que su confianza se ha debilitado. Le parece que la belleza y el amor han desaparecido de su vida, y lo echa mucho de menos, ya que es el motor que le hace funcionar. Tiene la tendencia a caer en la laxitud, aceptando que su destino es permanente.

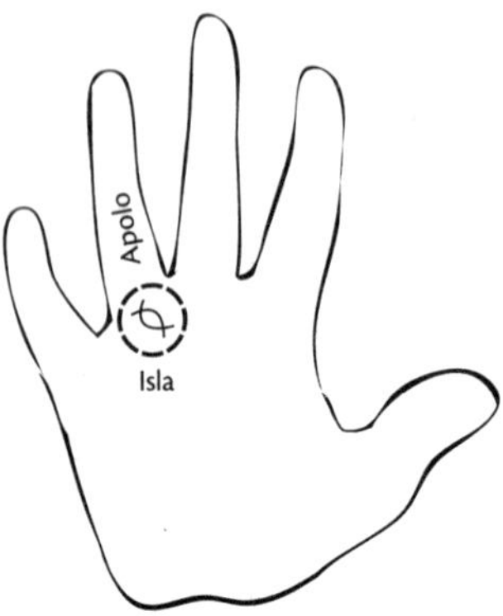

454. Tiene un triángulo en su Monte de Apolo.

El triángulo es un signo favorable, y si está ubicado en esta posición muestra que tiene aptitudes para una carrera científica. También tiene un carácter aparentemente tranquilo y provoca una atracción natural en la gente, y esto hace que esté especialmente dotado para la profesión médica.

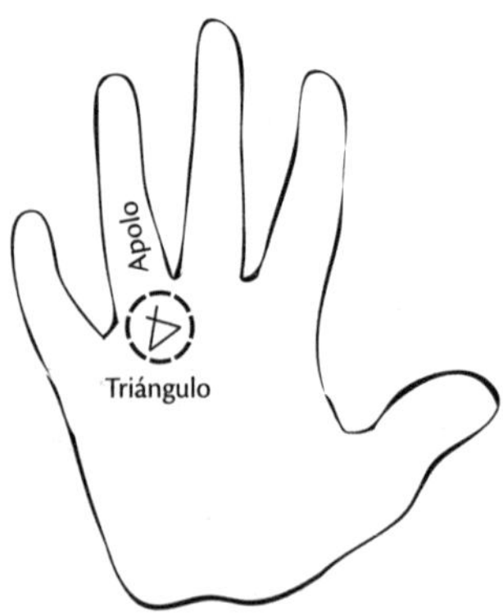

455. Hay un cuadrado en su Monte de Apolo.

Los cuadrados en los montes son un signo positivo. Representan una sensación de seguridad. Este cuadrado protege y conserva su entusiasmo y su aprecio por la hermosura. El cuadrado le ofrecerá respaldo durante los reveses. Este signo también le aporta el potencial de dar grandes pasos en un campo de las artes.

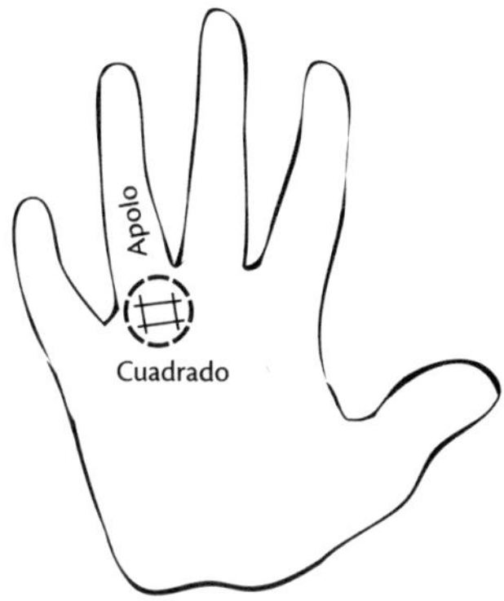

456. Su Línea del Matrimonio es corta y gruesa.

Esta línea puede hacer referencia a un matrimonio o una relación. Indica una unión breve y llena de emociones a partir de la que obtiene mucha fuerza.

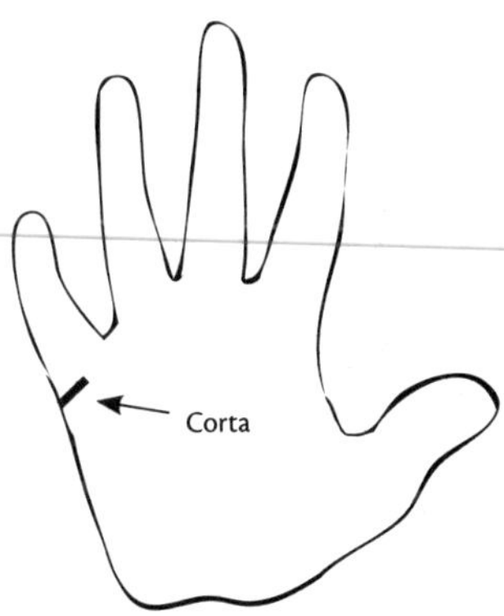

457. Tiene una Línea del Matrimonio clara, profunda y recta.

Esto sólo puede significar que usted y otra persona tendrán una relación duradera, engalanada con una lealtad y confianza mutuas. Durará tanto como desee, y la separación de ambos resultará muy difícil. Su afinidad mutua crece cada día.

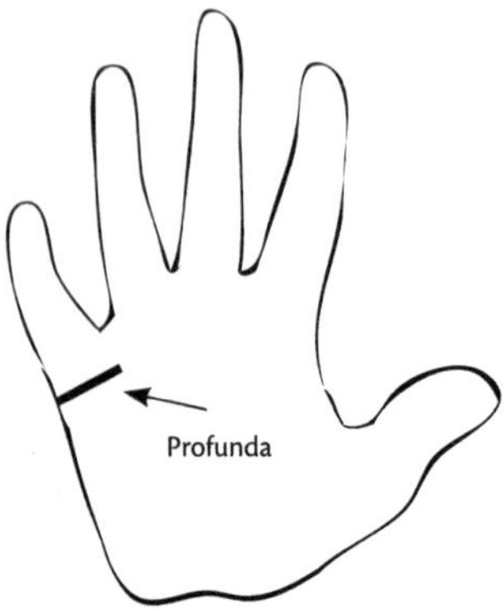

458. Tiene una Línea del Matrimonio con un fragmento de línea que se superpone.

Esto simboliza una unión en la que hay un distanciamiento temporal. Esta fisura puede implicar un período de crecimiento para usted, una época de expansión, un enriquecimiento. Esto salva el matrimonio hasta que está completamente moldeado, y en el futuro se da una unión de las mentes en asuntos importantes.

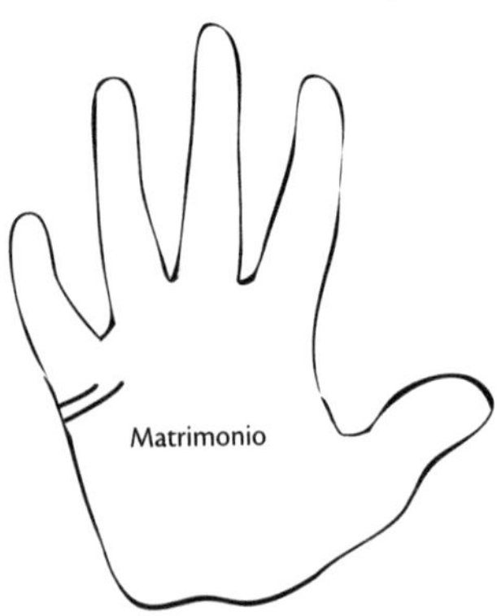

459. Su Línea del Matrimonio se curva hacia arriba sobre el Monte de Mercurio.

No es usted el tipo de persona que se casa. Está bastante ansioso por tener intimidad con el sexo opuesto. Es desprendido, generoso y se muestra consciente de sus deberes, pero prefiere una relación abierta que pueda dejar en cualquier momento. Es un eterno romántico y medra con el cosquilleo que le produce la emoción de la novedad del amor.

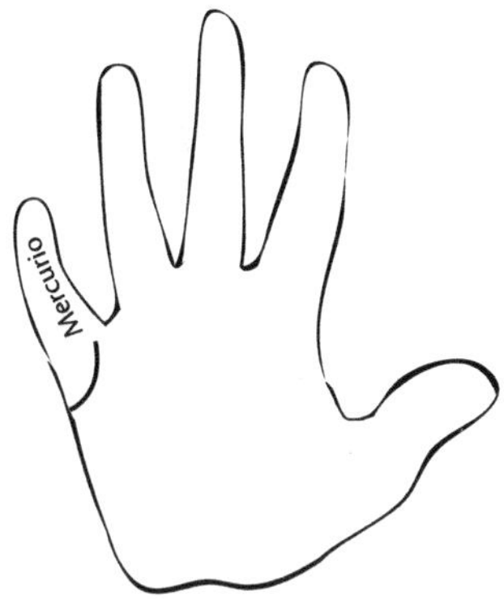

460. Su Línea del Matrimonio está ramificada en la Percusión.

Una ramificación en el inicio implica que se vio separado de su primer verdadero amor, pero que acaban reencontrándose o que da con un sustituto equivalente. La separación le apenó y le dejó un sentimiento de pérdida irreparable. La unión de las ramificaciones para formar un único tallo muestra la eventual cercanía y comodidad que le aporta un verdadero amor.

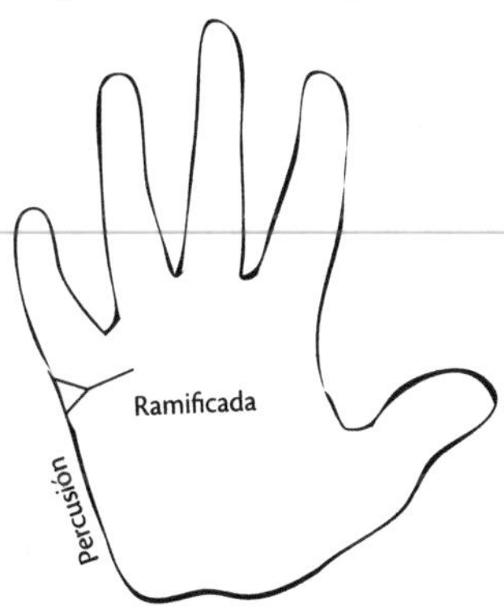

461. Tiene una cruz en su Monte de Mercurio.

Se siente desafortunado, como si el destino le hubiera dado malas cartas. Hay personas a las que culpa duramente por destrozar sus planes, y debido a eso abandona los proyectos fácilmente. No obstante, sigue teniendo coraje, ingenio, inteligencia y puede abrirse camino hacia la victoria.

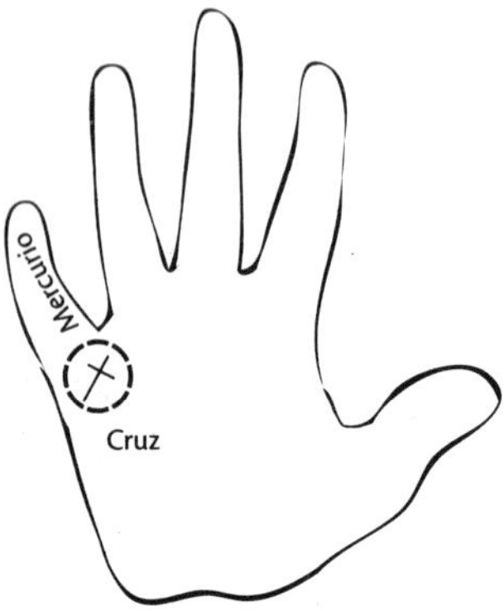

462. Su Línea del Matrimonio está atravesada por una línea descendente.

Esto significa que las personas cercanas a usted se oponen a sus inclinaciones románticas. Se deja influir por lo que otros consideran correcto para usted. Está deseando disfrutar de momentos exutantes con su compañero.

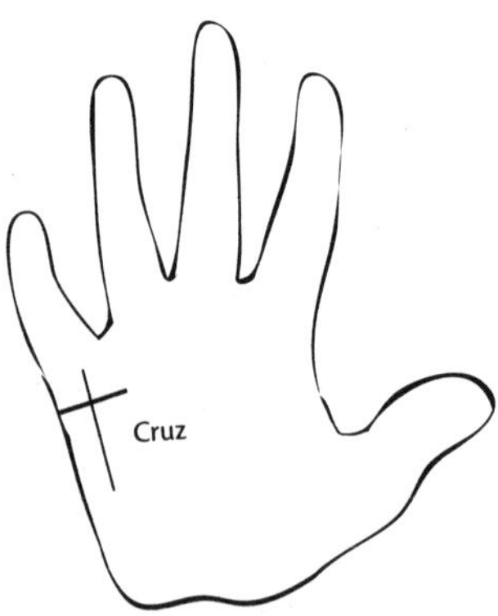

463. Tiene una estrella en el Monte de Mercurio.

La Estrella del Intelecto Brillante se encuentra en esta posición. Muestra que posee unas capacidades de raciocinio superiores a la media. Si dedicara toda su vida a la búsqueda de una verdad o luz eterna se convertiría en un visionario. Algunos de sus sueños se convierten en realidad.

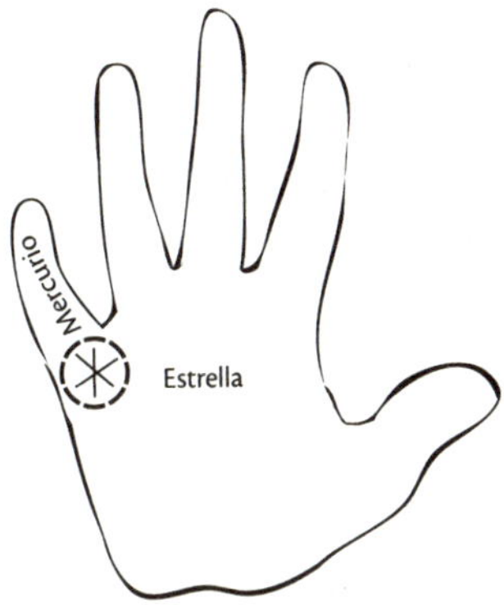

464. Muchas líneas fragmentadas aparecen bajo Mercurio.

Vive una vida tormentosa dividida entre la realidad y sus muchas esperanzas y sueños. Diluye su energía intentando hacer muchas cosas al mismo tiempo. Deja de lado actividades que le proporcionan placer. Se están dando cambios importantes en su interior que le aportarán alivio.

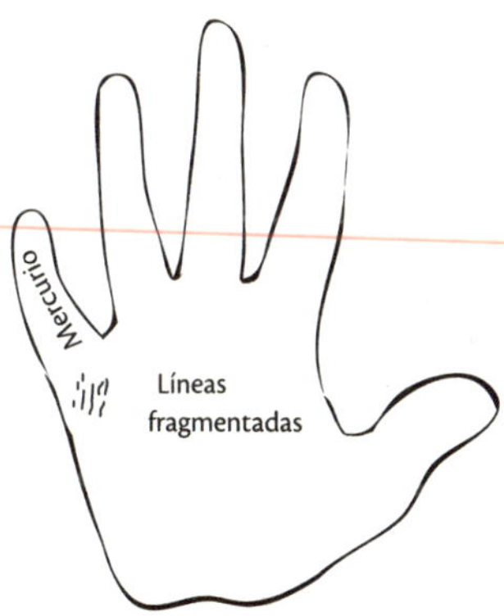

465. Líneas verticales paralelas descienden desde su Dedo de Mercurio.

Sus capacidades se encuentran, sobre todo, en el área de los cuidados de los menos afortunados. Siente una verdadera compasión y comprensión por las necesidades de los menos favorecidos. Obtener nuevos conocimientos le proporciona una gran emoción. Sus mayores viajes se dan principalmente en su mente.

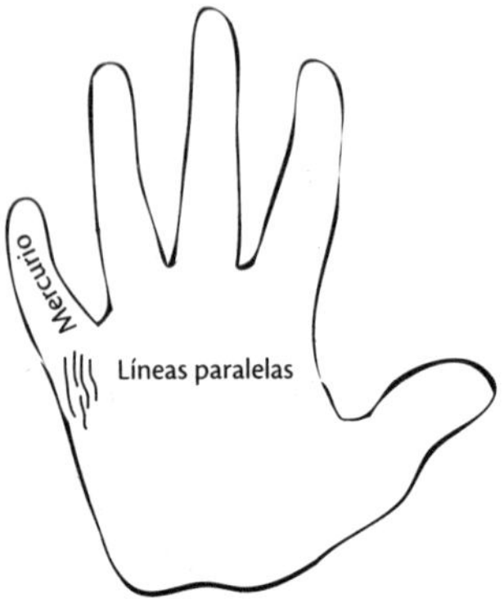

466. En su Monte de Mercurio hay una rejilla.

Madurar le ha llevado más que a la mayoría de las personas. A veces cree que, en su interior, siempre será un niño. No se siente con confianza si lleva una gran carga de responsabilidades. Se siente cómodo contando mentirijillas para que le ayuden a salir de situaciones que le hacen sentir mal.

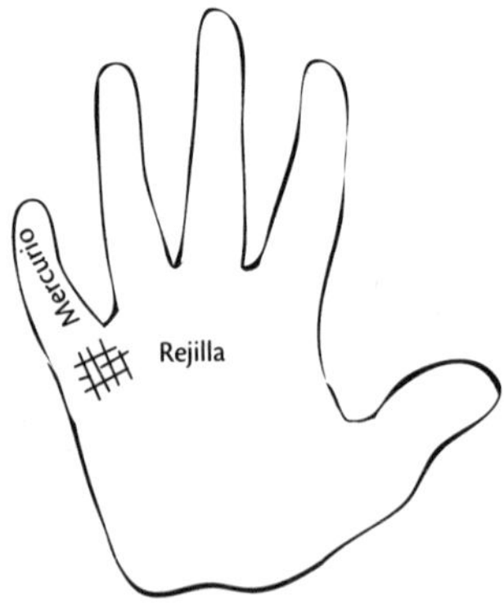

467. Tiene un triángulo en el Monte de Mercurio.

Este triángulo recibe el nombre de Triángulo del Ingenio, y es un símbolo de un habla atrevida y un ingenio ágil. Es un adicto a la improvisación. Este signo también implica una aptitud para las actividades científicas. Está fascinado por la lógica y por el pensamiento puro. Sus reacciones son muy rápidas y no sólo es mentalmente ágil, sino que también tiene unas reacciones físicas rápidas.

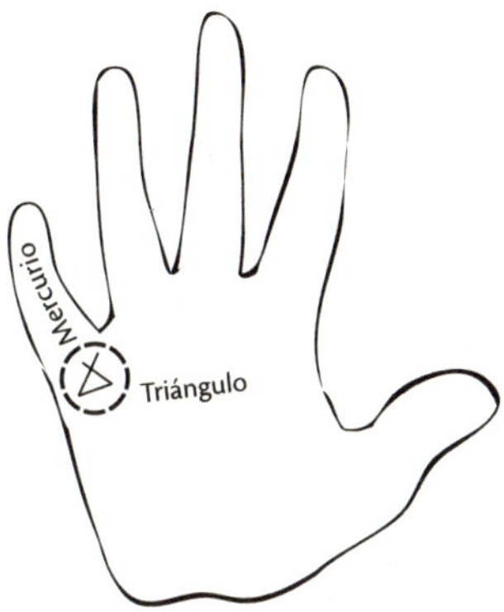

468. Hay un cuadrado en su Monte de Mercurio.

Éste es siempre un signo favorable que le protege de cualquier posible daño. Debe verse protegido de la pérdida de su mayor baza: su mente clara, rápida y brillante. Este cuadrado también le ayudará a proteger sus ahorros y a conservar su sensatez en los momentos de preocupación.

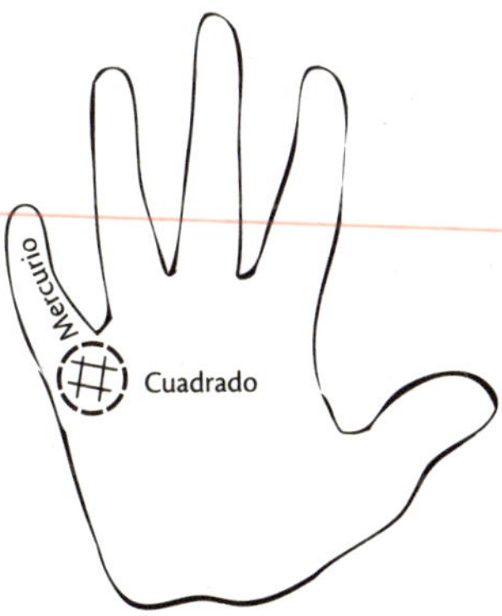

469. Una línea horizontal que procede de la Percusión discurre a través del centro del Monte de la Luna.

Desarrollará la necesidad de viajar a lugares que le ayuden a desentrañar su historia familiar. Le gustaría comprender sus impulsos inconscientes que le hacen actuar y pensar de la forma en que lo hace.

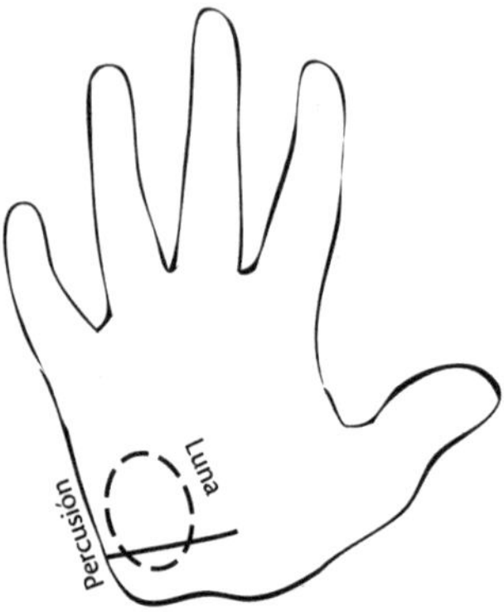

470. Varias líneas horizontales se proyectan sobre el Monte de la Luna desde la Percusión.

Estas marcas intensifican su necesidad de viajar. En sus viajes tiene el instinto de descubrir algo oscuro y remoto. Goza de un instinto agudo para rastrear cosas ocultas que podría ser muy eficaz si combinara esta pasión con una profesión.

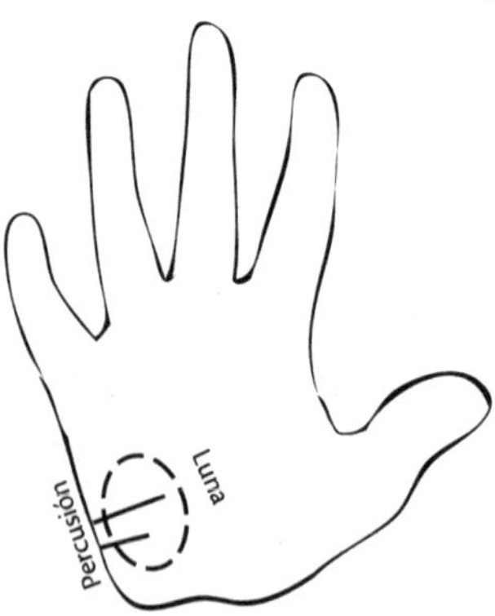

471. Una línea horizontal con una barra que la cruza procede de su Percusión y se prolonga a través de su Monte de la Luna.

Está consternado porque se ha visto privado de embarcarse en la mayor aventura de su vida. Le gustaría comprender mejor a su inconsciente y desentrañar sus vívidos sueños, pero alguien le está impidiendo tener un contacto más íntimo consigo mismo.

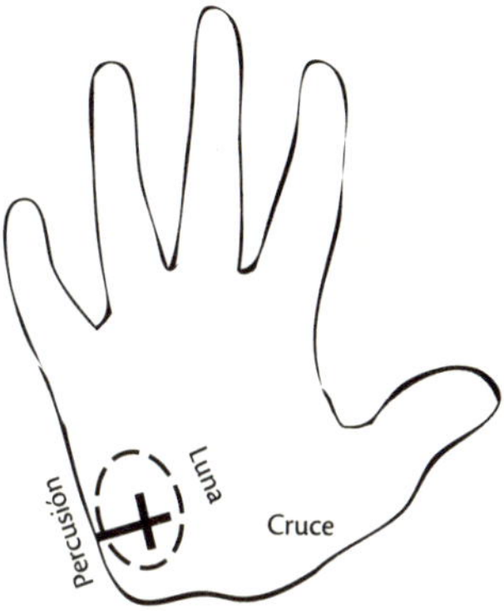

472. Dos líneas procedentes de su Percusión discurren a través de su Monte de la Luna y se cruzan.

Su pasado parece un sueño lejano y ha intentado comprenderlo y entender sus preferencias actuales. Ha intentado, diligentemente, contactar con su pasado, y esto le ha aportado variedad y cambios en su vida. Es inquieto y no está contento con la rutina de este mundo.

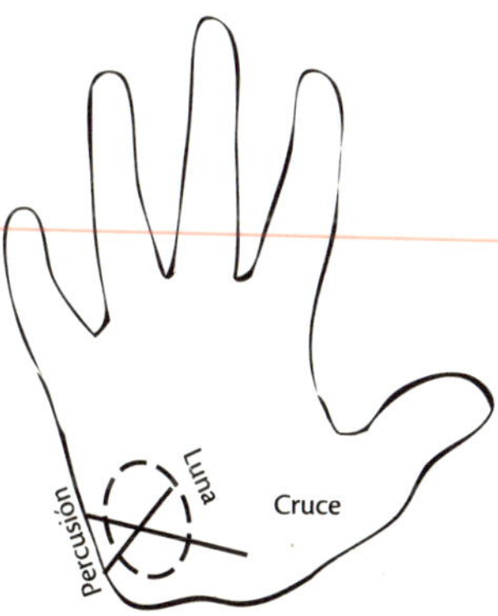

473. Una línea horizontal procedente de la Percusión cruza el Monte de la Luna y posee una isla.

Tiene una agitación interna y un sentimiento evocador e inquietante respecto a que debería utilizar su tiempo de forma diferente. Aprende a alejarse pero, de algún modo, se ve frustrado en sus intentos de obtener libertad por una fuerza que le debilita. Se le advierte que preste especial atención a su intestino y su vejiga.

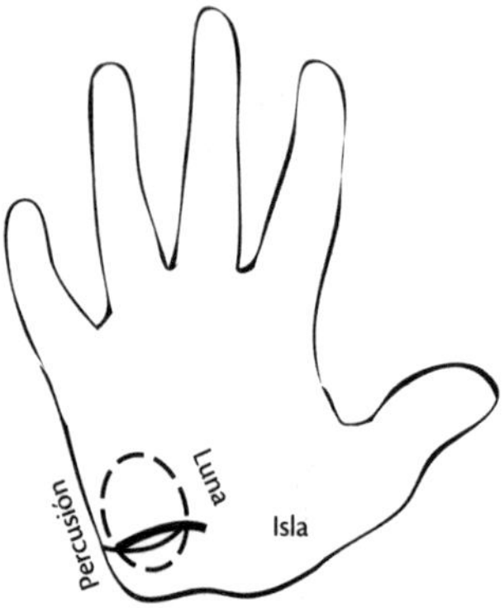

474. Una línea horizontal ramificada se extiende desde la Percusión y atraviesa el Monte de la Luna.

Puede que padezca algunos problemas de salud, que se ven enormemente exagerados por su imaginación. Tiene muchas ganas de viajar y está fascinado por la aventura. Hay mucha indecisión y cambios de planes en torno a sus planes de viaje.

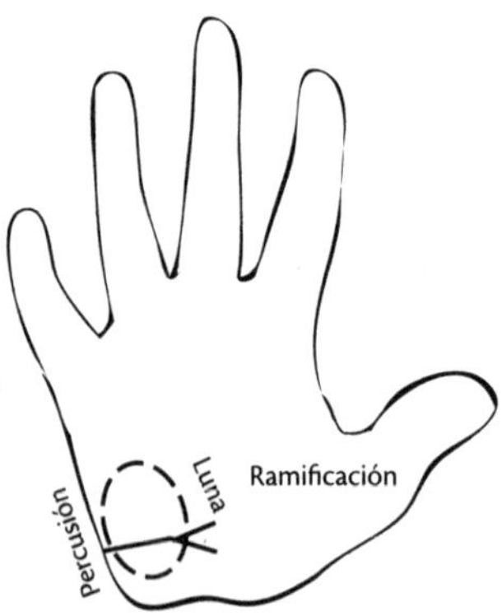

475. Una línea horizontal procedente de la Percusión acaba formando un triángulo en el Monte de la Luna.

Si le dirigen otros es razonable y obediente. Su intuición y sus habilidades ocultas le llevan a viajar por su sed de conocimientos.

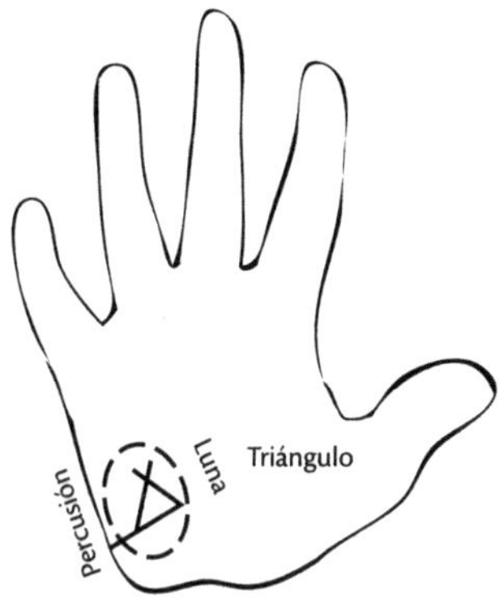

476. Su Monte de la Luna tiene una estrella en su interior.

En el pasado, esta marca era indicativa de una enfermedad crónica. Hay una escuela de pensamiento que llama a esta señal la Estrella del Intelecto Brillante, ya que esta estrella en esta posición también se encuentra en las manos de grandes pensadores y filósofos. Las personas con este signo creen que lo más importante en esta vida es la búsqueda de la verdad y la iluminación. Sus visiones suelen convertirse en las realidades del futuro.

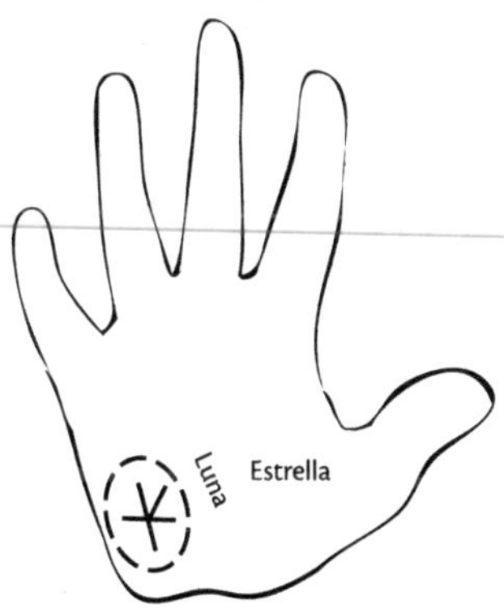

477. Tiene un triángulo en el Monte de la Luna.

Un triángulo en esta posición significa que ha heredado una cierta sabiduría sobre la valoración de las personas y del conocimiento del resultado de las cosas antes de que sucedan. Este signo también indica una aptitud para los asuntos científicos. Tiene una imaginación muy activa y no teme hablar con audacia.

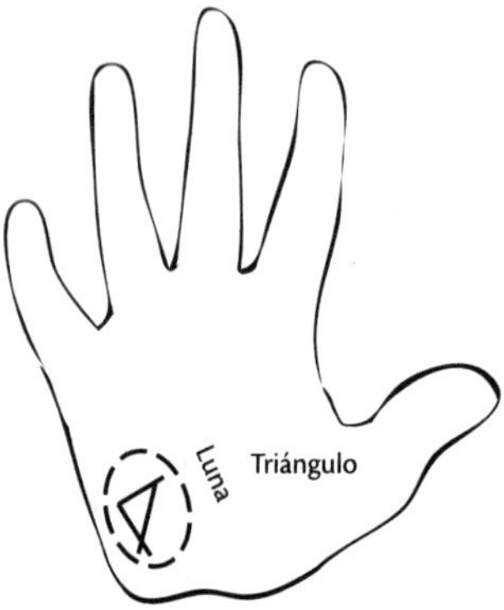

478. Tiene un cuadrado en el Monte de la Luna.

Este signo le proporciona la sabiduría, la inteligencia y los reflejos rápidos para librarse de los problemas antes de que se vuelvan graves. Se trata de un signo de fortuna si es usted un empresario que viaja con frecuencia. Este signo también le protegerá de las lesiones si participa en deportes.

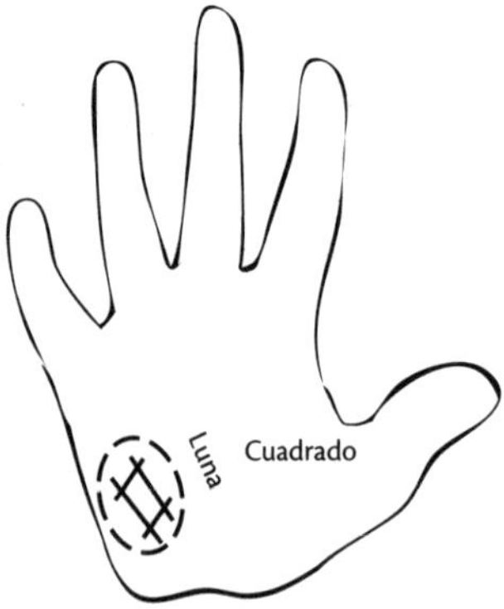

479. Hay una cruz en su Monte de Venus

Las batallas constantes con las personas cercanas a usted le desgastan hasta acabar rendido. Teme perder su derecho a tener la razón y espera, al vencer en los debates, ganarse su autoestima. Lamentablemente, en su caso esta fórmula no siempre funciona. Este signo también puede recibir el nombre de «cruz de san Andrés», lo que connota que tendrá una relación amorosa feliz con una sola persona.

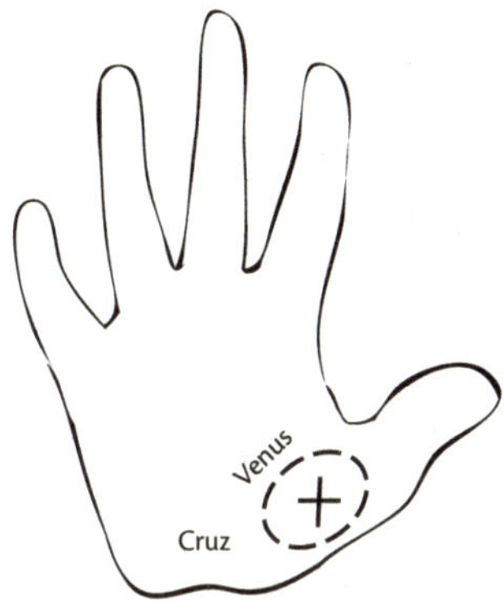

480. Hay una cruz ubicada en su Monte de Venus.

Cuenta con un magnetismo animal que hace que tenga un enjambre de admiradores a su alrededor. Su sensualidad se ve rematada con afecto y una pasión en oleadas. Sabe cómo mantener a varios admiradores pendientes de usted. Siempre que hay amor en su vida se ve acompañado de problemas.

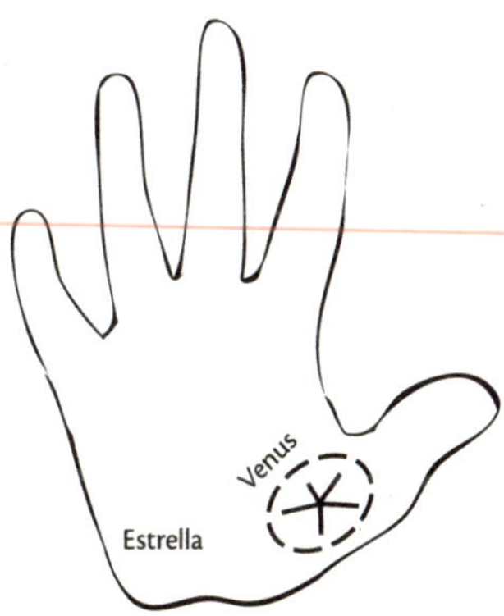

481. Hay una señal en forma de estrella en su Línea de la Vida.

Cuando perdió a esa persona a la que tanto amaba, buena parte de sí mismo se perdió. Le llevará un tiempo curar esa sensación de estar solo y perdido. Saldrá de una crisálida después de un largo período de retraimiento y vuelve a gozar de la vida.

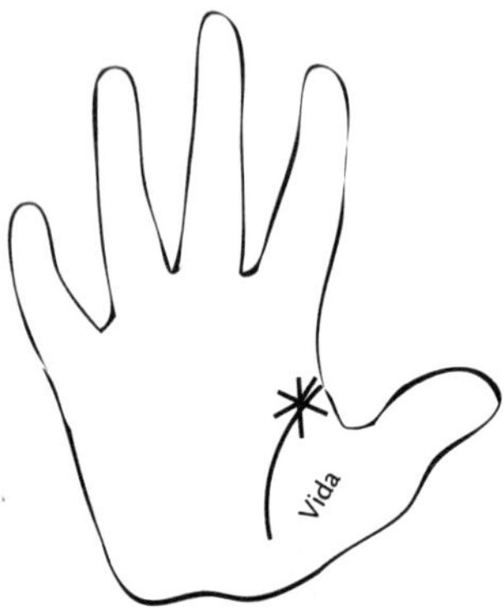

482. Hay unas líneas marcadas y profundas en su Monte de Venus.

No siempre sabe cómo expresar su agradecimiento. Aunque los demás pueden considerarle desagradecido, en realidad, está distraído o preocupado. Es tímido y le cuesta relajarse. Ésta es su principal desventaja para tener éxito.

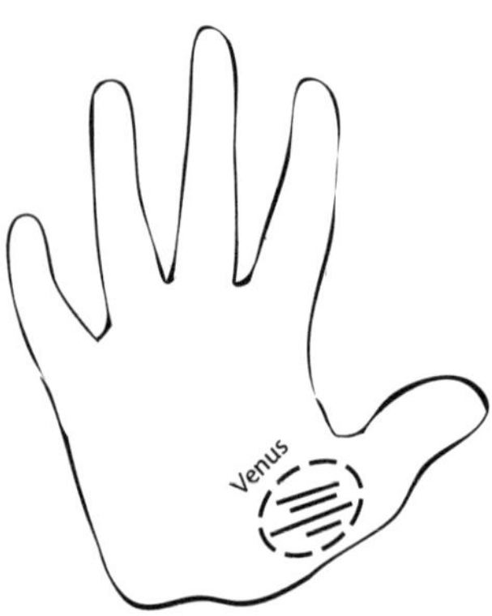

483. Muchas líneas finas atraviesan su Monte de Venus.

Es usted el tipo de persona sensual. Su carácter refinado y sensible destaca como su rasgo más llamativo. Su dulzura quizás no siempre se aprecie externamente, pero está ahí, en su interior. Le encantan los colores, las fragancias, las fantasías y la buena vida.

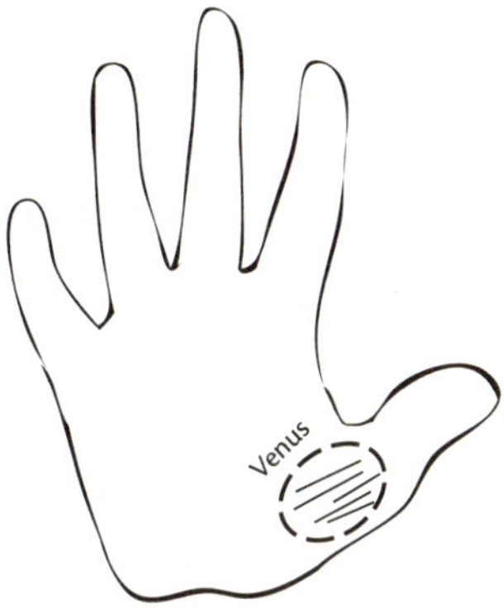

484. Muchas líneas finas discurren paralelas a su Línea de la Vida.

Las razones éticas, las tradiciones y distintas excusas interfieren en el éxito de su vida amorosa. Puede verse zarandeado fácilmente por las opiniones de los demás. Todavía no ha asentado una base permanente para su personalidad y necesita acumular confianza en sí mismo en sus campos de interés favoritos mediante una mayor exposición a ellos.

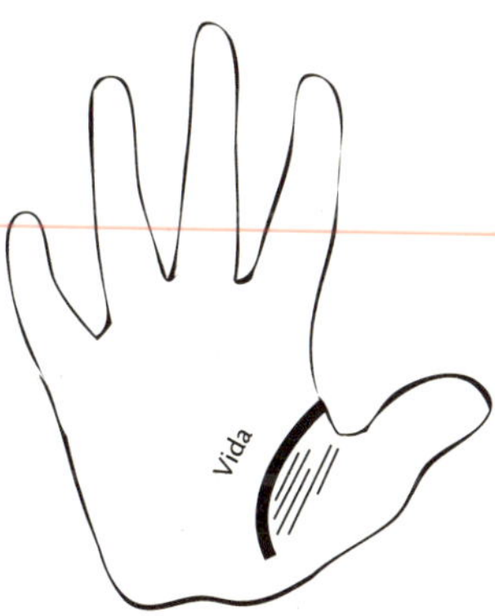

485. Hay una rejilla en la base de su pulgar.

Siempre ha temido verse separado de la persona amada. Tiene una intensa necesidad de ser amado. Suele haber confusión en su vida amorosa. Pierde mucho tiempo inútil despejando obstáculos en el camino de su amor.

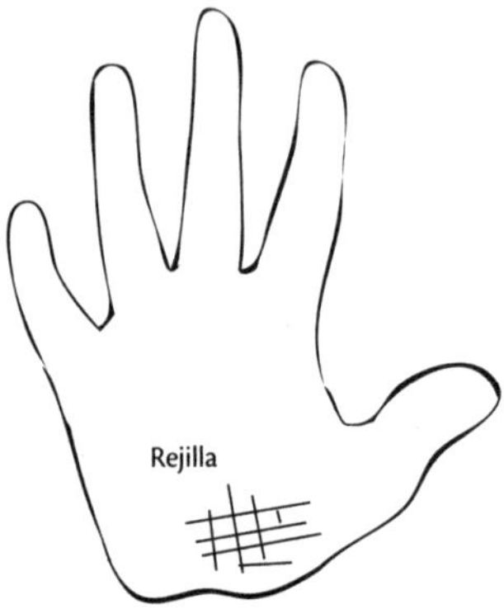

486. Tiene una rejilla en el centro del Monte de Venus.

Sus estados de humor son a veces como un péndulo y se salen de control. Ha experimentado muchos trastornos angustiantes y ahora quiere estabilizar sus sentimientos. Mediada su vida se torna más activo sexualmente. Su confianza en la lógica y el orden del universo deben reavivarse. Puede conseguirlo con la ayuda de un compañero comprensivo.

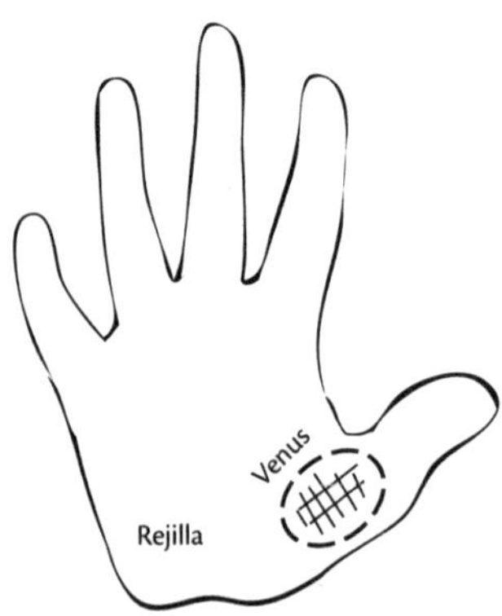

487. Tiene un triángulo en el Monte de Venus.

Es usted una persona sabia y precavida. Es extremadamente exigente con quien elige como compañero. Sabe cómo mantener vivo el interés de su pareja. El matrimonio debe aportarle algún tipo de recompensa, ya sea material o mental.

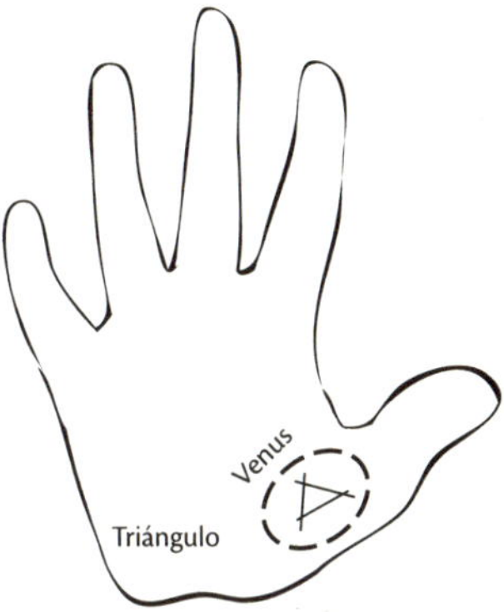

488. Hay una señal en forma de isla en su Monte de Venus.

Sin darse cuenta a su debido tiempo, ha dejado pasar un matrimonio o una relación muy ventajosos. Si su antiguo admirador sigue cerca, apresúrese a contraer matrimonio. Las personas portadoras de este signo necesitan que les recuerden que sólo ellos pueden crear un nuevo mañana mediante los esfuerzos realizados hoy, sin importar el minuto en que se encuentren.

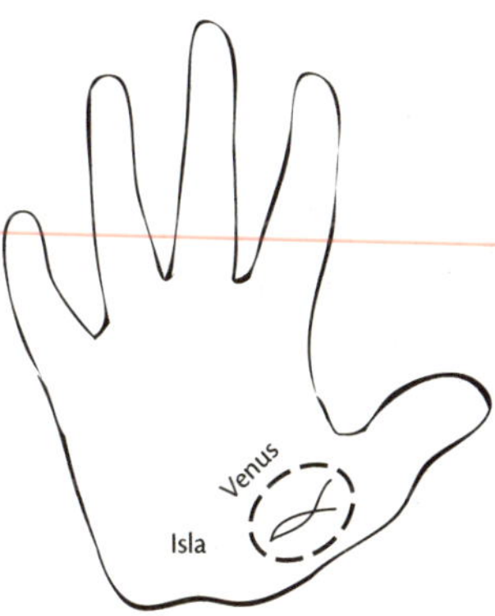

489. Hay un cuadrado en su Monte de Venus.

Escapa por poco de la justicia y le espera una vida llena de descrédito. Ha llevado una vida limitada hasta ahora y ansía la expansión. Para salir de la situación actual debe fiarse de su instinto y recordar que este signo del cuadrado le proporcionará, automáticamente, la seguridad que necesita después de haber tomado su decisión.

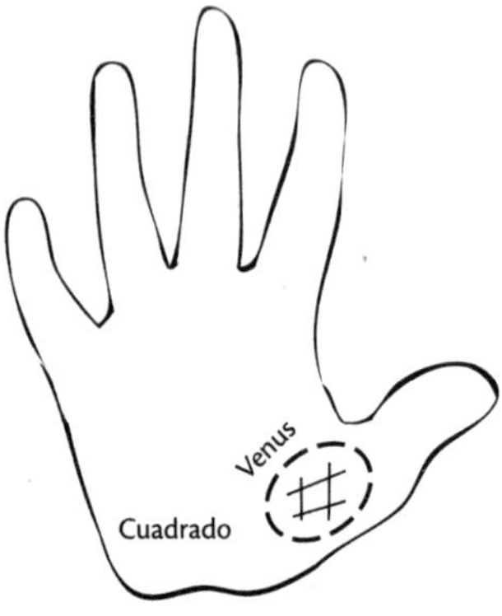

490. Un cuadrado contacta con su Línea de la Vida.

Tiene tendencia a aislarse del mundo exterior. Considera que su entorno es una cárcel. Es momento de que se abra camino y enseñe al mundo lo que ha aprendido. Sería un buen conferenciante público para una causa humanitaria gracias al uso de sus experiencias vitales.

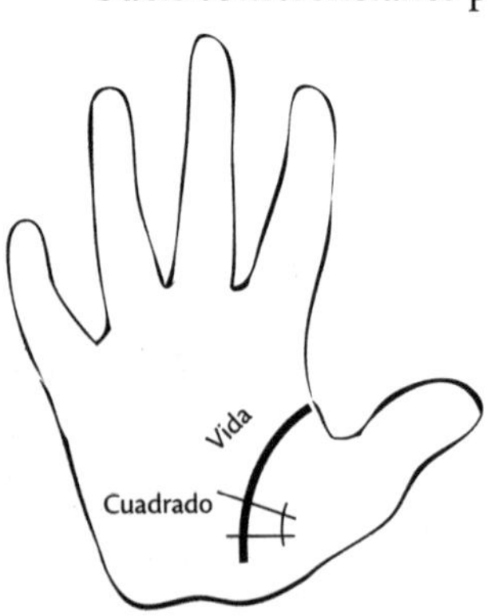

491. La letra «L» cruza su Línea de la Vida en el Monte de Marte inferior.

Un desacuerdo prolongado entre usted y un miembro de su familia ha supuesto una experiencia agónica. Estará al borde de solventar este choque con la fuerza bruta. Alguien podría resultar herido, y es decisión suya dar con un acuerdo amistoso.

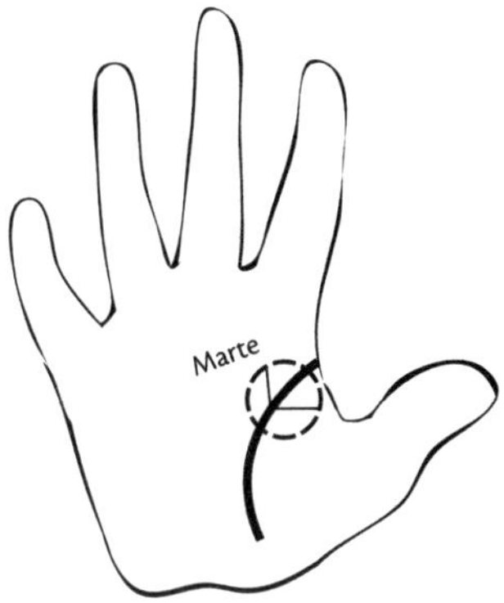

492. Una marca en forma de estrella aparece por encima de su Monte de Marte inferior.

Aunque la estrella es, principalmente, un signo positivo, a veces es un mal signo, como en este caso. Una disputa actual entre usted y un enemigo puede dar lugar a un acuerdo en los tribunales que no le resulta favorable. Para evitar perder, intenta enmendar deprisa los viejos malentendidos. Sólo hace falta que ceda deprisa un poco y su oponente accederá de inmediato.

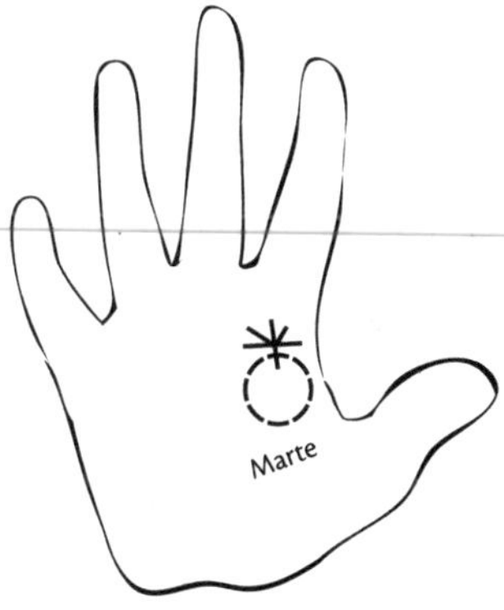

493. Tiene una estrella en su Monte de Marte inferior.

Podría alcanzar una buena posición en el estatus social mediante su afiliación con las fuerzas armadas o con una gran organismo público. Llevando a cabo actividades que impliquen la interacción en grupo, su matrimonio se ve afectado de forma positiva. Siente atracción por las actividades arriesgadas.

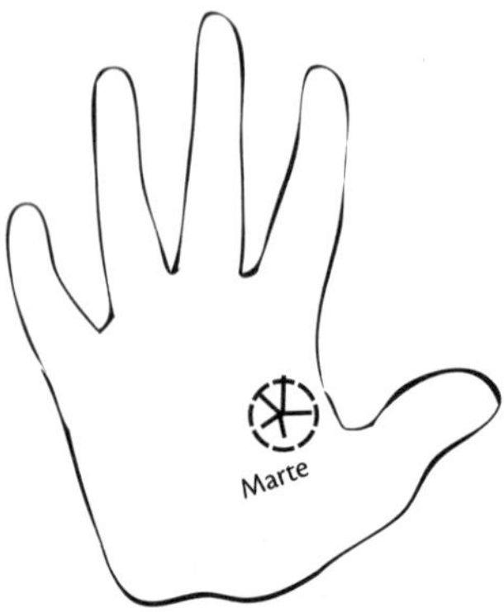

494. Líneas finas se originan en su Monte de Marte inferior.

Se ve fácilmente zarandeado por las opiniones de los miembros del sexo opuesto. Los efectos son profundos e influyen en la forma en que viste y maneja el dinero. No controla completamente su genio y tiene la capacidad de tender a realizar acciones brutales.

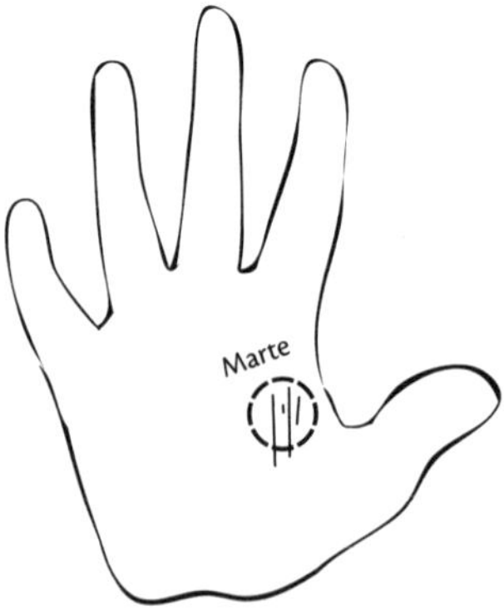

495. Tiene una rejilla cerca del Monte de Marte inferior.

Una vez se ha enfadado por algo, le cuesta mucho desprenderse de este sentimiento. Su rabia puede aumentar hasta convertirse en un instinto de furia, casi asesino, que le consume. Si sus últimos años se ven colmados con una misión de importancia, estos sentimientos remitirán y, en su lugar, aparecerán riquezas materiales y espirituales.

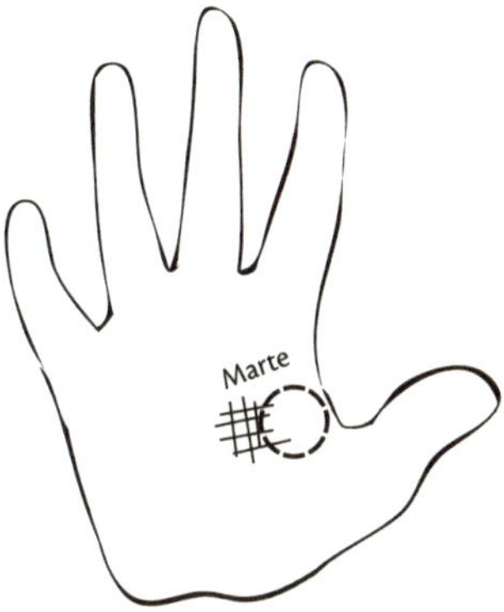

496. Tiene un triángulo en el Monte de Marte inferior.

Posee una mente estratégica y sobresale a la hora de predecir el siguiente movimiento de una persona a partir de sus acciones pasadas. También tiene un gran talento para organizar espectáculos. Los grandes jefes militares y otros líderes poseen este signo.

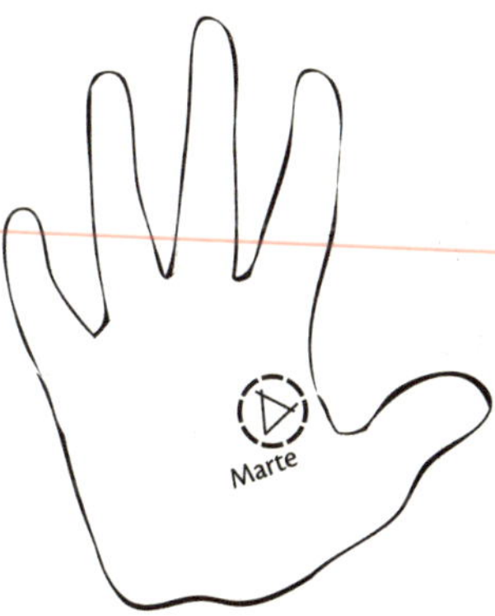

497. Tiene una estrella en el Monte de Marte superior.

Es un luchador nato. Ahora, sus batallas puede que sean silenciosas y sin atractivo popular, pero un día será ampliamente conocido por mantener una posición valiente en asuntos importantes. Su éxito depende, ahora y en gran medida, de su paciencia, que no es su mayor virtud. Es recomendable que se mantenga alejado de los bordes afilados y las armas de fuego. Cae fácilmente en estados de celos y cólera.

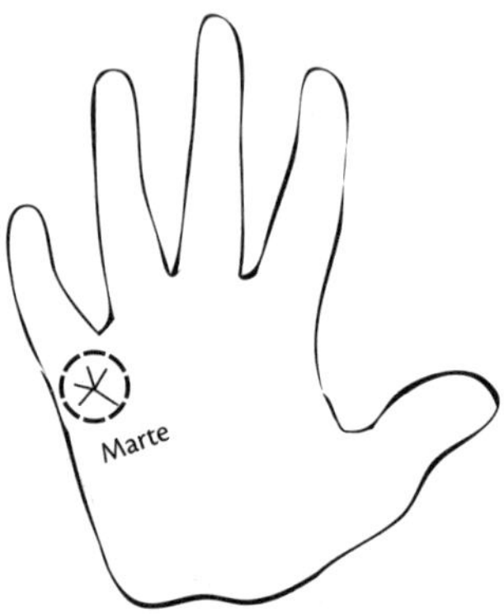

498. Hay una estrella entre sus Líneas de la Cabeza y del Corazón, bajo su Monte de Mercurio.

Posee facultades descriptivas y de curiosidad y un amor por los detalles y la reproducción precisos. Podría alcanzar grandes cotas y conseguir la satisfacción interna si emplea estas aptitudes en el campo de los negocios, como en la banca, los gráficos o la ciencia.

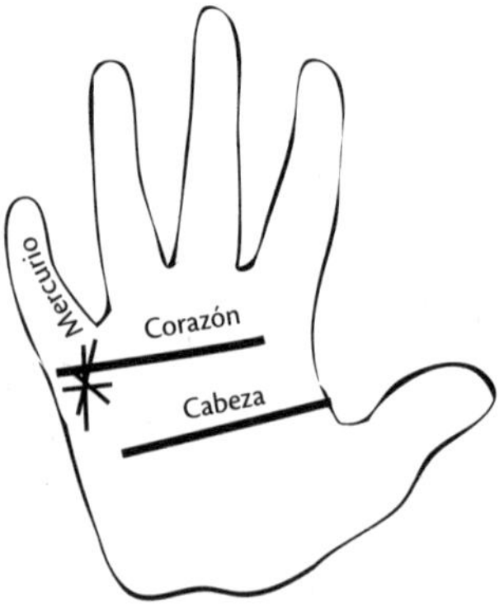

499. Hay un triángulo en su Monte de Marte superior.

Se trata de un signo excelente. Le proporciona tranquilidad ante el peligro real. Siempre tiene presencia de ánimo en los momentos de crisis. Esto hace que sea digno de confianza. Tiene aptitudes para la estrategia y la táctica, como los líderes militares, y haría bien embarcándose en una carrera de esta índole.

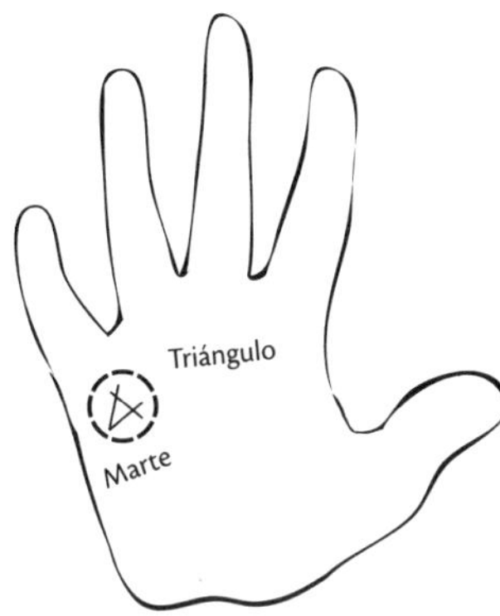

500. Tiene un cuadrado en su Monte de Marte superior.

Cualquier tendencia que albergue hacia la violencia y los estallidos impredecibles será controlada mediante esta configuración. Es usted el tipo de persona que debe practicar el control de sus emociones mediante el poder mental. Este cuadrado también le protegerá de los daños corporales durante las discusiones.

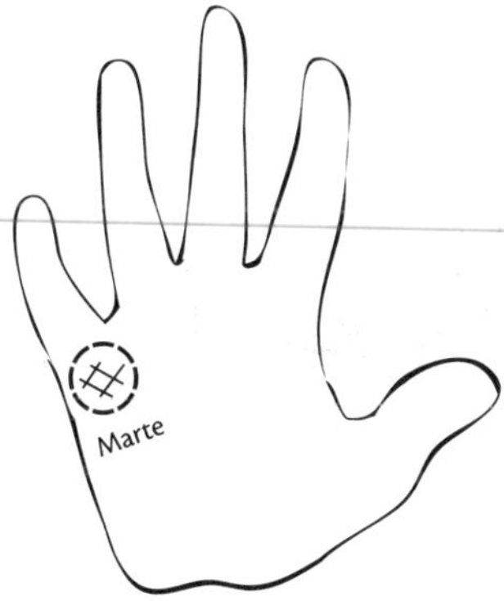

501. El espacio entre sus Líneas de la Cabeza y del Corazón carece de señales.

Esto es importante, ya que nos habla de la tranquilidad y presencia de ánimo que posee, que son necesarias en casos de emergencia. Examina las situaciones cuidadosa, aunque rápidamente, antes de emprender acciones. Su buen juicio suele ser requerido por sus amigos y familiares.

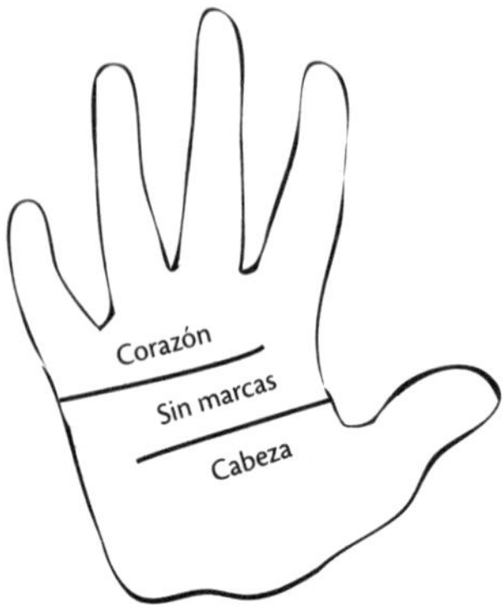

502. Aparecen líneas de cabello en el espacio situado entre las Líneas de la Cabeza y del Corazón.

El temor innecesario afecta a su equilibrio. Le persiguen muchos miedos, y la mayoría son innecesarios. Suele estar nervioso e irritante sin causa aparente. Debe volver a disciplinar su mente para creer que puede cambiar estos hábitos.

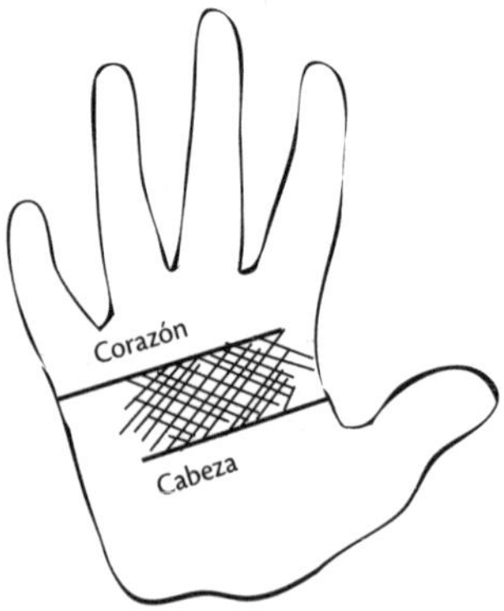

503. Hay una cruz en su palma de la mano situada bajo el Monte de Saturno, entre sus Líneas del Corazón y de la Cabeza.

A esta cruz se la conoce con el nombre de Cruz Mística. Indica una gran sed de conocimientos. Los conocimientos que busca son variados. Los filósofos, abogados y líderes de la iglesia suelen poseer esta señal. Tendrá una hilera de seguidores que necesitarán su apoyo.

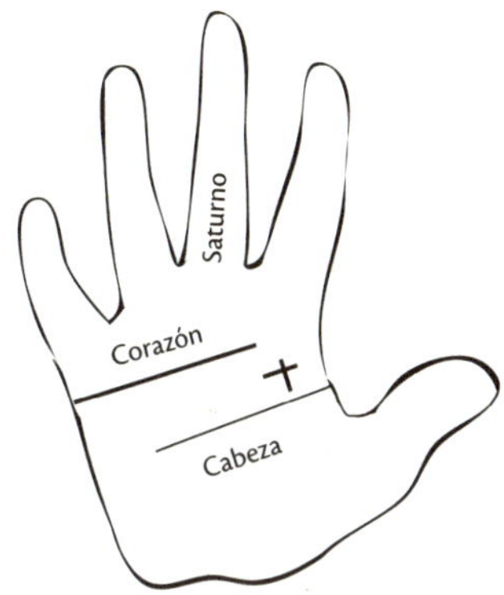

504. Hay cruces entre sus Líneas del Corazón y de la Cabeza.

Esto denota un don natural de misticismo. Se toma la vida en serio. Frecuentemente busca signos de importancia mística. Es usted supersticioso. Tiene una capacidad importante para escribir poesía hermosa y mística.

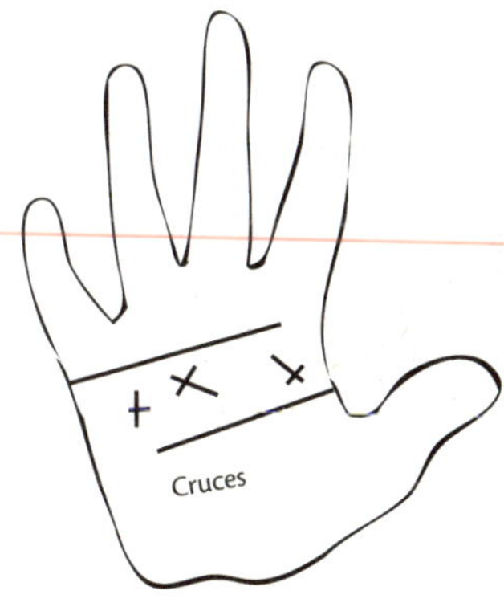

505. Hay una estrella entre sus Líneas de la Cabeza y del Corazón, bajo el Monte de Apolo.

El éxito le está esperando en algún campo de las artes o la comunicación. Sabe cómo ganarse a los que tiene alrededor. También entiende el equilibrio adecuado entre la cortesía y la presión para obtener las cosas que necesita de los demás. Maneja bien grandes sumas de dinero.

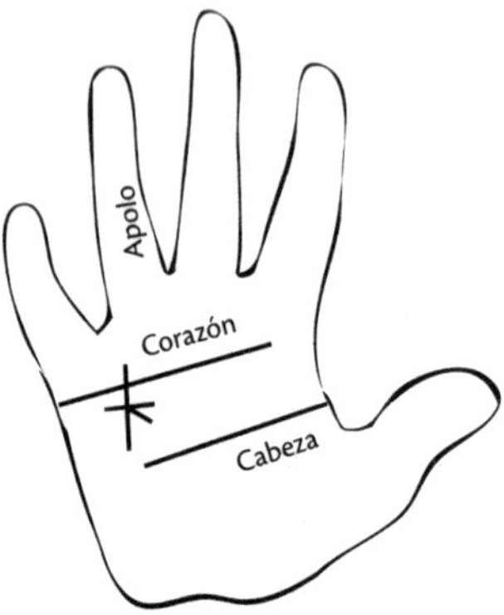

506. Puede verse una estrella entre sus Líneas de la Cabeza y del Corazón, bajo el Monte de Saturno.

Tiene una carrera excepcional por delante. Dominará el arte de concentrar sus esfuerzos para conseguir un objetivo importante. Está destinado a enseñar a otros a ayudarse a sí mismos. Comprende la importancia de los cambios y los acepta con elegancia.

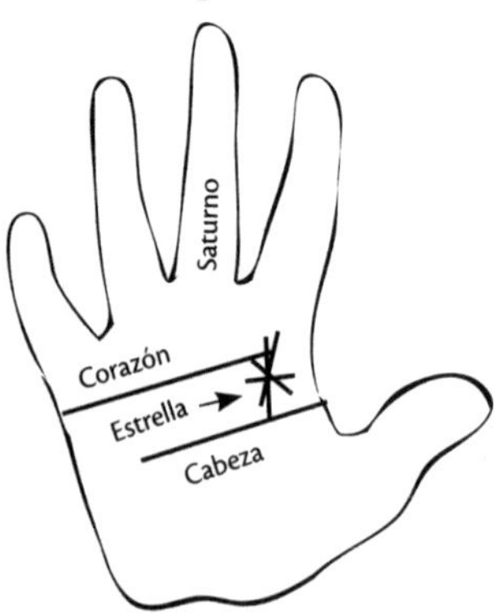

507. Tiene un triángulo entre sus Líneas de la Cabeza y del corazón.

Tiene una curiosidad insaciable. Muchos de los tipos de preguntas para los que necesita respuestas no tienen respuesta. También quiere respuestas al instante. Prefiere que otros confirmen lo que ya sabe que es cierto antes de continuar.

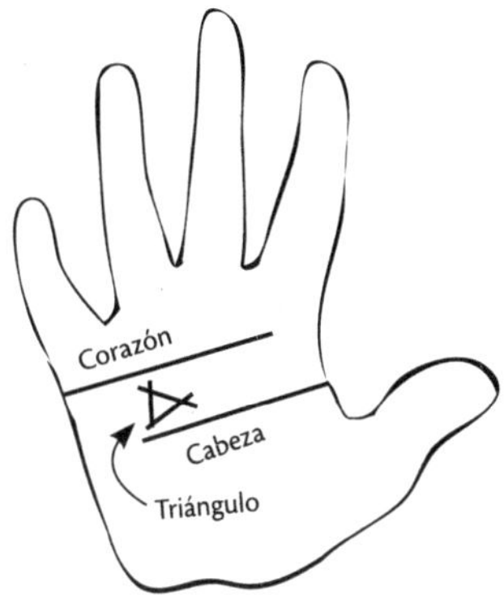

Tablas de referencia

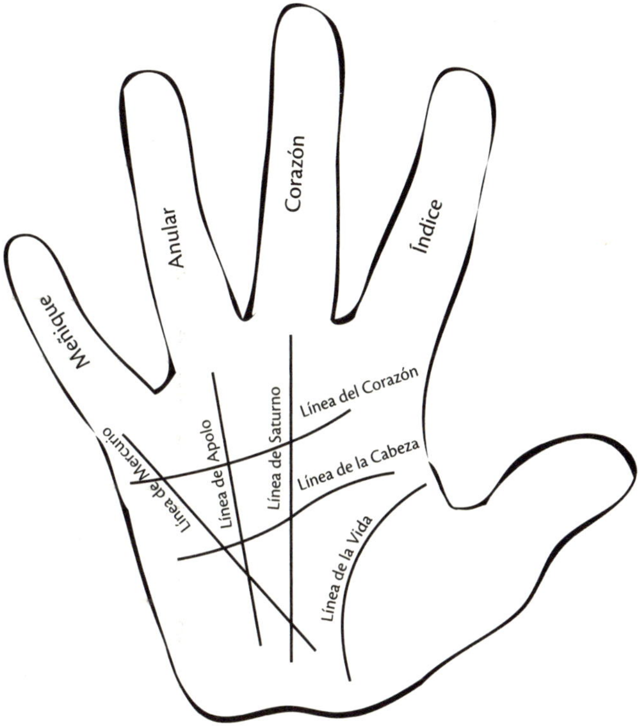

Las líneas principales

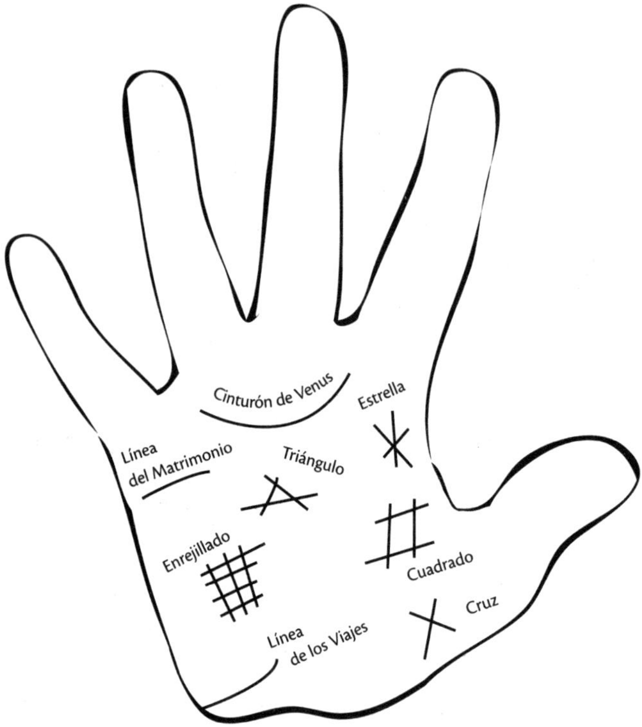
Cinturón de Venus
Estrella
Línea
del Matrimonio
Triángulo
Enrejillado
Cuadrado
Cruz
Línea
de los Viajes

Marcas

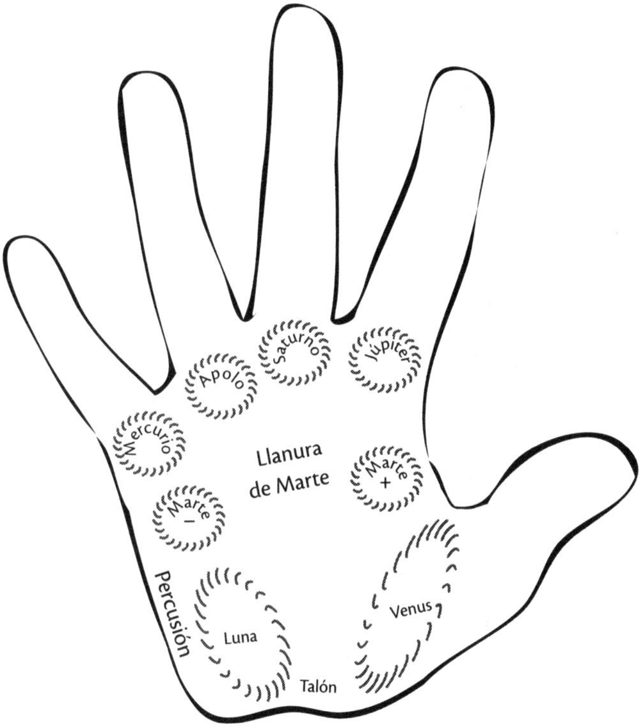
Saturno
Júpiter
Apolo
Mercurio
Llanura
de Marte
Marte
+
Marte
–
Percusión
Venus
Luna
Talón

Los montes

Los nombres de los dedos

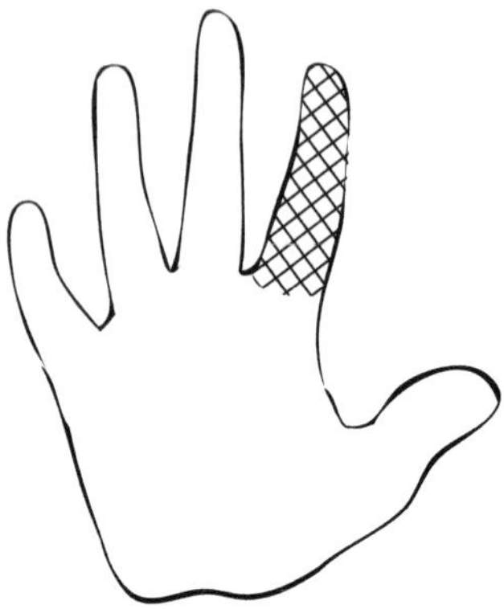

Dedo de Júpiter

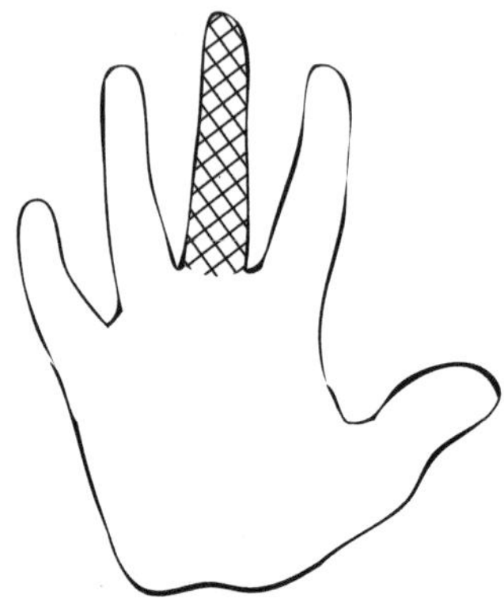

Dedo de Saturno

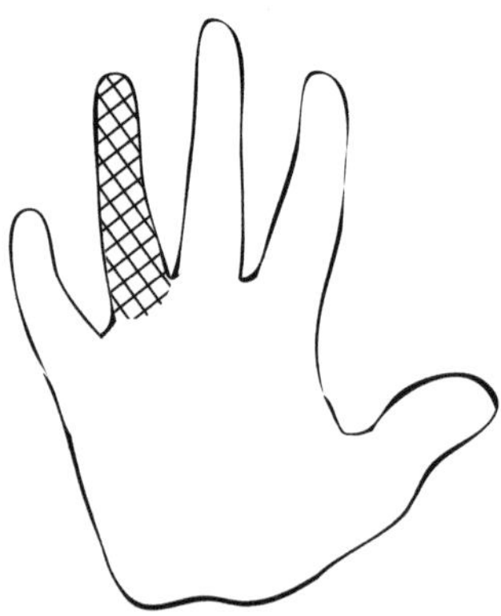

Dedo de Apolo

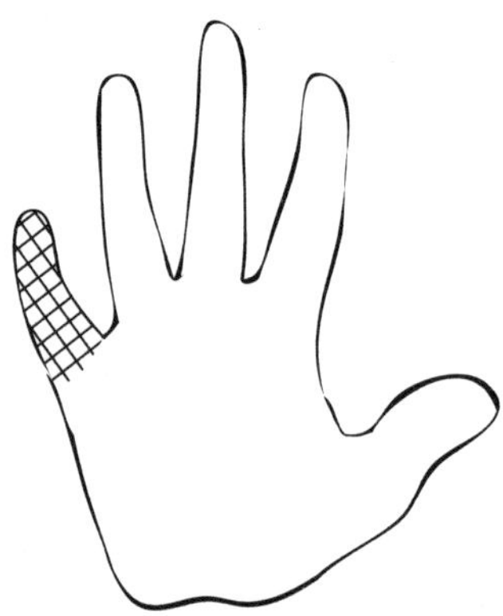

Dedo de Mercurio

Los nombres de los dedos

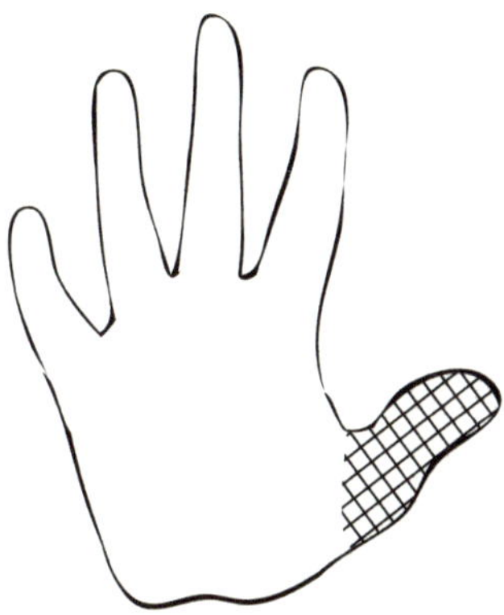

Dedo de Venus

Las líneas principales

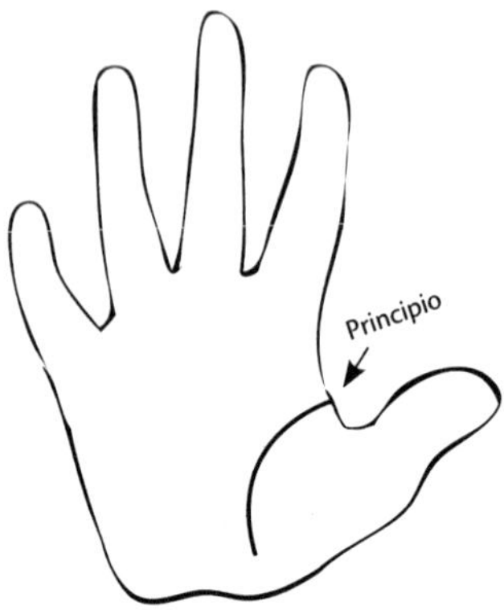

Línea de la Vida

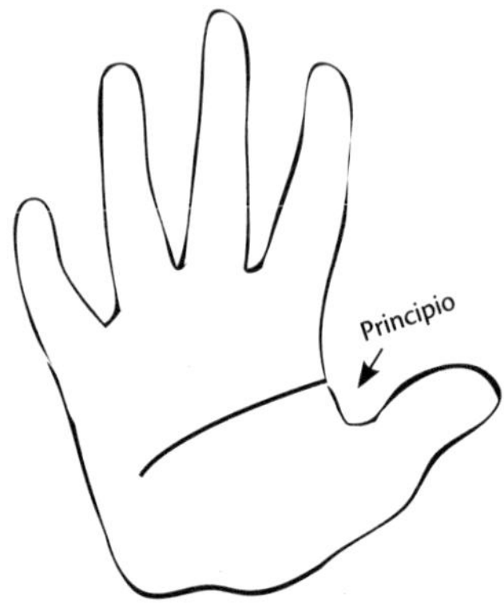

Línea de la Cabeza

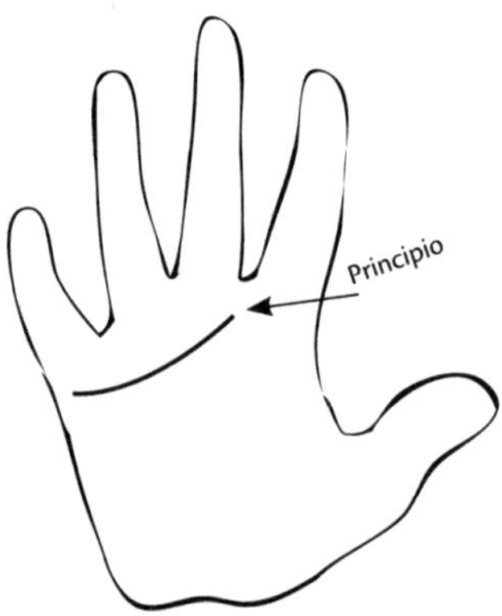

Línea del Corazón

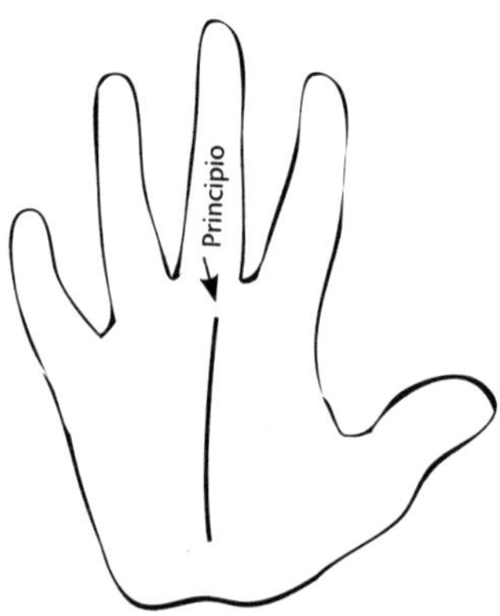

Línea de Saturno

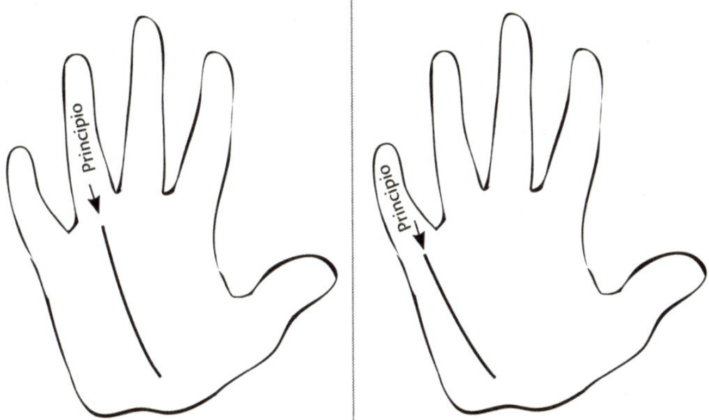

Línea de Apolo

Línea de Mercurio

Variaciones en las líneas

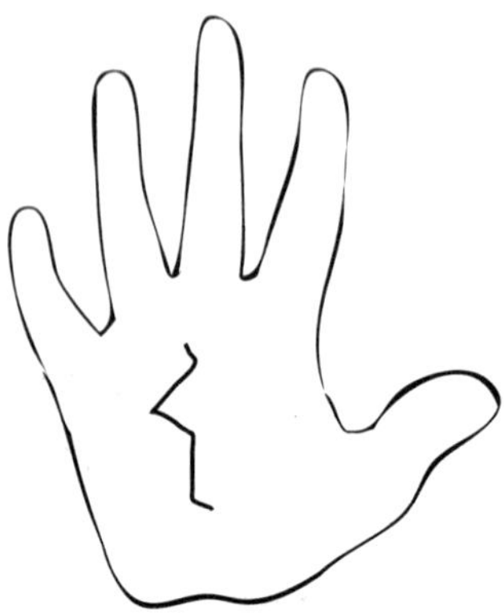

Torcida

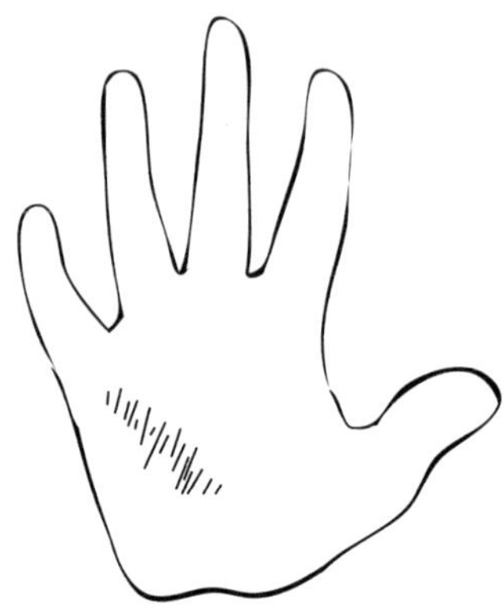

Formación en escalera

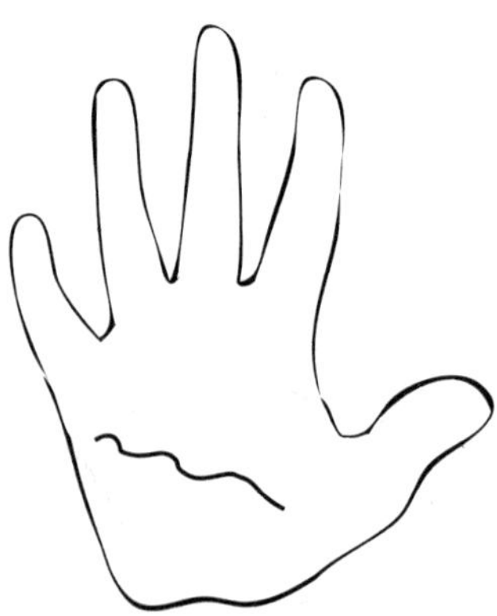

Ondulada

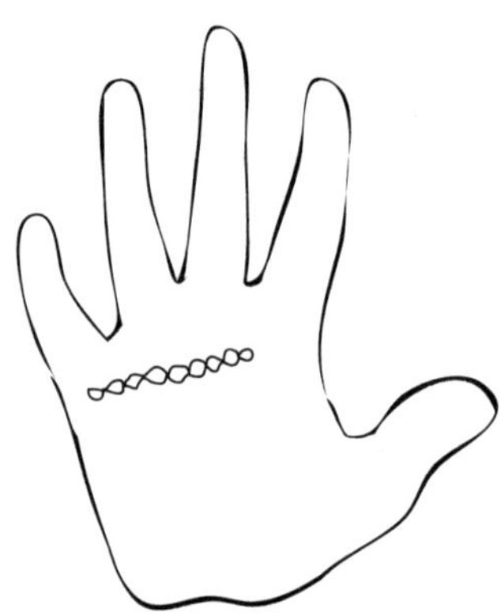

Cadena

Variaciones en las líneas

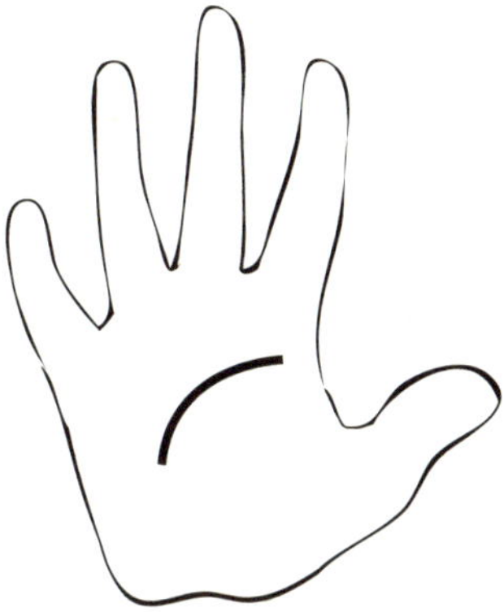

Arqueada

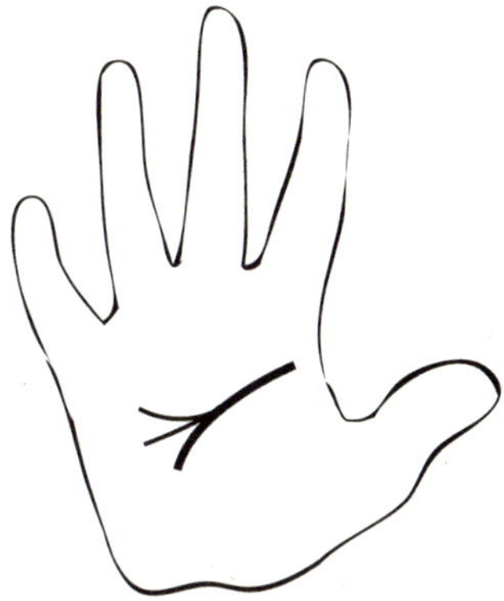

Ramas sencillas

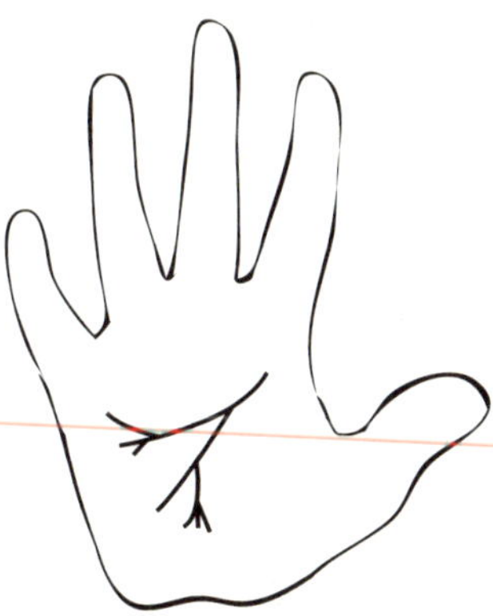

Ramas múltiples

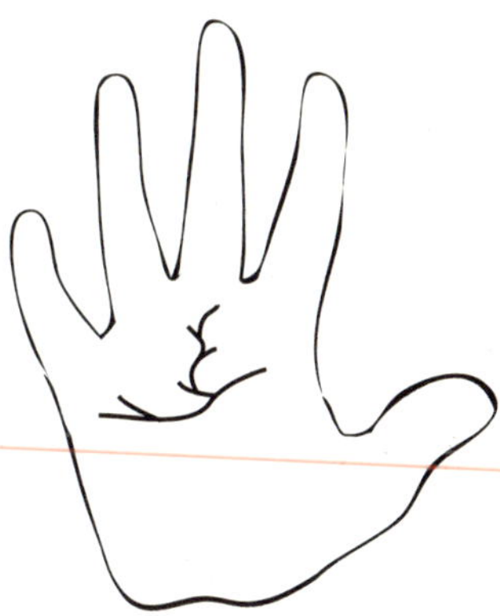

Ramas ascendentes

Variaciones en las líneas

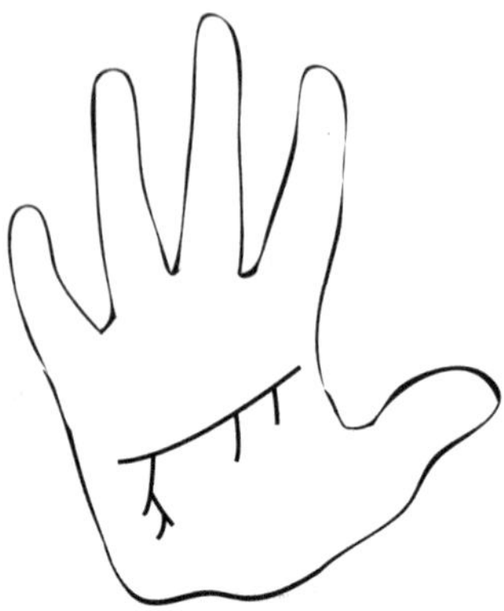

Ramas descendentes

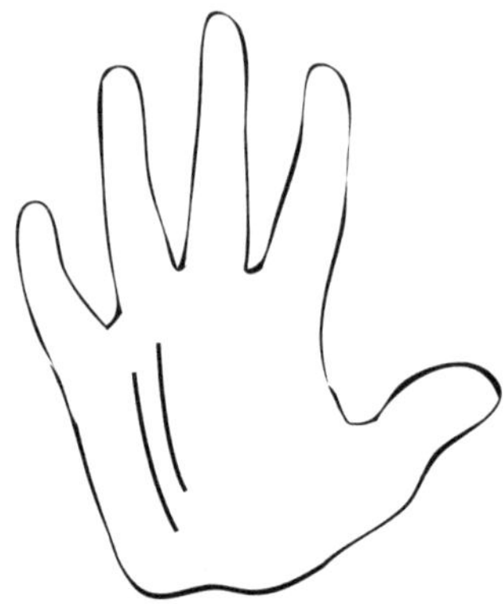

Líneas hermanas
o de la suerte

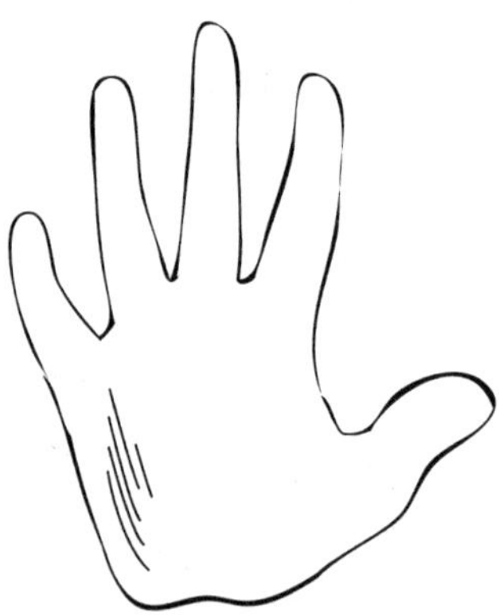

Líneas de cabello

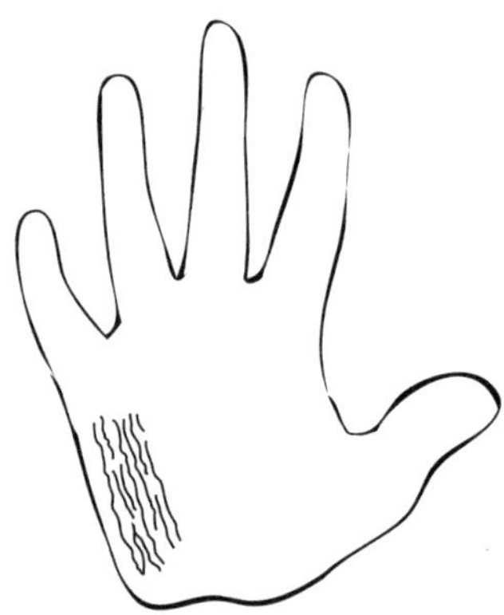

Líneas capilares

Variaciones en las líneas

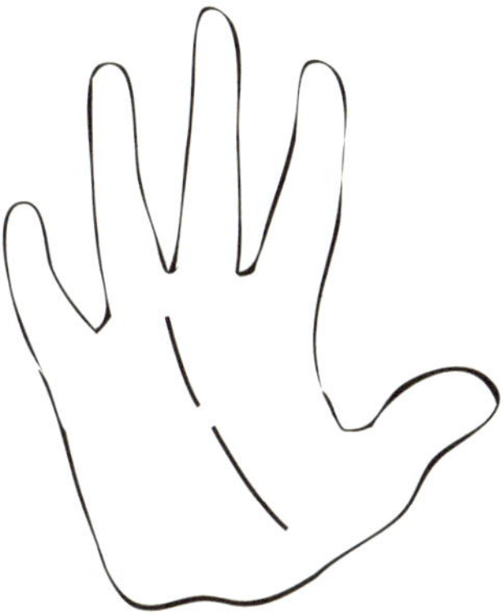

Línea partida
Interrupción única

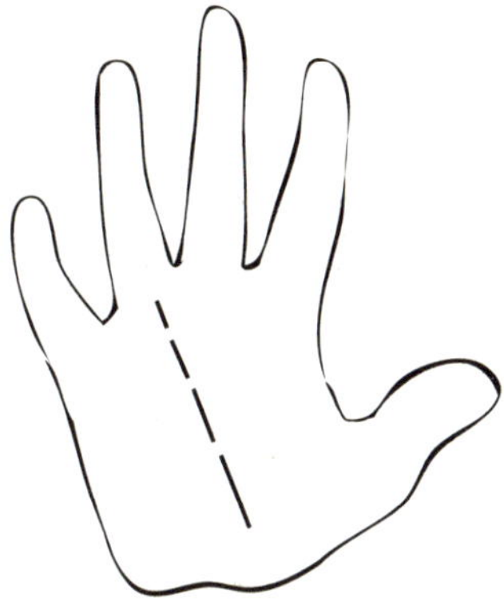

Línea partida
Interrupciones múltiples

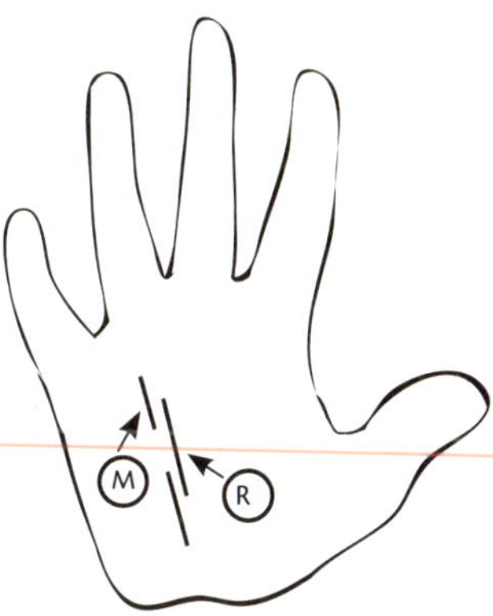

M = Línea reparada
R = Línea de reparación

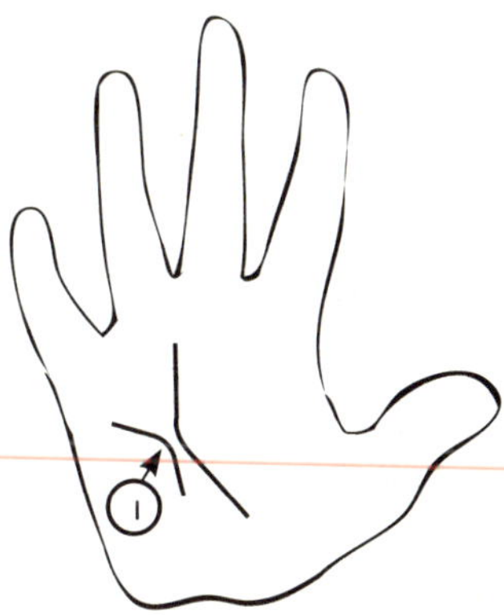

I = Línea de Influencia

Variaciones en las líneas

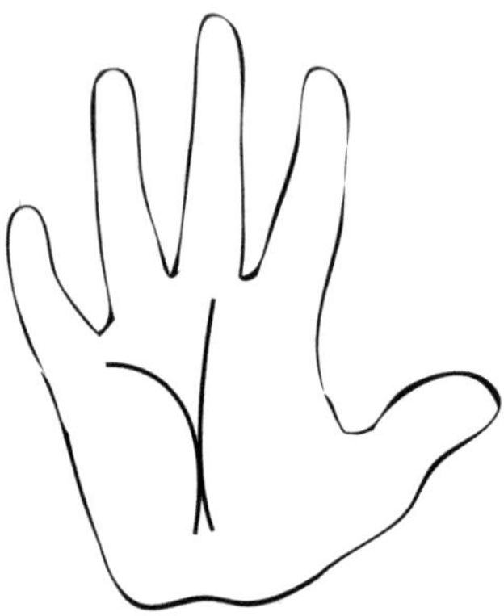

Líneas convergentes

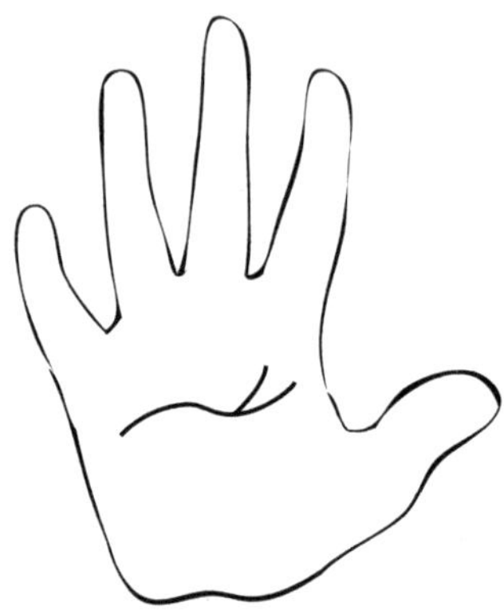

Rama única con ángulo

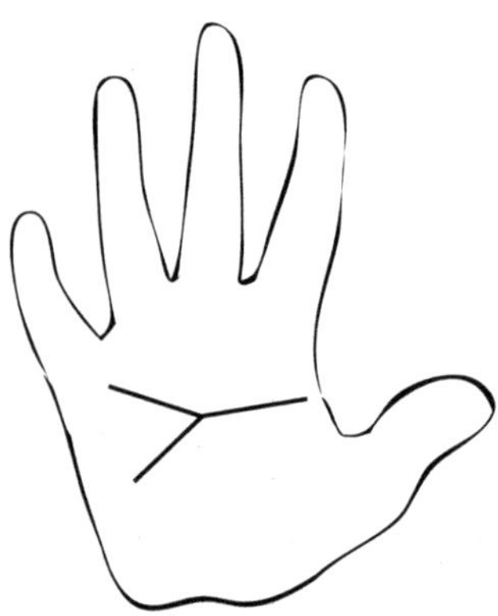

Bifurcación

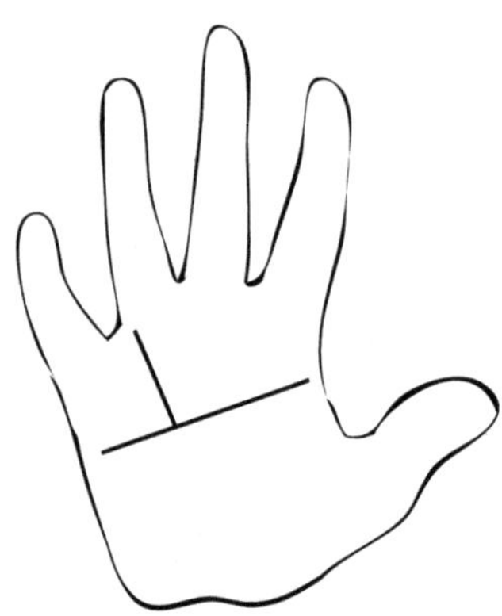

Líneas unidas

Variaciones en las líneas

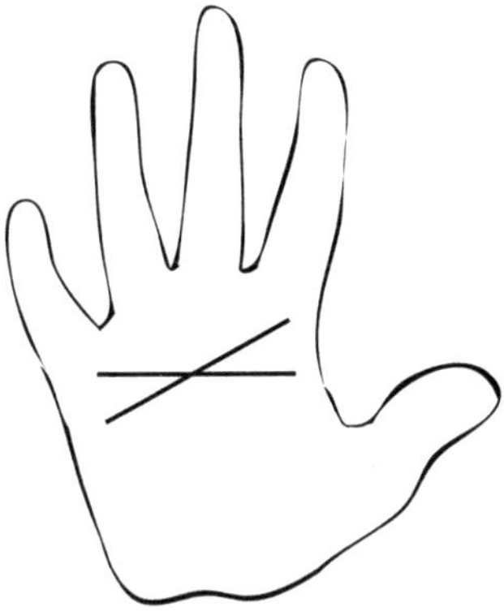

Líneas que se cruzan

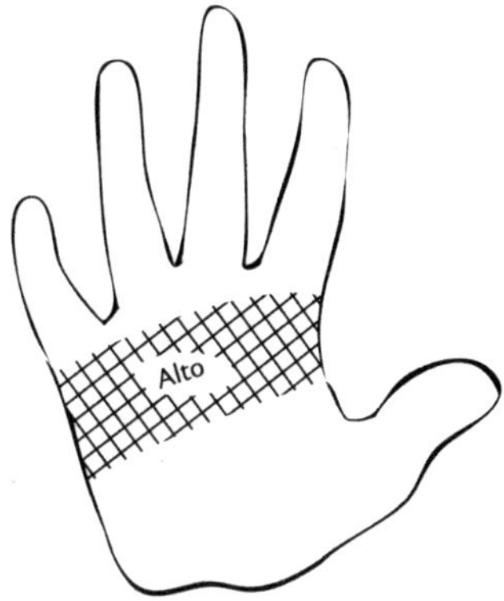

Líneas a gran altura en la palma estan en esta zona

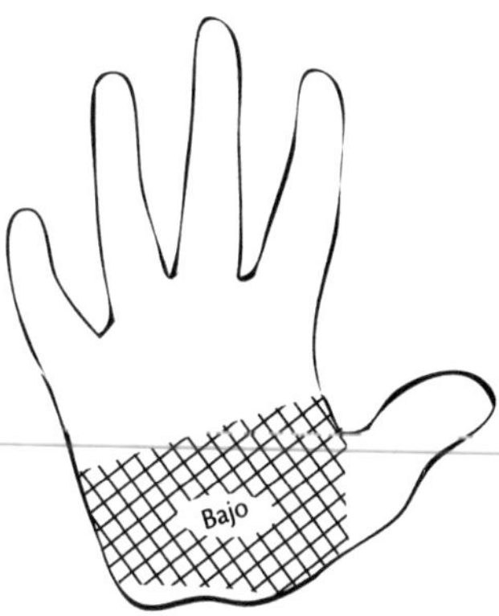

Líneas a poca altura en la palma estan en esta zona

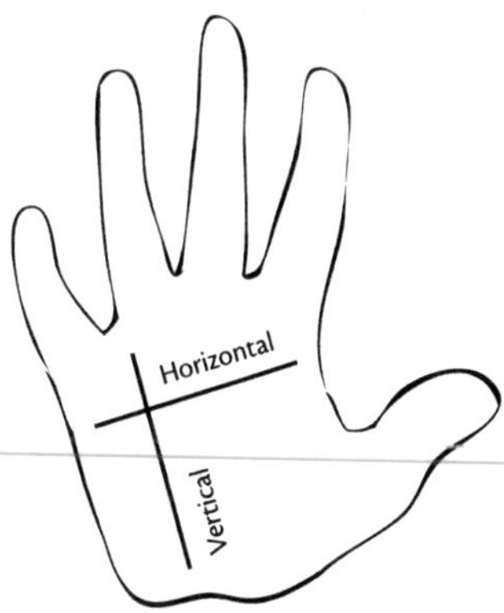

Planos verticales y horizontales verdaderos

Los nombres de los montes

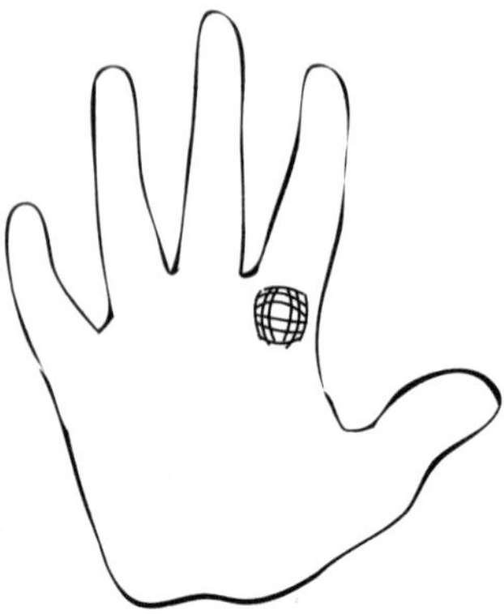

Monte de Júpiter

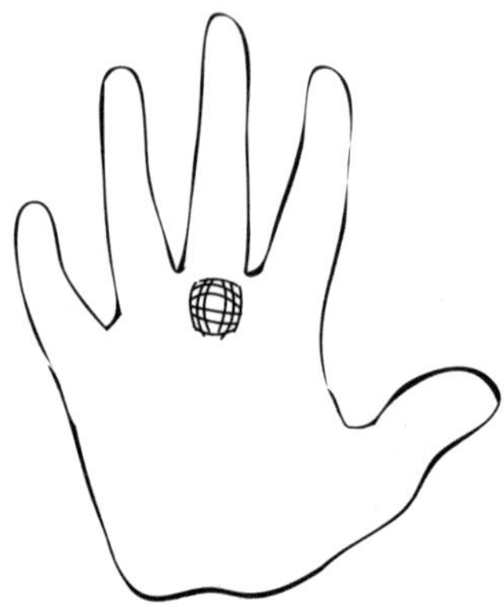

Monte de Saturno

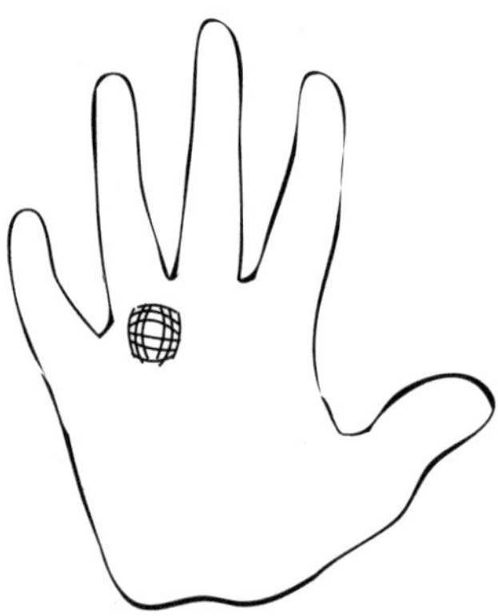

Monte de Apolo

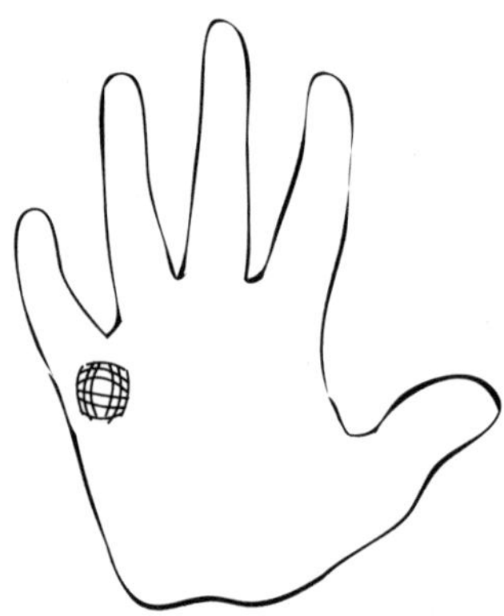

Monte de Mercurio

Los nombres de los montes

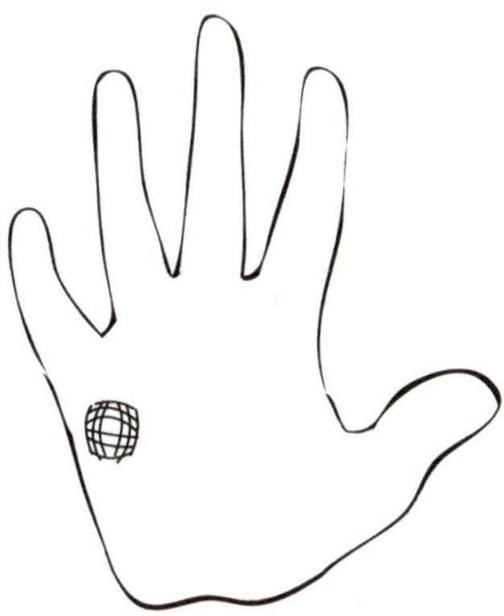

Monte de Marte superior

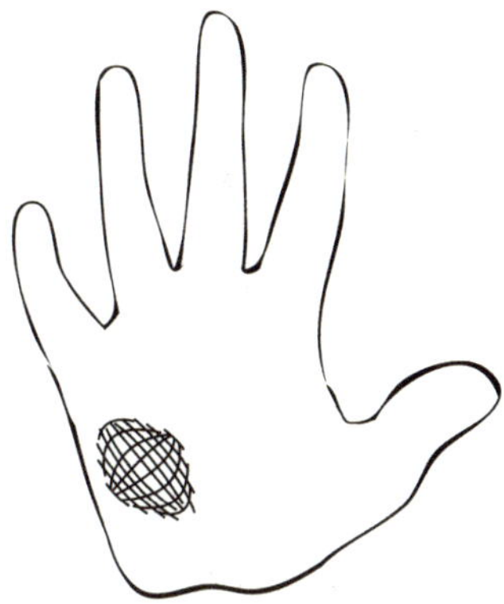

Monte de la Luna

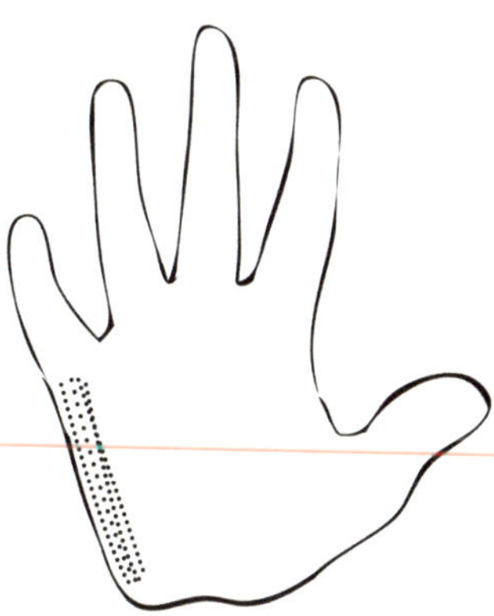

Área de la Percusión

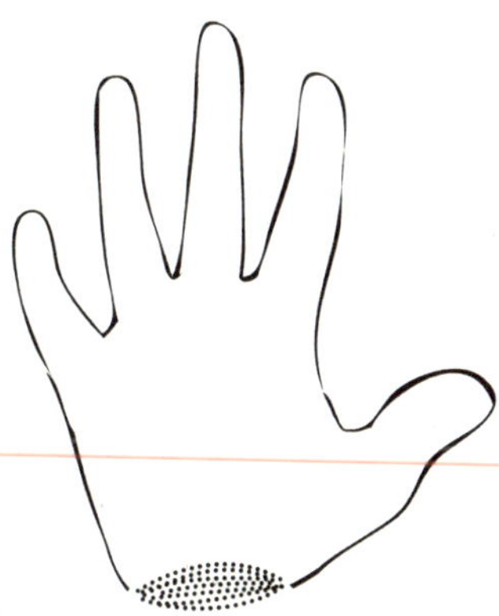

Área de la muñeca

Los nombres de los montes

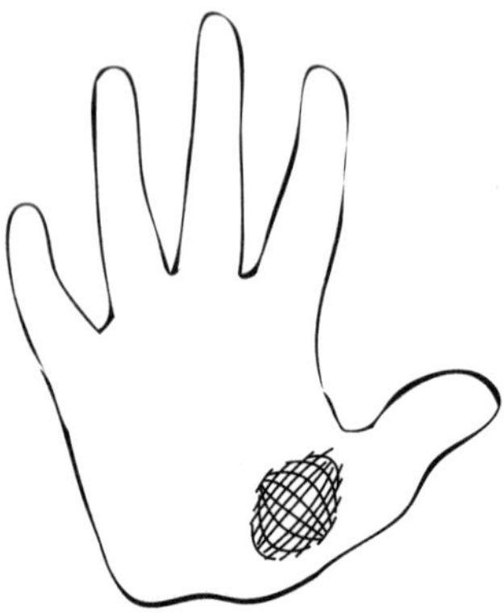

Monte de Venus

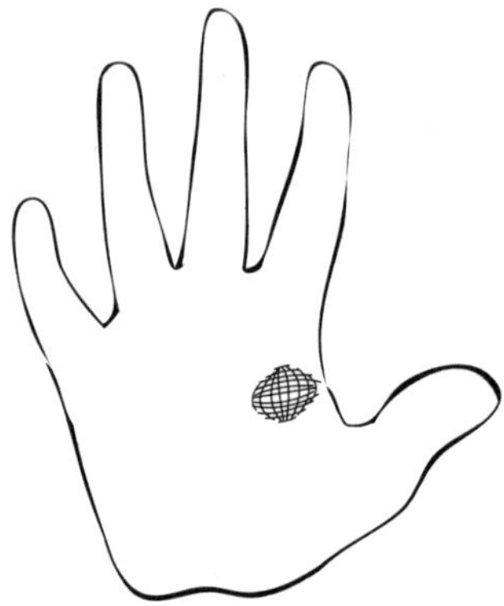

Monte de Marte inferior

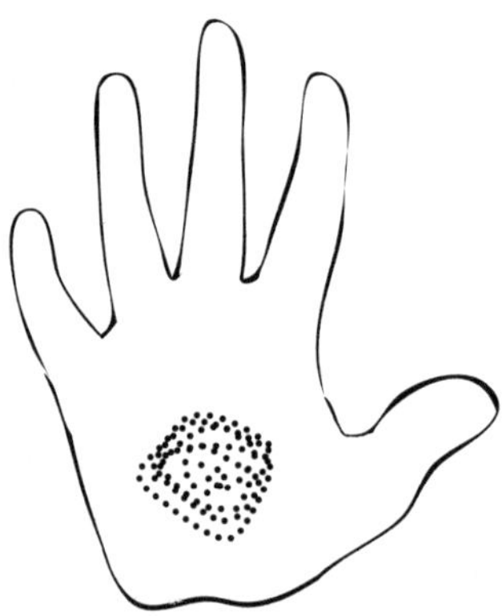

Llanura de Marte

Marcas y señales

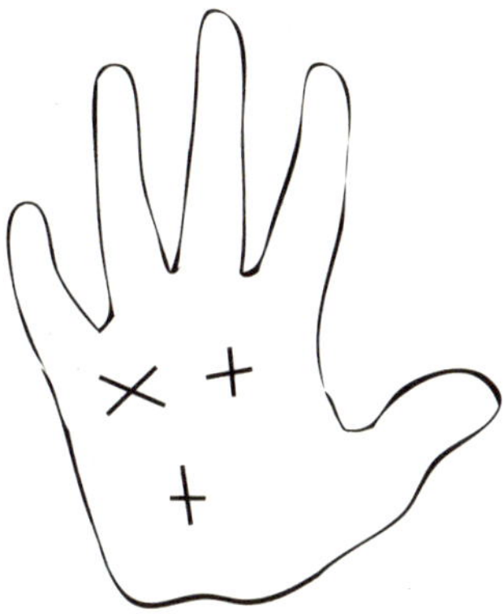

Cruces

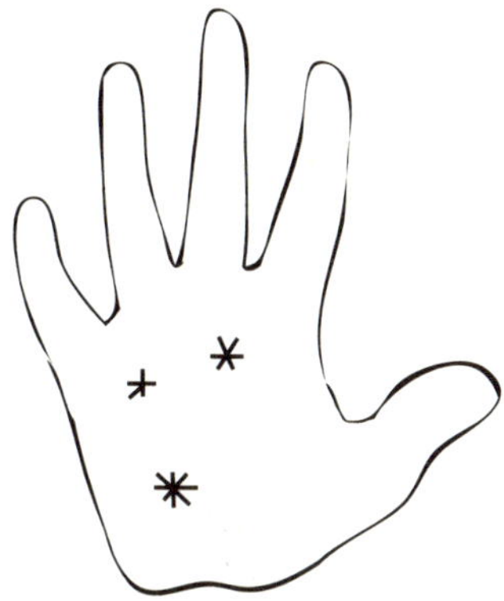

Estrellas

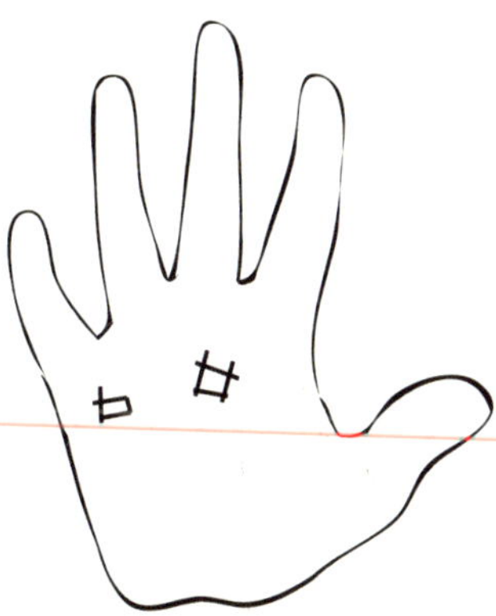

Cuadrados

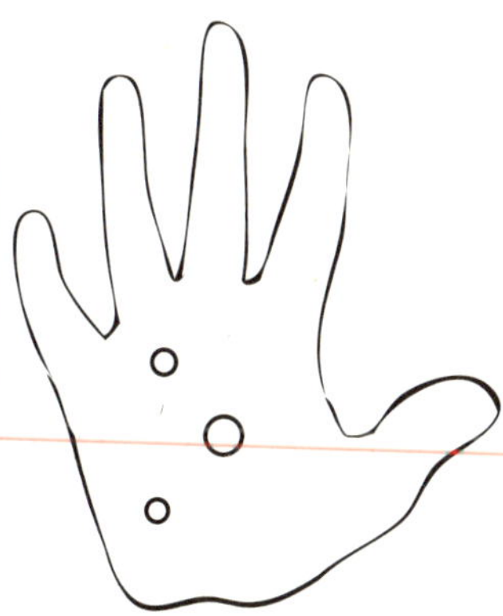

Círculos

Marcas y señales

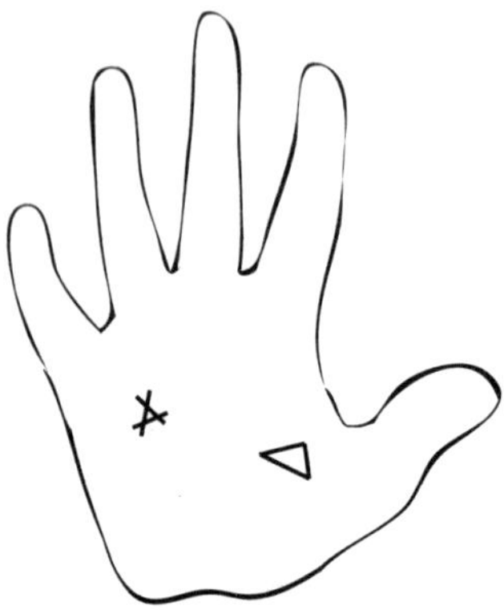

Triángulos

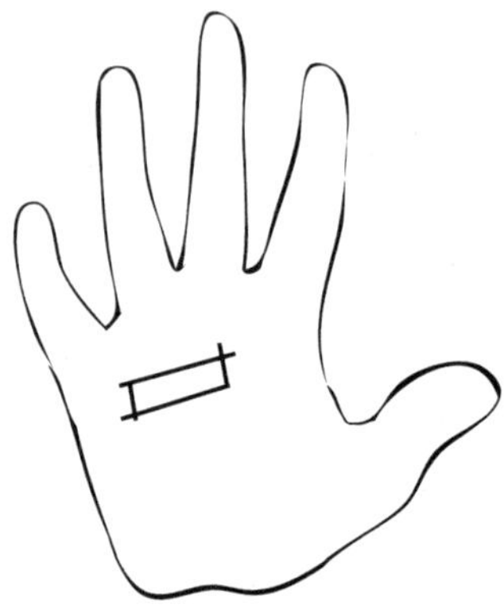

Cuadrilátero

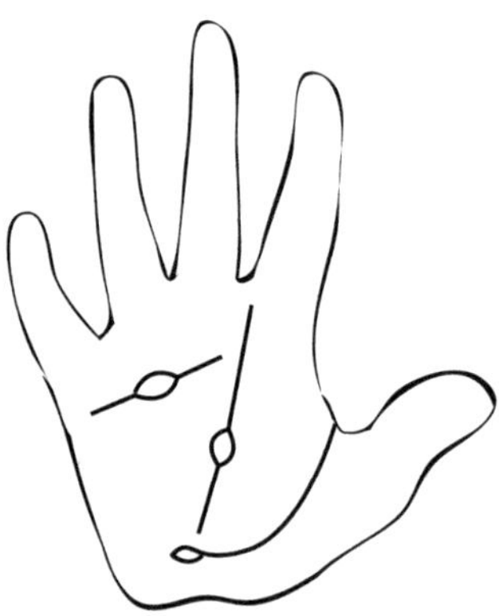

Islas

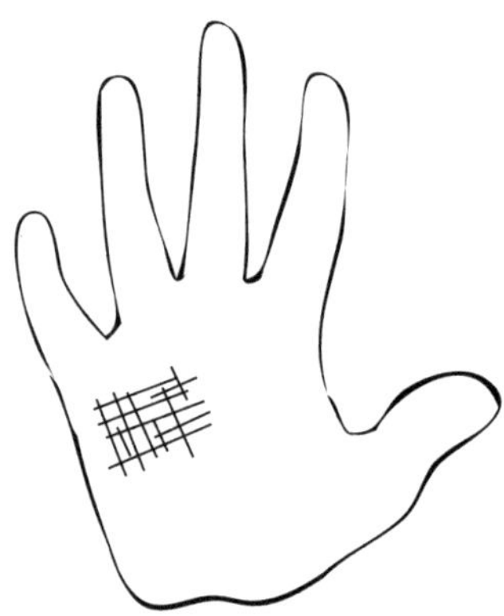

Rejilla

Marcas y señales

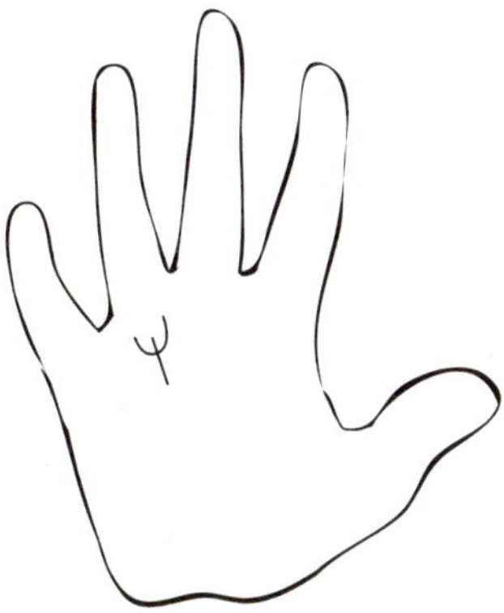

Psi (letra griega)

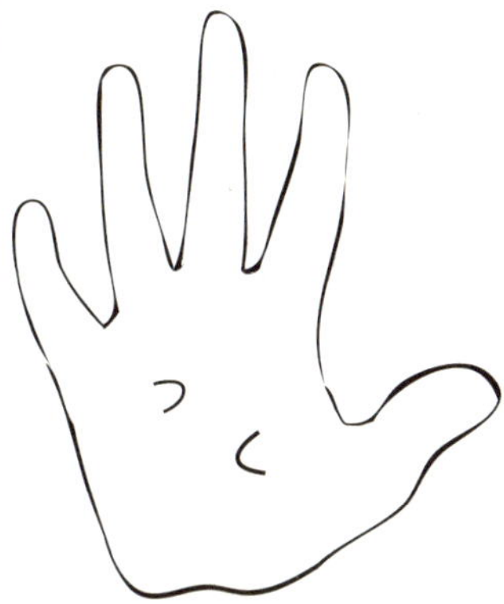

Semicírculos

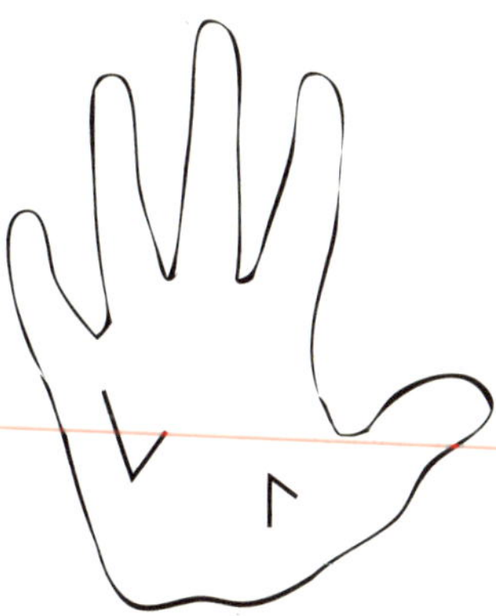

Formación en «V»

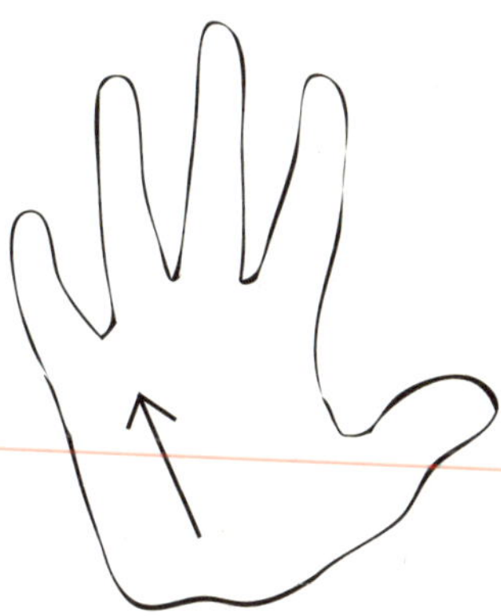

Flecha

Marcas y señales

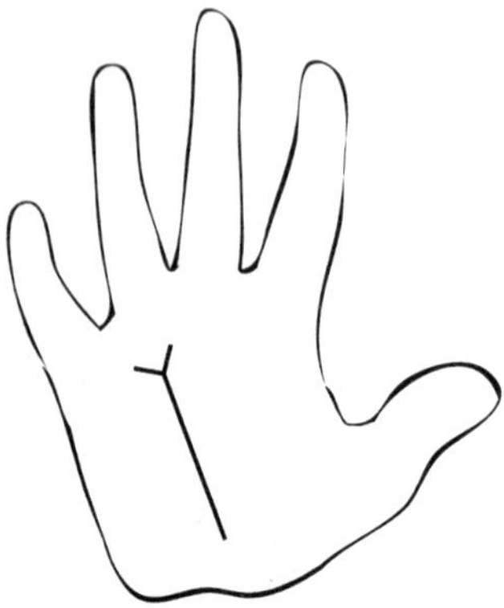

Bifurcación con 2 ramas

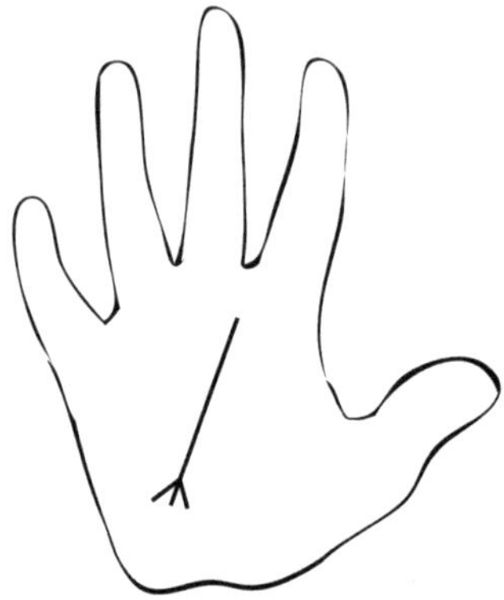

Bifurcación con 3 ramas

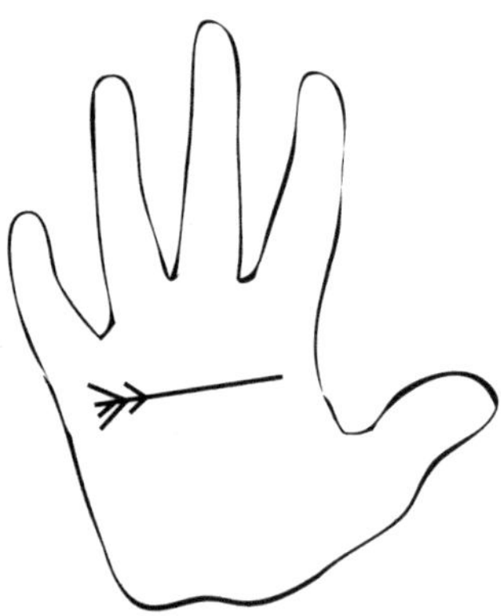

Borla

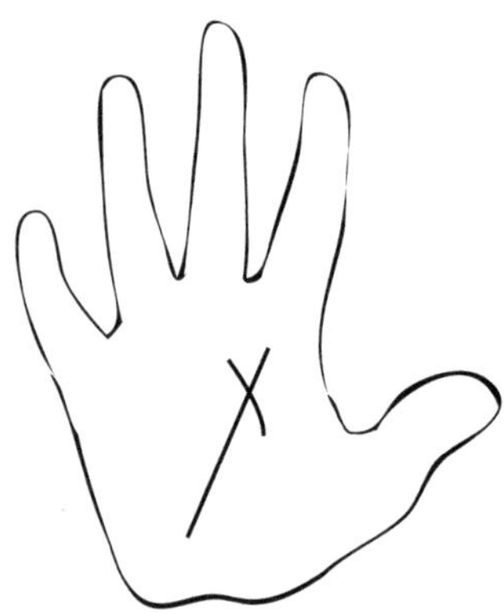

Línea que cruza una barra

Marcas y señales

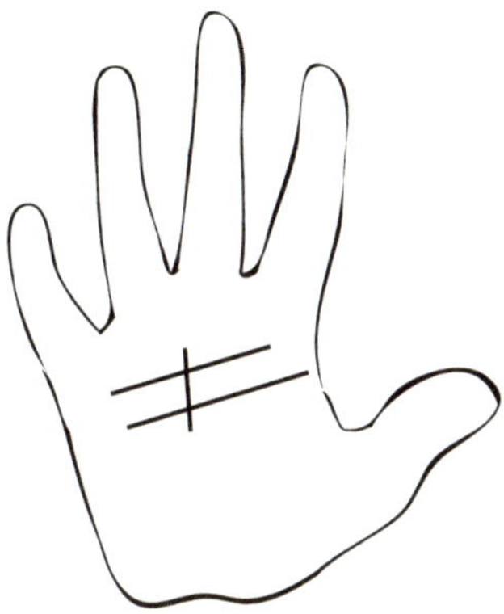

Barra cruzada

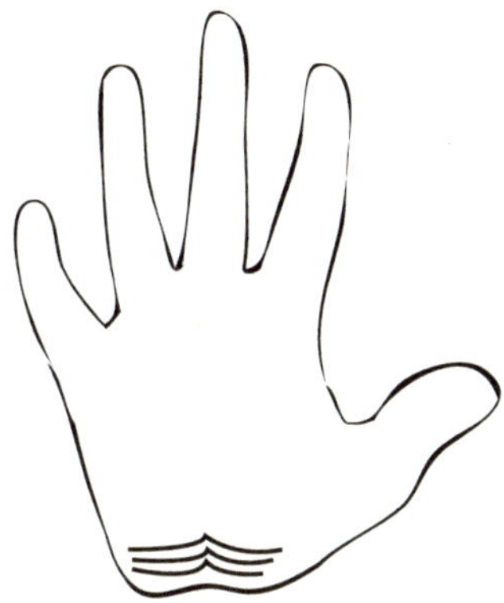

Rasceta

¿Así que quiere ser quiromántico profesional?

El siguiente capítulo es un curso breve sobre los aspectos esenciales de la quiromancia profesional. Si lo estudia y lo memoriza mediante la repetición, debería proporcionarle todos los elementos básicos para proceder de forma semiprofesional en el mundo de la quiromancia.

Una advertencia: estoy plenamente convencida, en esta época llena de preocupaciones, de la necesidad de animar y consolar a los clientes, en lugar de reprenderles o dominarles. Un gran número de personas que buscan quirománticos lo hacen como último recurso después de que los médicos o los asesores religiosos no puedan ofrecerles ayuda o alivio. En tales casos, sus respuestas deberían ser paliativas, aunque también deberían servir para que su cliente se dé cuenta de que tiene habilidades ocultas que utilizar, que ciertas debilidades pueden corregirse y que dispone del potencial para desempeñar un papel singular y útil para la sociedad. Potencie siempre, y no derribe ni critique.

Todo el mundo quiere que le lean la palma de la mano. No sea tonto y no lo haga gratis. Si se toma la molestia de memorizar este libro (esto puede llevarle semanas), merece una compensación económica. Como es una experiencia mentalmente agotadora para el quiromántico, no debería sentirse mal por pedir una compensación justa.

¿Cuánto debería cobrar? Pregunte al futuro cliente: «¿Cuánto vale para usted que analice su personalidad y su carácter y que prediga las buenas noticias sobre su futuro?». Yo uso una escala que oscila entre los 5 y los 50 €. A medida que progrese, podrá, al sujetar la mano de su cliente, obtener también mensajes acerca de esta persona (ya sean visuales o mentales). Ésta es la parte más agotadora. Algunos clientes son tan exigentes y hacen tantas preguntas que en un santiamén se verá vaciado de toda su vitalidad. En este caso, lo mejor es empezar y decir: «Aquí tiene un trozo de papel, escriba sus tres preguntas». Si insisten en hacerle más preguntas y le interrumpen con frecuencia, sea atrevido y dígales que tendrá que cobrarles por cada pregunta. En el caso de algunos clientes necesitará un día o dos para recuperarse y renovar su energía cósmica o psíquica perdida.

Una buena regla empírica es la de no dedicar más de media hora a la lectura de una palma de la mano. El mensaje pierde su impacto al cabo de quince minutos, y después de media hora, su cliente ya habrá olvidado lo que le dijo al principio.

Los hombres suelen ser unos clientes más difíciles que las mujeres. Una vez que se quitan la máscara y exponen sus vulnerabilidades, se les debe tratar con especial cuidado, ya que son muy crédulos e impresionables y podría usted infligir unos daños duraderos a la psique de un hombre durante su lectura si le asusta con previsiones funestas. Debido a ello, evite responder a preguntas sobre la muerte, enfermedades y accidentes, ya que esto no es asunto del quiromántico.

Para estimular su trabajo, siempre que se presente la oportunidad en una conversación (en una reunión, después de clase, en internet, con conocidos, etc.), mencione, de manera informal, que lee usted la palma de la mano. Verá que, de repente, alargarán las manos hacia usted y oirá como un coro dice: «Léeme la palma». Llegado este punto, deles a todos una tarjeta con su nombre y su teléfono y dígales: «Llamadme. Tengo muchas reservas, así que tendremos que concertar una cita». ¡Buena suerte!

Aspectos esenciales de la quiromancia profesional

Un cursillo breve

En las siguientes descripciones de las líneas, las formas y los tipos, verá que todas las líneas tienen un punto de origen, una cierta longitud y un punto en el que se detienen. Estas líneas están decoradas con marcas o señales, y cada marca tiene una interpretación fundamental que deberá memorizar. A veces es importante decir a su cliente en qué momento se ha producido un evento designado por una marca. Este rango de tiempo es bastante fácil de calcular. Tome la longitud de la línea en cuestión y divídala en tantos segmentos como

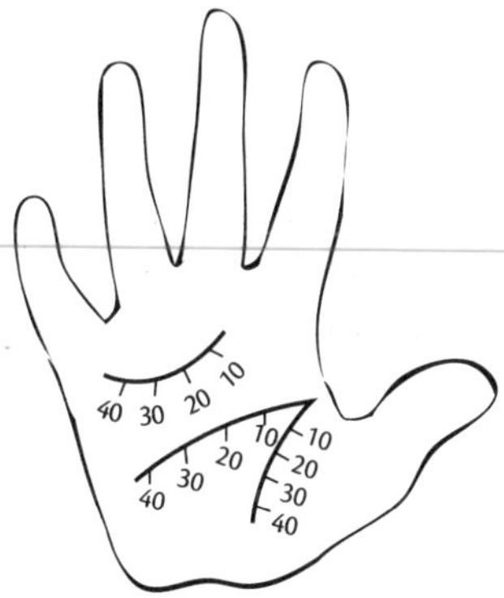

sea la edad de la persona en el momento en que le leemos la palma de la mano. Puede usar un bolígrafo para marcar la mano de su cliente.

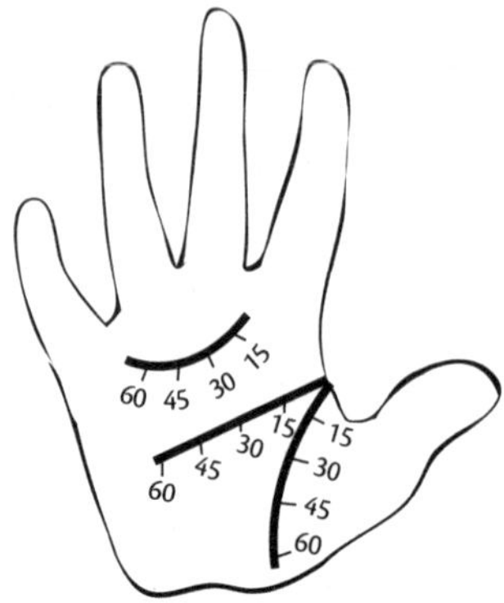

La Línea de la Vida

Se considera que la Línea de la Vida es la más importante de la palma de la mano. Inicia su recorrido en la cercanía de la malla carnosa del pulgar y discurre, en forma de una curva, hasta un punto en el que la muñeca acaba. La Línea de la Vida es una medida de la constitución, la vitalidad, la fuerza de voluntad, la lógica y la capacidad para dar y recibir amor de una persona.

a. Si la Línea de la Vida rodea al pulgar, se trata de un signo de una larga vida y de actividad durante su ancianidad.
b. Si está ramificada en su parte inferior, significa que las fuerzas vitales escapan del campo de la vida hacia el reino de la imaginación.
c. Las pequeñas ramas que se dirigen en sentido descendente implican que se tiene tendencia a malgastar la vitalidad.
d. Las pequeñas ramificaciones en sentido ascendente indican que uno se recupera fácilmente.

e. Las pequeñas líneas que cruzan la Línea de la Vida significan que uno se preocupa demasiado por cosas innecesarias.
f. Una Línea de la Vida corta y robusta significa vitalidad, empuje y la capacidad para superar los problemas de salud
g. Una Línea de la Vida recta y cercana al pulgar muestra a una persona que lleva una vida cuidadosa y principalmente dentro de casa.
h. Los cuadrados sobre la Línea de la Vida proporcionan una protección añadida contra las fuerzas adversas en los momentos de necesidad.
i. Una línea ondulada indica que la persona llevará a cabo muchos cambios en su vida antes de lograr la paz interior.

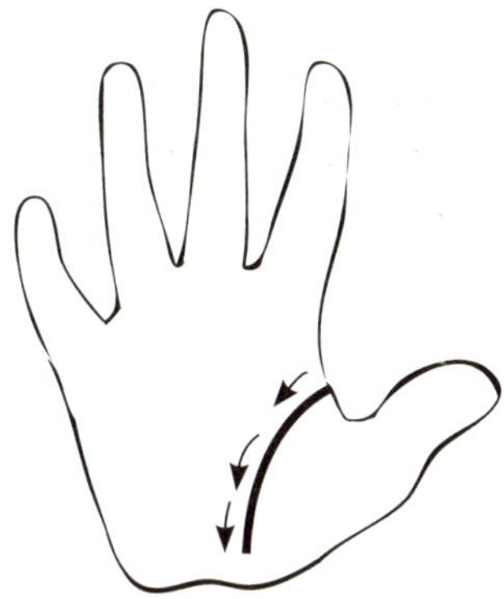

La Línea de la Cabeza

La Línea de la Cabeza es la primera línea horizontal por encima de la Línea de la Vida. Empieza en un punto situado en algún lugar entre el pulgar y el Dedo de Júpiter (índice). Esta línea revela la mentalidad de una persona, tal y como se expresa por el enfoque con respecto a la vida, las actitudes y la carrera. Es también la medida del potencial para la felicidad y el éxito.

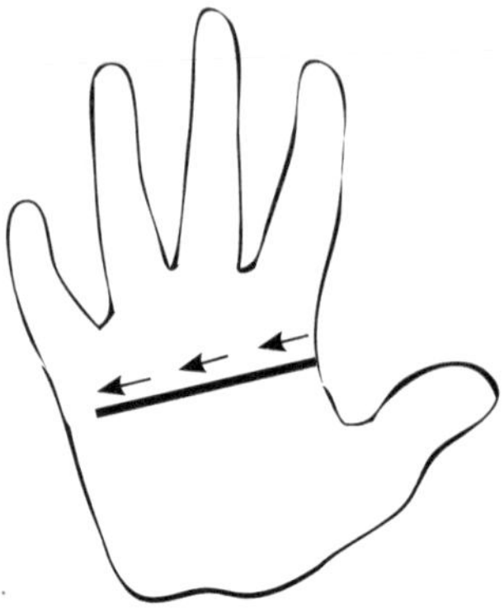

a. Si está unida a la Línea de la Vida al principio, muestra un fuerte sentido de la mente sobre el cuerpo. Pertenece a una persona con un punto de vista temeroso procedente de su niñez.
b. Si está separada, al inicio de su recorrido, de la Línea de la Vida, denota amor por la aventura. Esta persona recibe las experiencias de la vida con entusiasmo.
c. Si es larga, profunda y recta implica una mente lógica y directa con un intelecto realista y sobresaliente.
d. Si no está muy marcada y es ondulada, se puede interpretar como una falta de capacidad para concentrarse y una carencia de profundidad en el pensamiento, pero no como una falta de inteligencia.
e. Una línea corta implica una tendencia hacia la acción física en lugar de hacia la reflexión.
f. Una línea larga inclinada hacia arriba describe a una persona con una memoria retentiva. Ésta es la marca de un coleccionista.
g. Una línea larga que se inclina hacia abajo es la marca de un pensador creativo e imaginativo.
h. Una línea en forma de cadena indica agitaciones y tensiones.
i. Una estrella en la línea representa un logro mental excelente.

j. Un cuadrado en esta línea implica orientación por parte de una fuente externa que aporta apoyo en momentos de necesidad.
k. Si está ramificada al final indica una segunda juventud.
l. Si está ramificada a mitad de su longitud, significa que desarrolla un importante nuevo interés.

La Línea del Corazón

La Línea del Corazón es la primera línea longitudinal en la parte superior de la mano. Discurre por encima de los montes, a lo largo de la palma, hasta llegar al borde de la misma (llamado Percusión). Expresa los sentimientos humanos y maneja los asuntos y los sentimientos relacionados con el corazón.

a. Una línea en forma de cadena, fragmentada u ondulada revela que su poseedor es inconstante. Esta persona tiene muchos intereses en el amor, pero pocos de ellos son constantes.
b. Una línea débil se interpreta como un corazón débil en los asuntos románticos.
c. Si está relacionada con el dedo anular (Apolo) significa que el matrimonio será un acto impulsivo y puede que no eleve la posición de esa persona en la vida.

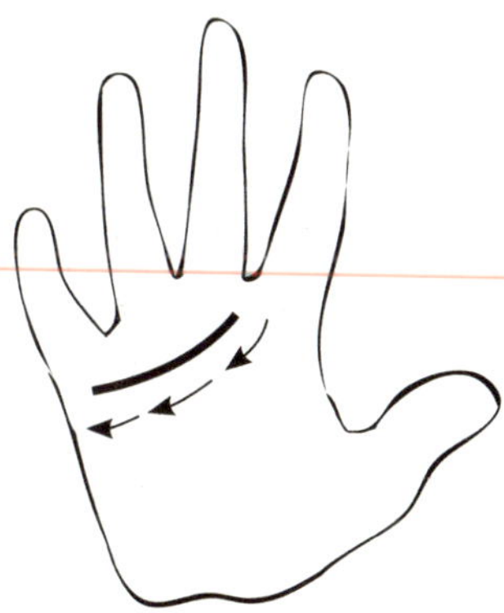

d. Una estrella al principio implica la felicidad marital.
e. Una isla advierte de un período de depresión.
f. Las cruces y las rupturas indican pérdidas emocionales o la finalización de una relación amorosa.
g. Unas líneas pequeñas ascendentes implican felicidad en el amor.
h. Unas líneas pequeñas descendentes señalan decepciones en el amor.
i. Una línea doble significa una protección añadida a través de alguien que le ama.

La Línea de Saturno

La Línea de Saturno, si está perfectamente formada, cosa que rara vez sucede, empieza en la frontera de la muñeca con la palma de la mano (la rasceta) y discurre verticalmente por la palma, deteniéndose por debajo del dedo corazón (Dedo de Saturno). Esta línea es la portadora de importantes manifestaciones psicológicas del carácter, pues muestra las fortalezas y debilidades en relación con la carrera, las amistades y los problemas cotidianos.

a. Una línea recta y clara implica seguridad y estabilidad en un punto fijo de la vida.
b. Si está unida, en su inicio, a la Línea de la Vida, implica a una persona hecha a sí misma que logra importancia y fama sin ayuda.
c. Si está unida a la Línea de la Vida en cualquier otro punto y luego se separa, implica que se trata de una

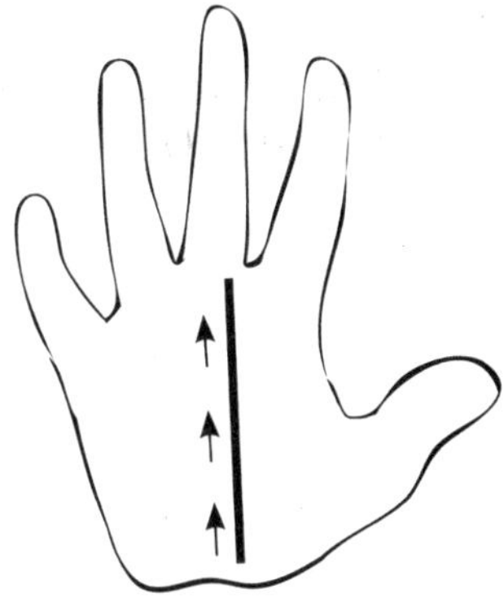

persona a la que le tocará dejar de lado sus intereses durante un tiempo por el bien de los demás.

d. Cuando cruza la Línea de la Vida desde el interior del pulgar (origen en el Monte de Venus), significa que los miembros de la familia o los amigos serán de ayuda para apoyar sus planes de carrera.
e. El origen del Monte de la Luna sitúa el destino en la vida de una persona bajo el escrutinio público. Designa un ascenso desde la oscuridad hasta áreas como el entretenimiento o la política.
f. Las Líneas de Influencia procedentes del Monte de la Luna que se unen a la Línea de Saturno implican que los intereses amorosos alteran el destino de esa persona. El matrimonio o una relación se darán bajo la mirada pública.
g. Si la Línea de Saturno se desvía mientras cruza la Línea de la Cabeza, esta persona tendrá un cambio de carrera exitoso mediada su vida.
h. Si la Línea de Saturno asciende hacia el dedo anular (Dedo de Apolo), el destino de esa persona se verá profundamente modificado por las artes.
i. Una marca en forma de estrella al final de esta línea implica el éxito, pero sólo después de años de trabajo duro.

La Línea de Apolo

La Línea de Apolo puede estar situada en cualquier lugar, en un eje vertical, entre la muñeca y la base del dedo anular (Dedo de Apolo). Esta línea nos habla del potencial innato de una persona para el éxito, la distinción y la fama a través del desarrollo de habilidades especiales. También nos habla de las recompensas obtenidas mediante esfuerzos individuales.

a. Si está presente, implica un cierto grado de vida pública. Una persona con Línea de Apolo no puede vivir en la completa oscuridad.
b. Una línea robusta, gruesa y claramente marcada indica distinción y autosatisfacción por el trabajo a lo largo de la vida.
c. Una línea rota representa algunos altibajos en el reconocimiento público.
d. Si la Línea de Apolo finaliza con una marca en forma de cuadrado justo por debajo del dedo anular, indica que un amable mecenas ayudará al portador de esta línea a obtener un gran éxito.
e. Si esta línea finaliza con una marca en forma de estrella, revela un éxito espectacular en el campo de las humanidades como escritor, músico, pintor o persona dedicada al espectáculo.

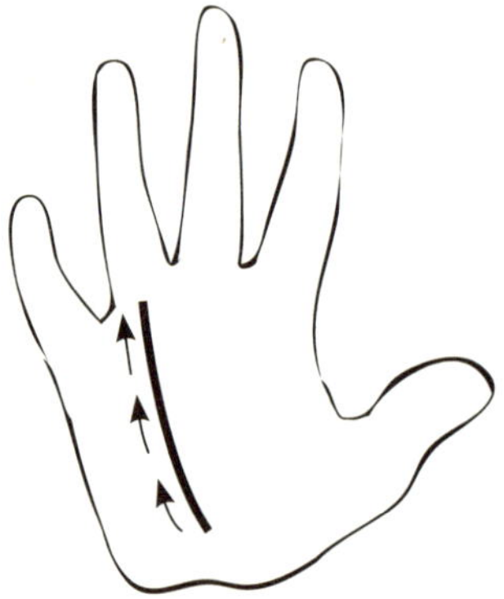

La Línea de Mercurio

La Línea de Mercurio puede no siempre estar presente. Si lo está, empieza en el talón de la mano, cerca de la rasceta y/o de la Línea de la Vida, y en casos extremos puede extenderse hasta el Monte de Mercurio, por debajo del meñique (Dedo de Mercurio). Su mera presencia revela que su propietario está interesado por la salud y que toma medidas para mantener un bienestar constante. Si esta línea no está presente denota que no existen problemas de salud.

a. Una línea robusta y recta denota un buen sentido en el mundo de los negocios y una vitalidad inagotable en todos los asuntos lucrativos.
b. Una línea ondulada señala tensión nerviosa.
c. Un cuadrado en esta línea indica la protección aportada por los tratamientos médicos y/o la ayuda en una crisis en los negocios.
d. Una línea doble incrementa las perspectivas de éxito en nuevas aventuras de negocios. También promueve unos logros maravillosos y una naturaleza académica talentosa.
e. Una configuración en forma de isla al inicio de esta línea indica que esta persona se verá impulsada en una carrera que provocará envidias.

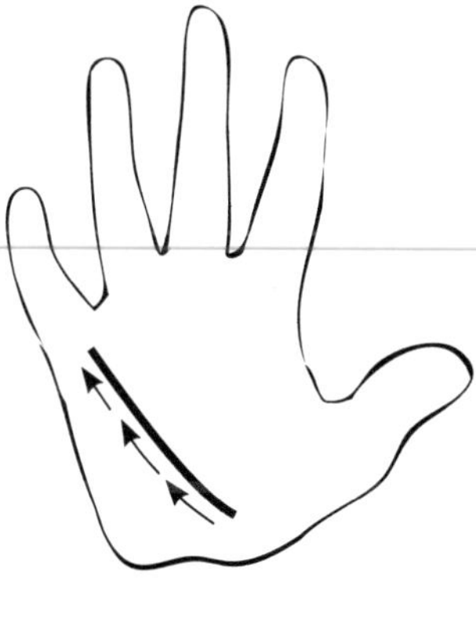

La Línea de los Viajes

La Línea de los Viajes empieza en el borde de la palma, cerca del talón de la mano, discurre a través del Monte de la Luna y atraviesa la palma horizontalmente hacia el pulgar, entrando en el Monte de Venus. Las Líneas de los Viajes señalan importantes viajes al extranjero o campo a través que tienen un importante efecto sobre el destino de la persona.

a. Una Línea de los Viajes bien marcada implica viajes, vacaciones y traslados familiares y laborales que mejoran su vida.
b. Una Línea de los Viajes que se cruza con la Línea de la Vida indica un viaje que se hará por razones de salud. Como resultado de ello la salud mejorará.
c. Una Línea de los Viajes que se ve cruzada por una Línea de Interferencia de cualquier tipo augura complicaciones que surgirán durante un viaje.
d. Los cuadrados en esta línea proporcionan una protección añadida del peligro en la carretera.
e. Las superposiciones y las interrupciones son indicativas de retrasos durante los viajes.
f. Si una Línea de los Viajes cruza la Línea de Saturno, un viaje modifica la vida de forma positiva.
g. Si en lugar de poseer un Línea de los Viajes recta una persona posee varias líneas

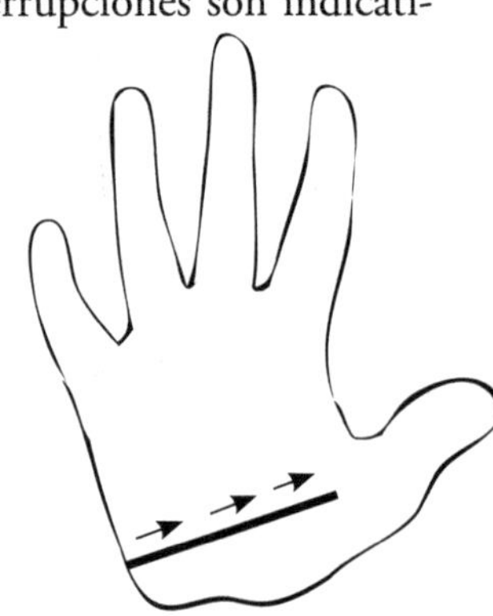

ligeras, esto denota a un viajero incansable implicado en viajes frívolos que no tienen una influencia profunda.

La Línea del Dinero

La Línea del Dinero empieza en el Monte de Venus y asciende hacia los montes situados debajo de los dedos. Esta línea nos habla de habilidades a la hora de obtener dinero y recomienda a su poseedor las mejores formas de conseguir riqueza.

a. Una línea que discurre desde la base del pulgar hasta debajo del índice es la marca de un amasador de dinero nato.
b. Si la Línea del Dinero finaliza con una estrella, se trata del signo del «Toque de Midas»: todo lo que esta persona toca se convierte en riqueza.
c. Si esta línea señala hacia el Dedo Corazón, indica que el dinero se obtiene más fácilmente en empresas comerciales compartidas con otros.
d. Una Línea del Dinero que cruza la mano y finaliza en el meñique (Mercurio) da como resultado dinero que aparece por sorpresa obtenido a través de concursos o apuestas, ganado o adquirido mediante cualquier forma de pura suerte.

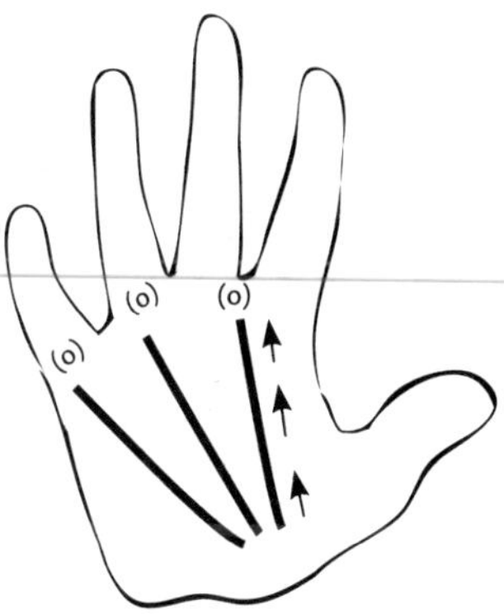

Las Líneas del Matrimonio

Las cortas líneas que atraviesan el Monte de Mercurio se conocen con el nombre de las Líneas del Matrimonio. En la quiromancia clásica, cada Línea del Matrimonio es interpretada como un vínculo emocional profundo con un miembro del sexo opuesto que puede culminar en un matrimonio. Es normal encontrar sólo una Línea del Matrimonio en cada mano.

a. La aparición de varias Líneas del Matrimonio sugiere que se puede tener el potencial necesario para desarrollar unos vínculos emocionales profundos con varios miembros del sexo opuesto a lo largo de la vida.
b. Una línea clara, profunda y larga revela un matrimonio feliz que dura toda la vida.
c. Una ramificación al inicio de la Línea del Matrimonio indica un largo período de compromiso.
d. Una ramificación al final de esta línea implica una separación o el final de un matrimonio.
e. Una superposición de dos líneas indica una relación con otra pareja mientras se está casado.
f. Una línea que se rompe y luego prosigue su curso señala que esta persona se separará de su pareja pero que más adelante volverán a unirse.

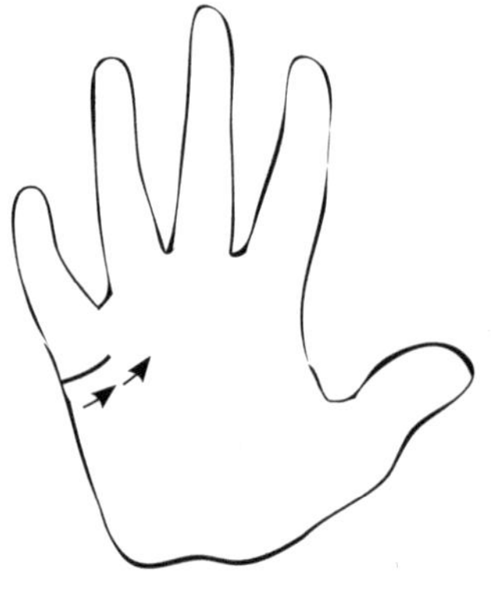

Zonas

Práctica o imaginativa

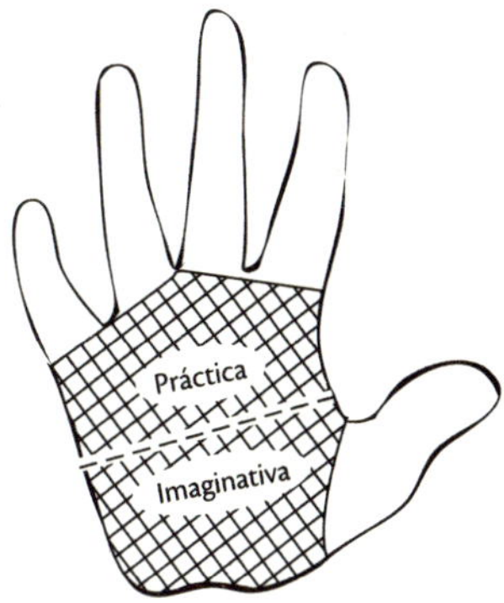

La mano está dividida en una zona superior y en otra inferior, siendo la Línea de la Cabeza la línea divisoria. Todas las señales de la zona superior denotan los aspectos y los potenciales prácticos de una persona. Las señales en la parte inferior proporcionan información sobre las capacidades imaginativas.

Agresividad o resistencia

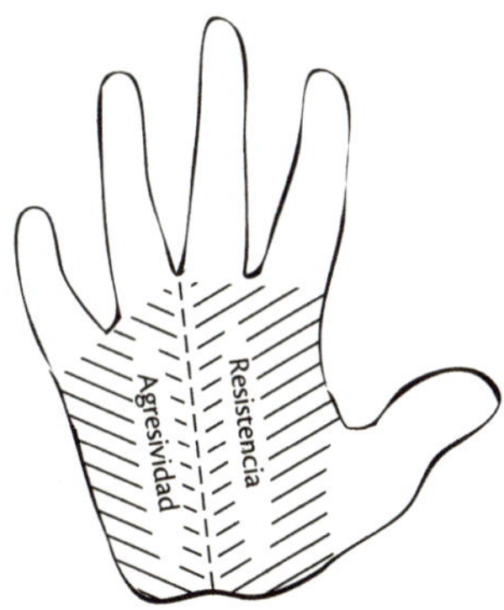

El lado izquierdo de la palma de la mano de una persona contiene las marcas que suelen hablarnos de una conducta agresiva. El lado derecho nos habla de las fuerzas de resistencia de una persona y de una naturaleza sometida. La línea de demarcación suele ser la Línea de Saturno.

Montes

Para localizar los montes pida a su cliente que ahueque ligeramente su mano.

El Monte de Júpiter

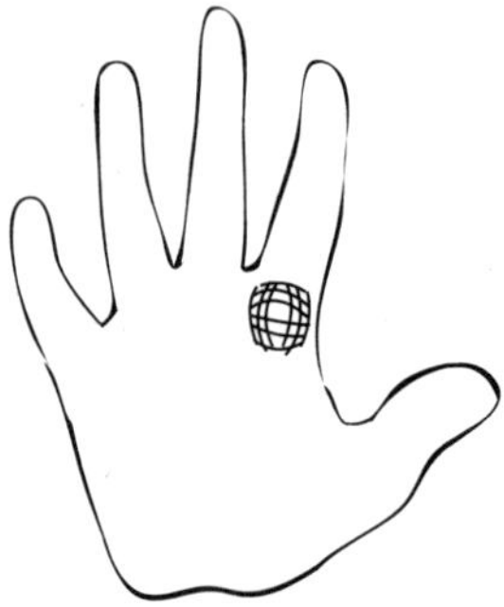

Este monte implica la ambición, el orgullo, el honor y el liderazgo. Si está bien desarrollado denota el amor por la sociedad y la familia. Su portador siente orgullo y respeto por sí mismo. Si es excesivamente grande manifiesta vanidad. Si está ausente denota una falta de respeto por sí mismo y egoísmo. Las marcas en este monte alteran sus cualidades.

El Monte de Saturno

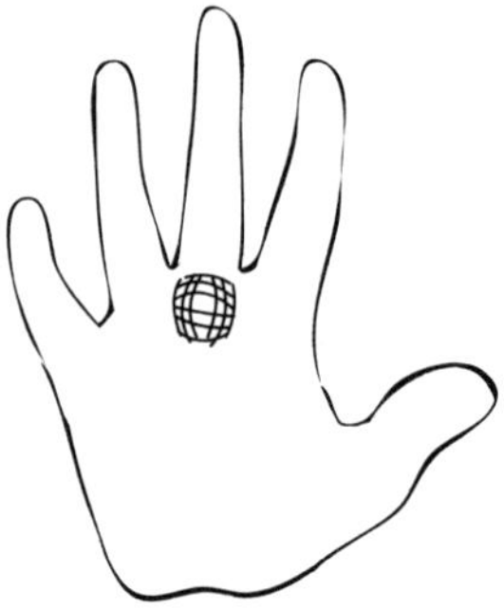

Cuando está bien desarrollado, este monte otorga seriedad en el carácter y una aprensión precavida. Si está excesivamente desarrollado, esta persona es inquieta y se preocupa hasta el punto en que esto interfiere en sus actividades diarias. Su ausencia denota melancolía. Las señales en este monte potencian o limitan la capacidad de una persona para pensar de forma lógica.

El Monte de Apolo

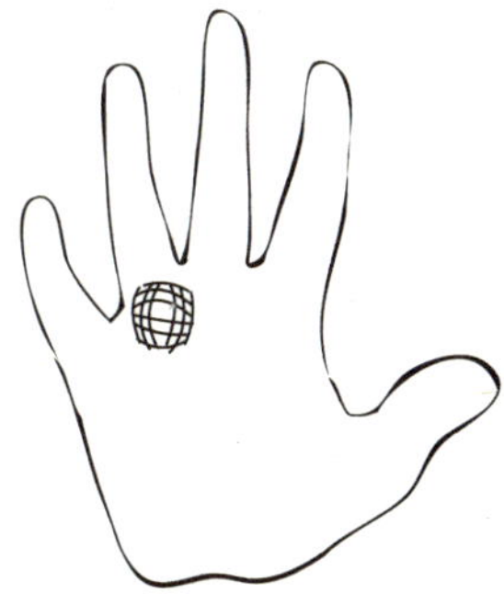

Un Monte de Apolo con una buena almohadilla aporta al carácter de una persona las cualidades de la compasión, la piedad, el amor por la belleza y el arte, y un profundo deseo de reconocimiento y fama. Un Monte de Apolo desarrollado en exceso denota vanidad y ostentación, además de un insaciable deseo por el dinero. Su ausencia denota crueldad. Las señales sobre este monte influyen en las propensiones artísticas y emocionales de la persona.

El Monte de Mercurio

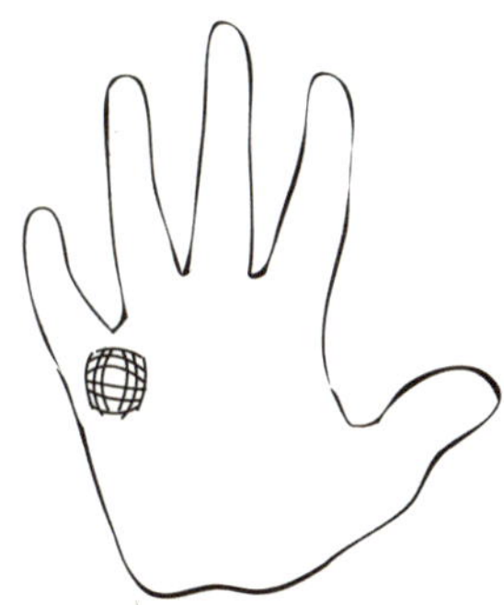

Un Monte de Mercurio bien desarrollado denota optimismo, una buena energía, una actitud de esperanza, inteligencia, alegría y un enorme poder de recuperación. Esta persona puede levantarse rápidamente tras las adversidades y aprender de las dificultades. Un Monte de Mercurio excesivo muestra una naturaleza intrigante. Si está ausente denota ausencia del sentido del humor. Las señales en este monte proporcionan perspicacia en las habilidades y aptitudes profesionales.

El Monte de Marte superior

Un Monte de Marte grande aporta coraje, resistencia y amor por el peligro. Una persona de tipo marciano es un individuo agresivo que personifica todos los elementos del guerrero y tiene un temperamento salvaje. Las marcas en este monte describen obstáculos con los que uno se encuentra y el desarrollo de la personalidad necesario para resistir los fracasos y superar las derrotas.

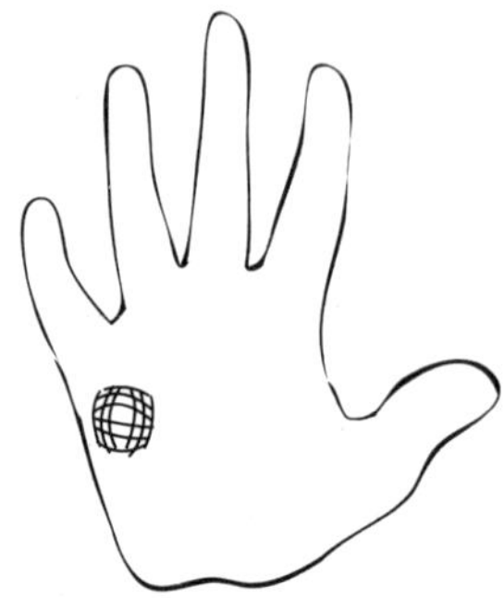

El Monte de la Luna

Un Monte de la Luna bien desarrollado denota imaginación y sentimentalismo. Esta persona desea y necesita un entorno y unas prendas hermosas. Este individuo viajará durante toda su vida para encontrar el entorno adecuado lleno de armonía, estimulación y belleza en el que vivir y crecer. Un Monte de la Luna subdesarrollado significa locura, capricho, excentricidad y haraganería. Si está totalmente ausente implica descontento interior e intranquilidad.

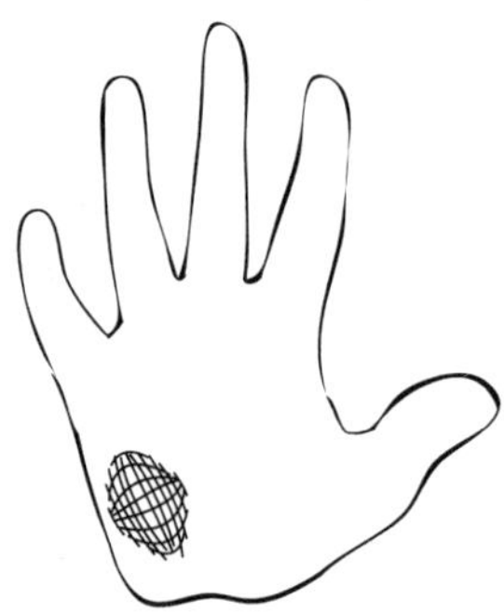

El Monte de Venus

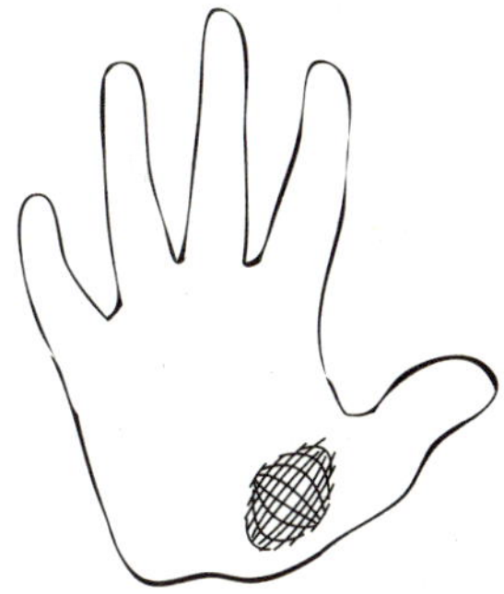

Un Monte de Venus con un buen tamaño implica a una persona que es generosa, benevolente y afectuosa por naturaleza, y que se siente inspirada por la música y los placeres de los sentidos. Un Monte de Venus con un tamaño excesivo denota unas pasiones ilimitadas y una sensualidad excesiva, y estas fuerzas acaban por esclavizar a su poseedor. La ausencia de este monte denota un talante frío y egoísta.

Monte de Marte inferior

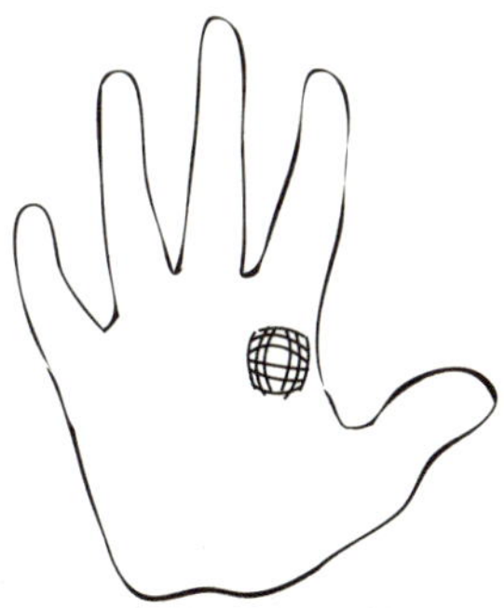

Si está bien desarrollado, este monte denota valentía moral, un autocontrol extraordinario y la capacidad de perdonar heridas pasadas. Si es excesivo implica reserva y una gran fuerza de resistencia. Si está ausente muestra o bien poca capacidad de soportar la oposición o una resistencia debilitada. Las señales hablan de la naturaleza de la agresividad de alguien.

Marcas en forma de estrella

Una señal en forma de estrella indica un evento que está más allá del libre albedrío. Suele encontrarse en los Montes y es una señal de advertencia. Ayuda a evitar el peligro y las amenazas, y se considera un signo de buena suerte.

a. Una estrella en Júpiter implica que obtendrá una posición elevada en su carrera sin apenas esfuerzo.
b. Una estrella en Saturno indica un destino espectacular que situará a su poseedor en primer plano.
c. Un Monte de Apolo estrellado significa un éxito espectacular. Si se observa esta señal al principio de la vida, una persona puede aprovechar su mejor talento para convertirse rápidamente en un individuo de gran renombre.
d. Una estrella bajo Mercurio proporciona distinción en las ciencias, la medicina o los negocios.
e. Una estrella en el Monte de la Luna aporta imaginación y la probabilidad de conseguir grandes logros mentales como resultado de un pensamiento creativo.
f. Una estrella en Venus es un signo seguro de éxito en cualquier cosa en la que se fije.
g. Una estrella en Marte protege de los agresores y proporciona fuerza para conseguir grandes cosas sin ayuda.

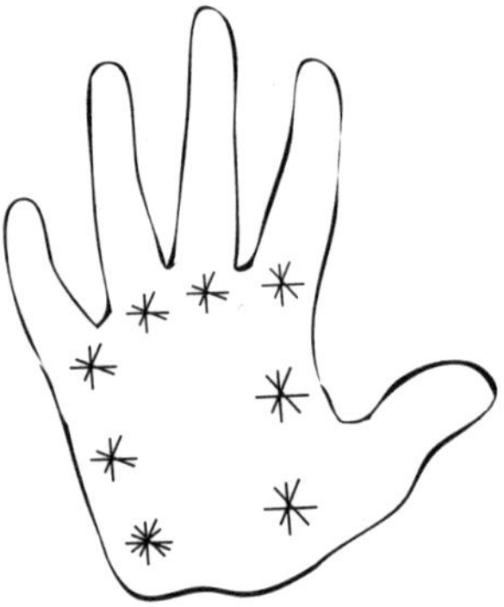

Cuadrados

Un cuadrado indica poder. Está formado por la intersección de cuatro líneas menores que proceden de cuatro direcciones distintas, que pueden cruzarse superponiéndose, o no, en ángulo recto. Habla sobre oportunidades que implican situaciones de sentido común que requieren una reserva de frialdad para solucionarlas.

a. Un cuadrado en Júpiter protege contra las pérdidas y los conflictos mediante la oposición de intereses.
b. Un cuadrado en el Monte de Saturno protege al individuo de un destino cruel.
c. Un cuadrado en el Monte de Mercurio proporciona energía extra y facilidad parta tomar decisiones rápidas.
d. Un cuadrado en el Monte de la Luna protege al viajero de penurias y accidentes.
e. Un cuadrado en el Monte de Marte protege contra las personas agresivas y vejatorias.

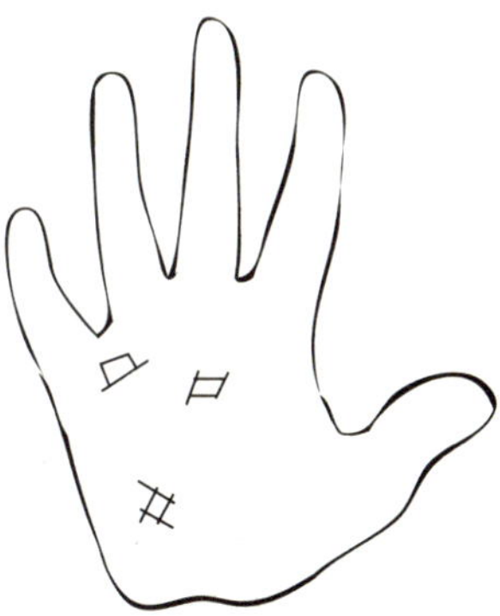

Rejilla

Una rejilla consiste en un conjunto de líneas verticales y horizontales que se cruzan, y puede encontrarse en cualquier lugar de la palma de la mano. Las rejillas señalan problemas, pero éstos pueden resolverse.

a. Una rejilla en Júpiter denota un impulso excesivo y un ego demasiado grande.
b. Una rejilla en Apolo implica a una persona que se esfuerza mucho por el éxito usando todas sus reservas de energía.
c. Una rejilla en el Monte de la Luna significa que esta persona sufre miedos imaginarios y que se encuentra afectada por preocupaciones exageradas.
d. Una rejilla en Marte implica que las ansiedades de esta persona interfieren con los logros en su carrera y otros objetivos personales.

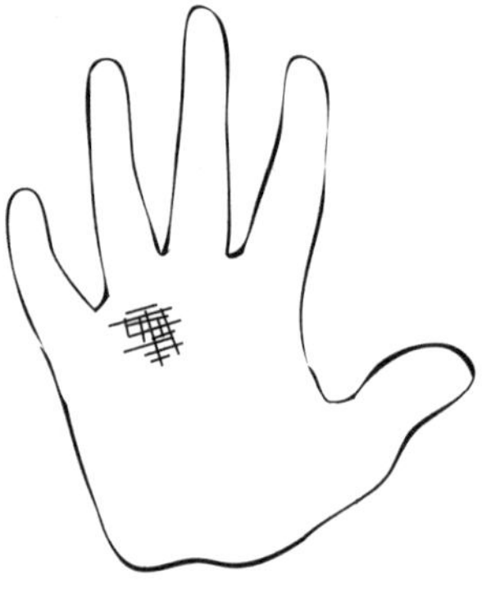

Triángulos

Los triángulos pequeños se consideran portadores de fortuna. Un triángulo mejora la suerte. Está formado por la intersección de tres líneas pequeñas. La suma total de todos los ángulos del triángulo es de 180º.

a. Un triángulo en Júpiter muestra aptitudes para la diplomacia y el dominio de las tácticas sutiles.
b. Un triángulo en Saturno implica aptitudes innatas para lo oculto.
c. Un triángulo en el Monte de Apolo anuncia el descubrimiento de una metodología innovadora en las artes o las ciencias.
d. Hay un triángulo en el Monte de Mercurio, lo que indica que el individuo es todo un diplomático, y es astuto a la hora de manejar las situaciones para hacer que se vuelvan a su favor. Esta persona es evasiva y engaña incluso al más listo.

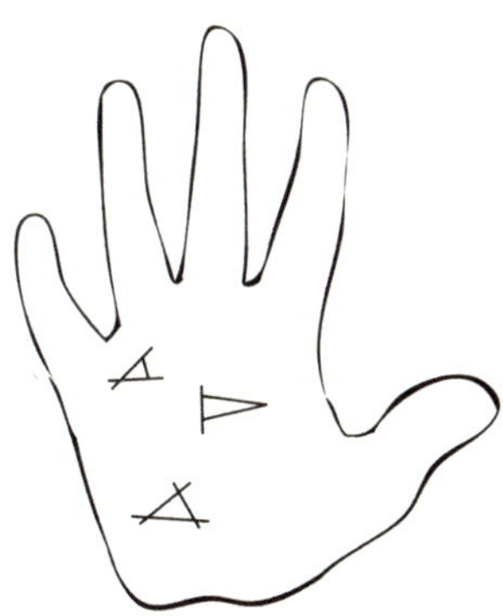

e. Un triángulo en el Monte de Marte denota la excelencia en el arte de la táctica militar. Esta persona medra con la emoción de la competición.
f. Un triángulo en el Monte de la Luna implica unas inclinaciones intuitivas e imaginativas muy desarrolladas.
g. Un triángulo en Venus significa que la persona busca las ventajas materiales en una relación amorosa o una unión marital.

Cruces

Una cruz está formada por la intersección de dos líneas pequeñas y cortas. Las cruces denotan luchas.

a. Una cruz en Júpiter significa una unión feliz después de resolver conflictos.
b. Una cruz en Apolo señala errores garrafales cometidos en su vida profesional debido a la falta de un enfoque equilibrado.
c. Una cruz en Mercurio muestra a una persona astuta y maliciosa con inclinaciones hacia la falta de honestidad, y es fácil tentarla.
d. Una cruz en Marte implica un carácter obstinado e inflexible. Esta persona discute con frecuencia y muestra inclinación por la pérdida de control y por provocar daños corporales.
e. Una cruz en el Monte de la Luna es la señal propia de una persona incapaz de discernir la sutil diferencia entre la exageración y la falsedad.
f. Una cruz en Venus muestra «un único amor». Tanto si este amor aporta fortuna o desgracia, esta persona será fiel a su amor hasta el final.

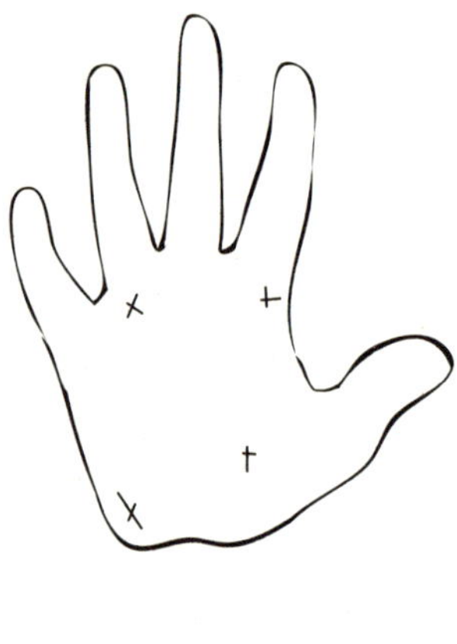

Bibliografía

Los libros citados a continuación están disponibles en el idioma original del autor. En el caso de haber traducción al español se señala título y año de publicación para facilitar al lector su búsqueda y brindarle la oportunidad de ampliar la información.

ACHS, R., y HARPER, R.: «Diagnostic Palmistry». *Life Magazine*, 25 de febrero, 1966, págs. 88-89.

ARIA, G.: *Palmistry for the New Age*. Morningland Pub. Co., Long Beach, California, 1977.

BASHIR, M.: *Your Past, Your Present and Your Future through the Art of Hand Analysis*. Doubleday, Nueva York, 1974.

BENHAM, W. G.: *The Laws of Scientific Hand Reading*. Hawthorn Books, Nueva York, 1946.

BERRY, T. J.: *The Hand as a Mirror of Systematic Disease*. F. A. Davis, Filadelfia, 1963.

— «A Show of Hands». *Time Magazine*, 13 de marzo, 1964, pág. 94

BHAT, B. R.: *The Indian School of Palmistry*. Coimbatore, 1983.

BRIGHT, J. S.: *The Dictionary of Palmistry*, Bell Pub. Co., Nueva York, 1958.

Broekman, M.: *The Complete Encyclopedia of Practical Palmistry*, Prentice Hall, Englewood Cliffs, Nueva Jersey, 1972.

Cavendish, R.: «Palmistry». *The Encyclopedia of the Unexplained*. MacGraw-Hill Book Co., Nueva York, 1976, págs. 173-177.

Cotterman, C. W. (1951): «A Scotch-Tape India Ink Method for Recording Dermatoglyphs». *American Journal of Human Genetics*, vol. 3, pág. 376.

Craig, A. R.: *Your Luck's in Your Hand, the Science of Modern Palmistry*. R Worthington, Nueva York, 1884.

Cheiro: *Cheiro's Language of the Hand*. Arco Pub. Co., Nueva York, 1964.

—: *Cheiro's Palmistry for All*. G. P. Putman's Sons, Nueva York, 1916.

Dale, J. B.: *Indian Palmistry*. Theosophical Pub. Co., 1895.

Daniels, C. L. (1971): «Hands, Graphology, Palmistry». *Encyclopedia of Superstitions, Folklore and Occult Sciences of the World*. Gale Research Company Book Tower, Detroit, vol. 1, págs. 286-294.

D'Arpetigny, S.: *Chirognomie*. París, 1843.

Desbarrolles: *Les Mystères de la Main Révélés et Expliqués*. Librarie du Petit Journal, París, 1859.

Elbualy, M. S. y Schindler, J.: *Handbook of Clinical Dermatoglyphs*. University of Miami Press, Miami, 1931.

Frith, H.: *Palmistry Secrets Revealed*. Wilshire Book Co., N. Hollywood, California, 1952.

Gettings, F.: *The Book of the Hand: An Illustrated History of Palmistry*. Paul Hamlyn, Londres, 1965.

Gettings, F.: *The Hand and the Horoscope*. Triune Books, Londres, 1973.

—: *Palmistry Made Easy*. Bancroft and Co., Londres, 1966.

Giles, H. A. (1904): «Palmistry in China». *Nineteenth Century*, vol. LVI, n.º 334, págs. 985-988.

Green, S.: *Palmy, Palm Reading Card Game. Teaches Palmistry While You Play*. Merrimack Pub. Co., Nueva York.

Hagen, J. von: *Chiromantia, Phisiognomia, Astrologia Naturalis*. Estrasburgo, 1522.

Hastings, J. (1955): «Palmistry». *Encyclopedia of Religion and Ethics*. Charles Scribner's Sons, Nueva York, vol. IX, págs. 591-592.

Hipskind, J.: *Palmistry, the Whole View*. Llewellyn Publications, St. Paul, Minnesota, 1977. (Trad. cast.: *Quirología: una visión global*, Luis Cárcamo, Madrid, 1984).

Hoffman, E. P.: *Palm Reading Made Easy*. Simon and Schuster, Nueva York, 1971.

Holt, S.: *The Genetics of Dermal Ridges*. Charles C. Thomas, Springfield, Illinois, 1968.

Issberner-Haldane, H.: *Wissenschaftliche Handlesekunst*. Verlag von Karl Siegismud, Berlín, 1932. (Trad. cast.: *Tratado de Quirosofía*, Costa, Barcelona, 1933?)

Life Magazine. «Diagnostic Palmistry, Simple New Test for Birth Defects». 25 de febrero, 1966, págs. 88-89.

McKenzie, N.: *Palmistry for Women*. Warner Paperback, Nueva York, 1973.

Mademoiselle Magazine. «Your Fingerprints Might be Clue to a Faulty Heart Valve», abril 1977, pág. 24.

MANGOLDT, U. VON: *Der Kosmos in der Hand.* Otto Wilhelm Barth Verlag, Munich-Planegg, 1934.

PARACELSUS: *The Hermetic and Alchemical Writings of Paracelsus*, A. E. Waite, ed., Londres, 1891.

PRICE, D. J.: *An Old Palmistry, Being the Earliest Known Book of Palmistry in English* (editado a partir de la Bodelian Ms. Digby Roll IV). W. Heffer and Sons Ltd., Christ's College, Cambridge, 1953 [Original de 1440].

PSYCHOS: *The Complete Guide to Palmistry.* Arco Pub. Co., Nueva York, 1971.

RAMPA, L. T.: *Feeding the Flame.* Corgi Books, n.d. (Trad. cast.: *Avivando la llama: la decimotercera candela*, EVE, D.L., Gandía, Valencia. 1990).

RENE, E.: *Hands and How to Read Them.* Max Stein, Chicago, 1880.

ST. GERMAIN, CONDE C. DE: *The Practice of Palmistry.* Samuel Weiser, Nueva York, 1897.

ST. HILL, K.: *The Grammar of Palmistry.* Henry Altemus, Filadelfia, 1983.

SEN, K. C.: *Hast Samudrika Shastra, The Science of Hand-Reading Simplified.* Tataporevala Sons and Co., 1951.

SHERIDAN, J.: *What Your Hands Reveal.* Bell Publishing, Nueva York, 1958. (Trad. cast.: *Quiromancia: lo que las manos revelan.* Bruguera, Barcelona, 1975.)

SOULIE, C. G.: *Sciences Occultes en Chine, la Main.* Editions Nilsson, París, 1932.

SPENCE. L.: «Palmistry». *An Encyclopedia of Occultism.* University Books, New Hyde Park, Nueva York, 1984, págs. 314-315.

SPIERS, J.: *The Hands of Children*. Routledge and Kegan, Londres, 1955.

SQUIRE, E. D.: *Palmistry Made Practical*. Wilshire Book Co., N. Hollywood, California, 1976.

STEINBACH, M.: *Medical Palmistry*. Signet, Nueva York, 1975.

TABORI, P.: *The Book of the Hand, A Compendium of Fact and Legend Since the Dawn of History*. Chilton Book Co., Nueva York, 1962.

WALKER, N. F.: «Inkless Method of Finger and Palm and Sole Printing». *Journal of Pediatrics*, University of Toronto, Ontario, Canadá, n.d.

WILSON, J.: *The Complete Book of Palmistry*. Bantam, Nueva York, 1971.

WOLFF, C.: *The Hand in Psychological Diagnosis*. Alfred A. Knopf, Nueva York, 1944.

YI, P.K.: *Looking at the Hand*. Wa Lehn Co., Hong Kong, [ca. 1920].

Índice

TABLAS DE REFERENCIA

LO QUE TUS MANOS TE QUIEREN DECIR

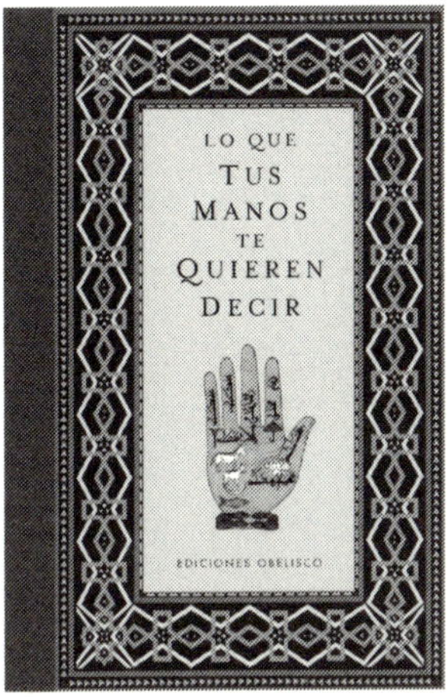

El hombre es un mundo en miniatura, un microcosmos, y la mano también lo es. Todos los secretos de la personalidad y el destino están escritos en las líneas de la mano. Este libro enseña cómo leerlas para conocerse mejor y saber lo que va a deparar la vida. Con él, es posible averiguar lo que las manos quieren decir.

Como escribe Francisco Rodríguez, uno de los quirománticos más famosos del mundo, en el prólogo de este libro: «Este pequeño libro le permitirá adentrarse en la lectura de la mano moderna. Todo está escrito en sus manos, por tanto, todo se puede cambiar. Usted decide, todo depende de su voluntad y de querer rectificar aquello que le está impidiendo encontrarse con su raíz, con su yo auténtico, y sus manos guardan el secreto que le permitirán el cambio para adentrarse en una nueva vida».

EL ARTE DE INTERPRETAR LA MANO

Con *El Arte de Interpretar la Mano*, Francisco Rodríguez, un conocido quiromántico mexicano afincado en España, nos ofrece por fin un libro práctico, no sólo por centrarse en la experiencia del autor, que ha interpretado miles de manos, ha pronunciado numerosas conferencias y ha impartido cursos sobre el tema, sino también porque permite que el lector acceda inmediatamente a la práctica de este arte.

Francisco Rodríguez ha aprovechado las fuentes tradicionales, ha seleccionado datos veraces y comprobados, y los ha ampliado con su experiencia, hecho que le ha permitido innovar y crear un nuevo método para interpretar la mano.

«Las manos nos ofrecen ver de qué está hecho verdaderamente el ser, con sus defectos y cualidades. Partiendo de esta base encontrará el verdadero sentido del arte de interpretar la mano.»

EL GRAN LIBRO DEL TAROT

A lo largo de los siglos, los secretos del Tarot han constituido un compendio de sabiduría esotérica sobre los más diversos asuntos terrenales y celestiales. El Tarot ocupa un lugar de preferencia como fuente de conocimiento sobre el destino de los hombres siendo un instrumento valiosísimo para revelar su futuro y comprender su pasado y su presente.

Con claridad expositiva y concisión conceptual *El gran libro del Tarot* explica sus remotos orígenes y los distintos métodos de lectura de las cartas. Incluye numerosos ejemplos e ilustraciones precisas para la lectura del Tarot que hacen de él un libro práctico, ameno, útil, y completo.